Loder, Eduard

Bemerkungen über ärztiiche Verfassung und Unterricht in Italien während des Jahres 1811

Loder, Eduard von

Bemerkungen über ärztliche Verfassung und Unterricht in Italien während des Jahres 1811

Inktank publishing, 2018

www.inktank-publishing.com

ISBN/EAN: 9783747773505

BEMERKUNGEN

ÜBER

ÄRZTLICHE VERFASSUNG

UND UNTERRICHT

IN ITALIEN

WÄHREND DES JAHRES 1811.

VON

EDUARD VON LODER

DER HEILKUNDE DOCTOR UND PROFESSOR

ZU KÖNIGSBERG IN PREUSSEN.

Non cuivis lectori auditorique placebo:
Lector et auditor nec mihi quisque placet.

OWEN.

LEIPZIG

BEI CARL CNOBLOCH.

1812.

Dr. Hoffmann

(5. fl. 24 Xr.)

DEN HERREN PROFESSOREN

RITTER PAOLO ASSALINI,

VALERIANO LUIGI BRERA,

DOMENICO COTUGNO,

ALLESSANDRO FLAJANI

ALS ÄRZTE, LEHRER UND SCHRIFTSTELLER

VIELVERDIENTEN MÄNNERN

ZU

MAILAND, PADUA, NEAPEL, ROM,

AUS HOCHACHTUNG UND FREUNDSCHAFT GEWIDMET

VOM VERFASSER.

AN DEN LESER.

Als vor nunmehr vier Jahren günstige Verhältnisse mich in den Stand versetzten, die südwestlichen Länder Europa's gröfstentheils zu bereisen, war es von Anfange an mein Bestreben, den Zustand der Wissenschaft, welche ich zu meiner Hauptbeschäftigung erwählt, in einem jeden derselbigen so genau kennen zu lernen, als der persönliche Aufenthalt unter den Völkern selber Gelegenheit verschaffen konnte. Ich lernte deutsche Aerzte kennen, welche der Wissenschaft einen Erwerb und sich selber das süfse Gefühl verübter Pflicht zu verschaffen glaubten, indem sie mit Staunen das Vorhandene welcher Art es sei überall betrachteten, oder mit unermüdlicher Geduld in unzähligen Gefängnissen und Spitteln herumkrochen, wo dem denkenden Arzt von keiner Seite her das Bild der Fürsorge für körperliches Menschenwohl begegnet. Meine Absicht war nicht eine solche, also auch mein Verfahren einem solchen nicht gleichend. Doch waren während meiner Reisen unvermerkt schriftliche Bemerkungen über das Gesehene entstanden, welche, ich gestehe es, mehr auf die Messung des Vorhandenen nach dem Maſsstabe eigener Ueberzeugung hinarbeiteten, als auf eine bloſse leblose Aneinanderreihung trockner Schilderungen. Durch die vorliegenden Bemerkungen über Italien glaubte ich den Aerzten meines Vaterlandes eine nicht ganz unerwünschte Uebersicht dessen zu geben, was seit den letzten Jahren in jenem Lande, dem Herzblatte der Götter und Menschen (wie das Haupt seiner eigenen Dichter sang) für den Zustand der eigentlichen Medicin gethan worden sei. Einige befreundete Kunstgenossen bestärkten mich in dem Vorsatze der Herausgabe, und ohne alle weitere Anmaſsung erfreute ich mich in den müſsigen Stunden eines viermonatlichen Winteraufenthaltes zu Berlin durch die Umkleidung des Vorhandenen in ein gefälligeres Gewand. Den geneigten Leser glaube ich hierbei auf nichts weiter aufmerksam machen zu müssen, als dafs das Bestreben nach Erreichung einer negativen Kenntnis gerade in dem paradiesischen Lande oftmals um so mehr erkaltet, da der verwöhnte Freund schöner Gestaltung in Natur und bildender Kunst die Existenz seiner Sinnen unter den Gesetzen der Zeit selten genügend findet. Man verzeihe mir also gerade in Bezug auf dieses Land um so gutmüthiger, wenn die Umfassung des Dargestellten hie und da mangelhaft befunden werden sollte. Ich habe absichtlich nicht zu wissen verlangt, was Andere früher über dieses Land in Betreff der Medicin erzählt haben mögen, auch schien es mir besonders wichtig, die von den Veränderungen allgemeiner menschlicher Verhältnisse nothwendig abhängenden Umgestaltungen der öffentlichen Anstalten und des eigenen Treibens eines Jeden darzustellen. Dem Arzte mag es übrigens auch vom Staatsmanne verziehn werden, wenn er sich gewöhnt, die Gesetze organischer Wechselwirkung auch auf den Gang einer grofsen Menschenvereinigung zu übertragen, und insbesondere wenn er zeigt, dafs die relative Breite der Gesundheit und der durch sie bedingten Wirkungen in diesen menschlichen Anordnungen nicht bis in das Gebiet absolut anomaler Prozesse ausgedehnt werden könne. Dem täglichen Beschauer der Natur mag auch der künstlichste Vorhang durchschaubar werden, wo er von selbstsüchtiger Pfiffigkeit vor die Gebrechen menschlicher Verhältnisse gezogen wird.

Die Aufschrift meines Büchleins selber mag mich vor allen Anforderungen bewahren, deren Befriedigung aufser meinem Gesichtskreise lag. Ich rechne dahin die allgemeine Naturkunde, Zoologie, Botanik u. dgl. m. Doch möge man darum meine Kühnheit nicht verdammen, wenn ich an einigen Stellen trotz der unterlassenen ausdrücklichen Betrachtung dieser Gegenstände des Wissens, als Arzt mich auf ihre Berücksichtigung geführt sah, insonderheit wo es verdienstlich scheinen konnte, ein ungerechtes Vorurtheil, wäre es auch mit mancher Gefahr, verdrängen zu helfen. *)

*) Von den *Thierarzneischulen* in Italien Nachricht zu geben, lag aufserhalb dem Plane meines Werkes, und aufserhalb den Grenzen meiner Beschäftigung. Ueberdem sind ihrer in Italien nur äufserst wenige,

Nicht minder wünschte ich den Misdeutungen derer zu entgehn, welchen eine gewisse Richtung allgemeiner Ansicht, die ich zu verleugnen nicht Ursache zu haben glaube, unerwünscht sein möchte. Doch lehrt die Erfahrung, dafs ein solcher Wunsch mehrentheils unerreichbar sei, und es genüge mir daher nur, nicht in das verrufene Geschwätz derer einzustimmen, welche durch ihren Bombast die rei-

und man findet ihren Mangel an den gehörigen Orten meiner Schrift gerügt. Die Werke des verdienstvollen Pozzi, Directors der Veterinärschule zu Mailand, sind folgende: *Zooiatria impropriamente detta Veterinaria*, Milano 1802. 2 vol... *Nuova scienza veterinaria*, Mil. 1807. 2 vol... *Della cura fisica e politica dell' uomo*, Mil. 1802. — Die *Erziehungsanstalten für Blinde und Taubstumme*, wenn es ihrer auch in Italien gäbe, würde ich ebenso wie die eigentlichen *Armenanstalten* und blofsen *Gefängnisse* ohne Spitäler gänzlich ausgeschlossen haben, als dem Arzte fremdartige Gegenstände. — Von *gelehrten Akademieen und naturwissenschaftlichen Gesellschaften* zu reden, war keinesweges mein Beruf: sie sprechen genug für und von sich selber vor aller Welt.

ne Wissenschaftlichkeit sowie den Erfahrungsreichthum schüchtern zurückfliehn machten. Ich werde es niemals verhehlen, welchen Weg ich für den breitern halte, um darauf in die Geheimnisse der Natur einzudringen, und deshalb eine jegliche Bahn allezeit mit derjenigen messen, welche durch einen Göthe, Reil, Ritter, Schelling, Steffens und Winterl geebnet wurde. Eben in solcher Stimmung können wir einem jeden Verdienste um so ungeheuchelter huldigen, wo und in welcher Gestalt es auch ausgedrückt sei, und der Vorwurf grofssprecherischer Anmafsung wird eben auf die engherzigen Widersacher zurückfallen. Eben darum auch glaubte ich um so ruhiger den einmal mir vorgezeichneten Pfad bei der Beurtheilung des *Contrastimulus* fortwandeln zu können. Mit beleidigender Persönlichkeit zu imponiren, war keinesweges meine Absicht: es giebt aber Dinge in dieser Welt, welche mit ihrer Urheber gesammtem persönlichen Wesen nothwendig in einen gleichgestimmten Einklang zusammenfallen. Wir haben des Gemeinen, des Jämmerlichen, soviel an uns vorüberziehn gesehn, und unsere duldsame Wissenschaft, zu stolz um selber sich Bahn zu brechen, ruhete lang, während ihre Priester verstandlos umhertaumelten: sodafs endlich einmal Gleisnerei und freche Selbstsucht nicht mehr blinden Lärm schlagen soll. Herr Rasori hat meiner *Person* nichts Uebels zugefügt: denn warlich von *einem Solchen* fühlte sich meine Eitelkeit nie gekränkt, als er auch mir, welcher mit etwas reellern Erwartungen zu ihm kam, durch traurige Kunstgriffe zu imponiren wähnte. Ich hätte gewünscht, den *Contrastimulus* ohne Berührung der Rasorischen *personaccia* abweisen zu können. Dies war unmöglich, wie der billige Leser selbst finden wird, bei einem solchen Gemeng der Unwissenheit und frechsten Arroganz. Es sei demnach ohne niedrige Zanksucht auch dem Manne als Menschen der Fehdehandschuh hingeworfen, wenn dieser Mann einer franken nordischen Stirn zu begegnen Gelüste trägt, welche den Kampfplatz zu finden wissen wird, obgleich beinah ein halbes Tausend der Wegesstunden von dem Angegriffenen entfernt. —

Betreffs der hie und da angeführten Bücher bemerke ich nur, dafs meine Absicht keinesweges dahin ging, eine vollständige Uebersicht der neuern medicinischen Litteratur zu geben, über welche die Zeitschrift des verdienstvollen Herrn Hofraths Harles wenig zu wünschen übrig läſst. Manche allgemeine Bemerkung lieſse sich übrigens bei Betrachtung der ärztlichen Anstalten Italiens mit gutem Grunde machen: wie z. B. die zahlreichen Findelhäuser dort nicht nach dem in England angenommenen Grundsatze verdrängt werden dürfen, weil in dem milden Himmelsstriche die Sitte des Kinderaussetzens noch aus dem Alterthum geerbt, und nicht als etwas Sündliches bei so günstigen Auſsenverhältnissen angesehn worden ist. *)

*) Besondere Verhältnisse schränkten die Zeit meiner Reise durch Italien ein, sodaſs es mir unmöglich ward, über den Zustand der medicinischen Anstalten im ehemaligen Piemont und in Genua genügende Nachrichten einzusammeln. Bei der Herausgabe vorliegender Bemerkungen glaubte ich den Mangel dieser Art um so weniger dem Tadel ausgesetzt zu werden, als die genannten Provinzen schon mehrere Jahre mit Frankreich vereinigt, und die in

Ich bedaure, dafs trotz der Sorgfalt des Herrn Verlegers mehrere Druckfehler sich eingeschlichen haben, welche ich bei meiner Entfernung vom Druckorte nicht zu verbessern im Stande war. Einige derselben, welche den Sinn entstellen könnten, bitte ich den geneigten Leser angelegentlich, zu verändern. Auch bemerke ich eine Ungleichheit der Rechtschreibung, welche mir äufserst unerwünscht ist, und die ich deswegen nicht auf meine Rechnung zu schieben ersuche: z. B. *Atmosphäre* und *Atmosfäre*, wovon nur das letztere gelten soll;

diesem Kaiserthume allgemeinen Einrichtungen auch dort lange schon zur Richtschnur der Verfassungen gemacht worden sind. Die übrigen dem Kaiserthume einverleibten Provinzen Italiens bestehn in ärztlicher Hinsicht noch fast gänzlich, wie ehemals. Ich konnte demnach jene nach der französischen Art eingerichteten Verhältnisse übergehn, als aufserwesentlich einem Zwecke der Darstellung italienischer Verfassungen, wenngleich von Turin zumal gar mancherlei Merkwürdiges zu sagen gewesen sein würde.

nämlich und *nemlich*; *Gebärende* und *Gebährende*; *Willkühr* und *Willkür*; *nimmt* und *nimt*; desgleichen als Abkürzung von *Santa* immer *Sta.* wobei der Punkt am Ende wegfallen soll.

Königsberg in Preufsen, im Junius 1812.

L.

INHALTS-VERZEICHNIS.

I. Für sich bestehende Staaten Italiens . . . Seite 1—219

A. Königreich Italien . . . 3—157

Allgemeine Betrachtung . . . 3— 15

I. Mailand . . . . . 16— 59

1. *L'ospedale maggiore* . . . 19— 27
2. *Sta Catterina alla ruota* . . 27— 37
   a. Gebähranstalt . . . 28— 30
   b. Findelhaus . . . . 30— 37
3. *La Senavra* . . . . 37— 48
4. *Gl' Incurabili* . . . . 40— 41
5. Vaccinationsanstalt . . . 41— 52
6. Militärische Medicinalanstalten . 53— 59

II. Einige andere lombardische Städte . 60— 61

III. Verona . . . . . 62— 65

IV. Vicenza . . . . . 66— 67

V. Venedig . . . . . 68— 80

Allgemeine Betrachtung . . . 68— 71

1. *Ospedale civico* . . . 71— 72
2. *San Servolo* . . . . 72— 75
3. Oeffentlicher Augenarzt . . 75
4. *Ospedale della Marina* . . 76— 80

VI. Forlì . . . . . Seite 81 — 88

Allgemeine Betrachtung . . - 81 — 84

Bürgerspital . . . - 84 — 88

VII. Rimini . . . . . - 89 — 90

VIII. Ancona . . . . . - 91 — 95

1. Bürgerliche Krankenhäuser . - 91 — 92

2. Gefängnisspital . . - 92 — 93

3. Waisenhaus . . . - 93

4. Militärisches Spital . . - 93 — 95

IX. Loretto . . . . . - 96 — 98

Bürgerliches Spital . . - 96 — 97

Gefängnisspital . . . - 97

Praktische Aerzte . . - 97 — 98

X. Macerata . . . . . - 99 — 100

XI. Die Universitäten des Königreichs Italien . . . - 101 — 157

Allgemeine Betrachtung - 101 — 107

A. Pavia . . . - 108 — 124

1. Allgemeines Krankenhaus . - 108 — 112

2. Die Universität . . - 112 — 124

B. Padua . . . . - 125 — 135

1. Allgemeines Krankenhaus . - 125 — 126

2. Universität . . . - 126 — 135

C. Bologna . . . - 136 — 157

1. Bürgerliche Krankenhäuser . - 136 — 140

a. *Spedale della Vita* . . - 136 — 137

b. - - *Morte* . - 137 — 139

c. Gebähranstalt . . - 140

2. Findelhaus . . . - 140 — 142

3. Die Universität . . - 143 — 154

Einige Oculistica . . . - 154 — 157

B.

B. Königreich Neapel . . S. 158—211
Allgemeine Betrachtung . . - 158—175
1. *Spedale degl' Incurabili in Neapel* - 175—184
2. - *di Sta Eligia* . - 184—185
3. - *de' Pellegrini* . - 185—186
4. - *della Pace* . . - 186—191
Unterrichtsanstalt daselbst . - 187—191
5. *Casa di S. Francesco* . - 191—195
6. *Sped. di S. Giovanni Carbonara* - 195—198
7. - *della santiss. Trinità* . - 198—199
8. *L'Annunziata* . . - 199—204
9. *Il Reclusorio* . . . - 204—205
10. Medicinischer Unterricht . - 205—208
Thierarzneischule . . - 208
Mineralquellen . . . - 208—211
C. Fürstenthum Lucca . . - 212—219
Allgemeine Betrachtung . . - 212—214
1. Bürgerliches Krankenhaus . - 214—215
2. Irrenhaus . . . - 215—216
3. Findelhaus . . . - 216—217
4. Armenanstalten u. s. w. . - 218—219
II. Dem Kaiserthum Frankreich einverleibte Staaten Italiens . . . - 221—396
A. Kirchenstaat . . . - 223—319
Allgemeine Betrachtung . . - 223—232
I. Rom . . . . . . - 233—316
Allgemeiner Ueberblick . . - 233—235
1. Oeffentliche Krankenhäuser . - 235—251
a. *Spedale di Sto Spirito* . - 236—242
b. - *degl' Incurabili* . - 242—243
c. - *di S. Giovanni Lat.* - 243—244

**

d. *Spedale della Consolazione* S. 244—246
e. - *di Sta Maria e S. Gall.* - 245—248
f. - *de' frati ben fratelli* - 248
g. - *di S. Rocco* . - 248—250
h. *Ospizio de' Pellegrini* . - 250—251
2. Privatkrankenhäuser . . - 251—254
Santa Galla . . . - 252—254
3. Fremde Nazionalspitäler . - 254—255
4. Anstalten für die Jugend . - 255—261
a. Findelhaus . . . - 255—259
b. *Casa di S. Michele* . . - 259—261
5. Neuangelegte Krankenhäuser - 261—263
Militärisches Spital . . - 261—263
Gefängnisspital . . . - 263
6. Medicinischer Unterricht . - 263—264
a. *La Sapienza* . . - 264—274
b. Unterricht zu *Sto Spirito* . - 274—277
7. Locale Krankheiten Roms, Fieber - 277—312
8. Praktische Aerzte Roms . - 312—315
9. Medicinische Polizei . . - 315—316

II. Andere Städte des Kirchenstaates - 317—319

1. Spoleto . . . - 317—318
2. Foligno . . . - 318
3. Perugia . . . - 318—319

B. Toscana . . . . - 320—387

Allgemeine Ansicht . . - 320—321

I. Florenz . . . . - 322—367

1. Oeffentliche Krankenhäuser . - 322—337
a. *Osped. di Sta Maria maggiore* - 323—327
b. - *di S. Bonifazio* . - 327—335
c. *Ospizio di S. Giovanni di Dio* - 335—336
d. *L'Orbetella* . . . - 336—337
2. Anstalten für die Jugend . - 337—353

1. *Istituto del Bigallo* . S. 337
2. Findelhaus . . . - 337
3. Vaccinationsanstalt . . - 352—355
3. Medicinischer Unterricht . - 353—365
a. Lyceum . . . - 354—361
b. Unterricht zu *Sta Mar. nuova* - 361—364
c. Vorlesungen im Findelhause - 365
Medicinische Polizei . . - 365—367

II. Livorno . . . . . - 367—378

1. Allgemeines Krankenhaus . - 367
2. Lazarethe der Quarantane . - 367—371
Gelbes Fieber . . . - 371—378

III. Pisa . . . . . - 379—387

Krankenanstalten . . - 379
Universität . . . - 379—381
Vaccine und Dr. Pucciardi . - 381—387

C. Parma und Piacenza . . - 388—396

1. Krankenhäuser zu Parma . - 388—392
Spedale degl' Incurabili . - 388
- *della Misericordia* . - 389—391
Gefängnisspital . . . - 391—392
Findelhaus . . . - 392
2. Medicinischer Unterricht . - 392—396

Anhang . . . . . - 397—532

I. Klinischer Bericht von Herrn Brera, übersetzt . . - 399—445

II. Beiträge zur Kenntnis des *Contrastimulus* . . . - 447—423

A. Uebersicht der Klinik, von Rasori, übersetzt . . - 447—466

B. Bemerkungen dazu von Herrn Cervi . . . . S. 467—506

C. Beilage des Herausgebers . - 506—528

III. Bücher-Angaben . . - 529—532

Zween Tabellen . . . - 533—534

I. Irrenhäuser } Italiens.
II. Findelhäuser }

Verbesserungen,

welche höchst nothwendig sind.

Seite 12	Zeile 9 v. ob.	anst.	*Standes* lese man *Staates*	
- —	- 14 - -	-	*der* l. m. *des*	
- 15	- 27 - -	-	*nichts als* l. m. *nicht allein*	
- 41	- 2 - -	-	*müfste* l. m. *mufste*	
- 46	- 1 v. unt.	-	*des* l. m. *der*	
- 47	- 1 Anm.	-	*osservationi* l. m. *osservazioni*	
- 62	- 8 v. unt.	-	*ist* l. m. *sind*	
- 73	- 18 v. ob.	-	*Opedale* l. m. *Ospedale*	
- 81	- 2 v. unt.	-	*fafst.* l. m. *nicht fafst.*	
- 85	- 5 - -	-	*desselbigen* l. m. *derselbigen*	
- 102	- 1 - -	-	*diese* l. m. *diese letztere*	
- 110	- 4 v. ob.	-	*dort gewöhnlich* l. m. *dort in Bezug auf mehrere Städte gewöhnlich*	
- 115	- 1 v. unt.	-	*borst*, l. m. *barst,*	
- 119	- 13 v. ob.	-	*della* l. m. *delle*	
- —	- 1 v. unt.	-	*mufs.* l. m. *müssen.*	
- —	- 2 Anm.	-	*ae'* l. m. *de'*	
- 126	- 2 v. unt.	-	*gestiftet* l. m. *gestiftet worden*	
- 128	- 20 Anm.	-	*chima* l. m. *clima*	
- 129	- 6 v. ob.	-	*Vinzenzo* l. m. *Vincenzo*	
- 143	- 8 v. unt.	-	*Medicinische Klinik.* l. m. 4) *Medicinische Klinik.*	
- 149	- 11 v. ob.	-	*gerade und* l. m. *gerade Er*	
- —	- 2 v. unt.	-	*hinaus* l. m. *hinan*	
- 152	- 1 v. ob.	-	*fühlen* l. m. *führen*	
- —	- 5 - -	-	*welchem* l. m. *welchen*	
- 156	- 4 v. unt.	-	*war* l. m. *ward*	
- 162	- 9 - -	-	*die thierischen* l. m. *die Beziehung der thierischen.*	
- 163	- 3 - -	-	*durch* l. m. *für*	
- 168	- 5 - -	-	*Subjecten, kaum* l. m. *Subjekten und der kaum.*	
- 185	- 11 v. ob.	-	*Extraordinarj* l. m. *Estraordinarj*	

Seite 189 Zeile 3 v. unt. anst. *Portiglione* lese man *Postiglione*
- 204 - 4 v. ob. - *Cire* l. m. *Cice*
- 228 - 8 v. unt. - *schon als vorher* l. m. *schon vorher*
- 249 - 6 v. ob. - *Giavanni* l. m. *Giovanni*
- 252 - 10 v. unt. - *verdient* l. m. *verdient haben*
- 289 - 7 - - - *Atmosphäre* l. m. *Atmosfäre*
- 338 - 2 Anm. - 50,000 l. m. 45,000
- 339 - 12 v. ob. - *lira firentine* l. m. *lire firentine*
- 345 - 11 Anm. - *Longoc* l. m. *Longos*
- 348 - 1 v. ob. - *Erzeugen* l. m. *Erzeugern*
- 350 - 10 v. unt. - *Erfahrung* l. m. *Erfahrungen*
- 351 - 14 v. ob. - *anderer Organismen* l. m. *andere Organismen*
- 376 - 19 Anm. - *différences manquées* l. m. *différences marquées*
- 382 - 2 v. ob. - *nachdringlich* l. m. *nachdrücklich*
- 384 - 15 v. unt. - *Behauptungen* l. m. *Behauptung*
- 414 - 5 Anm. - *unterlassen* l. m. *unterläſst*
- 429 - 6 v. ob. - *ascites* l. m. *Ascites*
- — - 9 v. unt. - *worin* l. m. *worein*
- 433 - 10 v. ob. - *hebatica* l. m. *hepatica*
- — - 18 - - - *Floriani* l. m. *Floriano*
- 439 - 5 - - - *cohohirtes* l. m. *cohobirtes*
- 442 - 6 - - - *Vortrag* l. m. *Vorrath*
- 463 - 1 Anm. - *totate* l. m. *totale*
- — - 7 - - *granciperro* l. m. *graneiporro*
- 469 - 6 v. ob. - *wurde* l. m. *würde*
- — - 19 - - - *daſs* l. m. *das*
- 472 - 16 - - - *der negativen* l. m. *die negativen*
- 475 - 3 - - - *Disenterieen* l. m. *Dysenterieen*
- 476 - 6 - - - *Synoche* l. m. *Synocha*
- 477 - 4 v. unt. - *Febrium* ardentium l. m. *febrium ardentium*
- 480 - 17 v. ob. - *gerichtigen* l. m. *gewichtigen*
- 486 - 3 u. 4 v. ob. - *seiren* l. m. *seiner*
- 492 - 16 v. ob. - *eigentich* l. m. *eigentlich*
- 500 - 3 v. unt. - *neue* l. m. *neun*
- 502 - 2 - - - *den* l. m. *denn*

ZUSATZ.

Bei Seite 364. Eine besondere Stelle als Professor der philosophischen Geschichte der Medicin an der Unterrichtsanstalt zu Sta Maria nuova in Florenz bekleidet ein Herr Bertini. Die von ihm herausgegebene kleine Schrift (*Ragionamento inaugurale per l'apertura della cattedra di storia filosofica della medicina, letto dal* Giuseppe Bertini *nell' anfiteatro anatomico dello Spedale di* Sta Maria nuova, *la mattina dei 20 Giugno* 1807. Firenze presso Gugl. Piatti 1810. 8.) enthält Weniges, was zur Begründung einer wahrhaft philosophischen Geschichte der Medicin beitragen möchte.

Den Nachrichten öffentlicher Blätter zufolge hat die Universität in Neapel durch besondere Verfügungen der Behörden noch im verwichenen Jahre einen ganz besondern Schwung bekommen: mindestens liefsen sich diese öffentlichen Blätter weitläuftig über die verschiedenen Uniformen der Facultäten und das Recht der Professoren bei Hofe zu erscheinen aus, zu Nutz und Frommen anderer Universitäten welche in derlei Angelegenheiten noch keine so hohe Stufe der Bildung erreicht haben möchten. Der ehrwürdige Cotugno ist, soviel mir bekannt, zum lebenslänglichen Prorector ernannt.

Wenige Stunden vor dem Abgange dieser Blätter an den sehr entfernten Druckort ersehe ich aus französischen Zeitungen, dafs laut Nachrichten aus Parma vom 24sten Mai dies. Jahr. die bei meiner Anwesenheit noch halb und halb bestehende Universität gänzlich aufgehoben, und an ihrer Stelle eine der kaiserl. Akademieen errichtet worden ist, deren Bezirk sich aufser dem parmesanischen Gebiet und dem Departement Marengo über einige Gegenden der Departementer Genua und des Taro erstreckt. Meine bei dem Artikel Parma (Seite 392 bis 396) gemachten Bemerkungen über den Zustand der dortigen Universität sind also für die Zukunft nach diesen neuesten Nachrichten abzuändern. Ueberhaupt wird bei der aufs Rascheste immer fortschreitenden Umgestaltung derer zu Frankreich geschlagenen Staaten nach allgemeinen Grundsätzen, der von mir noch beobachtete und beschriebene Zustand der Unterrichtsanstalten und der gesammten Medicinalverfassung sicherlich bald grofse Veränderungen erleiden, welche, sie möchten übrigens sein wie sie wollten, immer doch nützlicher sein müfsten als das bisherige regellose Schwanken der halbgestürzten Ueberbleibsel aus früheren Staatsverfassungen.

I.

FÜR SICH BESTEHENDE STAATEN

ITALIENS.

A.

Königreich Italien.

Da das Königreich Italien seine eigene, von der französischen ganz unabhängige Civil-Administration besitzt, so wird es nicht ungerecht sein, bei der Betrachtung seiner öffentlichen Anstalten zur Gesundheitspflege und zum ärztlichen Unterricht, einen höheren Maſsstab an dieselbigen zu legen, als in denen dem französischen Kaiserthume ganz einverleibten Staaten Italiens möglich sein würde. Es wird aber auch die Beurtheilung der schon vorhandenen Aerzte gerechter und billiger Weise sich nach demselbigen Maſsstabe richten, da der gröſste Theil dieses Königreiches aus Staaten bestehet, welche schon früher wohl organisirt waren, und gerade in seinem Gebiete die drei allein bedeutenden Universitäten Italiens liegen. Das mailändische Gebiet zeichnet sich in dieser Hinsicht besonders aus. Die Bemerkung, welche sich hierbei dem Beobachter darbietet, scheint um so richtiger zu sein, da der toscanische Staat sie bestätiget. Man sieht bei der ersten Betrachtung, wie aufmerksam die Prinzen des österreichischen Hauses, welche vordem abgesonderte Staaten verwalteten, ihr Augenmerk auf die gute Einrichtung und Erhaltung der öffentlichen medicinischen Anstalten richteten. In beiden genannten Provinzen findet man überall die glück-

1 *

liebsten Spuren dieses Geistes, dessen Wohlthätigkeit niemals genug gepriesen wird. Ich erwähne in Bezug auf Mailand, bei dieser Gelegenheit nur im Allgemeinen, was nicht eigentlich in den Plan der gegenwärtigen Schrift gehört, der dortigen vortrefflichen Anstalten gegen den Bettlerunfug, für die Züchtlinge und Gefangene aller Art, und für arme alterschwache oder sonst unfähige Personen. Ich hatte während meines Aufenthaltes in Mailand das Vergnügen, einige Anstalten dieser Art in Gesellschaft des Herrn Barons von Voght aus Hamburg kennen zu lernen. Dieser eben so würdige als bekannte Beförderer alles Gemeinnützlichen würde mehr als irgend ein Anderer im Stande sein, die Anstalten, welche seiner Aufmerksamkeit nicht entgehn konnten, gehörig zu schildern, und das Gute derselben auch zu anderweitigem Gebrauche aufzustellen. Sein auf manche Erfahrung gegründetes Lob schien mir ein trifftiger Beleg für die wirkliche Güte der angeführten Einrichtungen zu sein, und ich glaube mich hier ganz auf die Autorität seines Urtheils beziehn zu können, ohne zur Begründung meiner obigen Worte einen hierher nicht gehörigen Beweis führen zu müssen.

Allerdings findet sich bei denen schon früher bestandenen medicinischen Einrichtungen und Anstalten, ihre neueren Umgestaltungen abgerechnet, auch hier ein auffallender Unterschied zwischen mehreren jetzt zum Königreich vereinigten Provinzen. Wer in dem ehemaligen Venezianischen Staate die Spuren früherer wohlgeordneter medicinischer Verfassung suchen wollte, würde sich vergeblich bemühn, sobald er über die Grenzen der Universität zu Padua hinausginge, und die blofse Gegenwart der, aus anderwärts angegebenen natürlichen Gründen in Italien unumgänglich nothwendigen Krankenhäuser, in gröfsern und kleinern Städten, nicht als höchste Aufgabe betrachten wollte. Ich werde in der Folge Gelegenheit finden, diese Behauptung zu rechtfertigen, wenn ich des Zustandes der medicinischen Anstalten, wie ich ihn zu Venedig kennen lernte, Erwähnung zu thun habe. Ein Gleiches gilt von den Provinzen, welche ehemals unter der päpstlichen Herrschaft standen. Auch hier darf man von früheren Einrichtungen aufser der Gegenwart der Anstalten nichts nach Vollkommenheit Strebendes erwarten, und nur ebenfalls die Universität zu Bologna bietet das Bild einer nützlichen, obgleich keinesweges vollendet trefflichen Verfassung aus früherer Zeit dar.

Bei alle dem ist dennoch das Urtheil der Italiener selber einstimmig dieses, dafs aufser den gegenwärtigen Grenzen des Königreiches Italien nur Toscana gleich gute und merkwürdige ärztliche Anstalten aufzuweisen habe, die übrigen Provinzen Italiens aber gegen diese zurückstehn müssen. Dies Urtheil ist vollkommen richtig in jeder Hinsicht. Insofern, wie wir späterhin deutlich zu machen uns bestreben werden, aufser den angeführten Anstalten im Königreich Italien, und denen in Toscana, nebst einigen wenigen in Rom, nirgend eine der Vollkommenheit sich nähernde Vorarbeit bestand, ist es natürlich, dafs bei dem Zusammensturze aller vorherigen Staatsverfassungen seit den letzten funfzehn Jahren, und dem nur allmähligen Hervorgehn des Neuen, gegenwärtig kein fruchtbares Gestalten Statt finden kann. Und eben nur in dieser Hinsicht darf das

Königreich Italien auch von dem Unbefangensten als der glücklichste Staat jenes ganzen Landes gerühmt werden. Gerade hier sind die früheren Anstalten, wo sie irgend Vorzüge besaſsen, im Besitze derer Hülfsmittel geblieben, deren sie zu ihrem vollen Bestande bedürfen, oder durch andere entschädiget worden. Eine Regierung, deren wirksame Organe in Eingebohrnen des Landes, und gröſstentheils schon früher zur Thätigkeit gewöhnten Männern bestehn, kann auch bei aller Beziehung und Abhängigkeit von fremdartigem Willen die gebietenden Ansichten im Einzelnen auf das wahrhaft Nützliche und absolut Gute richten, oder die unvermeidlichen Einwirkungen eines feindseligen Zeitgeistes möglichst mildern. Ich weiſs nicht, ob es mir zukommt, bei dieser Gelegenheit des unvergeſslichen Johann von Müllers Namen auszusprechen, dessen durch die Geschichte aller Zeiten geläuterter Geist wahrer sicherlich voraussah, als die welche den Verstorbenen, ja noch den Lebenden verkleinerten. Vielleicht wäre es nicht ungereimt zu glauben, daſs auch in diesem Kampfe nur ein Zauderer, wie jener Fabius, obsiegen könne, indem der unholde Zeitgeist mit Gewalt nicht verdrängt werden kann. Und obgleich ich nicht zu versichern im Stande bin, in wie weit die Ansicht derer, welchen die Leitung der Wissenschaften im Königreich Italien anvertrauet ist, mit der obigen übereinstimmt, so scheinen doch ihre Wirkungen dafür zu zeugen, insofern hier, wenn gleich die allgemeine Richtung der Staatsverwaltung nothwendiger Weise die nemliche ist, im Einzelnen manche nicht unbedeutende Abweichung von der französischen Form beobachtet wird. — Nur Florenz besaſs ſchon früher ähnliche gute

Anstalten, und allein durch ihre Vorzüglichkeit können diese selbst bei den ungünstigsten äufseren Umständen gegenwärtig sich erhalten. Alles Mittelmäfsige, was im übrigen Italien sich findet, mufste wohl bei einer so allgemeinen Umgestaltung in den Zustand der gänzlichen Werthlosigkeit verfallen, und die Nachlässigkeit, welche bis jetzt alle thätige Verwendung behinderte, zerstört das wenige Bestandene auf eine selbst für die zukünftigen Einrichtungen nachtheilige Weise.

Indem wir aber solchergestalt die aus früherer Zeit bestandenen Anstalten loben, und durch die Bemerkung des Einflusses eines fremdartigen Willens die allgemeine Haltung derselbigen unbilligen Angriffen zu entziehen suchen, bleibt uns dennoch sowohl gegen diesen allgemeinen Geist der Einrichtungen, als insbesondere gegen seine Wirkungen im Einzelnen, mancherlei mit vollem Rechte zu erinnern übrig, welchem die strenge Rüge vieles unverzeihlichen Unfuges keine Entschuldigung darzubieten scheint. Eben durch die Leichtigkeit, bei schon bestehenden guten Anstalten, und nicht ganz ungünstigen Verhältnissen, etwas Gutes hervorzubringen, wird die höher gespannte Foderung gerechtfertiget, und wir zu einer strengen Untersuchung eingeladen. Solchergestalt aber ist es vor Allem auffallend, wie wenig die Sorgfalt derer das Ganze leitenden Männer sich über die Hauptstadt und einzelne wenige andere Orte hinaus erstreckt. Ich habe gefunden, dafs in vielen selbst bedeutenden Städten des Königreichs immer noch eine auffallende *Unordnung* im *Medicinalwesen* herrscht, *) und fast nirgend

*) Einen auffallenden Beleg für diese früher gemachte Bemerkung lieferte mir noch vor wenigen Tagen hier zu Ber-

auf eine Gleichförmigkeit in der Verfassung desselben hingearbeitet wird. Die für das Militär bestimmten ärztlichen Anstalten sind durchgehends auf eine bestimmtere, wenn auch nicht überall genügende Weise organisirt, und nicht selten ist dieses zu offenbarem Nachtheile der bürgerlichen Krankenhäuser *) geschehn. Die all-

lin die Erzählung des Herrn Consul Lembcke aus Memel, welcher so eben von einer Reise durch Italien zurückkehrte. Einer von seinen Verwandten war nemlich in Venedig gestorben, als er ohne die nöthige Auswahl von den dort verkäuflichen *Austern* gegessen hatte. Herr Lembcke selbst, der in den Sommermonaten sich zu Venedig aufhielt, beging die nemliche Unvorsichtigkeit, und mufste sie, nebst seinem Bedienten, auf das Härteste büſsen: denn beide wurden alsbald nach dem Genusse vom heftigsten und lange Zeit hindurch nicht zu bändigenden Durchfalle ergriffen, welcher sie nahe ans Grab, und eine lange Reihe übler Folgen mit sich brachte. Man weiſs, daſs die *Austern des adriatischen Meeres* in der heiſsen Jahreszeit eine äuſserst gefährliche vergiftende Wirkung besitzen, sobald sie ihre Brut bei sich tragen. Fremde, und selbst Einheimische, sobald sie das Aussondern nicht verstehn, können daher leicht das Opfer einer unschuldigen Leckerei werden, und es dient daher den Aufsehern der medicinischen Polizeianstalten zum gerechten Vorwurf, daſs der unbedingte Verkauf aller Austern ohne Rücksicht eines so wichtigen Umstandes erlaubt wird, um so mehr, da ein verdienstvoller Arzt des Königreiches seine vaterländische Literatur mit einem vollständigen Werke über die Polizei der Lebensmittel beschenkt hat. (Dr. Annibale Omodei *policia economico-medica delle vettovaglie.* Milano 1806.)

*) Beispiele dieser Art werde ich bei Gelegenheit von Forli, Macerata und anderen Städten des Königreiches anführen.

gemeine Besorgung der Hülflosen, sowie die Verfassung der vorhandenen Krankenhäuser ist in den verschiedenen Gegenden nach dem verschiedenartigen Herkommen immer noch gemodelt, und nicht nach einem nothwendigen allgemeinen Gesetze umgestaltet. Von *medicinischer Polizei* ist fast nirgend als in Mailand selber, die Rede, und auch daselbst liegt die heilsamste Beschützerin des Gemeinwohls bei dem besten Willen ihrer Lenker grofsentheils in dem unkundigen Willensspiele Höherer, und den Ranken schamloser Selbstsüchtigen befangen. *) Meine Leser werden im Verfolge der Bemerkungen über die einzelnen Städte des Königreiches, diese Behauptungen bestätiget finden. Ueberhaupt wird es nicht unwahrscheinlich, dafs man sich häufig mit dem äufseren Scheine begnügt, etwas gethan zu haben, und im Beginnen schon die Vollendung sucht. Eben daher wird es auch begreiflich, warum bei dem äufserst fühlbaren Mangel der Anstalten in den ferneren Gegenden doch so wenig dafür gethan wird, und wenn es geschieht, die neuen Einrichtungen auf alte Fehler nicht selten fortgebauet werden. Selbst in der Verfassung der Universitäten und übrigen öffentlichen Lehranstalten finden sich Mängel, von deren Wirklichkeit man sich kaum überzeugen kann. Ich schliefse die Gestaltung des öffentlichen Unterrichts im Allgemeinen, und die Auffassung der Idee einer Universität von diesen Betrachtungen ganz aus, theils weil es nur einsichtsvollern Richtern zukommt, darüber zu entscheiden, theils weil eben

*) Man vergleiche, was im *Anhange* bei Gelegenheit des *Contrastimulus* umständlicher hierüber zu erwähnen ist.

die bedingte Abhängigkeit von fremdartigem Einflusse bei Richtungen des allgemeinen Bildens und Erziehens auch in der Wissenschaft, die Verwalter dieses Königreiches vor aller Beschuldigung in diesem Bezuge sicherstellt. Doch glaube ich hierbei rügen zu müssen, was mich bei der Allgemeinheit dieses Mangels im übrigen Italien; hier im Königreiche, wo die Mittel zur Abstellung weit leichter zu finden sind, besonders befremdete, dafs nemlich nirgend, weder auf einer der drei grofsen Universitäten, noch an irgend einer andern Lehranstalt, auf die *Geburtshülfe* gehörige Rücksicht genommen wird. Zwar sind an den Universitäten Professoren derselben angestellt, wiewohl, aufser in Padua, auch diese dürftig genug: allein keine einzige Stadt des Königreiches besitzt eine *praktische* Anstalt zu solchem Behufe, ja es findet sich nicht einmal die Gelegenheit zur Uebung im Untersuchen, noch zum blofsen Anschauen des Vorganges der Geburt. Ich erinnere bei dieser Gelegenheit, dafs die Geburtshülfe in ganz Italien ein gleiches Schicksal hat. Nicht ohne das gröfste Befremden forschte ich überall und bei allen Behörden vergeblich nach den Mitteln, welche für Studierende zur Uebung in dieser schwierigen Kunst vorhanden sein möchten. Die Namen Asdrubali, Assalini, Galletti, Malacarne, und die Kenntnifs ihrer Schriften, erwecken in dem Ausländer den Gedanken an bedeutende Anstalten, auf denen sie sich gebildet, und als Lehrer für Andere nützlichen Wirkungskreis gefunden haben möchten. Um so auffallender also ist es, gar nichts dieser Art zu finden, sondern diese Männer auf sparsame Privatpraxis, und für jeden Andern verschlossene Gebährhäuser eingeschränkt zu sehn. Auch haben sich diese Männer insgesamt aufserhalb Italien gebildet: und selbst von ihnen können nur Asdrubali und Galletti in Rom und Florenz als eigentliche Geburtshelfer aufgestellt werden, da sowohl Assalini als Malacarne sich in der neuern Zeit zu wenig mit der Ausübung befassen, und nicht mehr Gelegenheit haben, an Gebährhäusern ihre Geschicklichkeit zu üben. Der einzige Ort, wo Studierende wenigstens an etlichen wenigen Schwangern untersuchen, und dem Vorgange der Geburt beiwohnen können, ist Florenz. Es giebt der Gebährhäuser und Spitäler auch an andern Orten, und giebt Lehrer der Geburtshülfe: allein die Chirurgen der Spitäler dürfen in ihren Säälen keinen Unterricht ertheilen, und die Lehrer haben keinen Zutritt in die Spitäler. Im Königreiche Italien aber scheint dieser Mangel, bei übrigens so weit gediehener Vervollkommnung der Chirurgie, und bei der Gegenwart so erprobter Männer in diesem Fache, wahrhaft unbegreiflich, zumal wenn man bedenkt, dafs Anlegung neuer Anstalten gar nicht von Nöthen ist, sondern es nur eines einzigen Gesetzes bedarf, die, vornehmlich zu Mailand, vorhandenen und hinreichend grofsen, dem öffentlichen Unterrichte zu widmen. Allein die ganze Verfassung dieser Anstalten ist auch hier, sowie im übrigen Italien, mehr auf die Begünstigung heimlicher Geburten berechnet, und den Händen der männlichen und weiblichen Geistlichkeit übergeben, welche die Gegenwart junger Studierenden bei einer Geburt für einen unzuläfslichen Gräuel erklärt, und den bedrängten Gebährenden selber dadurch die fernere Möglichkeit der Beihülfe entziehet.

Wenn ich auch von dem Einflusse der Regierung des Königreiches auf den Geist des medicinischen Studiums aus oben angegebenen Gründen nichts erwähnen will, noch überhaupt im Stande bin, das Wesen der Direction des öffentlichen Unterrichtes zu schildern, an deren Spitze der berühmte und mit Auszeichnungen jeder Art überhäufte Moscati steht: so halte ich es dennoch für nöthig, über die Art, wie die Medizin von den Aerzten dieses Staates im Allgemeinen behandelt wird, bei vorkommender Gelegenheit dasjenige zu sagen, was mich die persönliche Bekanntschaft mit einem jeden, der Namen und Autorität besitzt, und das Studium ihrer Werke gelehrt hat. Es ist begreiflich, dafs diejenige Erweiterung der ärztlichen Cultur, welche durch die Kenntnifs ausländischer Literatur begründet wird, unter den lombardischen Aerzten weiter gediehen ist, als unter den römischen und neapolitanischen. Schon die Nähe Deutschlands und Frankreichs, und die mannigfaltigen Beziehungen anderer Art zwischen diesen Ländern und dem Norden Italiens, mufste von jeher eine folche Bekanntschaft erleichtern, indem auch der Buchhändlerverkehr gegenseitig Statt fand: wenn auch nicht das eigenthümliche Wesen der thätigeren, nicht allein zu nothwendigstem Geschäfte treibbaren Lombarden diesen mehr als den indolenten, und die Wissenschaft weniger um ihrer selbst willen achtenden Römer und Neapolitaner über die Grenzen seines Landes hinausgeführt hätte. Der Verkehr des Buchhandels zwischen den südlichern Ländern Italiens und allem Transalpinischen konnte niemals bedeutend sein. Die kirchliche Strenge schlofs nothwendiger Weise mit dem ihr unmittelbar Gefährlichen auch das unschuldigere rein Wissenschaftliche aus, da dieses allein den Handel nicht bestimmen konnte. Vor allem aber wirkte wohl die Indolenz. Der Römer zumal wird sich schwerlich jemals überzeugen, daſs er auſser den Schriften der italienischen Aerzte wichtige Belehrungen finden könne, besonders da die Schwierigkeit fremder Sprachen ihn abschreckt, und wenn er auch mit Worten sich bestrebt als ein Hochschätzer der Ausländischen zu erscheinen, so ist es ihm dennoch selten Ernst damit, noch er im Stande, aus wirklicher Kenntniſs darüber zu urtheilen. *) Es ist also nicht zu verkennen, daſs die Aerzte des jetzigen Königreiches Italien als die reichsten an wahrer wissenschaftlicher Bildung unter allen italienischen anzusehn sind, wenn man bei letzteren einige achtungswerthe Ausnahmen nicht als allgemeine Regel gelten läſst. Vereine von Männern, dergleichen zu Mailand, Pavia, Padua und Bologna sich finden, hat kein anderer italienischer Staat aufzuweisen; und fast *kein einziger* von allen diesen Männern ist anderen als lombardischen oder piemontesischen Ursprunges. Welcher einheimische sowohl als ausländische Arzt verehrt nicht unter denen um die *Physiologie* Verdienten einen Azzoguidi, einen Gallini, einen Testa; unter den *Anatomikern* einen Caldani, einen Malacarne, einen Rezia, einen Scar-

*) Es bedarf wohl keiner ausdrücklichen Erinnerung, daſs ich allezeit bei dergleichen allgemein ausgesprochenen Urtheilen nur den groſsen Haufen der Aerzte vor Augen habe, auf dessen durchgreifende Bildung die einzelnen Vortrefflichen eben aus den angegebenen Gründen dort nicht so sehr als anderwärts einzuwirken im Stande sind.

pa; als *klinische Lehrer* einen Brera, Locatelli, Raggi, einen Testa, welcher mit der kenntnifsreichsten Geübtheit am Krankenbette den Schwung des begeisterten Naturfreundes einigend, das Ideal des Arztes darstellt; wer als *Chirurgen* nicht einen Assalini, Pajola, Scarpa, nebst so manchen Anderen unter den öffentlichen Lehrern und praktischen Aerzten des Landes, welche, wenn auch nicht so klassisch als diese, dennoch um jeden Zweig der Medicin hoch verdient, eine lange Namenaufzählung unmöglich machen? Und können die übrigen Länder Italiens aufser den wenigen Namen der eben so trefflichen Mascagni, Lupi, Cotugno, Andria, Chiarugi, Asdrubali, Vacca-Berlingheri, eine gleiche Zahl ruhmwürdiger und wenn gleich nicht klassischer, doch um ihre Wissenschaft sehr verdienter praktischer Aerzte und Lehrer an minder grofsen Anstalten aufweisen, als die Lombardei? Denn gerade diese allgemeiner verbreitete ärztliche Cultur, die sich nicht, wie besonders zu Neapel, ganz allein in der Hauptstadt bei Einzelnen, Wenigen zeigt, während das übrige Land dem elendesten Schlendrian Preis gegeben ist, gerade diese giebt der Lombardei den Vorzug. Schlimm ist es freilich, dafs bei den jetzigen Staatseinrichtungen manche der nothwendigsten Bedingungen zu einer höheren Cultur und Uebertreffung der blofsen empirischen Geübtheit, in ihrer vorherigen Wirkung sehr gehemmt worden sind, wohin gerade die strenge Büchercensur und der durch dieselbe wie durch unglaublich hohe Abgaben behinderte Buchhandel gehören.

Um so auffallender aber bei solcher allgemeinerer Bildung und bei dem echten und ehrwürdigen Geiste der

Naturforschung solcher Männer wie Azzoguidi, Gallini, Testa, muſs die Entstehung und wenn auch nur geringe Verbreitung des sinnlosen *Contrastimulus* sein. Um den Verlauf meiner Darstellungen nicht zu unterbrechen, werde ich erst am Schlusse dieser Blätter dasjenige aufzeichnen, was ich über diese eben so ungegründete als gefährliche Lehre zu bemerken fand, und meinen Lesern dann die Entscheidung überlassen, ob die nothgedrungene Einmischung der Persönlichkeit beim Beurtheilen eines nur in der Eitelkeit des Erfinders gegründeten Unwesens ungeziemend sein kann. Hier erwähne ich seiner nur in Betreff seiner Einwirkung auf die öffentliche Wohlfahrtspflege, und als nothwendigen Theiles zur Schilderung des allgemeinen ärztlichen Geistes. Was ich bei den Spitälern Mailands und Venedigs, sowie bei der abgesonderten Betrachtung seines Wesens selber, von diesem Rasorischen Geschöpfe zu sagen habe, ist daher zu charakteristisch für den Geist dieser öffentlichen Verwaltung, als daſs es bei einem Staate, der zu höheren Foderungen berechtigte, nicht in Anschlag gebracht werden sollte. Der glattzüngige Schmeichler weiſs leicht die Schwäche der Gebietenden zu leiten, auffallend aber ist es, daſs alle ehrenwerthen und mit Geradsinn und Kraft ihre bessere Einsicht festhaltenden Männer der politischen und wissenschaftlichen Autorität, das grobe Gespinnst nicht zu zerstören vermögen, sondern sogar schweigen, wenn nicht als das Wohl und Weh einzelner, dem unkundigen Umhertappen ausgesetzter Kranken, wenn die ärztliche Bildung eines ganzen Landes durch Lehrereinfluſs auf die schwächere folgende Mehrzahl der Jugend gefährdet wird.

I. Mailand.

Von der Hauptstadt des ganzen Königreiches kann man mit Recht vermuthen, dafs sowohl die Medicinalverfassung im Allgemeinen, als besonders der Zustand ihrer öffentlichen Krankenhäuser, von den obern und untern Behörden mit aller möglichen Sorgfalt beachtet werde, da nirgend ein Unterschleif vor den Augen redlicher Directoren Statt finden kann. Und sicherlich würde dies der Fall sein, wäre man mit durchgreifenden Principien im Reinen, und nicht oftmals den Launen einzelner Angesehenen ausgesetzt. Der vortrefflichen *praktischen* Aerzte und Chirurgen gibt es in Mailand viele, und der Staat hat, man mufs es rühmen, zu ihrer Belohnung und Auszeichnung mehr gethan, als nicht leicht anderwärts geschieht. Ich begnüge mich, die über mein Lob erhabenen Namen Moscati,*) Locatelli, Assalini **) vor Anderen auszusprechen. Auch unter den jüngeren

*) Pietro Moscati *delle corporee differenze che passano fra la struttura de' bruti e l'umana.* Milana 1770. — Deutsch vom Hofr. Beckmann. Göttingen 1772. . . . *Discorso de' vantaggi dell' educazione filosofica nello studio della chimica*, Milano 1784. . . . *Osservazioni ed esperienze sul sangue fluido e rappreso, sopra l'azione delle arterie, e sui liquori che bollono poco riscaldati nella machina pneumatica.* Napoli 1788. — Mil. 1803.

**) *Saggio sopra de' vasi linfatici del Dottore* Paolo Assalini, Modena 1787. — Deutsch: Assalini's *Versuch über die Krankheiten des Saugadersystems, nach der französ. Uebersetzung.* Dresden 1792. . . . *Riflessioni sopra*

geren und übrigen Aerzten Mailands sind viele, deren Gegenwart an andern Orten des Staates von grofsem Nutzen sein könnte. *) Die Ausübung unserer schwierigen Kunst unter dem mehr oder weniger bezahlenden Publikum ist daher wohl in keiner Stadt Italiens so gut und reichhaltig berathen als hier.

In keiner andern Stadt des Königreiches ist die *medicinische Polizei* in so guter Verfassung als in Mailand, ja diese als Hauptstadt ist sogar beinah die einzige, in welcher eine dergleichen Aufsicht auf das Gemeinwohl ernst und durchgreifend gehandhabt wird. Zwar erleidet sie seit den letzten Jahren einen gar empfindlichen Abbruch durch die frechen Eingriffe jener unbegreiflichen Giftmischerei, die durch höhere Bestätigung sogar in der einzigen Lehranstalt der Ausübung ihr Wesen treiben darf; allein eben diese Gunst gegen die gewissenlose Selbstsucht gereicht nur denen Vornehmen zum Vorwurf, welche als Nichtärzte den schmeichlerischen Bethörungen Gehör geben, und sich mit ihrer Macht in die Leitung wissenschaftlicher Angelegenheiten mischen, die nur nach Relazionen der bestallten Directoren vor ihren Gerichtshof gehören können. Man darf wohl glauben, dafs die ehrwürdige und ausgesuchte Direction des

pra la peste d'Egitto con i mezzi di preservarsene, Torino a. IX.... *Nuovi stromenti d'ostetricia e loro uso*, Mil. 1811, Mit 4 Kupfertafeln.... *Ricerche sulle pupille artificiali, con 5 tavole incise e colorite*, Mil. 1811.

*) Der bekannten Schriften von Giannini erwähne ich bei dieser Gelegenheit: *Memorie di medicina* ecc. Mil. 1800, 4 vol.... *Della natura delle febbri e del miglior metodo di curarle* ecc. Mil. 1805, 2 vol.

Medizinalwesens, an deren Spitze ein Mann von so erprobtem Werthe steht (Moscati), nur mit Widerwillen solchem von obenher begünstigten Unfug zusieht, ohne ihm geradesweges steuern zu dürfen. Dies ist das einstimmige Urtheil aller rechtschaffenen und in die Verhältnisse eingeweihten Aerzte Mailands. Der Deutsche braucht wohl schwerlich anzustehn, ein solches Urtheil, dem er zu widerstreiten keinen Grund fand, öffentlich und mit Nachdruck auszusprechen.

Oben schon habe ich erwähnt, wie Vieles in Bezug auf die *öffentlichen Krankenhäuser* und Versorgungsanstalten der leidenden Armuth, Mailand seinen vorigen Beherrschern aus dem Hause Oesterreich verdanke. Die Sorgfalt der Behörden wendet sich allerdings auch jetzo auf diese wichtigen Anstalten, und vornehmlich in Bezug auf Steuerung des Bettlerwesens würde ein trifftiges Lob ausgesprochen werden müssen, wenn gerade dergleichen Einrichtungen dem Gegenstande dieser Bemerkungen nicht fremd wären. Was aber die eigentlichen Gesundheitsanstalten betrifft, so waltet hier ein sehr schädliches Kleben am Herkömmlichen ob. Nicht zu gedenken, daſs der Staat dem groſsen bürgerlichen Krankenhause allein über 5 Millionen mailändischer *Lire* (ungefähr 2 Millionen Reichsgulden) schuldig ist, die seit den groſsen politischen Umwälzungen, theils durch eingezogene Güter, theils baar erborgt wurden, wodurch also bei der Unmöglichkeit der Abzahlung das Hospital zu einer ängstlichen Vermeidung selbst der nothwendigsten Ausgaben gezwungen wird: so bleiben auch in der ursprünglichen Einrichtung und Verwaltung sowohl dieses allgemeinen, als der damit in Verbindung stehenden besondern Krankenhäuser die auffallendsten und grundlosesten Fehler unangetastet. Die unterrichteten Leser mögen übrigens selber urtheilen, in wie weit die hier zu schildernden medicinischen Anstalten ihrer Extensität nach hinreichen für eine Stadt von 130,000 Einwohnern, so viele nemlich Mailand gegenwärtig gewiſs enthält, da Andere sogar 150,000 angeben. —

---

1. L'Ospedale maggior.

Dieses angeführte allgemeine bürgerliche Krankenhaus, Ospedale maggiore genannt, stammt aus der Regierungszeit von Maria Theresia und Iosef II. her. Es gehört nebst dem Spital St. Spirito in Rom, Hôtel-Dieu in Paris, und dem allgemeinen Krankenhause in Wien, zu den gröſsesten und umfassendsten Anstalten dieser Art, die überhaupt vorhanden sind. Das eigentliche Sp. maggiore ist getrennt von den übrigen ihm beigeordneten Anstalten anderer Art, und umfaſst das ganze Gebiet aller medicinischen und chirurgischen Krankheiten, allein mit Ausschluſs der Geisteszerrüttungen, der Krankheiten der Wöchnerinnen und Kinder, und der unheilbaren Gebrechen und Altersschwäche. Ich werde sonach die Einrichtung dieses Spitals abgesondert von den übrigen Filialen darstellen, und des Verhältnisses derselbigen zu ihm nur im Allgemeinen gedenken.

Die schon früher vorhandene Fundation ward durch die Freigebigkeit des österreichischen Kaiserhauses bedeutend erhöht, und bekam auch hinterher durch mancherlei Vermächtnisse und Stiftungen reicher Privatleute ansehnlichen Zuwachs. Ein Advocat, der sein Lebelang als Filz verschrieen war, bauete allein den rechten grofsen Seitenflügel an, und hinterliefs noch genug, um alle darin aufgenommene Kranke zu versorgen. Ueberhaupt war das Spital so unglaublich reich fundirt, als nirgend ein anderes. Während der Revoluzion verlor es durch die Eingriffe des Staats selber, wie schon angegeben, 5 Millionen Liren, und den gröfsten Theil seiner liegenden Gründe. Gegenwärtig würde es, bei dem mangelnden Wiederersatze so ungeheurer Summen, gar nicht in seiner beschränkteren Lage bestehn können, wenn mildthätige Seelen nicht dann und wann durch Schenkungen und Vermächtnisse der Kasse beisprängen.

Die hohen und geräumigen massiven Gebäude des Spitals umfassen einen grofsen und vier kleinere Höfe, sodafs nirgend die Flügel, in welchen die ungeheuern Krankensääle liegen, zu nahe an einander gebauet sind. Die Lage des Ganzen ist ziemlich frei aufserhalb der bewohnteren Stadtviertel, und der Kanal von der Adda zum Po bespült die hintere Seite, sodafs Reinlichkeit und Schutz bei Feuersgefahr erleichtert werden. Die Fassungsweite dieser Gebäude erstreckt sich auf 2000 Betten, doch versteht es sich, dafs wenigstens im Sommer eine solche vollständige Zahl den Raum schädlicher Weise allzusehr beschränken würde, sowie auch der gegenwärtige Kassenbestand so ausgedehnten Aufwand nicht erlaubt. Bei alle dem ist der Umfang des Ganzen mit allen fünf Höfen kaum etwas gröfser, als der des grofsen vordersten Hofes im Spital zu Wien ganz allein: und dennoch sind die mehresten Krankensääle höher und geräumiger, sowie auch die Betten eben so weit von einander abstehend, als in dem Wiener Krankenhause der Fall ist. *) Die Ersparung des Raumes ist in der That sehr wohl gelungen, da wo Ausdehnung unnütz sein würde. Einige Sääle sind freilich auch vorhanden, die fast zu niedrig, und des nöthigen Luftzuges ermangelnd vorkommen möchten. Dagegen aber sind die Kreuzsääle in den Erdgeschossen der beiden Seitenflügel so hoch und prachtvoll ausgestattet, daſs man darüber erstaunt. Die Bettstellen sind überall von Eisen, und mit Kissen und Laken ganz erträglich bedeckt. Reinlichkeit, soviel sie nur irgend möglich ist bei Kranken aus dem italienischen Pöbel, vermiſst man nirgends. Männliche und weibliche Kranke sind ziemlich genau auf den rechten und linken Flügel abgetheilt, bis auf wenige Sääle des Mittelgebäudes, wo von Männern besetzte mit in dem Gebiete der Weiber liegen. Die Krankheiten sind nach der alten Abtheilung in medicinische und chirurgische gesondert, und bei beiden Geschlechtern scharf von einan-

*) Doch findet man auch hier, wenigstens in einigen Krankensäälen, die bei den italienischen Spitälern allgemein eingeführten *Carriolen*. So werden nämlich die doppelten Bettreihen genannt, wenn zwischen denen an beiden Wänden hinabgesetzten Betten in der Mitte des Saales noch eine oder gar zwei Reihen gesetzt sind, welche alsdann *la terza*, *la quarta* heiſsen. Bei sehr breiten Säälen ist diese Einrichtung, wodurch viel Raum erspart wird, einigermaſsen zu entschuldigen. Mehrentheils aber werden die Betten dadurch von allen Seiten so enge aneinander gerückt, daſs es fast unmöglich ist, sich hindurchzudrängen, und daſs die Kranken wie Negersklaven in ihrem Schiffsraume zusammengepackt liegen.

der geschieden. Uebrigens habe ich keine Abtheilung der verschiedenartigen Kranken in getrennte Sääle bemerkt, die als Norm gelten könnte, da nur bei sehr verbreiteten Epidemieen der bösartigsten Gattung hierauf so viel möglich Rücksicht genommen wird. Die an Augenkrankheiten Leidenden werden zu den übrigen chirurgischen Kranken gerechnet. Nur die siphilitischkranken Weibspersonen haben ein durch verschlossene Thüren abgesondertes Local von mehrern Säälen, in welchen übrigens öffentliche Dirnen und Angesteckte anderer Art ohne sonderliche Scheidung ihr Wesen gemeinsam treiben. Die männlichen siphilitischen Kranken sind in den chirurgischen Säälen ihres Geschlechtes vertheilt. Uebrigens werden aufser den oben angezeigten alle Arten der Krankheiten aufgenommen. Doch hat das Spital gegenwärtig eine bedeutende Erleichterung erhalten, durch das seit einigen Jahren veränderte Verfahren mit den *Pellagrosen.* Dieses mit Recht berüchtigte Uebel der einzigen mailändischen Gegend trieb eine grofse Anzahl seiner unglücklichen Opfer in das grofse Spital, auch solange sie noch im Zustande eines scheinbaren Wohlbefindens lebten. Wohl Hunderte derselben kamen jeden Abend, während der heifsen Jahreszeit, in welcher die Krankheit wütet, in das Spital, pflegten sich mit Nahrung, schliefen in den bequemen Betten, nahmem Morgens ein Bad und hinreichende Nahrung für den ganzen Tag, und gingen dann auswärts ihren Geschäften nach, um am Abend wiederzukommen. Diese Einrichtung kostete dem Spital ungeheure Summen, und fruchtete doch nicht. Die Krankheit ist nach den entschiedensten Erfahrungen bei einer solchen oberflächlichen Behandlung unheilbar. Selten tödtet sie mit dem ersten Anfalle, der monatelang dauert, und erst der kühleren Herbstluft weicht: aber sie bindet sich an den jährlichen Typus, und der zweite oder dritte Anfall tödtet gewifs. Selten nur gelingt die Heilung im Anfange des ersten Anfalles, aber dazu gehört aufmerksamere Behandlung, als bei jener Einrichtung möglich war. Manchmal wurde der Anfall wirklich gebrochen, aber die Hitze des nächsten Sommers führte ihn nach schon geglaubter Rettung unaufhaltsam zurück. Pellagrose werden daher gegenwärtig nur in dem Falle in das allgemeine Krankenhaus aufgenommen, wenn sie beim ersten Zeitraume dieses Uebels noch mit andern zur Aufnahme qualificirenden Uebeln, etwa chirurgischen oder dergl. behaftet sind. Wir werden weiterhin sehen, auf welche Weise und wie unzulänglich man die ganz abgestellte mangelhafte Einrichtung zu ersetzen gesucht hat. — Tadelnswürdig scheint mir auf jede Weise, dafs der grofse *Hof* des Spitals als ein vollkommen *freier Durchgang* gleich einer Strafse, für Jedermann offen steht, ja dafs sogar Wagen aller Art auf dem gepflasterten Boden fahren dürfen. Das nothwendig dadurch entstehende Geräusch mufs die in den Säälen des Erdgeschosses liegenden schweren Kranken sehr belästigen. Statt der Thürflügel sind nach allgemeiner ital. Art an den Eingängen der Sääle nur Teppige aufgehangen, die also nicht zum Verschliefsen dienen. Zwar haben die Krankenwärterinnen gemessenen Befehl, keinen ohne besondere Erlaubnis einzulassen, und ich selber, obwohl mit einem Unterarzte des Hauses herumgehend, hatte einige Male Gelegenheit, ihre Strenge bei den Weibersäälen zu beobachten: doch kann ich nicht glauben, dafs diese Mafsregel vor allen Uebertretungen sichern werde. — Küche und Apotheke habe ich sehr reinlich, und sowohl die Speisen als die hie und da erprobten Arzneimittel tauglich und gut bereitet gefunden. Was ich bei Gelegenheit der Rasorischen Klinik auch Betreffs der Apotheke dieses Spitales zu sagen habe, mufs von der hier aufgestellten Beurtheilung ihrer Lieferungen gänzlich getrennt werden. — Die Todtenkammer des Spitals ist reichlich mit Leichen gefüllt, da in diese auch die Leichen aus den beiden untergeordneten Spitälern der Senavra und Sta. Catterina alla ruota abgeliefert werden. Oft finden sich 15 und mehr Cadaver an einem Tage. Junge Aerzte und Studierende würden daher hinreichende Gelegenheit finden, die Anatomie praktisch zu üben, oder die chirurgischen Operationen zu erlernen, da die Benutzung dieser Leichen denen erlaubt wird, welche im Krankenhause die Klinik besuchen; allein der Italiener zeigt sich in unseren Tagen zu träge, um dergleichen Selbstbeschäftigungen vorzunehmen. Ein esthländischer junger Arzt, der in Pavia studiert hatte, ging als Fremder, während ich in Mailand war, den Einheimischen mit lobenswerthem Beispiele vor, fand aber nur einen einzigen Nacheiferer in seinem erfolgreichen Fleifse unter den Italienern.

Sowie in allen italienischen Spitälern der Fall ist, findet auch bei dem mailändischen zugleich eine Einrichtung zum *klinischen* Unterricht der Studirenden Statt. Zween Sääle, einer mit männlichen der andere mit weiblichen Kranken, dienen zur Erlernung der medicinischen Praxis, und stehn gegenwärtig unter dem Professor Rasori. Welchen Begriff mit dem Ausdruck *klinische Schule* dieser Mann verbinde, und welche Pflicht gegen die Kranken selbst er anerkenne, werden wir anderwärts beleuchten. Den Krankenbesuchen der übrigen Aerzte und Chirurgen in ihren verschiedenen Säälen, und besonders des Professors Monteggia bei den venerischen Weibern, kann der Studierende nur auf besondere Erlaubnis des Directors und behandelnden Arztes zusammen beiwohnen, da diese eigentlich nicht zum klinischen Unterricht bestimmt sind.

Die *Direction* des ganzen Spitals in ökonomischer und wissenschaftlicher Rücksicht wird in einem, nach allgemeiner italienischer Art, sehr vollständig eingerichteten und mit einem besondern Personal besetzten Bureau geführt. Der gegenwärtige Director ist Dr. Strambio, ein geschätzter praktischer Arzt der Stadt. Unter seiner Leitung steht das Ganze in allen seinen verschiedenartigen Zweigen, und seine Autorität wieder unmittelbar unter der allgemeinen des Staatsrathes und Ministeriums. Die beiden dem Local nach abgesonderten Spitäler Sta. Catterina della ruota und la Senavra haben ihre besonderen Fundationen, denen aus der Kasse des allgemeinen Krankenhauses nur gewisse Summen zufliefsen, und auch ihre eigenen Aerzte und abgesonderten ökonomischen Bureaus: ihre Aerzte aber und übrigen Besorger stehn unmittelbar unter der Direction des Sped. maggiore, und die ökonomischen Bureaus müssen monatlich ihre Berechnungen und andern Berichte in das grofse Bureau der allgemeinen Direction abliefern, sodafs aus den Büchern dieser letzteren allzeit auch der Bestand jener ersteren nachgewiesen werden kann. — Das ärztliche Personal des Ospedale maggiore ist äufserst zahlreich. Unter den Chirurgen werden die bekannten Namen Palletta und Monteggia *) vor Anderen gerühmt. — Um den wirklichen Bestand des Spitals einiger Maſsen beurtheilen zu können, mag die Angabe der am 12ten August darin liegenden Kranken hinreichen. Es waren ihrer nemlich 895 Männer, 586 Weiber, also 1481 im Ganzen, worunter an diesem einzigen Tage 117 neu hinzugekommene (!), dagegen aber 64 entlassen, und 9 gestorben. Am 13ten Mittags war die Gesamtzahl schon 1543: also nach Abzug der 73 abgegangenen bis zur Hälfte des Tages schon 135 hinzugekommene. Ueberhaupt war seit einem Monat die Zahl beträchtlich gestiegen, der heiſsen Jahreszeit wegen. Ueber die Sterblichkeit gestehe ich keine ganz befriedigende Auskunft erhalten zu haben. Nach den Urtheilen anderer Sachkundigen mag sie sich wohl auf 11 bis 12 Procent beschränken, welches allerdings nicht sehr viel wäre, wenn man bedenkt, daſs keine chronischen, keine Geisteskrankheiten aufgenommen werden, sondern meh-

*) Io. Bapt. Pallettae *nova gubernaculi testis Hunteriani et tunicae vaginalis anatomica descriptio*, Mediolani 1777. — Edit. Eduardi Sandifort cum operibus Germani Azzoguidii et Io. Brugnonis, Lugd. Bat. 1788. . . . . *Dissertazione se l'aria fissa sia applicabile in qualche malattia*, Mantova 1781.

Monteggia *istituzioni chirurgiche*, Mil. 1803. 5 vol. . . . . Mehrere Uebersetzungen von Schriften bekannter deutscher Aerzte durch Herrn Monteggia siehe im *Anhange*.

rentheils acute und schwere Uebel. Doch kann ich diese Angabe nicht verbürgen. *)

---

2. Sta Catterina alla ruota.

Abhängig von der Direction des eben beschriebenen Hospitals ist das hinter demselbigen gelegene abgesonderte Haus Sta Catterina alla ruota. In diesem ehemals zu einem Frauenstifte dienenden Gebäude sind zween wenig zu einander passende Anstalten vereiniget, nemlich das *Gebähr-* und das *Findel-Haus*. Die Einrichtung dieser Anstalt gehört mit zu den schlechtesten dieser Art, die überhaupt vorhanden sind, und hier ist es wahrhaft unbegreiflich, wie der Staat immer noch gleichgültig zusehn kann, zumal da ihm so manches eingezogene Kloster gute Localität und hinreichende Fundationen darbieten würde, die nun lieber zu Casernen und Militärmagazinen verwandt werden. Eine Trennung zweier so verschiedenartiger Anstalten wäre wohl

*) Im Hôtel-Dieu zu Paris ist die Sterblichkeit bei einer gleichen Fassungsweite sogar wie 1 : 5, ja selbst im Spital St. Louis ebendaselbst, wo nur Ausschlagskrankheiten und Verwundungen aufgenommen werden, sowie in andern noch kleinern pariser Krankenhäusern, ist sie gleichfalls wie 20 : 100. — Ich bemerke hierbei, daſs die an einigen Stellen vergleichungsweise aufgeführten Zahlenverhältnisse anderer, als italienischer Krankenhäuser, aus den Tabellen genommen sind, welche der verdienstvolle Alexander Flajani seinem Werke beigefügt hat, dessen Titel man bei dem Abschnitt Rom nachsehe.

das Erste, was man zur Verbesserung thun müſste. Das jetzige Haus besteht aus zween aneinander stoſsenden und in Verbindung gesetzten Klöstern. Beide aber sind von sehr kleinem Umfange und so winkelicht gebaut, daſs kaum eine einzige der darin vereinigten Anstalten zweckmäſsig ausgeführt werden könnte. Wenige und nur mittelmäſsig groſse, nirgend aber hohe Sääle, viele enge Zimmerchen, schmale Gänge, dunkle Winkel, und nirgend freier Hofraum, nirgend Luftzug noch Abfluſs der Unreinigkeiten. Daher kommt es auch, daſs keine Trennung der Gebährenden, der Wöchnerinnen, der kranken und gesunden Findlinge möglich ist, sondern die Zimmer für jede Art von Bewohnern bunt durcheinander liegen, wie das Verhältnis des Raumes und der Menschenzahl es jedesmal erlaubt.

a. Die eigentliche *Gebähranstalt* macht den Stamm des Ganzen aus, und gerade sie verdient auch den nemlichen Tadel, wie alle die übrigen Spitäler dieser Art in Italien. Sie ist ursprünglich nur ein Zufluchtsort für solche Personen, die heimlich gebähren wollen. Die Schwangern werden daher auch alle insgeheim aufgenommen, und die Anstalt dient keinesweges zum Unterrichte junger Geburtshelfer. Nur der bei schweren Geburten zur Hülfe gerufene Chirurg des Hauses und sein von der Direction bestätigter Gehülfe haben Zutritt, um den täglichen Besuch oder die nöthigen Operationen zu machen. Dagegen schickt jedes Departement des Königreiches eine Hebammenzöglingin in dieses Haus, welches demnach als Normal-Bildungsschule für die Hebammen des ganzen Königreiches bestimmt ist. Diese Zöglinge machen einen dreijährigen Cursus, wohnen während desselben im Hause, und werden von der Kasse des Spitals ernährt. Der Chirurg unterrichtet sie, und nach glücklich überstandenem Examen kehren sie jede in die Hauptstadt ihres Departements zurück, wo sie als Stamm für die übrigen im Departement selber unterrichteten Hebammen angesehn werden. Für diese also ist hier der Unterricht und die Ausübung; auch pflegen sie den Krankenbesuchen des Ritters Locatelli in den übrigen Abtheilungen des Hauses beizuwohnen, allein mehr um mit den Studenten in Locatelli's Gefolge zu kokettiren, als um ſich zu unterrichten. Denn leider sind diese Hebammenlehrlinge fast lauter ganz junge sinnliche Weiber, ja sogar Mädchen! — Anderen Männern als dem Chirurgen und seinem Assistenten ist der Zugang zu den Schwangern und Wöchnerinnen so streng versagt, nach den alten Gesetzen des Hauses, daſs der Director Strambio nicht einmal erlauben kann, mit jenem Chirurgen die Anstalt zu besehn. Ich kann daher auch von der Reinlichkeit und Zweckmäſsigkeit der Anstalt nicht urtheilen. Wird aber eine Schwangere oder Wöchnerin krank, so bringt man sie in einen der drei oder vier eigens dazu bestimmten Sääle, wo sie unter der Leitung des Königl. Leibarztes Ritters Locatelli, als Arzt des Hauses, behandelt werden. In diesen Krankenbesuchen werden Studierende und Fremde auf besondere Erlaubnis des Directors zugelassen. In noch anderen Zimmern sind die im Hause neugebohrenen Kinder, wenn sie krank werden, beisammen, und auch diese behandelt Locatelli. Wie leicht wäre es nicht, diese ganze Anstalt unendlich besser und nützlicher einzurichten! Man müſste ihr nur das ganze Gebäude einräumen, und das Findelhaus anderswohin verlegen, welches ohne Kostenaufwand geschehn könnte. Und was hindert die jetzige, von allem religiösen Vorurtheil freie Regierung, besonders nach dem gänzlichen Umsturze der geistlichen Verfassung solcher öffentlichen Anstalten, auch das sinnlose Gesetz des Ausschlusses der männlichen Studierenden aufzuheben, und endlich einmal dem ganzen Italien mit dem lobenswerthen Beispiele einer neuen geburtshülflichen Unterrichtsanstalt vorzugehn? Der berühmte Assalini war ehedem Chirurg dieser Anstalt. Seitdem er aber die Direction des militärischen Spitals übernommen hat, ist zu beklagen, daſs er der Geburtshülfe, die ihm so Vieles verdankt, fremd geworden, wenn gleich seine Thätigkeit in der vollendeten Einrichtung der jetzt ihm anvertrauten Anstalt sich noch ruhmwürdiger offenbart.

b. Das *Findelhaus* befindet sich, wie schon gesagt, in dem nemlichen Gebäude zu Sta Catterina, und ist im Wesentlichen ganz damit verschmolzen. Die Sääle und Zimmer, worin die Findlinge wohnen, sind von den übrigen des Hauses nicht besonders geschieden. Die ganze Einrichtung ist auch hier ebenso schlecht und verfehlt als dort. Der Plan dieser Anstalt ist so unbestimmt und weitumfassend, daſs alle Möglichkeit einer bessern Ausführung auf solche Weise wegfällt. Man nimmt alle Kinder auf, die gebracht werden, ohne weder durch Alter, noch durch Stand, Verhältnisse, Gesundheit u. s. w. einige Modificationen eintreten zu lassen. Daher kommt es denn auch, daſs häufig Kinder sogar von 5 bis 6 Jahren, oder selbst Kinder reicher Geizigen, und von echtehelicher Abkunft abgegeben werden, da der gewissenlosen Eltern genug sind, die auch ohne Noth sich ihrer Nachkommen zu entledigen streben. So war noch vor kurzem das einzige Kind einer reichen Familie hier aufgenommen worden. Die Mutter starb, und hinterliefs ihm ein Vermögen von 40,000 Liren: der habsüchtige Vater gab das schon 5jährige Kind in das Findelhaus, in der sichern Ueberzeugung, dafs es hier sterben werde, welches denn auch bald geschah, und wodurch er zum Erben der lockenden Vierzigtausende gemacht wurde. — Durch so übermäfsige Nachgiebigkeit wird natürlicher Weise der Zweck gänzlich verfehlt. Man giebt Anlafs zu den abscheulichsten Misbräuchen, und weder Raum noch Einkünfte sind hinreichend für die übermäfsige Menge der Kinder, unter denen viele als dem Zwecke der Einrichtung gar nicht unterworfene den übrigen nur im Wege stehn. Die Anzahl der in dem engen und unreinlichen Local angehäuften Kinder ist in der That zu grofs. Täglich werden oftmals an 15 bis 18 Kinder aufgenommen, und wie gesagt, bei weitem nicht allein Säuglinge. Die entwöhnten Säuglinge und die schon älteren erst gebrachten Kinder giebt man in Pensionen aufser dem Hause, besonders aufs Land. Die Kinder, welche in der Stadt in Pensionen sind, und erkranken, werden von den Armenärzten der 12 Stadtviertel auf Kosten des grofsen Krankenhauses behandelt und mit Arzneien versorgt. Erkranken aber Kinder in Pensionen auf dem Lande, so nimmt man sie in dem Hause Sta Catterina wiederum auf, und verpflegt sie dort mit den erkrankten Säuglingen. Die Knaben werden entlassen, wenn sie ihr 18tes Jahr erreicht haben. Die Mädchen aber, die in diesem Alter keine

Heirathspartie oder sonstige Versorgung gefunden, kehren ins Findelhaus zurück, und dienen als Krankenwärterinnen, oder werden, wenn sie schwächlich sind, selber gepflegt. Betreffs der Ernährung im Säuglingsalter übergebener Kinder scheint man in diesem Findelhause wenig auf Verbesserung des alten Herkommens zu denken. Es ist natürlich, daſs eine hinlängliche Anzahl Ammen für etliche hundert Säuglinge nicht angeschafft werden können. Besonders mangeln diese zur Zeit der Feldarbeiten, vom April bis August, weil alsdann die Landweiber genug Beschäftigung zu Hause haben. Man ist also gezwungen, eine groſse Anzahl der Kinder mit künstlichbereiteten Nahrungsmitteln aufzufuttern. Unter solchen Breien und Suppen hat man gar manche versucht, bei allen aber immer den Erfolg gleichbleibend gesehn, nemlich daſs in der Regel kein einziges der aufgefutterten Kinder leben blieb. Krankheiten des Unterleibes, Atrophien und anderer Jammer dieses Geschlechtes, quälen unausbleiblich die armen Würmer zu Tode. Es ist also hier derselbe Fall, wie im Findelhause zu Wien, wo durch die unsinnige Nahrung jenes verderblichen *Himmelthaues* seit mehr als dreiſsig Jahren unabänderlich die *Hälfte* der Kinder verkümmert und stirbt. Wie kann eine öffentliche Staatsbehörde so unverzeihlichen Greuel Jahre lang dulden! Irrthümer in der Einrichtung eines gewöhnlichen Krankenhauses sind noch eher verzeihlich, weil durch sie niemals so unbedingter Schaden geschieht, als hier die jahrelange Erfahrung mit unfehlbarer Vorhersagung lehrt. In dem Mailändischen Findelhause hat man in dieser Hinsicht zugleich sehr gut und sehr verwerflich gehandelt. Man ergriff nemlich in sol-

solcher Noth viele Mittel zur Abstellung, und so auch vor etlichen Jahren die damals in Italien neuersonnene Methode, die Kinder *säugenden Ziegen* unterzulegen, denen man die Zicklein genommen, und so die frische Milch aus dem Euter selbst saugen zu lassen. Allein mehrere Versuche zeigten, daſs die Kinder nach einiger Zeit dennoch erkrankten und starben. Auch mit Kühen ward ein Gleiches versucht, aber natürlich mit noch ungünstigerem Erfolg. Ohne nun weiter nachzuforschen, weshalb die an Ziegen saugenden Kinder gegen die Erfahrungen anderer italienischer Aerzte starben, verwarf man hier die ganze Sache, und kehrte zu den alten Breien zurück, welche bis auf den heutigen Tag immer noch gleiche Verwüstungen anrichten. Dies heiſst nun freilich das Gute durch neuen Rückfall in die Schlechtigkeit doppelt schänden. Der Gedanke, ammenlose Kinder durch Ziegen aufsäugen zu lassen, verdient übrigens wohl, daſs wir ihn einer aufmerkſamern Betrachtung würdigen, und die Bemerkungen, welche ein ehrenwerther Florentiner Arzt mir darüber mittheilte, werden uns ihres Orts nicht unschicklicher Weise beschäftigen. Herr Assalini, der damals als Geburtshelfer im Hause Sta. Catterina wohnte, und den Verlauf der ganzen Probe am besten beurtheilen kann, sagte mir Folgendes, den eben angeführten Erzählungen des Directors Strambio ziemlich entgegengesetzte. Die Kinder, wenn man sie Ziegen, bald nachdem diese geworfen, unterlegte, saugten sehr begierig und mit natürlicher Hinwendung zum Euter. Die Ziegen selber hielten ganz still, und traten vorsichtig mit ihren Klauen neben dem unbeholfenen Wesen nieder, ohne es jemals zu beschädigen. Anfangs befanden sich die Kinder vollkommen wohl bei dieser Nahrung, und gediehen bei immer gutem Appetite zusehends. Nach 2 bis 3 Monaten aber bekamen sie einen täglich stärker werdenden Durchfall, welcher, sich selber überlassen, in Kurzem auch Entkräftung und Tod herbeiführte: sehr leicht aber gehoben werden konnte, wenn man alsdann die Kinder seltener an der Ziege saugen liefs, und ihnen dagegen allmälig einige Male täglich ein Wenig von einem kräftigen Mehlbrei reichte. Alsdann verschwand der Durchfall ohne weitere üble Folgen, und die Kinder gediehen glücklich bis zum reifern und minder gebrechlichen Alter. Offenbar also liefs man sich durch jene selbstverschuldeten unglücklichen Versuche irre führen, und verwarf nun allzufrüh die ganze Sache aus altem Vorurtheil, weil man nemlich in frommem Aberglauben es für eine Sünde hielt, junge Christen durch unvernünftiges Vieh säugen zu lassen, und sie nun im Seelenheil lieber dem Himmel zueilen sieht. — Uebrigens ist die Ursache sehr leicht einzusehn, warum nach einigen Monaten des Saugens allezeit Durchfall erfolgte. Die Milch der Ziege wird ihren natürlichen Verhältnissen gemäfs nur eine kurze Zeit hindurch so abgesondert, dafs sie zur Nahrung dienlich ist. Das Zicklein saugt nur wenige Wochen, nach 2 bis 3 Monaten hört also der natürliche Zeitraum guter Milchabsonderung auf, und die Milch wird zu molkicht. Diese veränderte Mischung können die zarten Verdauungswerkzeuge der Kinder nicht lange ertragen. Man braucht also nur den Säugling aller zwei Monate einer neuen Ziege, die vor Kurzem geworfen, unterzulegen, dabei ihn nach den ersten 3 Monaten allmälig an gesunde Speisen zu gewöhnen, und nach 7 bis 8 Monaten würde er durch diese ganz allein vollkommen gut aufgenährt werden können. Die Erfahrungen anderer vorurtheilsfreier Aerzte, sowie auch die oben von Assalini mitgetheilte, bekräftigen die Tauglichkeit dieses Vorschlages. Mehr davon bei Gelegenheit von Florenz. — Uebrigens braucht es nicht erst erinnert zu werden, dafs der vortreffliche Locatelli als Arzt der ganzen Anstalt von Sta. Catterina keinen wesentlichen Antheil an diesen vom Directoriat abhängenden Einrichtungen hat. Auch ihm blutet das Herz bei der Unmöglichkeit den nur der Autorität Anderer weichenden Schlendrian abzustellen, und die Klagen des sanften gefühlvollen Mannes bei dem täglichen Anblick so allgemeinen Jammers bewähren fast eine verzweifelnde Ueberzeugung, dafs gegen dieses Elend kein Mittel hinreichend sei. — Was nun also die *erkrankten* Findlinge betrifft, so werden solche aus dem Säuglingsalter, da alle Säuglinge im Hause verbleiben, bis sie entwöhnt sind, in einigen besondern Zimmern und Säälen verpflegt. Ebenso diejenigen halberwachsenen Kinder beiderlei Geschlechts, und die weiblichen auch noch im ganz reifen Alter, welche in Pensionen auf dem Lande oder in der Stadt so erkranken, dafs ihnen die nöthige Pflege dort nicht hinlänglich geleistet werden kann. Diese Krankensääle sind besonders mit kranken Säuglingen übermäfsig vollgepfropft, und es ist ein unbeschreiblich trauriger und ekelhafter Anblick, die armen Wesen zwar hinlänglich bekleidet, und auf Betten in eisernen Gestellen, in jedem Bette nur ein einziges Kind, aber diese ohne Zwischenraum dicht nebeneinander, umstarrt von unbeschreiblichem Schmuze und in verpesteter Luft daliegen zu sehn, mit ihren aufgeschwollenen Bäuchen, stockdürren Gliedern und Greisesgesichtern. Die erwachsenen und unversorgt gebliebenen Findelmädchen dienen hier sowie überhaupt im Hause als Krankenwärterinnen. Jede von diesen hat mindestens 5, manche sogar 7 bis 8 kranke Kinder zu warten. Der enge Raum, das ungünstige Local, und die Armut der Kasse machen, dafs Unsauberkeit und schlechte Haltung in jeder Hinsicht, unverzeihlich eingerissen sind. Skrofeln, Atrophien aller Art, und die zahllosen Hautkrankheiten treiben hier ein arges Wesen zum Spott des besten Arztes. Locatelli ist, wie gesagt, der Arzt dieses Kinderspitals und jener Krankensäle für die Wöchnerinnen, deren ich oben schon gedacht. *) Nirgend habe ich einen vor-

*) Herr Locatelli hat bei den häufig einbrechenden *Masernepidemieen* die Einimpfung dieser Krankheit an den Findelkindern auf die verschiedenartigste Weise versucht, aber niemals hat er vortheilhafte Resultete daraus zu erzielen vermocht. Entweder die Impfung schlug gar nicht an, er mochte nun mit Nasenschleim, mit Thränen, mit Maserschorf u. dergl. m. impfen, oder die Krankheit entwickelte sich nur so unvollkommen, dafs die spätere Ansteckung dadurch nicht verhüthet wurde. — Die sogenannte *Ophthalmia neonatorum* pflegt gleichfalls in diesem Spitale sehr heftig zu wüten. Locatelli versichert, durch örtliche Aderlässe, bei gehöriger Abhaltung alles Luft- und Lichteinflusses, die Krankheit am besten zu heben. Assalini hat gleichfalls in dieser Anstalt, dem wahren Tummelplatze alles Kinderjammers, manche schätzbare Bemerkung über diese Krankheit gemacht, und es wäre zu wünschen, dafs er sie genauer mittheilte als auf

trefflichern Kliniker in den Fächern der Weiber- und Kinderkrankheiten getroffen, und ich kann nicht anders als mit wahrer Hochachtung seinen Namen unter denen der ehrwürdigsten Aerzte meiner Bekanntschaft aussprechen. Die ruhige, wohlwollende Gemüthlichkeit flöfst eben so viel Zutrauen zu seinem moralischen Werthe ein, als in schlichter Ansicht die ausgebreitete Erfahrung und der Adel höherer Naturkunde sich abdrücken. Seinen Krankenbesuchen dürfen Studierende mit besonderer Erlaubnis des Directors beiwohnen: und doch sah ich nur äufserst wenige die seltene Gelegenheit eines solchen Unterrichtes benutzen, vornehmlich Fremde, unter denen ein wunderliches Männchen, als einer der vielen Emissarien für die grofse Kloake der Alibertschen Exanthemensammlung, eifrigst jede Borke und jedes Bläschen abkonterfeiete, und schon ganze Ladungen davon nach Paris gesandt hatte!! —

---

3. La Senavra.

In dem nemlichen Verhältnisse wie Sta. Catterina zum grofsen Hospitale, steht auch die Anstalt, la Senavra genannt, welche gleichfalls ihren eigenen begrenzten Zweck hat. Vormals war dieses Gebäude eine Art *Ritiro* für die Jesuiten, ein stiller Aufenthaltsort während der Charwoche. Kaiser Josef II. liefs es, nach Aufhebung des Jesuiterordens, zum *Irrenhause* einrichten, seiner bequemen Lage wegen. Es ist nemlich

der 50sten Seite der oben (S. 17 angeführten *Ricerche* geschehen konnte.

eine kleine Viertelstunde weit aufserhalb der Stadt gelegen, vor einem Thore aus dem keine Heerstrafse führt, mitten zwischen einsamen Gärten und Feldern, und in der Nähe eines wasserreichen Baches. Dieser Lage nach würde also das Local so vollkommen wie nur irgend eines zu solchem Zwecke tauglich sein, wenn nicht zween Umstände einträten, welche jene Tauglichkeit fast ganz wieder aufheben. Obgleich nemlich die Lage einsam und unbeschränkt von andern Gebäuden in einer baumreichen schönen Gegend ist, so gehört doch der Anstalt auch nicht ein Fufsbreit Landes über die Mauern ihrer Gebäude hinaus, so dafs nur ein mittelmäfsiger Hofraum und noch unbeträchtlicheres Gärtchen darin enthalten sind, während ringsum fremdes Gebiet weit ausgedehnter Fluren an die Mauern anstöfst. Dadurch wird nun ein sehr grofser Uebelstand hervorgebracht. Indem nemlich auf dem fremden Besitzthum neugierige oder frevelhafte Menschen dicht an die Mauern des Gebäudes herantreten können, ohne dafs man sie abzuhalten im Stande ist, werden die Kranken in den Zimmern des Erdgeschosses, deren Fenster auf die Felder hinausgehn, sehr häufig dadurch beunruhigt, und besonders die Mannstollen darf man deshalb nie in solche Zimmer legen. Sodann auch ist es für die Bewohner fast eine noch ärgere Pein, als wenn sie mitten in der Stadt wohnten, so die freie Natur immer vor sich zu schauen, und nie ihrer auch im Geringsten nur zu geniefsen. Denn man kann die Kranken nirgend hinauslassen, da der Hof und Garten nur Wenige fassen, und das ganz freie Feld für Geisteskranke natürlich nicht geeignet ist. Welche herrliche Anlagen im Geiste einer bessern psychischen Heilart könnten hier gemacht werden, wenn nur wenige Hufen der schönen und abwechselnden Gefilde umher dazu gehörten, und mit in eine grofse hinlänglich abtrennende Mauer gezogen würden! — Der andere üble Umstand ist die Enge des Gebäudes selber, und seine Unzulänglichkeit für so viele Kranke als darin aufbewahrt werden. Im ganzen ehemaligen mailändischen Gebiete ist das hiesige Irrenhaus das *einzige*. Den Gesetzen nach müssen nöthigenfalls 500 Kranke darin aufgenommen werden; solchergestalt wäre es also nächst der Salpetrière zu Paris (welche ungefähr 800 Geisteskranke fassen kann) das gröfste Spital dieser Art, da St. Luke's *Hospital* for Lunatiks zu London, und die Irrenhäuser zu Florenz und Wien sich nur auf 300 Betten erstrecken. Obgleich nun aber Kaiser Josef noch einen Flügel an die Häuser des alten *Ritiro* anbauen liefs, so ist der Raum doch bei Weitem zu beschränkt für eine solche Menge von Kranken, als nöthigenfalls den Gesetzen nach aufgenommen werden müssen. Es müfsten in einem solchen Falle mindestens zwei Drittheile der ganzen Zahl, solche Kranke sein, die man ganz nahe nebeneinander legen und ziemlich sich selber überlassen könnte. Denn wären viele Unruhige oder gar Wütende dabei, so würde es ganz unmöglich sein, auch nur 400 unterzubringen; wie denn wirklich schon bei dem gegenwärtigen Bestand von 394 Kranken am Tage meiner Anwesenheit, unter denen noch obendrein 80 Pellagrose und 30 Epileptische, also unbedingt ruhigere Kranke waren, die übrigen stillen Wahnsinnigen und unschädlichen Narren noch abgerechnet, der Raum so überfüllt war, dafs alle vernünftige Aushülfe unmöglich fiel. Diese Berechnung auf 500 Kranke ist also durchaus fehlerhaft, und es wäre besser, wenn man die extensiv nicht dazu hinreichende Fundation intensiv vermehrte, d. h. auf eine kleinere Anzahl beschränkte, wodurch dann mehr für jeden Einzelnen geleistet werden könnte. Die innere Einrichtung dieses Hauses ist, wie schon aus dem oben Gesagten erhellet, ein Gemisch von mancherlei Gutem und vielem Schlechten. Schon der Umstand, dafs die Anstalt sowohl zur Aufbewahrung unheilbarer Irrenden, als zum Hospital für die Heilbaren dient, zeigt, dafs sie vor dem allgemeinen Schlendrian in nichts Wesentlichem ausgezeichnet ist. Das Ganze besteht aus mehrern zusammenhängenden Gebäuden. Der neue, unter Kaiser Josef hinzugefügte Flügel, welcher den gröfsten Theil der weiblichen Kranken in sich fafst, ist ganz nach dem von Chiarugi entworfenen Plane des Irrenhauses zu Florenz angelegt. In jedem Stockwerk sind lange Corridors mit kleinen Zimmerchen zu beiden Seiten, die kleine Gucklöcher in den Thüren, Eisen-Gitter statt der Fensterscheiben, und ein jedes auch seinen eignen wohlversicherten festgemauerten Nachtstuhl haben, sowie auch eine Art von Drehscheibe, um Speisen hineinzuschieben. In diesen kleinen Zimmerchen bleiben auch die tobsüchtigen Kranken sich selbst überlassen. Die Zimmer der einen Seite gehn auf das Feld hinaus, und im Erdgeschofs werden daher die Kranken, da fremder Boden bis dicht an die Mauer des Hauses heranreicht, oftmals von Neugierigen oder Schlechtgesinnten beunruhigt, die gerade in die Fenster hinein sehen und sprechen können, sodafs man wenigstens alle mit *furor uterinus* behafteten Kranken in die nach dem Hofe gehenden Zimmer verlegen mufste. In diesem neueren Flügel herrscht ziemliche Reinlichkeit, und die Kranken sind hier doch einigermafsen gesondert und überhaupt menschlich gehalten. Allein das eigentliche alte Klostergebäude pafst gar nicht zu solch einem Zwecke. Es ist voller Winkel und enger Treppen, und durchaus nicht geräumig noch bequem genug angelegt. Man hat wenig einzelne kleine Zimmer, sondern fast lauter Sääle, in denen Alles bunt durcheinander liegen mufs. Hier ist die Unreinlichkeit und zweckwidriger Raumesmangel höchst tadelnswürdig. Ein Theil der Weiber, besonders die ganz Wütenden, Pellagrosen, Epileptischen, u. s. w. befinden sich noch in diesem älteren Gebäude, sowie alle Männer. Und hier ist in der That merkwürdig, wie man durch Mangel an Raum und verfehlte erste Anlage gezwungen worden ist, die abscheulichste Unordnung zu dulden. Neben einem Corridor, in welchem viele stille Wahnsinnige, Pellagrose u. s. w. lagen, fanden sich zween Sääle, die mit Fenstern und Thüren in diesen Corridor sich öffneten, und nicht einmal durch verschlossene Gitter oder dergleichen davon getrennt waren. In jedem Saale lagen 12 der wütendsten Weiber, angeschlossen zwar an ihre Betten, und so weit von einander, dafs sie sich nicht erreichen konnten, aber doch in freier Bewegung. Hierher kam ich mit dem Arzt des Hauses gerade zur Speisezeit. Man gab jeder Wütenden einen zinnernen Napf mit ihren Speisen, und nur einigen hölzerne Löffel. Die Wärterinnen traten mit Zittern an sie hinan. Viele warfen ihre Näpfe sogleich einander an die Köpfe: weder der sonst dreiste

Arzt, noch ich oder ein Anderer der gegenwärtigen fremden Aerzte durfte nur in die Thüre eines solchen Saales treten. Mannigfache Erfahrungen in verschiedenen Irrenhäusern haben mir bewährt, daſs jene Art des kalten Auftretens, ohne sichtbare Theilnahme an dem Schaudervollen, die dem psychischen Arzte nöthig, nicht sehr schwierig zu erlangen ist: allein hier befiel mich bei dem entsetzlichen Schmuz dieser Gemächer, bei dem Anblick so vieler Furien und dem ganz beispiellosen Getöse eine Art geheimen Grauens, daſs es mir unmöglich ward näher zu treten, sowie es auch dem fast täglich besuchenden Arzte zu ergehn schien. Diese Vermischung der Wütenden und dicht nebenan der bloſs Irrenden kann nicht entschuldigt werden, und muſs zu den schlimmsten Folgen Veranlassung geben. Nirgend überhaupt findet die gehörige Trennung der verschiedenartigen Kranken Statt: ja bei den Männern ist dies beinah noch mehr der Fall, obgleich die Wütenden dieses Geschlechtes noch eher in der Nähe Anderer geduldet werden können, da das Getös welches sie machen, selten so arg zu sein pflegt als bei den Weibern. In einem der Männersääle warf ein Rasender seinen zinnernen Speisenapf mit voller Kraft durch den ganzen Saal, sodaſs er dem Arzte Dr. Mauro und mir am Kopfe vorübersauste. So offenbare Nachlässigkeit der Aufwärter sollte durchaus nicht geduldet werden, und auſserdem sollte man eine Anstalt treffen, daſs den Tobsüchtigen keine so gefährlichen Geschirre, als zinnerne Näpfe sind, frei zu Gebote ständen. Man nimt zur Aufwartung bei den Männern mehrentheils Reconvalescenten dieses Geschlechtes. Bei den Weibern sind es theils auch weibliche Reconvalescenten, theils Mädchen aus dem Findelhause. — Der Unterhalt der Kranken könnte bei gröfserem Raume ganz erträglich sein. Ich fand die Kost gut: aber die Unreinlichkeit des Hauses und die Enge heben dieses Gute gänzlich wieder auf. Das Spital hat seine eigenen Besitzungen und Fundationen anderer Art. Da diese aber nur äufserst gering sind, so wird aus der Kasse des allgemeinen Krankenhauses ein Drittheil aller hier befindlichen Kranken unterhalten; die übrigen müssen entweder sich selber unterhalten, oder ihre respectiven Gemeinden zahlen für sie, deren dann mehrere auch eine gewisse Anzahl bestimmter Plätze haben, die für ihre geisteskranken Mitbürger allezeit offen stehn müssen, z. B. Pavia. Man zahlt für den gesammten Unterhalt, Kost und Arzneien eingerechnet, täglich 1 *lira italiana 20 centesimi*, oder ungefähr 33 Kreuzer Reichsgeld. — Die eigentlichen Anstalten zur *Heilung* der Geisteskrankheiten sind sehr in der Kindheit, wie sich nach der oben gemachten Beschreibung des Localen fast von selber darthut. Die beiden gesonderten Hofräume für Männer und für Weiber sind äusferst unbedeutend, und auf ihren kleinen Raum beschränkt sich dennoch alle Zerstreuung der Kranken. Dafs die Kette hier eine Hauptrolle spielt, versteht sich von selber; allein jene tobsüchtigen Weiber haben in der durch ihre eigene Gesellschaft aufs Höchste gespannten Raserei mehr als einmal ihre Ketten gesprengt, und beträchtlichen Schaden angerichtet. Ein einziges Zimmer ist zu Bädern eingerichtet: beide Geschlechter müssen abwechselnd darin baden, und zwar in den gröfseren Wannen oft 6 bis 7 Kranke mit einem Male! Auch die

Douche ist nur sehr unvollkommen: an Sturzbäder und ähnliche Anstalten aber gar nicht zu gedenken. Der Arzt des Hauses, Dr. Mauro, ein geschätzter Praktiker Mailands, verdient als solcher alle Hochachtung, und man würde sehr Unrecht thun, ihm die Fehler der Anstalt beizumessen, wenn gleich seine Meinungen das Streben nach einer höheren psychischen Heilungsweise nicht sehr zu begünstigen scheinen. Ich habe überhaupt wenige Aerzte gesehn, bei denen die individuelle Meinung und das Wissen in ganz gleichem Verhältnisse gestanden hätten mit ihrem natürlichen Talent, Geisteskranke auf die rechte Weise zu behandeln. Gewöhnlich aber fehlt es am letzteren; und um so mehr zu bedauern ist es daher, daſs Herr Mauro, den die Natur in ausgezeichnetem Maſse geeignet hat, diesem schwierigen Geschäfte vorzustehn, in der wissenschaftlichen Bearbeitung eines so reichhaltigen Gegenstandes nicht sosehr seine Pflicht und seinen Ruhm findet, als wirklich der Fall sein würde. Die Art, wie er mit seinen Kranken umgeht, ist sehr nachahmungswerth, und schon das zutrauliche gerade Wesen seines Aeuſseren gewinnt auch den befangensten Kranken. Ueber die medicinische Behandlung wüſste ich übrigens nur wenig zu sagen, da sie von dem Gewöhnlichen nicht sehr abweicht. Dr. Mauro hat sich wohl zu bewahren gewuſst vor allem contrastimulirenden Unwesen: wenn gleich auch ihm der *Tartarus emeticus* das *gran cavallo di battaglia* ist. Auſser ihm ist noch ein Chirurg angestellt, der beständig hier wohnt, und die Stelle eines täglichen Arztes versieht: dann eine Priorin und Vicepriorin, weltgeistliche Oberhäupter der weiblichen aus dem Findelhause genommenen Krankenwärterinnen; und das Personal der Rechnungsstube, welche der Oberdirection im allgemeinen Krankenhause monatliche Rechnungen und wöchentliche Krankenlisten abliefern muſs. Die Nahrungsmittel werden aus dem Vorrath des allgemeinen Krankenhauses geliefert, in der Senavra selber bereitet. Die Arzneimittel holt man zubereitet aus der Apotheke des Ospedal maggiore: und diese Einrichtung ist allerdings nicht so gut, als wenn das Haus eine eigene auch nur kleine Apotheke besäſse, da die Verspätung der Arzneimittel bei der weiten Entfernung oftmals nachtheilige Folgen haben muſs. — Aus den Listen des Rechnungsbureau ersah ich, welche Angaben der Zahlenverhältnisse man im Allgemeinen aufstellen kann. Der Bestand sämtlicher Kranken am Tage meiner Anwesenheit (16. August 1811) war 384, woron 219 Weiber und 165 Männer. Unter diesen waren 80 mit Pellagra und 30 mit Epilepsie behaftete. Im Lauf des Jahres 1810 wurden aufgenommen 76 Männer und 27 Weiber (mehr Männer als Weiber?); es starben 34 Männer, 59 Weiber, und gingen entlassen weg 52 Männer, 61 Weiber. Am Schlusse des Jahres war der gesammte Bestand 358 Kranke. Die Sterblichkeit beträgt in der Regel ein Drittheil: das zweite Drittheil wird geheilt oder ungeheilt entlassen, und das dritte bleibt als Unheilbare im Hause zurück. Diese Sterblichkeit ist allerdings nicht groſs, da allein beinah den vierten Theil der Kranken Pellagrose ausmachen. — Merkwürdig aber ist in der That die Weise, wie man von Seiten der öffentlichen medicinischen Autoritäten in Betreff dieser eigenthümlichen Krankheit verfährt. Da das *Pellagra* den Gegenden um

Mailand und am Po allein zu Theil geworden ist, so sollte man erwarten, daſs hier eine besondere Aufmerksamkeit auf dasselbige verwandt werden würde. Aber die Aerzte scheinen nicht einverstanden zu sein, auf welche Weise, und unter welchen Bedingungen man die davon befallenen Kranken als heilungsfähig ansehen könne. Vormals bestand nemlich die Einrichtung, daſs alle Pellagrosen in dem Spedal maggiore aufgenommen wurden, in welchem Zeitraume die Krankheit auch stand. Man behandelte sie aber alsdann nur sehr oberflächlich, indem sie bloſs zu einfachen Bädern zugelassen wurden, und des Tags ausgehen durften, da sie dann natürlich immer neuen Schädlichkeiten sich aussetzten. Bei dieser Einrichtung fand man, daſs die Kranken fast nie geheilt wurden: sie kamen im folgenden Jahre wieder, im dritten nochmals, und die Wenigsten überlebten den dritten, Viele nicht einmal den zweiten jährigen Anfall. Das Krankenhaus hatte sehr groſse Unkosten durch die Menge der Kranken, und doch wurden diese nicht geheilt. Man schaffte daher vor einigen Jahren diese Einrichtung gänzlich ab, sodaſs nunmehr im allgemeinen Krankenhause gar keine Pellagrosen mehr aufgenommen werden. Da nun aber diese Krankheit mehrentheils arme und in ländlicher Hülflosigkeit lebende Menschen befällt, so fühlte man bald aufs Neue das Bedürfnis, wenigstens einiger Maſsen für sie zu sorgen. Es wurde daher festgesetzt, daſs diejenigen Kranken, welche schon von einem fortgeschrittenen Pellagra befallen wären, wobei jedesmal sich eine bedeutende Geistesverwirrung einstellt, wegen dieser psychischen Affecten in das Irrenhaus der Senavra aufgenommen werden sollten. Dieses ganze Verfahren scheint aber durchaus zweckwidrig zu sein. Die Krankheit ist nach den entschiedensten Erfahrungen nur im früheren Zeitraume und beim ersten Anfalle wirklich heilbar. Dr. Mauro versicherte mich zwar, es sei ihm gelungen, einige schon im Zeitraume der Geisteszerrüttung und der gänzlichen Entkräftung befindliche Kranke zu retten, allein es scheint hier derselbe Irrthum, wie bei mehrern dergleichen Beispielen, obzuwalten, daſs nemlich diese Kranken nur für das laufende Jahr hergestellt, im folgenden aber aufs Neue und zwar vom unausbleiblich tödtlichen Anfall ergriffen worden seien. Es bleibt bei so elenden abgezehrten Subjecten freilich nichts übrig, als durch warme und kalte Bäder und sehr nahrhafte Diät, welche Mittel Dr. Mauro allein anwendet, die Vegetation wo möglich etwas zu beleben. Es war also in keiner Hinsicht wohlgethan, die von einem leichtern Grade der Krankheit Befallenen gänzlich aus dem eigentlichen Krankenhause zu verbannen, wo mehrere Mittel zu ihrer gründlichen Heilung zu Gebote standen. Aber freilich muſste man sie nicht so oberflächlich behandeln, als ihr gegenwärtig noch ganz frischer, und durch die Hautkrankheit allein vorerst unterbrochener Gesundheitszusand zu erlauben schien, da dieser doch schon Vorbote der unausbleiblichen schwerern Uebel war. *) — Daſs übrigens die mit Epilepsie und Krämpfen anderer Art behafteten Kranken im Irrenhause der Sena-

*) Strambio *de pellagra observationes*. Mediol. 1787, 2 tomi. — Deutsch v. Weigl.

Fanzago *paralleli tra la pellagra ed alcune altre malattie che più le rassomigliano*. Padova 1792.

vra zwischen eigentlich Verrückten und Rasenden geheilt oder als Unheilbare aufbewahrt werden, kann nicht befremden, da diese Einrichtung leider noch in den Tollhäusern aller Länder, England vielleicht zum Theil ausgenommen, allgemein Statt findet.

---

4. Gl' Incurabili.

Von der Aufnahme in das grofse allgemeine Krankenhaus selber und die ihm zugerechneten beiden Anstalten zu Sta. Catterina und la Senavra, sind gänzlich ausgeschlossen alle diejenigen Kranken, welche mit Uebeln behaftet sind, die man als *unheilbare* anzusehn pflegt; nur unheilbare Geisteskranke werden, wie angegeben, in der Senavra beibehalten. Für diejenigen Kranken also, welche mit alten Schäden und Gebrechen sehr langwieriger Dauer behaftet sind, ist ein eigenes Krankenhaus eingerichtet, Spedale degl' Incurabili genannt. Da jedoch dieses keine Eigenthümlichkeit vor Anstalten dieser Art in andern Städten voraus hat, so kann ich es ebensowohl als das nicht zu dem Gegenstande meiner Bemerkungen gehörige *Waisenhaus*, ohne weitere Erwähnung übergehn. Von diesem Waisenhause, sowie von den ausgedehnten Anstalten für altersschwache nicht eigentlich kranke Arme, und zur Steuerung des Bettlerwesens, würde ein aufmerksamer Beobachter sehr viel Gutes zu sagen haben, und es ist allerdings schon ein grofser Beweis für die erfolgsreiche Aufmerksamkeit des Staates auf diese Gegenstände, dafs bei der unabwendbar scheinenden Allgemeinheit schamlosester

losester Bettelei durch ganz Italien, in Mailand auch nicht ein einziger Mensch Almosen verlangt.

---

5. Vaccinationsanstalt.

Für Italien ist der ärztliche Betrieb zu Mailand noch in einer Hinsicht besonders merkwürdig. Die Allgemeinheit der *Kuhpockenimpfung* durch die ganze Nazion ist nemlich gröfstentheils durch den berühmten mailändi-schen Arzt, Ritter Sacco, *) zu Wege gebracht worden, nsofern häufige Reisen dieses frühesten Verfechters derelbigen in andere Städte, wenn auch nicht die wissenchaftlichen Gegner der Vaccine zum Schweigen, doch lie öffentlichen Autoritäten zum festen Glauben gebracht atten, dafs strenges Durchgreifen statt unmöglicher Beveisführung eintreten dürfe. Schwerlich findet die Vaccine noch jetzo, nach mehrern Jahren ihrer Verallgeneinerung, in irgend einem andern Lande so viele und erschiedenartige Gegner, als gerade in Italien, ja ich abe während meiner Anwesenheit zu Pisa ein anderwets zu erwähnendes merkwürdiges Beispiel des Kampfes einzelner Aerzte gegen die Meinung der öffentlichen Autoritäten in Betreff dieses Gegenstandes gesehn. Denkende Naturforscher, die mit höherer Vorschau über den Reiz des augenblicklich Lachenden hinweg zu sehen vermochten, ebensowohl als schwachsichtige Eiferer, die im Einzelnen ihre Regel fanden, haben öf-

*) Sacco osservazioni pratiche sull' uso del vajuolo vaccino come preservativo al vajuolo umano, seconda ediz. Padova 1801.

fentlich ihre Stimmen erhoben; und noch Mehrere schweigen nur aus localen oder persönlichen Gründen. Auffallend war es mir besonders, daſs diejenigen mir aus mündlicher Mittheilung bekannten Bemerkungen mehrerer achtungswerther deutscher Aerzte, unter welchen ich einige als Lehrer dankbarlich verehre, so vollkommen übereinstimmten mit denen vieler vortrefflicher Italiener, welche gleichfalls geprächsweise ihre Ansichten vor mir nicht verheimlichten. Es würde sehr unrecht gehandelt seyn, wenn ich ihre Namen, bevor sie selber öffentlich aufgetreten, nennen wollte; da es einen Gegenstand gilt, in Betreff dessen in jenen Gegenden selbst die politische Existenz gefährdet werden kann, durch eine wissenschaftliche Abweichung von dem was der Staat vorgeschrieben. Ohne alle Berücksichtigung dessen was mir selber als wahr erscheinen möchte, führe ich jedoch beispielsweise von den Aeuſserungen eines um die Physiologie vorzüglich hochverdienten Greises das Wesentlichste an, um den deutschen Aerzten auch die Meinungen eines geachteten Italieners mitzutheilen. Seiner Ueberzeugung nach sollte man die Vaccine überhaupt nicht eher als ein durch Erfahrung bekräftigtes Rettungsmittel ansehn, bevor nicht wenigstens *eine* Generation der Geimpften ganz ausgestorben, und während ihres Lebenslaufes von aufmerksamen Aerzten unausgesetzt beobachtet worden sei. Sowohl seine, als die ihm mitgetheilten Erfahrungen anderer Aerzte scheinen ihm darauf hinzudeuten, daſs schon im Kindalter bedeutende Folgen der Vaccine sich entwickeln. Und sowie es entschieden ist, daſs die natürlichen Pocken den Ausbruch der Skrofelkrankheit herbeiführen, oder doch begünstigen, so glaubt auch er in denen seit Einführung der Vaccine von ihm und Anderen häufiger beobachteten atrophischen sowohl als krampfigten Zuständen und elendem Hinwelken eine nothwendige Folge der künstlich alienirten Thätigkeit des menschlichen Organismus zu finden, welche ihrem naturgemäfsen Gange nach, ein solches Product als die Kuhpocken nicht hervorbringen könne. Ebendeshalb müsse man die einst vaccinirten Menschen erst bis in ihr späteres Alter beobachtet haben, um zu erfahren, ob keine oder welche Veränderungen in der normalen Entwickelung späterer Lebensperioden Statt fänden. Auch frage es sich, ob in der gegenwärtigen Zeit die natürlichen Pocken noch immer so gräfsliche Verwüstungen anrichten, als vormals, ja nach seiner Ueberzeugung sei dies nur bei einzelnen Subjecten der Fall, und daher gerade ein Beweis zu nehmen, dafs die nach dem Gesetz des allgemeinen Naturtypus einmal gewifs eintretende Abnahme dieser Epidemie, wie aller ansteckender Seuchen die ihren Culminationspunkt erreichten, schon begonnen habe. Ueberhaupt auch seien die bisherigen Erfahrungen zu Gunsten der Vaccine, gerade weil man die Millionen als Beweis gelten lasse, um so unsicherer, indem es doch unmöglich sei, dafs ein vielbeschäftigter Impfer die Tausende der ihm Zugeführten gehörig im Einzelnen beobachten könne, ja die Wenigsten nur ihm jemals wieder zu Gesichte kämen. Und insofern möge die nur als seltene Ausnahme zugegebene Erfahrung des unbezweifelten Wiederausbruches echter Pocken wahrscheinlich weiter ausgedehnt werden, als blofs auf die Fälle misrathener Impfung, zumal da sogar kein eifriger Verehrer der Vaccine die Möglichkeit

4 *

einer zweiten, wenn auch nur lokalen Ansteckung leugnen könne. Immer habe es Menschen gegeben, die ihr Lebelang nie von Pocken befallen wurden: die Krankheit sei also keineswegs für jedes Individuum wesentlich nothwendig geworden, noch ganz allgemein verbreitet. Durch die Vaccine aber werden alle Menschen gezwungen, einmal diese Krankheit zu erleiden, wenn anders überhaupt die Vaccine als sicheres Schutzmittel gelten solle. — Wieviel an den hier mitgetheilten Meinungen Wahres oder Falsches sei, überlasse ich Einsichtsvollern gänzlich zur Entscheidung. Denjenigen deutschen Aerzten, welche den ihrigen verwandte Ansichten finden, werden diese vielleicht um so willkommner sein, da sie ohne die geringste Mitkunde der ihrigen entstanden, aus einer allgemeinen Quelle der Wahrheit geflossen zu sein scheinen möchten. — Das Königreich Italien nimmt sich übrigens der Vaccine mit vorurtheilender Gewaltverübung mehr als andere Staaten an. Die in allen Städten errichteten Vaccinationscommissionen und ihre Beschützung durch die Autorität der bürgerlichen Obern mögen ihr Nützliches bei grundloser Halsstarrigkeit des vornehmen und geringen Pöbels haben. Dafs aber wissenschaftlich geschriebene Bücher, wie jenes englische als „*Angriff der Vaccine am Ort ihrer Entstehung*" aufgetretene, selbst den Aerzten von Profession geradezu untersagt worden sind, scheint mehr auf die Autorität eines leidenschaftlichen Interesse Einzelner hinzudeuten.

---

6. Militärische Medicinalanstalten.

Bei den Grundverhältnissen eines im Geiste der heutigen Politik gebildeten Staates darf man sich schwerlich wundern, wenn auf die für das *Militär* allein bestimmten *ärztlichen Anstalten* weit mehr Sorgfalt verwandt wird, als auf die des allgemeinen bürgerlichen Wesens. Im Königreiche Italien ist dieser Fall äufserst leicht erkennbar. Ich habe in mehrern nicht unbedeutenden Städten neuerrichtete militärische Spitäler gefunden, welche die früher bestandenen bürgerlichen aus ihren Localen vertrieben, ja sogar ganz eingehn gemacht hatten. In Mailand selber ist dieses zwar nicht der Fall; allein unverkennbar ist auch hier die gröfsere Geneigtheit der Regierung, für die militärische Gesundheitspflege thätig zu wirken. Das Interesse des Kriegsministeriums spricht natürlicher Weise lauter und dringender, da das Wohl oder Weh des Wehrstandes ohne tiefgehende Untersuchung erkannt wird: und die Ausführung eines gemachten Entwurfes ist hier bei einfacherem Verhältnis der untern Behörden zu den obersten leichter und geschwinder. — Die bestallten Gesundheitsoffizianten der königl. italienischen Truppen sind eigentlich Chirurgen, die mehrentheils bei eigens organisirten Garnisons- oder Feld-Spitälern angestellt sind. *) Die einzelnen Regimenter haben auch, allein

*) Der schon erwähnte (*S. 8. Anm.*) Dr. Omodei, ein trefflicher Arzt der königl. Truppen, hat ein vollständiges und schätzbares Werk herauszugeben begonnen, unter dem Titel: *Sistema di polizia medico-militare*, vol. 1mo, Vigevano 1807.

nur wenige Ober- und Unterchirurgen. In den Garnison hat jedes Regiment ein kleines ihm eigenthümliches Spital, in welchem ganz leichte oder sehr dringende Fälle behandelt werden. In mehrern Städten befinden sich außerdem eigene für das Militär bestimmte weiter umfassende Krankenhäuser, worin sowohl medicinische als chirurgische Kranke aller Arten behandelt werden: und auch diese werden von Chirurgen besorgt, unter denen jedoch auch an mehrern Orten Aerzte sind, welche sich mit der Ausübung eigentlicher Chirurgie nicht befassen. In noch anderen Städten hat man einzelne Säle der allgemeinen bürgerlichen Krankenhäuser für das Militär eingeräumt, und in solchen werden die Kranken mehrentheils von den civilistischen Aerzten dieser Spitäler mit behandelt, auch meistens auf Rechnung der bürgerlichen Fundationen erhalten. Die Militärchirurgen müssen insgesammt auf einer der drei Universitäten des Königreiches studiert haben, und graduirte Doctoren sein: entweder der Chirurgie allein, da sie jedoch auch mit eigentlichen medicinischen Kenntnissen hinreichend ausgerüstet sein müssen, oder der Medicin allein, da man ihnen die an den mehresten Spitälern vorhandenen Stellen eigentlicher Aerzte übergiebt; oder am liebsten beider zugleich. In dieser Verfassung ist also nichts von der französischen wesentlich Verschiedenes. Jeder neuaufzunehmende Arzt oder Chirurg muſs in dem groſsen militärischen Spital zu Mailand noch einen dreimonatlichen Cursus machen, um dessentwillen auch die dortige Einrichtung der medicinischen und chirurgischen Klinik Statt findet.

Da gröſste und erste militärische Spital des Staates

ist eben das zu Mailand befindliche. Man hat das Gebäude des ehemaligen Klosters St. Ambrogio hierzu genommen, und eben davon führt es auch seinen Namen. Dieses Gebäude bietet sowohl durch seine Lage als innere Einrichtung schon an und für sich, eines der bequemsten und tauglichsten Locale zu einem solchen Zwecke dar. Umgeben von flachen Gärten die an der Südwestseite die freie Aussicht über den nicht hohen Stadtwall in die weite Gegend erlauben, abgelegen von allem Lerm der bewohnteren Viertel, und ringsherum abgetrennt von allen übrigen Gebäuden, umfaſst es mehrere geräumige mit Bäumen bepflanzte Höfe, und eine bedeutende Anzahl groſser und hoher Säle und Gänge. Zwar sind auch einige Nebensäle vorhanden, welche niedriger und enger sind, nirgend aber doch so sehr, daſs die darin liegenden Kranken nicht hinlänglichen Raum und frischen Luftzug haben könnten. Ich habe nirgend ein militärisches Spital gesehn, welches an Reinlichkeit und durchgreifender groſser Ordnung den Vorzug vor diesem verdiente. Nur das zu Wien unter der Leitung des vortrefflichen v. Vehring möchte mit ihm wetteifern können, insofern jenes durch ursprüngliche Erbauung und Einrichtung zu solchem Zwecke, und durch seine reichhaltige Fundirung alle Vortheile in sich vereiniget. Das mailändische Spital kann 800 Betten fassen, nemlich ohne die in Italien gewöhnlichen *Carriole* oder doppelten Reihen zu stellen. Allein gewöhnlich ist der Bestand geringer, und selten nur über 700. An einem Tage meiner Anwesenheit betrug er nur 645. In jedem Bette liegt nur ein Kranker. Die Gestelle sind überall von Eisen: Strohsäcke und Bettzeug reinlich und durchgehends wohlunterhalten, auch für jeden Kranken ist ein eigener Mantel vorhanden. Die Zimmer der Offiziere sind bequem und anständig eingerichtet. Medicinische und chirurgische Kranke sind in besonderen getrennten Säälen befindlich. Auch für die ansteckenden Krankheiten sucht man soviel als möglich abgetrenntes Local anzuweisen, wiewohl dies freilich nicht immer gelingt. Das Spital hat seine eigene sehr wohlgeordnete Apotheke, zu welcher auch mehrere bequeme und brauchbare Feldwagen nach Art der Oesterreichischen gehören, sowie eine ziemliche Anzahl gut eingerichteter Krankenwagen. Die Kost der Kranken ist reinlich und immer gut bereitet. Für jeden Kranken im Durchschnitte zahlt die Regierung täglich 1 *Franken* 20 *Centesimi*, oder ungefähr 34 Kreuzer: also 20 *Centesimi* mehr als in den mehrsten anderen italienischen Spitälern. Soviel aber auch die höhern Autoritäten durch ihre Aufmerksamkeit die gute Einrichtung dieses Spitales begründet haben mögen, soviel mehr verdient doch der Director desselben, Ritter Paolo Assalini, erster Leibchirurgus des Königes, den vorzüglichsten Dank der Kranken und die Hochachtung aller Aerzte, weil sein seltenes Talent der Anordnung und Verwaltung, das Ganze bis zur Vollkommenheit förderte. Die beständige Gegenwart dieses schätzenswürdigen Mannes, der im Spitale selber wohnt, trägt vieles zur bessern Aufrechthaltung bei; ich weiſs als vielfacher Augenzeuge, wie eifrig und unermüdet seine Sorgfalt auf jede Kleinigkeit zu allen Tageszeiten sich erstreckte. Leider aber ist es ihm bisher unmöglich gewesen, eine schon längst und allgemein bestehende Einrichtung abzuschaffen, welche in keiner Hinsicht vortheilhaft sein kann. Ich meine nämlich die, dafs die Krankenbesuche des Morgens um 5 Uhr schon gemacht werden, sowohl in den Säälen der medicinischen, als sogar auch in denen der chirurgischen Kranken. Bei den mehresten Krankheiten trit der ruhige erquickende Schlaf erst um diese Zeit ein, aus dem sie nun von dem Arzte erweckt werden müssen, der solchergestalt, statt sie zu heilen, nur neuen Anlafs zur Krankheit giebt, mag er auch Pulver und Latwergen einflöfsen soviel er will; denn die an Tageszeit gebundene Veränderung der Atmosfäre gehorcht nicht den Launen des Arztes in ihrem Einflufs auf den menschlichen Körper. Aufserdem hat diese Methode, welche, beiläufig gesagt, auch dem bürgerlichen Krankenhause zu Wien vorgeworfen werden mufs, und überall nur auf grundlosem Schlendrian beruht, den Nachtheil, dafs man im Winter die Kranken bei Licht untersuchen mufs, die Schlaftrunkenen oder an den Augen Leidenden blendet, und nicht gehörig sieht was geschehn soll, besonders bei chirurgischen Fällen. Der kürzere, weniger wichtige Besuch des Nachmittags könnte noch eher bei Licht gemacht werden. Sowohl in der medicinischen als chirurgischen Klinik dieses Spitals für die cursirenden Militärärzte, werden die Krankenbesuche dagegen erst zu der pafslicheren achten Morgenstunde gehalten. Andere, nachahmenswürdige Einrichtungen zeugen von dem Eifer und der erfahrungsreichen Geübtheit eines mit Recht so berühmten Mannes, als Herr Assalini, welcher in den verschiedenen Feldzügen in Aegypten, Oesterreich und Spanien, überall gleich sehr kräftig für das Wohl der Kranken sorgte, und sowohl dadurch, als durch seine Schriften über medicinische und chirurgische Gegenstände *) sich die ungemeinen äußern Auszeichnungen erwarb, welche jetzt in ihm vereiniget sind. Seine Vorsorge für die allgemeine Reinlichkeit, zu der die sinnreiche Erfindung von Nachtgeschirren und anderer nothwendigen Gegenstände nicht wenig beiträgt, und besonders auch die seltene Achtsamkeit auf alle einwirkenden Umstände, erfordern eine eigene Erwähnung. In letzterer Hinsicht ist unter andern neuerdings eine besondere Windfahne mit genauer Regionenabtheilung, und eine Sammlung physikalischer Instrumente angelegt worden, vermöge deren der jedesmalige wachthabende Chirurg im Stande ist, die Wetterveränderungen genau zu beobachten und aufzuzeichnen. — Von der zum Unterricht und Cursus der angehenden militärischen Aerzte in diesem Spitale eingerichteten *medicinischen Klinik*, welche zween abgesonderte Sääle mit ungefähr 60 Betten für sich hat (mit Inbegriff nämlich des Saales der Arrestanten, welchen man ihrem eigentlichen von 25 Betten hinzugefügt hat), erwähne ich hier nichts Genaueres, da der Prof. Rasori während meiner Anwesenheit ihr vorstand, und sie gänzlich zum Tummelplatze seiner contrastimulirenden Versuche gemacht hatte, von denen anderwärts mehr zu sagen sein wird. **) Die *chirurgische Klinik*, welcher Herr As-

*) Vergl. oben *S.16. Anm.*

**) Kurz vor meiner Abreise wurde jedoch diese Klinik im Militärspitale dem Prof. Rasori plötzlich entnommen, ohne dafs irgend ein Anzeichen einer so wichtigen Krisis vorausgegangen wäre. Es schien daher ausgemacht, dafs es endlich einmal einem Redlichgesinnten gelungen sein mochte,

salini selber vorsteht, der in den übrigen Krankensälen des Spitals als Director keine eigentlichen Krankenbesuche macht, ist eben so vorzüglich und in seltener Vollkommenheit, als jene medicinische tadelnswürdig. Sie umfaſst einen Saal mit 40 Betten. Assalini läſst die jungen Leute selber Kranke behandeln, und opfert ihrer Anleitung mehr Zeit und Bemühung, als pflichtmäſsig ihm obliegen würde. Nirgend habe ich ein vollendeteres Bild der nützlichen und wohldurchgeführten Art des Unterrichtes gesehn. Da alle ins Spital eintretende Kranke erst zu der Klinik, in welche sie als medicinische oder chirurgische gehören, gebracht werden müssen, und nur wenn man sie daselbst nicht behalten will, auf andere Abtheilungen geschafft werden, so kann die Klinik nur die ausgesuchtesten, lehrreichsten Fälle enthalten. Die Art überdem, wie der würdige Assalini seine Zuhörer zu fragen, und durch allmäliges Hinleiten ihrer Besinnung selber auf den rechten Punkt zu helfen weiſs, ist vortrefflich. In gründlichem, langsamen Gange darf nichts Wesentliches übersprungen, keine Einzelnheit falsch betrachtet werden. Die sichere Hand des so vielgeübten Wundarztes, und die Richtigkeit seines Blickes noch besonders rühmen zu wollen, würde, wenngleich als öfterer Augenzeuge ich es hinreichend vermöchte, anmaſsend sein bei einem Manne, dessen Ruhm durch Schriften und thätiges Handeln, im Auslande wie unter seiner Nazion hinreichend begründet ist.

den Teuschungsnebel des Contrastimulus vor den Augen der Autoritäten zu zerstreuen. Vergl. den *Anhang*.

II. Einige andere Städte der Lombardei.

Wir haben schon erinnert, daſs die in mancher Hinsicht guten und genügenden medicinischen Anstalten der Hauptstadt nicht als Maſsstab für den Zustand derselben in andern Städten des Königreiches genommen werden dürfen, und darauf das Urtheil gestützt, wie Vieles im Allgemeinen und Einzelnen den höchsten Gesundheitspflegern dieses Staates zu thun noch übrig bleibt. Ganz in der Nähe von Mailand sind zween minder bedeutende Städte gelegen, welche sich durch äuſserst zweckmäſsig und glänzend eingerichtete *Spitäler* auszeichnen, nemlich Brescia und Crema. Leider konnte ich aus andern Gründen diese Städte nicht besuchen, und daher nun weder bekräftigen noch widerlegen, was Andere mir zum Lobe ihrer Spitäler sagten. In andern lombardischen Städten von geringerer Bedeutung, als Reggio, Cremona, Modena, befinden sich *Civilspitäler*, welche in mancher Hinsicht zu den wohlgeordneten gehören. Ferrara zeichnete ſich ehedem in dieser Hinsicht besonders aus. Sowohl hier, als auch zu Reggio, Modena, und an einigen andern Orten bestanden ehemals, und bestehen zum Theil noch, *medicinische Unterrichtsanstalten* einer eigenen Art, welche zwar nicht ganz als hohe Schulen betrachtet werden können, dennoch aber mit Lehrern der mehresten Zweige des ärztlichen Wissens besetzt sind. Man hat in den neuern Zeiten, seitdem die drei groſsen Universitäten Padua, Pavia und Bologna im Königreiche vereiniget sind, diesen Schulen des zweiten Ranges keine besondere Aufmerksamkeit mehr angedeihen lassen. Klinischer Unterricht für die sich etwa einfindenden jungen Aerzte, wird, wie fast allgemein in Italien, in jedem nicht ganz unbedeutenden Civilspitale von den gewöhnlichen Aerzten ertheilt, auch sind mehrentheils Anstalten zur Uebung des Secirens und der chirurgischen Operationen an Leichen vorhanden. — Mantua besitzt aufser dem grofsen militärischen Spital, welches fast gänzlich nach dem von St. Ambrogio zu Mailand eingerichtet ist, auch geraume Zeit hindurch vom Doctor Gervasoni, dem langjährigen Schüler und Schwiegersohne des Ritters Assalini besorgt wurde, nur höchst unbedeutende Anstalten zur Gesundheitspflege der Einwohner: und dies ist um so auffallender, da Mantua bekanntlich wegen seiner Lage zwischen weiten Morästen und in tiefer Ebene zwar eine der stärksten Festungen, aber auch der ungesundeste Aufenthaltsort ist, sodafs hier bösartige Fieber ärger als irgend anderwärts zu wüten pflegen.

III. Verona.

Auch in dieser ziemlich bedeutenden Stadt von beinahe 60,000 Einwohnern sind die öffentlichen medicinischen Anstalten äuſserst schlecht bestellt. Vordem bestanden hier zween bürgerliche Krankenhäuser, das Ospedale della Pietà und das della Misericordia. Seit einiger Zeit aber sind beide Spitäler mit einander vereiniget, und das Gebäude der Misericordia fürs Erste dazu angewiesen worden. In dem Local der Pietà ist gegenwärtig das *Waisenhaus* eingerichtet, welches 400 Kinder in sich faſst, und auſserdem noch eine gröſsere Anzahl in Pensionen auf dem Lande ernährt. Der Arzt dabei ist Dr. Buonomi, und Chirurg Dr. Pietro Monterossi, welche beide leider ziemlich viel mit dem Krankheitsteufel bei diesen Kindern zu thun haben.

Das nunmehr einzige Spital der Misericordia ist in einem alten verfallenen und wenig zweckmäſsigen Klostergebäude angelegt. Die Bürgerschaft der Stadt unterhält das Spital, allein nur äuſserst dürftig, und da weder bestimmte Fundationen vorhanden sind, noch gehöriger Eifer im Beisteuern, so ist die Einrichtung selbst und die Verwaltung fortwährend in einem sehr schlechten Zustande. Für eine Stadt von 60,000 Einwohnern ist ein einziges Spital für alle Arten von Krankheiten, und noch obendrein nur auf 150 Betten beschränkt, unmöglich hinreichend. Dazu kommt die Untauglichkeit des engen, winklichten Locals, die beständige Störung der Kranken durch eine geistliche, und vorzüglich auch durch eine musikalische öffentliche Schule, welche beide in dem nemlichen Gebäude gehalten werden, und der Mangel an aller bessern Ausstattung aus Armut. Das ganze Spital umfaſst drei nicht übergroſse Sääle, nebst etlichen winzigen Nebenzimmern. In den beiden Säälen des Erdgeſchosses liegen im einen die Männer mit fieberhaften, im andern die desselben Geschlechts mit langwierigen, und mit sogenannten chirurgischen Krankheiten. Im obern Stockwerk liegen in einem einzigen Saale sämtliche Weiber mit Krankheiten aller Arten bei einander, obzwar in den verschiedenen Theilen des Saales, jenachdem ihre Krankheiten fieberhaft, chronisch oder chirurgisch sind, abgetheilt. Siphilitische Weiber pflegen ein abgesondertes kleines Seitenzimmer zu beziehen. Auſserdem sind in einem abgelegenen Winkel des Kellergeschosses noch zween elende Klausen vorhanden, in deren einer etwa vier Männer, und der andern gleichviel Weiber, beinah vermodern: *Irrende* und *Rasende*, die mit ungeheuern Ketten belastet, in den schauderhaften Löchern auf faulen Strohkissen ohne alle Bettstellen daliegen. In den Krankensäälen selber sind die Bettgestelle von Eisen, sonst aber weder Betten noch übrige Umgebungen durch Reinlichkeit ausgezeichnet. Besonders vermiſst man diese nothwendige Eigenschaft in der Küche. Auch die Apotheke fand ich in einem erbärmlichen Zustande. Die Sääle sind dumpfig, dunkel und feucht. Nach den Aussagen der Spitalsärzte hat die Stadt sich entschlossen, ein anderes geräumigeres und besser gelegenes Kloster zum Krankenhause einzurichten. — Aerzte des Spitals sind die Doctoren Giambattista del Bene, und Gugliarotti, wohldenkende und erfahrene Männer, auf welche die Schuld der schlechten Anlage und Verwaltung des Krankenhauses nicht im Mindesten zurückfällt. Der Klinik des Dr. Gugliarotti, welcher als eigentlicher Arzt die täglichen Besuche macht, während Del Bene Director des Ganzen ist, können die jungen Studierenden beiwohnen. Dr. Pietro Monterossi giebt wöchentlich in einer Stunde in einem dazu eingerichteten Zimmer des Spitals Unterricht in der menschlichen Anatomie, soviel für Laien und noch unreife Jünglinge nöthig ist. Die chirurgischen Kranken besucht Dr. Luigi Manzoni, der Sohn eines als ausübender Chirurg und Schriftsteller *) verdienter Maſsen berühmten Mannes. Derselbige behandelt auch die in etlichen Betten aufgenommenen Wöchnerinnen: Gebährende sollen niemals aufgenommen werden, für diese ist in ganz Verona keine Anstalt getroffen, und nur wenn es sich fügt, daſs eine heimlich Schwangere mit anderem Uebel im Spital aufgenommen ist, hat Manzoni die seltene Gelegenheit, seine geburtshülflichen Kenntnisse anzuwenden. Dr. Monterossi hat Hebammen in der Geburtshülfe zu unterrichten, allein Uebung im Untersuchen und Anschau der Geburt ist für sie in keiner öffentlichen Anstalt. — Ueber den Bestand und die Sterblichkeit des Spitals verdanke ich der Güte des Herrn Del Bene folgende Mittheilungen. Am 31. December 1809 blieben im Spital 114 Kranke im Ganzen.

Im

*) Antonio Manzoni, ein gelehrter und vielgeübter Chirurg. — *Observationes pathologicae*, Veronae 1795. *Liber alter*, ibid. 1809.

Im Laufe des Jahres 1810 wurden aufgenommen 422 Kranke, im ganzen Jahre also 536 behandelt. Von diesen starben 154, wurden geheilt entlassen 270: und am 31. Decemb. 1810 blieben im Spitale 130 Kranke. Die Sterblichkeit war in folgenden Verhältnissen seit der Vereinigung beider Spitäler befunden worden: Im Jahre 1806 gestorben 86; 1807 gest. 124; 1808 gest. 120; 1809 gest. 117; 1810 gest. 154. Die Mittelzahl der Mortalität würde demnach das ganze Jahr hindurch sein 120, folglich zu der jährlichen Umfassung von 550 Kranken in der Mittelzahl, $= 1\frac{70}{120}:4$.

Ganz Verona enthielt mit Inbegriff aller Vorstädte, Landhäuser u. s. w. im August 1811 nach Dr. Del Bene's Angabe: 57,414 Einwohner. Die gesammte Sterblichkeit war folgende: Im Jahre 1808 gest. 1904 Personen, 1809 gestorb. 2015 Pers., 1810 gest. 1629 Pers. Folglich wäre die Mittelzahl 1740, und also das Verhältnis ungefähr wie $1:34\frac{1}{2}$.

Mehrere *Augenärzte* von Profession haben sich in Verona niedergelassen, als die Chirurgen Basilea, Bortolozzi, Parisi u. s. w., ich zweifele aber, daſs die Ophthalmiatrik durch das brotgierige Treiben dieser Herren irgend einen bedeutenden Zuwachs erhalten werde.

IV. Vicenza.

In einem etwas besseren Zustande als zu Verona befinden sich die öffentlichen medicinischen Anstalten in dieser beinahe gleich volkreichen Stadt. Das *militärische Spital*, vormals aus zwei verschiedenen bestehend, wird durch die Aerzte des hier befindlichen französ. Regimentes besorgt, und bedarf daher hier keiner weitern Erwähnung. Die Stadt selber besitzt ein eigenes *civilistisches Spital*, welches von der Bürgerschaft unterhalten wird. Es liegt sehr vortheilhaft, am Ende der Stadt, zwischen Gärten in geräuschloser Gegend, ebenfalls in einem ehemaligen Klostergebäude, welches aber geräumiger ist als das zu Verona. Seine Fassungsweite würde sich auf 450 Betten erstrecken, wenn die Fundationen zu solch einer Anzahl hinreichten. Bei meiner Anwesenheit lagen in Allem 160 Kranke darin. Die Säle, nicht zu grofs, aber luftig, eiserne Bettstellen, und gutes reinliches Leinenzeug bieten einen bessern Anblick dar als im Veronesischen Krankenhause. Eine Abtheilung enthält die medicinischen, die andere die chirurgischen Kranken. Männer und Weiber sind auf jeder Abtheilung in besondere Sääle geschieden. Ein 10 Stück Wahnwitzige werden auch hier wie zu Verona in abgesonderten Käfichen sich selber und ihrer Verzweiflung überlassen. Die Abtheilung der medicinischen Kranken, welche an 100 zu fassen pflegt, besorgt Dr. Tiene, mit vieler Einsicht und Eifer. *) Auch seiner Kli-

*) Ein sehr merkwürdiger Fall, dessen Mittheilung ich Herrn Tiene verdanke, mag hier, obwohl zu den Bemerkungen

nik wohnen junge Leute bei. Die chirurgische steht unter Dr. Baldini, und enthält ungefähr 60 Kranke. Einige Betten sind zur Aufnahme der Schwangern bestimmt. Dr. Baldini hat daher Gelegenheit einigen Hebammenzöglingen und andern jungen Medicinern mitunter Gelegenheit zum Untersuchen und Ansehn der Geburten zu verschaffen: und da dieses anderwärts in Italien so selten angeht, so gereicht es den Vicentinern allerdings zu einigem Vortheil.

über Spitäler nicht gehörig, aufgeführt werden. Dieser achtungswerthe Arzt behandelte nemlich vor einigen Jahren im Spitale eine Weibsperson mit heftiger *Colica flatulenta*, bei deren Heftigkeit das *intestinum Ileum* in wahre Entzündung gerieth, und sogleich brandig wurde. In Kurzem sonderte sich ein Stück daraus ab, welches die Person beim Stuhlgange ganz von sich gab, und das man gerade einen *Braccio* (ziemlich eine Elle) lang befand. Die Person lebte wider alles Erwarten fort, und fing an sich zu bessern: allein nach öftern Stuhlverhaltungen entstand eine äufserst heftige Diarrhöe, von welcher abgezehrt sie ohne weitere Krankheitserscheinungen nach 46 Tagen starb. Bei der Leichenöffnung zeigte sich, dafs glücklicherweise eine vollkommene ellenlange Intussusception Statt gefunden hatte, daher also, nach Absonderung des brandigen Stückes, die beiden sich berührenden Enden wiederum verwuchsen. Da dies aber in einem fast spitzen Winkel geschehen war, so häufte sich der nicht hindurch gedrängte Koth in so reichlichem Maſse an, dafs dadurch wahrscheinlich jene entkräftende Diarrhöe der dicken Därme verursacht wurde. Eine getreue Zeichnung hatte der nunmehrige anatomische Prosector Dr. Quadri zu Bologna entworfen, von welcher zu wünschen wäre, dafs dieser sie nebst einigen andern ähnliche Fälle betreffenden, die er selber aufgesammelt, herausgeben und erläutern möchte.

5 *

V. Venedig.

Nicht leicht bietet eine andere Stadt das Bild völliger Gestaltlosigkeit der medicinischen Anstalten so allgemein dar, als Venedig. Es kann sein, daſs seit meiner Anwesenheit sich Manches anders gestaltet habe, und einem vernünftigen Zwecke näher gekommen sei: diejenigen Erzählungen aber, welche man mir zu Mailand im Spätsommer von groſsen ins Werk gesetzten Verbesserungen venezianischer Anstalten machte, fand ich durch die Vergleichung mit den Aussagen Anderer so einseitig und unwahr, daſs ich keinesweges anstehe, den Zustand noch zu beschreiben, wie ich ihn im Merzmonat daselbst selber kennen lernte.

Daſs in den republikanischen Zeiten Venedigs nicht viel gethan wurde, um die Blühte des medicinischen Studiums zu befördern, und der öffentlichen Gesundheitspflege aufzuhelfen, sieht man aus der ganzen Anlage der dort vorhandenen Anstalten. Eine ungeheure Menge Aerzte und Chirurgen hat sich in dieser Stadt angesiedelt: die Namen Aglietti, Pellegrini, Pezzi, und Ruggieri *) glänzen jedoch unter dem Haufen

*) Doctor Cesare Ruggieri, der Uebersetzer der französischen chirurgischen Encyclopädie: *Dizionario enciclopedico di chirurgia, tradotto dal francese ed accresciuto di note da* Cesare Ruggieri. Padova 1805..... Herrn Ruggieri verdanken wir auch die Geschichte jener merkwürdigen Schwärmerei: *Histoire du crucifiement exécuté sur sa propre personne par* Matthieu Lovat, *communiquée au public de* César Ruggieri *dans une lettre à*

ganz allein hervor. Die Hospitäler waren früher in eben so traurigem Zustande als jetzo: obwohl dieselben, als klösterliche Anstalten, ungeheuer reiche Fundationen hatten, die freilich mehr den Geistlichen als den Kranken nützlich wurden. Da jedoch diese Fundationen gröfstentheils in Summen bestanden, welche in der *Zecca* oder öffentlichen Schatzkammer niedergelegt waren, so gingen sie bei den revoluzionären Plünderungen und Brandschatzungen dieses Schatzes insgesammt mit verloren, und konnten seitdem niemals hinreichend ersetzt werden. Die nachher eintretende österreichische Regierung errichtete in Venedig eine ärztliche Schule von minderer Ausdehnung als eine eigentliche Universität, und ordnete derselbigen die Klinik in den bürgerlichen Spitälern zu. Allein diese hat seit der Vereinigung Venedigs mit dem Königreiche Italien ganz aufgehört, und in der Einrichtung der Spitäler hat man zu eben der Zeit eine, zwar die Oekonomie verbessernde, aber auf das Wesentliche wenig heilsam wirkende Aenderung getroffen. Man vereinigte nemlich die beiden vorherbestandenen Spitäler, das sogenannte Ospedale civico und das degl' Incurabili miteinander in ein einziges, welches nun schlechtweg Ospedale civico genannt worden ist. Zu verwundern ist in der That, dafs weder früherhin, noch besonders jetzo, ernsthaftere Mafsregeln zur Verbesserung dieser Spitalseinrichtungen getrof-

un de ses amis. Venise 1806. Mitgetheilt in Reils und Hoffbauers *Beiträgen zur psych. Kurmethode*, Halle 1809. Bd. II. St. 2. 157. — Der berühmte Pajola wird hier nicht genannt, weil er zur Zeit meiner Anwesenheit nicht mehr in Venedig, sondern in Wien lebte.

fen worden sind. Die beiden ehemals bestehenden Spitäler waren in einem gar traurigen Zustande, gänzlich der Direction geistlicher Herren überlassen, ja sogar ganz von deren Freigebigkeit als klösterliche Anstalten abhängig. Aber auch das jetzteingerichtete Spital ist nicht viel besser berathen. In einer Stadt wie Venedig ist dies um so trauriger, da die Localität und alle äufsern Verhältnisse hier mehr als anderwärts strenge medicinische Polizei und Vorsorge für die Gesundheit der ärmern Klasse nöthig machen. Als Beleg für die mangelhafte Aufsicht der Autoritäten auf das Gemeinwohl habe ich schon oben den merkwürdigen Fall der Austervergiftung angeführt. *) Die Lage der Stadt zwischen stockenden Untiefen, und ihre enge Bauart ineinander gedrängter Häusermassen, müssen nothwendiger Weise eine Menge hartnäckiger Krankheiten hervorbringen, unter welchen die bösartigen drei- und viertägigen Fieber obenanstehen. Die China ist hier ein unentbehrliches Mittel; und man hat sich wohl gehüthet, dem Surrogatenkram Eingang zu verstatten. Die gesammten öffentlichen Anstalten stehen um dieser häufigen Krankheiten willen um so weniger in Verhältnis mit der Gröfse der Stadt. Denn sie beschränken sich auf zwei höchst unbedeutende Spitäler: aufser diesen ist keine andere Anstalt vorhanden. Die Zahl der Kranken, welche in diesen beiden Spitälern aufgenommen werden können, be-

*) Vergl. oben S. 8. *Anm.* — Die *Quarantane-Anstalt* zu Venedig hat freilich bei dem gegenwärtigen Darniederliegen des Handels und der Schiffahrt allzuviel Ruhe, doch besteht sie, mit den übrigen öffentlichen Gesundheitsvorkehrungen vereiniget.

trägt aufs allerhöchste 650: und diese steht doch sicherlich in keinem Verhältnis zu einer Einwohnerzahl von 100,000 Menschen. Ja es sind von diesen 650 noch 130 als Geisteskranke eigentlich abzurechnen, sodafs nur 520 übrig bleiben. Man sieht daher auch der Menschen so ungeheuer viele, die mit körperlichen Gebrechen, grofsentheils als Folge der schlechtgeheilten bösartigen Fieber, auf den Strafsen umherliegen, und sich den Weg zum Mitleiden der Vorübergehenden durch den Abscheu vor ihren geflissentlich vorgestreckten Ekelhaftigkeiten zu bahnen suchen. Ein Gleiches sieht man zu Mantua, wo ebenfalls bei so übler Lage zu wenige öffentliche Anstalten getroffen sind. Und in Venedig möchte gegenwärtig die Erweiterung der Spitäler, die Einrichtung der Armenanstalten u. s. w. um so nothwendiger sein, als früher in republikanischen Zeiten, da sich der damalige allgemeine hohe Reichthum jetzt in die unglaublichste Armut verkehrt hat, sodafs, um beiläufig anzuführen, was einige meiner Freunde mir in bestimmten Vorfällen nachwiesen, viele Häuser niedergerissen und als Brennholz verbraucht werden, weil es an Miethsleuten fehlt, und die Steuern nicht bezahlt werden können.

---

1. Ospedale civico.

Das schon erwähnte Ospedale civico ist das einzige eigentliche Krankenhaus Venedigs, und in einem zwar grofsen, aber durchaus übel gebaueten Kloster angelegt. Allzugrofse Säle, im Erdgeschosse ganz dumpfig und düster, und bei ihrer Gröfse beständig kalt, können unmöglich zur geschwindern Heilung der Krankheiten beitragen. Die überall herrschende Unreinlichkeit ist höchst tadelnswürdig. Die fiebernden Kranken sind von den chronischen auf jeder Abtheilung, sowohl der männlichen als der weiblichen, geschieden. Die Krätzigen ebenso, wie auch die Siphilitischen. Allein hinreichende Badeanstalten sind nicht vorhanden. Die Fassungsweite des Spitals beträgt 400 Betten, jedoch sind selten mehr als 360 bis 380 darin. Auch würden die jetzigen Einkünfte des Spitals nicht zu einer gröſsern Krankenzahl hinreichen, da es seit dem Verschwinden des öffentlichen Schatzes keine eigenen Fundationen mehr besitzt, sondern vom Staate unterhalten wird, und auf solche Weise die nöthigen Summen nur unvollkommen und selten erhält. Erster Arzt des Spitals ist ein gewisser Dr. Valatelli: der oberste Chirurg heiſst Barlam. Kurz vor meiner Anwesenheit war dem berühmten Dr. Aglietti die Direction der gesammten öffentlichen Gesundheitsanstalten übertragen worden, und von dem Eifer und den Kenntnissen dieses achtungswerthen Mannes stände allerdings Manches zu erwarten, wenn es ihm anders möglich wäre, vor Allem die unzulänglichen Einkünfte auf einen bessern und bestimmteren Fuſs zu setzen.

---

2. San Servolo.

Ein anderes Spital, welches aber nur für einige bestimmte Krankheiten besteht, ist das der barmherzigen Brüder zu S. Servolo, auf einer winzigen Insel ziemlich weit von der Stadt gelegen. Das Kloster dieser barmherzigen Brüder mit seinem nicht sehr bedeutenden Garten nimt das ganze Eiland ein. Das ganze Gebäude würde viele hundert Kranke fassen, wenn man es einzig für diese einrichtete: allein den allergröſsten Theil nehmen die wider Gewohnheit dieses Ordens sehr bequemen, ja sogar prächtigen Wohnungen der 7 Brüder ein. Während man nemlich seit Verbreitung der französischen Herrschaft in ganz Italien alle Klöster und geistlichen Anstalten aufgehoben, hat man nur die der *barmherzigen Brüder* und *Schwestern*, wo sich welche vorfanden, unberührt gelassen, theils ihrer Armut wegen, theils um den Kranken die Pflege nicht zu entziehn, welche sonst dem Staate zur Last fallen würde. Diese barmherzigen Brüder zu Venedig haben zwar, was sie an anderem Eigenthum als ihr Klostergebäude selber besaſsen, in den revoluzionären Unruhen verloren, und nicht ersetzt bekommen, jedoch wissen sie die Kranken, welche in ihrem Hause aufgenommen werden, bei Weitem besser noch zu verpflegen, als im Ospedale civico der Fall ist, wozu häufige Almosensammlungen und Schenkungen von Privatleuten ganz allein die Mittel darbieten. Die Lage des Spitals ist in so fern ganz vortheilhaft, als sie einsam und abgeschnitten im Meere die Mittheilung luftenthaltender Krankheitsstoffe erschwert, und überhaupt alle unnöthige Communication aufhebt. Die ganze Anstalt bezweckt die Heilung von ungefähr 80 Kranken, meist mit chronischen Uebeln behafteter, sowohl Männer als Weiber, die alle in einem groſsen Saale vereiniget liegen. Bei meiner Anwesenheit waren 70 Betten besetzt, mehrentheils von Altersschwachen und Leuten mit unheilbaren Krankheiten. Besonders aber dient dieses Haus als Anstalt für die *Geisteskranken*. Man betrachtet es sowohl als Aufbewahrungsort der Unheilbaren, als auch wie eigentliche Heilungsanstalt, und es ist keine Spur einer so nothwendigen Unterscheidung vorhanden. Bei meiner Anwesenheit waren 126 Melancholische und Irrende anderer Art da. Die Schwermüthigen und unschädlichen Narren sind in grofsen Säälen beisammen: Männer und Weiber natürlicher Weise in ganz getrennten Abtheilungen des Hauses. Die Tobsüchtigen befinden sich in einzelnen Kämmerchen. Einige der aller Wüthendsten liegen in Gewölben des Kellergeschosses fest angeschlossen bei einander, und die auf dem Hofraume spazierenden Irren haben volle Mufse, durch offne Fenster hinab in das tönende Reich ihrer wilderen Leidensgefährten zu schauen, sodafs sicherlich mancher bei dieser ihm heilsam geglaubten Zerstreuung im Hofraume erst rasend wird durch den Anblick der Rasenden. Doch ist auch ein Gärtchen vorhanden, in welchem der Pater Prior einige der Fähigern selbst arbeiten läfst. Die Reinlichkeit ist lobenswerth und ziemlich allgemein, aufser freilich im Kellergefchofs, wo die Rasenden in ihrem eigenen Unflat sich wälzen. Ueberhaupt verdienen die mehresten der barmherzigen Brüderspitäler das Lob der Reinlichkeit. Aufserdem geschieht nicht viel zur Heilung der Geisteskranken, und dafs die mehresten unheilbar sind nach der Ansicht jener Brüder, d. h. unter ihrer Behandlung niemals genesen, bedarf kaum einer Erinnerung. Der geistliche Zuspruch wird ihnen freilich zur Genüge, und es ist Schade, dafs die Geisteskrankheiten nicht mehrentheils in somnambulistischen Spannungen bestehn, da in diesem Falle der Dämons-Unglaube des frommen Glaubens leichtlich frommen würde, wie das standhafte Dräun jener ersten Christen bei heidnischen Verzückten. *) — Gegen die englischen Zwangswesten, wenn er anders wirklich einen Begriff davon hatte, wandte der Pater Prior ein, daſs sie unwirksam seien: das Begieſsen mit kaltem Wasser sei daher bei jeder Unart als die beste Strafe und Zwangsmittel anzusehn. Uebrigens spielt auch hier die Kette eine Hauptrolle: auch der Stock scheint mindestens nicht ganz verhaſst zu sein. Der Pater Prior ist eigentlicher Arzt des Ganzen: er hat studiert, scheint aber dem geistlichen Wohlbehagen die Thätigkeit gern opfern zu wollen, ebenso wie seine sieben Brüder. Dr. Cesare Ruggieri wird geholt, wenn bedeutende chirurgische Operationen zu machen sind. Das Ganze steht jetzo auch unter der Direction des Dr. Aglietti: bei meiner Anwesenheit waren aber noch keine Veränderungen in der gesammten Anlage gemacht worden. — Leute mit fieberhaften Krankheiten werden hier gar nicht aufgenommen.

---

3. Oeffentlicher Augenarzt.

In wenigen Städten Italiens habe ich die Einrichtung getroffen, welche zu Venedig Statt findet, daſs nemlich ein eigens besoldeter *Augenarzt* für die ärmern Kranken bestimmt ist. Ein gewisser Herr Tonon hat sich den Ruf eines vorzüglichen Augenarztes erworben, und dieser muſs für eine kleine Besoldung, welche die Stadt ihm auszahlt, die Armen behandeln.

---

*) Schuberts *Ansichten von der Nachtseite der Naturwissenschaft*, Dresden 1808, Seite 93 und 94.

4. Ospedale della Marina.

Für die zahlreiche Besatzung Venedigs ist ein weitläuſtiges Spital vorhanden, welchem man ein sehr geräumiges und glücklich gelegenes Klostergebäude angewiesen hat. Es heiſst *Spital der Marine*, umfaſst aber auch alle Kranke der Landtruppen. Während meiner Anwesenheit (im Merz) fand ich dieses Spital in der Einrichtung, wie ich sie mit wenigen Worten schildern will, soweit eine äuſserliche Betrachtung zeigte. Das ganze Gebäude würde Raum genug für 2000 Kranke dargeboten haben. Es lagen aber nur 400 darin, auch zweifele ich daſs der Vorrath an Betten und anderem Zubehör sich viel weiter erstreckte; wie denn auch 400 Betten bei der wirklichen Garnisonszahl hinreichend waren. Ein gewisser Herr Ruchique, im österreichischen Dienste ergraueter Franzos, war der Oberarzt, ein anderer Franzos, Mr. Combes-Brassard, zweiter Arzt, und ein Dalmazier, Namens Brankowicz, erster Chirurg. Die innere Einrichtung zeigte weder das Bild eines auf französischen Fuſs, noch den Militärspitälern des Königreichs Italien gemäſs eingerichteten Krankenhauses. Es fand eine Art von Unterrichtsanstalt junger Militärärzte Statt: die Herren Combes und Brankowicz hielten wirklich Vorlesungen. Mir schien, als sei sowohl die erste Einrichtung, als auch die fortwährende Besorgung, ohne besondere Aufmerksamkeit der Staatsbehörden gemacht worden, sodaſs der obgenannte Herr Ruchique sowohl in Betreff der Direction von obenher, als auch die übrigen Mitglieder des ärztlichen Personals von ihm selber keine Leitung erfuhren. Freilichwohl macht der Umstand, daſs dieses Spital der Marine wegen seines Namens unter dem Minister des Seewesens steht, und nicht wie die übrigen militärischen, unter dem Kriegsminister, einige Unordnungen begreiflich, da eine solche unwesentliche Abtrennung nur stört, nicht fördert, wenn die Anwendung einer Wissenschaft in Frage ist. Es schien die ganze Anstalt gewisser Maſsen sich selber überlassen gewesen zu sein: ob nun aber die Abgelegenheit Venedigs, oder ob ein geflissentliches Uebereinstimmen diesen Vorhang zwischen die Behörden und das Spital gezogen habe, weiſs ich nicht. Schlendrian mochte sicherlich Statt finden, wie bei allen sich selbst überlassenen Einrichtungen. Schwerlich aber erfoderte dieser eine solche Heilung, als späterhin durch die Weisheit des Herrn Professor Rasori aus Mailand angewandt wurde. Diesen ganzen Vorfall, welchen ich sowohl nach Rasori's eigener, als auch seiner Gegenpartei Erzählungen beurtheile, führe ich darum an, weil meine Leser durch ihn ein vollständigeres Bild der dortigen ärztlichen Verhältnisse und des öffentlichen Betreibens derselbigen sich vergegenwärtigen können. Schon während meiner Anwesenheit in Venedig ging nemlich das Gerede, Rasori werde als Bevollmächtigter der Regierung in Kurzem erscheinen, und mehrere der öffentlichen Anstalten mustern. Wirklich auch war er im April eingetroffen, nebst noch zween anderen Commissarien, nemlich dem Oberarzt der französischen Armeen in ganz Italien, Mr. Pinçon, und dem Doctor Mantovani, einem talentvollen Arzte der italienischen Truppen. Nach Rasori's Erzählung hatten häufig wiederholte Beschwerden von angesehnen Personen anderer als ärztlicher Verhältnisse, den Prinzen Vicekönig dahin vermocht, ohne weitere Formalität des gewöhnlichen Geschäftsganges durch die Hände der bestimmten Autoritäten, der Sache nachspüren zu lassen, und deshalb die obgenannte Commission sogleich abzuschicken. In wie fern diese Herleitung wahr ist, kann ich nicht nachweisen: doch scheint die Gewohnheit, den *Contrastimulus* durch versteckte Machinationen an der Ehrensäule der Erfindungen hinauf zu schrauben, einen ganz andern Ursprung in der Nähe der Commission selber anzudeuten, und das Verfahren derselbigen stöſst eine ſolche Vermuthung nicht um. Weder Herrn Mantovani, noch Herrn Pinçon, habe ich persönlich gekannt: sie müssen mir also die Behauptung um so mehr verzeihn, daſs sie neben Herrn Rasori in Venedig als *Nullen* standen, da die ganze Verhandlung im Geiste des Herrn Rasori vor sich ging, dessen Gemeinschaft zween so allgemein als erfahrungsreich und einsichtsvoll gepriesenen Männern unmöglich angedichtet werden kann. Wir haben daher unsere Gründe, Herrn Rasori als alleinig wirkenden *Commissarius* anzusehn, und darnach auch auf die wahre Entstehungsart dieser seiner glorreichen Bestimmung zu schlieſsen. Die, nach seiner Aeuſserung durch unbesiegbare Kabale ins Werk gesetzte Zugabe eines dritten Beisitzers der Commission, welcher nemlich ein mäſsigdenkender schlichter venezianischer Chirurg war, hat er wohl sich unschädlich zu machen gewuſst. Kurz, die Commission trat in Venedig auf, und begann die Untersuchung des militärischen Spitals. Man fand, nach Herrn Rasori's Erzählung, die Einrichtung durchaus ſehlerhaft, und besonders in ökonomischer Hinsicht einer gründlichen Verbesserung bedürftig. So ſand man, z. B. daſs der Apotheker des Spitals die Arzneikörper weder im Grofsen einkaufte, noch selber zurichtete, sondern von andern Apothekern der Stadt nöthigenfalls im Kleinen holen liefs, und dadurch dem Spital jährlich einen Kostenaufwand von 25,000 Franken verursachte. Nun aber ist es bekannt, dafs Herr Rasori auf seine Methode besondern Werth legt, durch Anwendung contrastimulirender Mittel auch die Kosten der Arzneien in den Spitälern zu verringern, und wir werden ihn deshalb anderwärts sagen hören, die China sei *un rimedio d'alto prezzo e di più alto danno*, d. h. ein Mittel hohen Preises, und noch höhern Nachtheils. Ein solcher Apothekerunfug konnte also nicht ferner geduldet werden, und alle diese Umstände machten es nothwendig, das bisherige ärztliche Personal, als Aufseher und Urheber, strenger zu prüfen, ob es seiner ferneren Verwaltung fähig sein könne. Man foderte den Oberarzt Ruchique und die übrigen Aerzte, sowie den Chirurgen Brankowicz zum Examen wie Schüler auf, und ihre Weigerung half nichts. Weil sie die Gesetze des *Contrastimulus* nicht kannten, und in ihrem Alter zu unbehülflich waren um Neues zu erlernen, wurden sie schlechthin untauglich erklärt, und abgesetzt. Ja mehrere Monate nachher war es noch nicht einmal bestimmt, ob die im Dienste des Staates Ergraueten, und beim Anbeginn der jetzigen Regierung schon Bestätigten, auch nur die geringste Pension erhalten würden. Der zweite Arzt Combes-Brassard wurde gleichfalls seiner Stelle verlustig erklärt, doch als junger und lehrbegieriger Mann zu künftiger Anstellung fähig, wenn er ein Semester dem klinischen Lehrcursus des Herrn Rasori in Mailand beigewohnt, und die neue Weisheit eingesogen haben werde. Andere Aerzte und Wundärzte wurden angestellt, und eine Unterrichtsanstalt in anderer Art eingerichtet. Als Chef des Ganzen sollte derjenige ernannt werden, welcher öffentlichen Proben zufolge als der tauglichste erkannt werden würde. Doch war die Besetzung dieser Stelle im Augustmonat dem Herrn Rasori noch nicht gelungen, ja dasselbige und bedeutend schwere Gegengewicht, welches damals ihn von seiner Höhe durch die bewirkte Entnehmung der Klinik im mailändischen Militärspitale merklich herabschnellte, schien sogar ganz gegen das Interesse des *Contrastimulus* dem wohlgeübten Doctor Gervasoni, Schüler und Anverwandten Assalini's, zu jener angesehenen Stelle zu bestimmen. Die sichtbare Freude des Herrn Abgeordneten über dieses sein Werk wird also schwerlich von langer Dauer gewesen sein. Doch ist gewiſs, ohne die eigentliche Absicht des Urhebers, manches wahrhaft Gute zu Venedig durch jenen Eingriff in Anregung gebracht worden, insofern das neue contrastimulirende Unwesen seiner gegen sich selber feindlich ausschlagenden Schwäche wegen nicht so lange dauern konnte, als der dumpfe Schlendrian der alten Verfassung, welcher von jenem doch mindestens verdrängt worden war. — Ich habe nicht umhin gekonnt, bei Gelegenheit des militärischen Spitals zu Venedig dieses Vorfalles genaue Erwähnung zu thun, da er einen wichtigen Beitrag zur Würdigung des ganzens Wesens jener Theorie liefert, insofern die wenn auch nur kurze und fruchtlose Blühte des *Contrastimulus*, ohne die geheimen Künste der Ränkeschmiedung im bürgerlichen Leben nicht einmal soweit gediehen sein würde.

VI. Forli.

VI. Forlì.

Indem ich der medicinischen Anstalten in mehrern jetzt zum Königreich Italien gehörigen Städten des ehemaligen Kirchenstaates erwähne, gerathe ich eigentlich in ein ganz neues und fremdartiges Gebiet. Obgleich noch im obern Italien gelegen, bieten diese Städte in Betreff derjenigen hiehergehörigen Einrichtungen, welche unter der päpstlichen Herrschaft schon gemacht worden waren, das nemliche Bild dar, als Rom selber. Es ist ein ganz verschiedener Plan, nach welchem die geistliche Regierung ihre weltliche Unterthanensorge wirken lieſs. Wenn in der Lombardei überall aus der ersten Anlage der Krankenhäuser die thätige Mitwirkung zu Rathe gezogener Aerzte erkennbar ist, so scheinen unter dem kirchlichen Oberhaupte diese erst in die schon vollendeten Anstalten als ein zwar nothwendiges, aber nicht minder als die Krankenwärter untergeordnetes Glied der Gesammtmasse eingetreten zu ſein, bloſs zur Ausführung dessen bestimmt, was bei jedem Schritte die der Natur so wenig gemäſse Hierarchie mit organischer Nothwendigkeit ihnen vorzeichnete. Die Spitäler sind hier durchaus eine *kirchliche* Anstalt, und daher auch ganz nach den Begriffen der Priester entworfen. Mehrentheils findet sich ein groſser, kirchlich aufgeputzter Saal, voll unnützer Pracht und ohne weitere wahre Bequemlichkeit: und daneben die erbärmlichsten Löcher für alle diejenigen Kranken, welche jener Saal faſst. Selbst das anderwärts zu entwerfende Bild des groſsen Heiligengeistspitals zu Rom wird sich schwerlich weit von dieser Voraussetzung entfernen können. Die Krankenhäuser dieser südlichern Theile von Italien sind aber auch überhaupt dem Wesen des Volkes gemäfs von ganz anderer Art, als die zu Florenz und in der Lombardei. Man betrachtet sie beinah als eine Art von Versorgungshäusern, wenigstens ist in diesen Gegenden, bei dem unerschwerten Leben des Volkes in der freien Natur, die Möglichkeit um so geringer, den Kranken in seinen kahlen vier Wänden, deren er im gesunden Zustande nur als Schlafstätte bedarf, einigermafsen zu pflegen, und daher die öffentlichen Krankenhäuser um so nothwendiger. Früherhin waren auch in der That, wie man überall aus den Ueberbleibseln erkennt, selbst in den kleinern Städten, von der Romagna an bis gen Neapel, ziemlich umfassende Krankenhäuser vorhanden, ihre innere Einrichtung mochte übrigens so schlecht sein als sie wollte. Durch die kriegerischen und revoluzionären Umwälzungen, besonders aber durch die Einziehung aller geistlichen Stiftungen (denn hierauf beruhten alle Spitäler u. s. w. im Kirchenstaate eben ganz allein), haben diese Anstalten grofsentheils bedeutende Stöfse erlitten, und sind an vielen Orten ganz eingegangen. In dem Theile des Kirchenstaates, welcher dem Königreiche Italien einverleibt worden ist (die Romagna und die Mark Ancona) haben sich die Anstalten wenigstens einiger Masfsen noch zu erhalten gewufst, und man findet doch nicht das Bild eines so gänzlichen Umsturzes, als in denen zum grofsen Kaiserthume gehörigen Gegenden. Allein grofsentheils haben sich auch hier diese Anstalten nur scheinbar erhalten, und gerade in den jetzt zu betrachtenden Städten finden wir, was schon früherhin erwähnt wurde, den friedlichen Bürger auch jetzt, nachdem Jahrelang aller wilde Kampf geschlichtet, vom Krieger in seinen Rechten und Ansprüchen an die öffentliche Verpflegung gekränkt. *) Ueberhaupt glaube ich behaupten zu können, dafs dieser ganze Theil des Königreiches in seiner inneren Medicinalverfassung noch gänzlich unbeachtet gelassen worden ist von den Behörden, während man von Seiten des Kriegsministeriums an den Orten wo es nöthig war, die gehörigen ärztlichen Anstalten für die königlichen Truppen nicht ohne Erfolg betrieben hat. Daher findet sich in diesen Städten fast nichts, als die zerstreueten Ueberreste der ehemaligen geistlichen Vorsorge für das körperliche Wohlergehn, und diese ganz sich selber überlassen, sodafs die Unordnung noch gröfser ist als der Mangel. Es kann dieses als um so nachtheiliger gelten, da auch hier, wie zu Rom u. s. w., ein jeder Einzelne sich gleichsam auf diese Nachlässigkeit der höhern Vorsorge zu stützen scheint, wie mir der überall daselbst beobachtete Mismuth und die leichtsinnige Oberflächlichkeit der Aerzte in Spitalverwaltung, deutlich bewies. Auch könnte ein Einzelner nichts Wesentliches thun, indem die Anschaffung neuer Fundationen, und die Bestimmung allgemein giltiger Medicinalgesetze allein Sache der Autoritäten, und nicht des untergeordneten Arztes ist. Die in solchem ganzen Verhältnisse gegrün-

*) Allgemeine temporäre Umstände setzen auch den parteilosesten Schriftsteller ärztlicher Gegenstände in die unangenehme Nothwendigkeit, die Ergründung und Beweisführung einer Sache, die nur zufällig der Meinung über das Staatsinteresse begegnet, gänzlich zu übergehn.

6 *

dete Unzufriedenheit der dortigen Aerzte spricht sich laut genug aus, und man könnte es nur durch die Zeitkürze seit Vereinigung dieser Provinzen mit dem Königreiche erklären, dafs ihre Klagen noch nicht bis Mailand gedrungen sind, wären nicht eben die schon erfolgten Einrichtungen des militärischen Medicinalwesens genügender Beweis, dafs bei reger Thätigkeit auch in kurzen Jahren ein Ganzes zu Stande kommen kann. —

Die nicht sehr bedeutende Stadt Forli, jetzt der Sitz einer Präfectur, bestätiget zunächst mehrere der so eben ausgesprochenen Behauptungen. Ich fand hier ein aus der päpstlichen Zeit herstammendes *öffentliches Bürgerspital*, dessen erster Anblick mich durch den überall daran verschwendeten Prunk überraschte. Durch einen prächtigen Eingang trit man in einen grofsen reichausgeschmückten Saal. In diesem kreuzförmig gebaueten Saale lagen ehedem die Männer auf der einen Seite, die Weiber auf der andern, ohne weitere Trennung als insofern die beiden Arme des Kreuzes einander nicht berühren. Allein seitdem ein französisches Regiment in dieser Stadt garnisonirt, hat man die zahlreichen Kranken desselbigen in dieses Bürgerspital gelegt. Hierdurch aber ist ein doppelter Uebelstand begründet worden. Einestheils nemlich haben die militärischen Kranken die besten Plätze in dem grofsen Saale eingenommen, sodafs der Raum für die bürgerlichen nicht mehr hinreichte, und sämmtliche Weiber deshalb in höchst erbärmliche Nebenzimmer weichen mufsten. Anderntheils zahlt die militärische Verpflegungscommission für jeden Kranken eine so unbedeutende Summe, dafs sein gesammter Unterhalt, Nahrung, Arzneien u. s. w., nicht davon bestritten werden kann, die ohnehin, wie anderwärts, geschwächte Kasse des Spitals durch diese fremden Gäste also um so mehr leiden mufs. Ich kann nicht glauben, dafs der wohlwollende und thätige Chef der Militärdivision, zu welcher dieses Regiment gehört, Baron Fresia, französischer General, Kenntnis von diesem Uebelstande habe. Ich lernte zu Bologna in diesem würdigen Manne einen der aufgeklärtesten und für alles Gute regsamsten Krieger kennen, der ebendeshalb ein eifriger Verehrer, und wo möglich Beförderer der wissenschaftlichen Cultur ist. Er würde durch sein Ansehn diese Einrichtungen wenigstens einiger Maſsen zu verbessern suchen, wenn er genauer davon unterrichtet wäre. Denn eine gänzliche Abänderung möchte fast unmöglich sein, fürs Erste zum Wenigsten. Man sieht in ganz Italien mehr als anderwärts, wie mangelhaft, selbst der Zahl nach, die französischen Truppen mit Aerzten versorgt sind: und wie wenig Ordnung und durchgreifendes Gesetz in dieser ganzen militärischen Medicinal-Verfassung herrscht. Bei der Gegenwart eines sehr bedeutenden französ. Armeecorps im Königreich Italien sowohl als in den übrigen Provinzen, findet man fast nur zu Rom ein eigentliches französisches Militärspital, an anderen Orten die kranken Soldaten, aus Mangel an eigenen Aerzten zur Verpflegung, entweder in den Spitälern der königl. ital. Truppen untergebracht, und von den Aerzten derselbigen besorgt: oder, wie hier zu Forli, zu Rimini, Foligno, Spoleto u. s. w. gar in die bürgerlichen Spitäler gelegt, und der Behandlung der gewöhnlichen Aerzte dieser Spitäler unterworfen, sodafs hier also gar keine militärisch-medicinische Aufsicht, und nur höchst unzulängliche Verantwortlichkeit Statt findet. Bei Gelegenheit der genannten Städte, ja sogar wenn ich von Florenz, Parma und dergl. mehr zu sprechen habe, werde ich auf die hier gemachte Bemerkung mich beziehn müssen. Dafs der Nachtheil solcher Einrichtungen für beide Theile gleich grofs ist, versteht sich von selber. — So prächtig nun auch der ausgemalte, mit Büsten und Stuccaturarbeit verzierte Saal ist, in welchem jetzt, bis auf wenige Zehner der männlichen Stadtkranken, fast lauter franz. Soldaten liegen: und so bequem und reichlich ausgestattet die Betten desselbigen in eisernen, mit grünen Vorhängen versehenen Himmelbettgestellen sind; ebenso eng, dumpfig und unrein sind die wüsten Nebenzimmer, eben so unzulänglich die groben Strohsäcke, welche man jetzt den verdrängten Weibern aus Mangel an besserem Local und an Vorrath des Benöthigten angewiesen hat. Man hofft, dafs endlich einmal neue Fundationen angewiesen, und das Spital dadurch in Stand gesetzt werden solle, neue und bessere Sääle anzubauen. Dies aber wäre eigentlich nur dann nöthig, wenn die franz. Soldaten noch lange Zeit in diesem Spitale versorgt würden; und kürzer käme man also ab, für diese, doch nur interimistisch hier garnisonirenden, eine eigne Anstalt einzurichten. Chirurgische und medicinische Kranke liegen hier durcheinander, und Arzt und Chirurg suchen sich ihre Kranken unter der ganzen Bettenzahl aus. Bei den Weibern sind die ziemlich häufigen Siphilitischen (nothwendige Folge der gegenwärtigen namensverwandten Gäste) von den übrigen nicht sonderlich geschieden. Das Spital fafste bei meiner Anwesenheit (im Merzmonat) 190 Kranke, bürgerliche und militärische. Im Sommer aber, wenn Krätzige und Venerische ihrer grofsen Kur unterworfen werden, wächst diese Zahl oftmals bis über 300 an, welche dann in mehrern Nebenzimmern schlecht genug sich behelfen müssen. Bei Gelegenheit von Bologna werde ich erinnern, wie die Kur der *Krätze* und *Siphilis* im südlichern Italien durch diese periodische Eingeschränktheit von unserer nordischen abweicht, die in der Lombardei grofsentheils auch angenommen ist. Der erste Arzt des Spitals zu Forli ist Dr. Barbaggiani, ein lustiger gesprächsreicher Toscaner, jetzt, wie mir schien, nach dem geheimnisvollen Gnadenborn des *Contrastimulus* lechzend, von dem er wahrscheinlich keinen klaren Begriff hatte. Den Primarchirurgen Dr. Manteucci hatte ich Gelegenheit als einen geübten Operator und, wie so selten, dabei zarten menschenfreundlichen Mann kennen zu lernen, der ohne ausgebreiteten Ruhm oder schriftliche Documente, seine würdigste Pflicht mit Eifer erfüllend, schätzenswerth ist. Gewinnen würde übrigens das Spital sicherlich, wenn es sich die Erfahrung und Thätigkeit des Dr. Santerelli aneignete, welcher gegenwärtig, nach mehrjähriger Direction des Medicinalwesens bei den päpstlichen Truppen, in seiner Vaterstadt Forli als Lehrer der Chirurgie und Geburtshülfe lebt, und dessen Erwähnung, da er aufser England auch Deutschland mit wissenschaftlichem Eifer durchstreift hat, vielleicht manchem Arzte, der sich seiner erinnert, angenehm sein mag. Durch ein vor Kurzem erschienenes weitläuftiges Werk *) über

*) *Delle Cateratte, con tavole in rame, di* Giov. Batt. Ger. Santerelli etc. Forli 1811. — Ueber die Ge-

den grauen Staar, würde er, meines Erachtens, seine Vorzüglichkeit als Augenarzt mehr bewiesen haben, wenn er den unseligen Einfall, den Hornhautschnitt durch Einstoſsen eines myrthenblattförmigen Instruments von obenher zu machen, wie er im Jahre 1795 selbst zu Berlin und Wien an Lebenden zeigte, nicht als Grundlage seiner ganzen Operationslehre aufgestellt hätte. Das erfundene Instrument scheint den vorurtheilenden Mann, der mit engländischer, dem Italiener ganz ungewöhnlichen Kunstfertigkeit und Genauigkeit mancherlei, sowohl brauchbare als übertrieben kleinliche Anordnungen des chirurgischen Apparats zu machen liebt, zur weitern Vertheidigung eines an sich schon Falschen vermocht zu haben.

schichte seiner Operationsmethode in Deutschland, vorzüglich Seite 78 u. ff. Auch ist diese Schrift nur eine zweite, vermehrte Auflage der in Deutschland von ihm herausgegebenen: *Ricerche per facilitare il Cateterismo e l'estrazione della Cateratta.* Vienna 1795, c. fig. Auffallend ist, daſs der Verf. in der unter dem Namen des Verlegers ausgegebenen Anzeige, sowie an einigen Stellen des Buches selber, die Ungewiſsheit des Messers bei dem Staarschnitt als Empfehlungsgrund für sein Stoſsinstrument angiebt, bei welchem doch gerade die Hand gar keine freie Bewegung behält. „L'entusiasmo di questi vanti (degli antichi metodi „d'operare) cesserà almeno in gran parte per coloro, che „messa la mano all' opera *si accorgeranno della fralezza* „*de' nostri mezzi*, della povertà de' consiglj; che nel pro„cinto dell' urgente necessità rendono trepidante anche la „mano agguerrita, e il Professore palpitante *fra il pericolo* „*del ferro impresso*, e l'incertezza dell' esito fortunato." Dies alles möchte wohl bei einem solchen Instrumente noch mehr eintreffen, welches man nicht in der Gewalt hat, wie das seinige. Sein *Ophthalmostat* verdient gleichfalls Rüge.

VII. Rimini.

In dieser Stadt wurde nach den revoluzionären Unruhen eine Art von *Universität* gestiftet, welche auch die medicinischen Wissenschaften umfassen sollte. Sie bestand aber nur 5 Jahre, als die Regierung der damaligen italienischen Republik selber alle Fundationen wiederum einzog, und die Anstalt vollig aufhob. Gegenwärtig befindet sich blofs ein durch nichts ausgezeichnetes *bürgerliches Krankenhaus* hierselbst. Das Local wäre zwar geräumig genug, allein auch hier haben die französischen Truppen die gröfsere Hälfte eingenommen, werden jedoch wenigstens von ihren eigenen Aerzten besorgt. Die beiden, für den Civilstand übrigen Zimmer, eines für die Männer, das andere für die Weiber, sind in einem höchst schlechten Zustande. Es mangelt durchaus an Geld, und kann daher nichts zur Verbesserung geschehn. Das Gebäude selbst, dem man die ehemalige umfassendere Anlage wohl ansieht, ist gänzlich verfallen. In den beiden bürgerlichen Säälen sind blofs elende Strohsäcke befindlich, welche auf schlechten Holzgestellen dem Kranken kein festes noch bequemes Lager gewähren. Unsauberkeit und Mangel an allem Nothwendigen halten hier einen erfreulichen Wettstreit. Dr. Panni, als Arzt des Spitals, möchte schwerlich durch Regsamkeit und Kraft das Mögliche ersetzen. — Das ganze Krankenhaus enthielt bei meiner Anwesenheit im Merz 80 Kranke, sowohl bürgerlichen als militärischen Standes. Die letztern sind natürlicher Weise auf ihrer Abtheilung etwas besser gehalten, da schon der einzelne Franzos seine Autorität schlechter Behandlung entgegenzusetzen gewohnt ist. Während der grofsen Sommerkur der Krätzigen und Venerischen, wächst die Zahl der Kranken oft bis über 500 an, welche dann natürlich um so schlechter, oder eigentlich gar nicht, versorgt sein müssen.

VIII. Ancona.

1. Die *bürgerlichen Krankenhäuser* stehn mit der Gröfse und Bevölkerung dieser Stadt in einem nicht ganz angemessenen Verhältnisse. Ihre Umfassung ist in neuern Zeiten nicht vermindert worden, man sieht also, dafs sie allezeit schon in einem unzulänglichen Zustande waren. Allein es wird gegenwärtig auch über den Mangel an nöthigen Fundationen oder anderweitigen Vorschüssen geklagt, um so mehr also müssen die Nachtheile der ersten fehlerhaften Anlage in die Augen springen. Eigentlich besteht hier nur ein *einziges* bürgerliches Krankenhaus, dieses aber zerfällt in zween durchs Local von einander ganz getrennte Abtheilungen. In einem eigenen, gar nicht günstig gelegenen Gebäude, befindet sich nemlich das Spital der Männer. Hier sind zwei nicht schlechte Sääle, jeder 30 Betten fassend, welche brauchbar sein würden, wenn das Haus eine freiere Lage hätte, und nicht im Uebrigen so winklicht gebauet wäre. In einer Stadt wie Ancona ist dieses noch einiger Mafsen zu entschuldigen, da ihrer Lage wegen an dürren Felsenklippen des Meeres, und bei gänzlicher Offenheit gegen die Nord- und Ostwinde, mehrentheils *entzündliche* und *rheumatische* Krankheiten daselbst herrschen, sodafs auch die nicht seltenen Wechselfieber fast allgemein diesen Charakter annehmen. Die Betten dieses Spitals sind übelgehalten, auch überhaupt die innere Verwaltung nicht in der gröfsten Ordnung. Ob auch hier eigentlicher klinischer Unterricht ertheilt wird, weifs ich nicht: eine eigene Sectionskammer habe ich jedoch be-

merkt. Arzt dieses Männerspitals ist Dr. Calvani. — Das Spital der Weiber ist im Ganzen noch schlechter angelegt und unterhalten, als das der Männer, wie überhaupt in vielen italienischen Krankenhäusern, besonders des Kirchenstaates, die Weiber mit engerem Local und minder guter Verpflegung vorlieb nehmen müssen. Es enthält gleichfalls 60 Betten, und Arzt ist ein Dr. Cherubini. *)

2. Als Tummelplatz der *Galeerensklaven* seit langer Zeit schon, besitzt Ancona ein eigenes *Spital* für diese Unglücklichen, welches heut zu Tage mehr gebraucht wird als jemals, da die Zahl der Gefangenen bis über 200 angewachsen ist. Das Spital ist in dem Gebände selber befindlich, welches, am Hafendamm gelegen, die sämmtlichen Galeotten aufzubewahren dient. Sein Arzt ist Dr. Beducci, ein schätzenswerther Praktiker aus der altitalienischen Schule. Dieses Spital der Galeerensklaven ist die einzige medicinische Anstalt in ganz Italien, welche ich durchaus nicht zu sehen bekam. Obwohl ich, durch verschiedene Männer empfohlen, in dem wackern Beducci einen Freund erwarb, so konnte er mich

*) Durch die schöne Episode in dem berühmten Roman einer männlichkräftigen Frau mag mancher Blick auf das *Irrenhaus* zu Ancona gerichtet worden sein. Eine neue Feuersbrunst, und wäre sie auch noch schrecklicher als jene mit dichterischer Flamme angezündete, würde heutiges Tages nicht einmal sechs Irrende bedrohen. Die für solche Unglückliche vorhandene Anstalt verdient kaum einer oberflächlichen Erwähnung, auf welche sie auch nicht einmal Anspruch zu machen scheint. (*Corinne ou l'Italie, par Mad.* de Staël Holstein, Paris 1807. Liv. I. chap. 4.)

dennoch seinem Krankenbesuche nicht beiwohnen lassen, weil das Spital im Zuchthause selber gelegen, und der schärfste Befehl gegeben ist, niemand als ihm und den Chirurgen einzulassen. Da aber dieses Spital gegenwärtig zu klein für die Zahl der erkrankenden Galeerensklaven ist, so hat man in einen eigenen wohlverwahrten Saal des obenerwähnten Männerspitals ein Dutzend der gefährlichst Kranken gebracht, um die übrigen der bösartigen Ansteckung nicht auszusetzen, die sonst hier in Ancona so selten vorkommt. Diese Menschen konnte ich besuchen, und ich fand sie menschlich genug versorgt, besonders in Bezug auf das was ihr Arzt Beducci zu thun vermag.

3. Ein *Waisenhaus*, welches sich hier in Ancona befindet, dient zugleich als *Findelhaus*, und wird als solches ziemlich häufig von den Einwohnern benutzt. Die Mädchen bleiben im Hause selber, bis sie erwachsen sind: alle Knaben hingegen werden mit dem dritten Jahre in Pensionen gegeben, entweder in die Stadt oder aufs flache Land. Die ganze Anstalt hat sich wunderbarer Weise aus der päpstlichen Zeit noch erhalten, obgleich ihre Einkünfte gegenwärtig sehr geschmälert sind.

4. Je weniger Sorgfalt bisher auf die medicinischen Anstalten der Stadt verwandt worden ist, um so eifriger ist man bedacht gewesen, die nöthigen Sanitätseinrichtungen für das *Militär* zu beendigen und zweckmäfsig zu machen. Als Kriegshafen und Sammelplatz einer nicht unbedeutenden Zahl von gröfseren Schiffen und Kanonenbööten, ist Ancona beinah mehr noch der Anwesenheit kranker oder verwundeter Seesoldaten ausgesetzt, denn Venedig, wo der ruhige Schiffsbau soviele Ge-

legenheit nicht mit sich führt. Das ziemlich weitläuftige *militärische Spital* hierselbst ist daher auch grofsentheils von der Marine bevölkert. Man hat die Gebäude des ehemaligen Klosters San Francesco diesem Krankenhause eingeräumt. Die Lage ist günstig, frei und heiter, obwohl zu offen gegen Norden. Das Gebäude selber enthält viele geräumige und zweckmäfsig eingerichtete Säle, und wenn die innere Anordnung ganz beendiget sein wird, so möchten wenige Militärspitaler in Italien mit diesem wetteifern können. Gegenwärtig schon fafste das Spital 400 Betten, von denen jedoch mehrentheils nur 200 besetzt waren. Medicinische und chirurgische Kranke befinden sich in verschiedenen Abtheilungen. Die Siphilitischen, hier in ziemlicher Anzahl vorhanden, wie gewöhnlich in den Seehäfen, liegen in eigenen Sälen, und sind nicht, wie in den altpäpstlichen Bürgerspitälern, allein der Behandlung in gewissen Monaten unterworfen. Ueberhaupt sind die bessern Lombardischen Medicinalverfassungen in diesem Spital mitten zwischen dem so widersinnigen Schlendrian des Kirchenstaates aufgestellt, und erscheinen in ihrer Abweichung um so vortheilhafter. Wie in allen königl. Militärspitälern ist auch hier eine Pflanzschule für die Armeeärzte angelegt, aus welcher vorzüglich die Marine versorgt wird. Niemand kann als Chirurg angestellt werden, der nicht zugleich seine ärztlichen Kenntnisse bewährt hat: es giebt aber eigene Stellen, welche von Aerzten bekleidet werden, die nicht Chirurgen zu sein nöthig haben. Der Arzneivorrath in den königl. Militärspitälern ist zwar überall eingeschränkt, hier aber besonders, ohne darum sich in die erträumten Grenzen der contrastimulirenden Wundermittel zu zwängen. Ob es jedoch gerathen sei, die Sparsamkeit so weit zu treiben, daſs man nicht allein z. B. den *Zucker*, sondern sogar den *Honig* fast gänzlich ausschlieſst, wage ich nicht zu entscheiden. Daſs auch die *China* hier in Ancona eine höchst seltene Anwendung findet, möchte durch die obenerwähnte Localität begreiflich werden, und in sofern um so weniger als Beleg zu der allgemeinen Vorschrift des *Contrastimulus* gelten können. — Das gesammte ärztliche, chirurgische und pharmaceutische Personal dieses Krankenhauses ist 18 Personen stark, und besteht aus lauter Italienern, die sämmtlich in den lombardischen Schulen gebildet sind. Oberarzt ist Dr. Bussani. — In der einen chirurgischen Abtheilung waren seit Kurzem 400 Kranke mit rheumatischen Ophthalmieen behandelt worden: und fast alle auf gleiche Weise, nämlich durch die Auflösung des *Zinci sulphurici* in destillirtem Wasser!

5. Die schon vor Zeiten getroffenen Einrichtungen zur *Quarantäne* waren hier in Ancona nächst denen zu Livorno die vollkommensten Italiens. Gegenwärtig sind sie freilich nicht ganz aufgehoben, jedoch bei der Stockung des Handels wenig im Gange. Das vortreffliche Waarenlager am Hafen, enthält zugleich die Wohnungen für Ankommende, und ein *Spital* im Falle des Erkrankens: in diesem aber hat schon seit geraumer Zeit nicht ein einziger Kranker gelegen.

IX. Loretto.

Dieses an sich ganz unbedeutende Städtchen würde zwar nicht einmal des hier vorhandenen Krankenhauses bedürfen, wenn man aber die Menge der ehemals hier zusammentreffenden Pilgrime bedenkt, so ist es zu verwundern, dafs die kirchliche Regierung nicht noch weitläuftigere und pafslichere Anstalten für die häufig Erkrankenden getroffen hat. Gegenwärtig mag das noch vorhandene Spital grofs genug sein, da das Pilgern abgenommen hat. Man nennt es l'Ospedale della santissima casa, weil es zu den Stiftungen des heiligen Hauses gehörte. Sowie aber dieses durch seine Heiligkeit vor dem Verluste der ungeheuern Besitzungen in den revoluzionären Kriegen nicht geschützt wurde, so hat auch das Krankenhaus durch die Plünderungen des Schatzes und nachherigen Einziehungen der Güter seine reichhaltigen Fundgruben verloren, und ist gegenwärtig nicht in dem besten Zustande. Ein Saal umfafst 25 Betten für Männer, ein anderer 20 für Weiber. Medicinische und chirurgische Kranke liegen ohne Unterschied des Locals: und, obwohl in der Nähe der allerheiligsten Reliquie des ganzen katholischen Erdenkreises, hat doch sogar *Venus vulgivaga* mit ihrem unsaubern Zepter auch hier manches verlorene Kind berührt. Für die dann und wann vorkommenden *Geisteskranken* sind etliche dumpfe Zimmerchen vorhanden, ohne weitere Anstalten eigener Art. Der Arzt dieses Spitals ist Dr. Scaramucci, ein unterrichteter Mann, um den es Schade ist, ihn in der Lorettanischen Abgeschiedenheit verkommen

zu

zu sehn. Als Chirurg ist ein Dr. Mengozzi angestellt.

Je seltener heut zu Tage *religiöse* Pilgrime eintreffen, desto häufiger wird Loretto, seit es zum Königreiche gehört, von gezwungenen Pilgern anderer Art besucht. Es sind nemlich die *Staatsgefangenen*, widerspenstige Conscribirte, Räuber, Deserteurs und dergleichen Gesindel mehr, welche hier fast täglich aus den unruhigen Departementern der höhern Apenninen in großsen Zügen durchgeführt werden. Sie haben in Loretto ein eignes Depot, und man hat für die häufig Erkrankenden ein Paar traurige Gewölbe des Gefängnishauses abgesondert. Hier liegen die Unglücklichen wie die Negersklaven in ihren Schiffen zusammengedrängt: enger Raum, auf der feuchten Erde hingeworfene Strohsäcke, höchste Unreinlichkeit und dumpfe Kerkerluft sind eher wirksam, um einen Gesunden krank zu machen, als umgekehrt. Auch hier ist Dr. Scaramucci Arzt, und seiner angemessenen Behandlungsart allein weichen die entsetzlichen Fieber der bösesten Gattung auch in solchen Umgebungen. Von einer weit gröſsern Anzahl, deren er mehrere geheilt entlassen, waren noch 15 übrig, als ich mit ihm die beiden Kerker besuchte. Nicht ohne Zagen trat der vielgewohnte Mann selber in die verpestete Luft. — Die Kost der Kranken fand ich durch Scaramucci's Aufmerksamkeit ziemlich genieſsbar.

Wunderbar wäre es allerdings, in einem so kleinen Städtchen noch einen andern praktischen Arzt, Dr. Maggi zu finden, mit welchem der genannte Scaramucci ohne den gewöhnlichen Brotneid in gutem Vernehmen zu stehn scheint, würde die hinreichende Beschäftigung beider durch die Pilgrime, vormals wenigstens, nicht einigermaſsen begreiflich. Wenig Vortheil möchte übrigens der Theorie des *Contrastimulus* durch die blinde Anhänglichkeit dieses Dr. Maggi gebracht werden. Ich wunderte mich nicht, bei grenzenloser Flachheit des Urtheils diesen ärztlichen Spuk auch in dem abgelegenen Loretto zu finden.

X. Macerata.

Diese bedeutend grofse und volkreiche Präfecturstadt giebt uns abermals das Beispiel des gänzlichen Mangels an Vorsorge für bürgerliche Gesundheitsanstalten. Ehemals war hier ein sehr bedeutendes und wohlunterhaltenes *bürgerliches* Spital, in einem pafslichen Gebäude vor der Stadt gelegen. Durch Mangel an Unterstützung ging es während der unruhigen Zeiten fast gänzlich ein. Gegenwärtig hat man das Local eines ehmaligen Missionarienklosters zum Krankenhause für das hier garnisonirende königl. italienische Militär genommen, und die Kranken aus dem Bürgerspitale, kaum 20 an der Zahl, hier mit eingeflickt. Vom *Militärstande* befinden sich etwa 120 Kranke hier, das Gebäude würde aber für eine bedeutend gröfsere Menge hinreichen. Medicinische und chirurgische Kranke sind getrennt: jede dieser Abtheilungen wird aber nicht von Militärärzten besorgt, sondern von den beiden Aerzten und Chirurgen des ehmaligen Bürgerspitals, Dr. Boccanera und Dr. Berti. Für den gesammten Unterhalt eines jeden Soldaten zahlt die Regierung der Stadt täglich 25 Bajocken, ungefähr also 7 Groschen Conv. Geld. — Bei der Behandlungsart unglücklicher Conscribirten, die oft aus blofser Verzweiflung hektisch sterben, scheint mir nicht lobenswerth, dafs der Arzt mehrern ganz trocken sagte: *Raccommandati a Dio, figlio mio!* Ich habe überhaupt in den südlichern Gegenden Italiens diese Gleichgültigkeit der Aerzte gegen die moralische Stimmung ihrer Kranken oftmals mit Verwunderung beobachtet, ebenso wie die wenige Scheu, durch Gespräche mit Andern dem Kranken Aufschlüsse über seinen Zustand zu geben, die ihm nicht erwünscht noch dienlich sein können; sondern ihn wie eine vernunftlose Maschine zu betrachten, während andrerseits der Kranke selber sich gegen den Arzt ein jedes Urtheil über die Behandlungsweise erlaubt, und diesem nicht selten dieselbige vorschreibt. — Die *Augenkrankheiten* müssen in dieser Gegend häufiger sein als anderwärts, worüber ich bei der kurzen Durchreise keine bestimmteren Erfahrungen einsammlen konnte: oder Dr. Berti, der Chirurg des Spitals, ein besonderer Liebhaber dieses Faches, da ich auf seiner Abtheilung mehrere in den italienischen Spitälern ziemlich ungewöhnliche Anstalten Behufs solcher Kuren antraf.

Die wenigen hier mit untergebrachten Kranken vom *Bürgerstande* befinden sich in einem eigenen abgesonderten Zimmer, und werden von einem eigenen Arzte Dr. Santerelli, behandelt. Diese Anstalt ist aber in Rücksicht der Bevölkerung von Macerata durchaus unzulänglich, und verdient einer gründlichen Abänderung von Seiten der öffentlichen Behörden, deren Aufmerksamkeit in einer Stadt, welche Sitz der Präfectur ist, umsomehr in Anspruch genommen werden darf.

XI. Die Universitäten des Königreichs Italien.

An einem andern Orte schon habe ich erwähnt, dafs mehrere jetzt zum Königreiche gehörige Städte vordem, da sie in eigens bestehenden kleineren Staaten lagen, höhere Unterrichtsanstalten besafsen, welche den Universitäten gleichgestellt werden konnten. Von der Art waren Reggio, Modena, Ferrara. Diese Anstalten sind grofsentheils ganz eingegangen, wenigstens dürfen sie nicht mehr als Schulen der ersten Ordnung betrachtet werden. Das Königreich hat als solche, oder *Universitäten*, nur die drei zu Padua, Bologna und Pavia anerkannt. Ebendeshalb ward auch die Schule zu Rimini wiederum abgeschafft. In der That sind bei der gegenwärtigen Ausdehnung des Königreiches *drei Universitäten* gewifs nicht zu wenig, obgleich auch keine von ihnen so wenig besucht ist, als die mehresten noch bestehenden Deutschlands. Die gesammte Einrichtung soll mich bei dem Zwecke der gegenwärtigen Schrift keinesweges kümmern, und ich werde daher nicht verfolgen, in wie weit dieselbe von der in Frankreich angenommenen abweicht, oder damit übereinstimmt. Gewifs scheint es mir, um meine Erinnerungen nur auf die Behandlung der Medicin zu beschränken, dafs auch aufserhalb Italien wenige Universitäten einer so durchgreifenden Wirkung der Thatkraft ihrer einzelnen Mitglieder sich rühmen können, als gerade diese. Denn wer die empirische Fertigkeit aufsucht, der möchte schwerlich dieselbe in einer höhern Vollkommenheit auf irgend einer andern europäischen Universität finden, als zu Pavia. Auf der andern Seite webt in den Lehrern zu Padua und Bologna eine so innige Naturvertrautheit, und wir sehen in ihnen das herrliche Bild echter und ehrwürdiger Begeisterung in gründlicher Ausdauer abgedrückt, daſs es zweifelhaft scheinet, ob das von den bloſsen Empirikern ihnen nicht versagte Lob, oder die Verehrung derer lebhafter sein kann, welche einem höheren Schwunge der Wissenschaft ihre Kräfte weihen. Merkwürdig ist es mir vorgekommen, das Zusammentreffen einer höheren Naturansicht, wie im Gesammten so im Einzelnen, zwischen diesen vortrefflichen Italienern und so vielen Aerzten meines Vaterlandes zu beobachten. So verschiedenartig die Anregung auch war, welche in beiden Ländern aus dem anmaſsungsvollen Traume sogenannter Erfahrungswissenschaft aufweckte, so unfehlbar sehn wir die verschiedenen Wanderer am gleichen Ziele sich vereinigen. Indem bei den Deutschen der gleichsam von höherem Licht durchblitzte Gedanke im Abstracten sich erging, und durch die Philosophie den echten Geist der Naturforschung hervorrief, erheben sich diese Italiener schrittweise aus dem Wuste der empirischen Kenntnisse, ohne Hülfe eines schon dargebotenen Leitfadens. Es würde abgeschmackt sein, die Verschiedenartigkeit einer solchen Anregung als wesentlich zu betrachten, denn es ist immer der nemliche Sinn, mit welchem Alle das Ideal der Wissenschaft suchen. Doch erfreut es allerdings, zu vergleichen, wie hier zuerst die Naturphilosophie und aus ihr die geregelte Durchführung der Wirklichkeit entstand, während dorten in Italien diese gerade die ersten Grundpfeiler für das philosophische Gebäude errichtet, von dessen früherem Ausbau in Deutschland, selbst diese Geistesverwandten in Italien noch keinen Begriff haben. *) Ich darf wohl dem einverstandenen Leser die Namen Azzoguidi, Gallini, Testa, um anderer zu geschweigen, nicht wiederholen, als im ausgedehnteren Sinne vorzüglichste

*) Nur äufserst wenige Aerzte und Naturforscher Italiens haben andere als die unvollkommenste Kenntnis von der neuern deutschen Litteratur in diesen Fächern. Von dem eigentlichen Gange der wissenschaftlichen Ausbildung, als einem Abstract der einzelnen Bemühungen, können sie noch minder unterrichtet sein. Es ist sehr zu beklagen, dafs die deutschen Zeitschriften durch mancherlei äufsere Hindernisse gegenwärtig noch schwerer in Italien zu haben sind, als die Bücher selbst, daher auch nirgend gelesen werden. Aus früherer Anwesenheit in Deutschland hat der mehrzuerwähnende Herr Gautieri seine seltene Vertrautheit mit dem Wesen der neuern Naturforschung wohl sich erhalten. Aber anderweitige Geschäfte scheinen ihn dem öffentlichen Betrieb eines naturphilosophischen Studiums ganz zu entziehen, welches für seine Landsleute eine durchaus unbekannte Erscheinung sein mufste. In Mailand und Pavia beinah allein finden sich Naturforscher, welchen der Zustand der Physik in Deutschland bekannt ist. Wer sollte nicht an den trefflichen Amoretti denken! Dem zu Pavia herrschenden Geiste kann aber der unsrige nicht willkommen sein: man schilt ihn dort, ohne ihn mehr als namentlich zu kennen. Die Aerzte im Allgemeinen bekümmern sich noch weniger darum. Die Vortrefflichen, welche es thun würden, weil in ihnen ein Aehnlicher lebt, finden in der fremden Sprache ein mächtiges Hindernis. Und einige jüngere, in Deutschland gewesene, wie zu Lucca, Pisa, Rom, sehen verächtlich auf die geglaubten Schwärmer zurück.

Begründer eines solchen echtwissenschaftlichen Naturstudiums. Es ist dagegen in der That zu bedauern, daſs der Name eines geistvollen Mannes, welcher bei seinem Aufenthalte in Deutschland das Vortreffliche unserer ihm fremdartigen philosophischen Nazionalbildung sich anzueignen verstand, hier nur wie die Erinnerung eines werthen Abgeschiedenen ausgesprochen werden kann. Herr Gautieri ist nemlich durch seine Anstellung im geschäftsreichen Forstwesen, wenngleich nicht aus der täglichen Anschau, doch aus der wissenschaftlichen Ergründung der Natur gerissen worden. Und wenn gleichfalls Deutschland einestheils sich freuen muſs, in Herrn Dr. Malfatti zu Wien einen Fremdling so gänzlich seiner Eigenthümlichkeit angeschmiegt zu sehen, daſs dieser sogar seine beste Ueberzeugung in der rauheren Sprache niedergelegt hat, so möchte doch dessen Vaterlande eben um jener Ueberzeugung willen die Rückkehr eines Mannes nicht zu misgönnen sein, welcher gerade durch diese gänzliche Vertrautheit mit dem Ausheimischen, die herrlichste Vereinigung gleichbeseelter Nachforschungen zu einem organischen Ganzen zu Wege bringen könnte. — Freilich würde es ungereimt sein zu verlangen, daſs jemals durch unmittelbaren Einfluſs der Regierungen ein solcher echtwissenschaftlicher Geist begründet oder auch nur befestiget werden solle. Doch lieſse sich ebensowohl die Frage aufstellen, ob eine solche Richtung der Einzelnen mit der gegenwärtigen allgemeinen des Staates nicht einigermaſsen in Contrast stehe, sofern nemlich das innere Wesen der Staatenverhältnisse und der Geist naturgemäſser Wissenschaftlichkeit in höheren Beziehungen gleichen, wennauch beim täglichen Hausbedarf nicht mehr sichtbaren Ursprung haben. Und gerade diese Frage kann ich gänzlich übergehn, da eben jene wohlgekannten allgemeinen Relazionen auf auswärtiges Interesse auch das Wesen der innern Verwaltung genügend schildern.

Sowie wir also dieses edlere Bestreben der echten Naturforschung in einem gewissen Contraste stehn sehn mit dem Sinne der gesammten Staatsverwaltung, sodafs jene Männer und ihre geistige Richtung gleichsam nicht gekannt zu sein scheinen von obenher, indem sonst das endliche Resultat ihrer Betreibungen für Geist und Herz nicht gleichgültig für die willkommene Dumpfheit künftiger Geschlechter geglaubt werden würde: also finden wir freilich die Blühte empirischer Fertigkeit aufs Beste gehegt, und hier durch die Modificationen fremder Anordnungen von den einheimischen Behörden viel Gutes gethan, was man in Frankreich vergeblich suchen würde. In dieser Beziehung sind die drei Universitäten des Königreiches ihrer Regierung allen Dank schuldig, und befinden sich wahrhaft in einem so glänzenden Zustande als die wenigsten Deutschlands. Schon die Ausdehnung und gute Einrichtung der naturhistorischen Sammlungen, sowie auch besonders der klinischen Anstalten auf jeder derselbigen ist ein mächtiger Vorzug, welchen sie vor vielen der unsrigen haben. Mangelhaft von einer Seite möchte freilich aufser jenem schon erwähnten Abgange an praktischem Unterricht der Geburtshülfe, auch ebenso genannt werden dürfen, dafs auf keiner dieser Universitäten eine Anstalt zur *ambulirenden* Klinik getroffen ist, und überhaupt die Studierenden gar keine Gelegenheit finden, sich an die nothwendigen äufsern Beschränkungen ihrer künftigen Praxis zu gewöhnen, noch auch bei Krankenbesuchen in der Stadt mehr für sich allein zu stehn. Mehrere klinische Lehrer Italiens, welchen ich die zwar kurze aber vortreffliche Schrift des Herrn Hofrath Himly über die Einrichtung der klinischen Anstalt zu Göttingen auszugsweise übersetzte, konnten denen darin enthaltenen schätzbaren Bemerkungen über die Wichtigkeit der Verbindung einer ambulatorischen Klinik mit der in Hospitälern, ihren Beifall nicht vorenthalten. Einigermaſsen wird anderwärts diesem Mangel durch die in Italien, besonders jedoch in den südlichern Provinzen, ganz allgemeine Sitte abgeholfen, daſs nemlich fast jeder praktische Arzt einen oder zween ganz unerfahrene junge Leute gleichsam in die Lehre nimt, täglich mit sich herumführt zu seinen Kranken, und so allmälig in die Geheimnisse der Routine einweiht. Freilich wird häufig genug das Bild eines Lehrburschen in der Baderstube dadurch vergegenwärtiget, und es ist auch kaum zu verlangen, daſs solche Mehrzahl der ital. Aerzte reinere Begriffe über das Wesen eines wahrhaft tauglichen Routinier, wie Reil ihn uns geschildert, haben sollten. Gerade auf den Universitäten des Königreiches hat man sich von dieser traurigen Nazionalgewohnheit frei erhalten, wie es bei solcher Vollkommenheit der Einsicht zu erwarten stand. Und wenn die Studierenden also nur in den öffentlichen Krankenhäusern und klinischen Anstalten schon verpflegte Kranke sehn, so werden sie dagegen soviel möglich von dem geisttödtenden praktischen Schlendrian entfernt, welcher in der That bei jenem Verfahren in andern Gegenden Italiens den höchsten Gipfel seines Daseins erreicht zu haben scheint.

Die vortrefflichen *Sammlungen* aus dem Gebiete der *Naturwissenschaften*, welche dem ärztlichen Studium förderlich sind, haben die Universitäten des Königreiches schon lange berühmt gemacht, und ich werde mich mit kurzer Erwähnung derselbigen begnügen können.

Eine wahre Freude gewähren mir die Stunden des gegenwärtigen Aufzeichnens, insofern ich die Erinnerung solcher Vereine der vortrefflichsten Männer im lebhaftesten Bilde an mir vorübergehn lasse, und die persönliche Dankbarkeit für die echte freundschaftliche Aufnahme, so ich bei ihnen fand, mit der innigen Verehrung ihrer wissenschaftlichen Gröſse sich vermischt. Möchte noch mancher meiner Landsleute ebenso frohe und an geistigem Interesse reiche Tage unter ihnen verleben, als mir nur zu schnell dort entschwanden.

A. Pavia.

1. Allgemeines Krankenhaus.

Diese Stadt, welche an 20,000 Einwohner zählt, besitzt unstreitig das vollkommenste *Krankenhaus* in ganz Italien, welchem überhaupt an innerer Vorzüglichkeit der Einrichtung wenige europäische gleichkommen mögen. Zu dem Wirkungskreise dieser Stiftung gehört außerdem noch die Versorgung aller unvermögenden Kranken der Stadt, welche nicht in dem Spital selber aufgenommen werden können. Die Stadt ist nemlich in gewisse Bezirke abgetheilt, deren jeder einen von der Spitalskasse besoldeten Armenarzt hat, sowie auch aus der Apotheke des Spitals jedwedem Kranken auf Vorzeigung des Receptes eines dieser Armenärzte die Arznei frei gereicht wird. — Das Spital selber hat eine Fassungsweite von 400 Betten, ist also bei den übrigen wohlgeordneten Medicinaleinrichtungen hinreichend grofs für die Bevölkerung. Das Gebäude ist eigens dazu errichtet, und deshalb zweckmäfsiger als bei vielen italienischen Spitälern, welchen man die Locale eingezogener Klöster angewiesen hat. Seine Lage freilich ist nicht die günstigste: doch sind die Höfe im Innern und die Gebände selber geräumig genug. Die Säale sind hoch, luftig, und die Betten stehn so weit von einander, als ich es noch nirgend in Italien sah. Das ganze Gebäude besteht nur aus einem Stockwerke, etliche wenige Zimmerchen und die Säale der akademischen Klinik ausgenommen, welche ein zweites Geschofs des einen Flügels bilden. Bettzeug, Hausgeräth, Efsgeschirre, alles ist im Ueberflufs vorhanden, und feiner als man verlangen könnte. Die Reinlichkeit und gute Ordnung bis in die geringsten Kleinigkeiten hinab ist wirklich musterhaft, und dieses umsomehr in Italien, wo Schmuz und Fahrlässigkeit aller Art zu Hause sind. Auch in der Küche wird streng auf Reinlichkeit gehalten: eine eigne Art Mühle, um das Brot zu Suppen und anderem Behuf zu raspeln, sowie der künstlich eingerichtete Sparheerd verdienen wohl die Nachahmung. Der Aufwärter sind in diesem Spitale nicht eine so übermäſsige Menge, als in den mehresten anderen Italiens. Die Aerzte haben nur kleine Abtheilungen, und können daher mit Sorgfalt auf das Einzelne achten: keiner von ihnen hat mehr als höchstens 50 Betten zu versorgen, und jedem ist dabei noch ein Assistent zugesellt. Sääle für die chirurgischen und medicinischen Kranken sind genau geschieden: zwei Sääle sind auch eigens bestimmt für die Kranken von der hiesigen Garnison. Aber im ganzen Spitale herrscht die wenig lobenswerthe Einrichtung, die Krankenbesuche am frühesten Morgen zu machen: die chirurgischen Abtheilungen werden schon um $5\frac{1}{2}$ Uhr besorgt, die medicinischen etwas später. Ein abgesondertes kleines Zimmer ist zur Aufnahme einiger *Schwangern* und *Gebärenden* bestimmt, zu denen aber nur der Chirurg der Abtheilung Zutritt hat. Ein anderes Zimmer enthält etliche *angesteckte* Dirnen: doch scheint dieser Fall, vielleicht durch anderweitige polizeiliche Anstalten zu Gunsten der Universität, überhaupt hier seltener zu sein, als in anderen italienischen Städten gleicher Gröſse. Altersschwache, mit unheilbaren Uebeln behaftete Personen werden im Spital nicht aufgenommen, sondern bekommen Geld aus der

Kasse, so lange sie leben. Eine *Irrenanstalt* ist gar nicht mit diesem Spital verbunden. Die Stadt Pavia besitzt das Recht auf einige Plätze im Mailänder Tollhause, wie dort gewöhnlich ist, und unterhält ihre Kranken darin entweder aus der Stadtkasse, oder diese bezahlen ihr Kostgeld selber. Dagegen ist ein *Findelhaus* mit diesem Spital verbunden. Man nimt nämlich die Findlinge auf, giebt sie aber alsbald in Pensionen auf das Land, wo sie von den Weibern gesäugt werden müssen. Nur diejenigen, für welche man nicht sogleich Ammen auftreiben kann, bleiben im Hause selber, und werden mit blofser *Kuhmilch* aufgefüttert. Ihrer sind von 600 vom Hause verpflegten Kindern oft nur 10 bis 15. Man schöpft den Rahm von frischer Kuhmilch genau ab, kocht sie mit Lab oder Pflanzensäuren, bis der käsichte Theil gerinnt, und läfst den serösen abgeschiedenen Theil, als der Menschenmilch ähnlicher in seiner Mischung, aus den gewöhnlichen überall unter dem Ammenvolk beliebten Nutschebüchsen saugen. Vor einiger Zeit versuchte man auch, die Kinder *Ziegen* unterzulegen. Die Ziegen gaben nach einigen Monaten nicht mehr hinlängliche Milch, und die Kinder wurden dann elend und starben. Auch fand man in diesen ebenen Gegenden den Unterhalt der Ziegen kostbarer als den der Kühe, soviel ihrer nemlich nöthig waren, um hinreichende Milch zu erhalten. Ich habe schon bei dem Artikel Mailand einige Bemerhungen über diese so nützliche Erfindung, Kinder von Ziegen säugen zu lassen, gemacht, bei welcher die natürliche Wärme der Milch gewifs sehr in Anschlag zu bringen ist, und bei dem Artikel Florenz wird man noch genauere Angaben in dieser Beziehung finden. Director des ganzen Spitals ist Dr. Raggi, zugleich Professor der medicinischen Klinik bei der Universität. Unter den übrigen Spitalsärzten erwähne ich nur des Dr. Borda, auch zugleich Professor an der Universität. Das Spital diente vor einigen Jahren, als Rasori noch dabei angestellt war, zum Tummelplatze der eifrigsten Beschützung des *Contrastimulus*. Allein es entdeckten sich bald gar mancherlei lustige Geschichtchen: z. B. daſs Kranke als geheilt aus den Säälen des Herrn Rasori entlassen worden waren, die nun erst aufs gefährlichste siechend in andere Krankensääle wiederum aufgenommen werden muſsten, und dergl. mehr. Herr Rasori behielt am Ende seine Stelle nicht mehr, sondern ging nach Mailand. Und mit seiner Abreise war auch der *Contrastimulus* vergessen. Nur Professor Borda soll einigermaſsen noch dazu hinneigen: allein sicherlich kann dies bei einem so erfahrenen und gründlich urtheilenden Manne (wie ich selber ihn aus Gesprächen kennen lernte) nicht eigentlich der Fall sein, auch müſste er sonst in Herrn Rasori's vielbeliebtes Motto einstimmend die China als *rimedio d'alto prezzo ma di più alto danno* schelten, welches er durch den täglichen nicht eingeschränkten Gebrauch derselbigen am besten widerlegt. *) Unter den Chirurgen des Spitals begnüge ich

*) Durch die im Anhange mitgetheilte Schrift des trefflichen Professors Brera werden wir die Wirksamkeit der *Berlinerblausäure* näher kennen lernen, durch deren Einführung in den Arzneivorrath Herr Borda zu seinen mancherlei andern sich ein höchst wichtiges und bleibendes Verdienst um die Bekämpfung eines Heeres widerspenstiger Krankheiten erworben hat.

mich die Herren Cairoli und Volpi zu nennen. Ersterer, ein Schüler Scarpa's, ist zugleich Professor der theoretischen Chirurgie an der Universität. Der letztere, einige Zeit hindurch selbst Professor der chirurgischen Klinik, bis bei der letzten Anwesenheit des Kaisers Napoleon in Italien der in Ruhestand lebende Scarpa auf ausdrückliches Verlangen diese Stelle wiederum übernahm, ist auch um die deutsche ärztliche Litteratur verdient, insofern er einige Werke derselben seinen Landsleuten durch Uebersetzungen zugänglich gemacht hat. Die Richtersche Chirurgie in seiner Uebersetzung mit eigenen reichhaltigen Zusätzen ist gegenwärtig beendiget, und gewiſs eine Arbeit, für deren Unternehmung Herr Volpi von beiden Nazionen vielen Dank verdient. *) Von der chirurgischen Geschicklichkeit und Erfahrung eines so berühmten Mannes mehr zu sagen, ist unnöthig. —

2. Die Universität.

Von besonderer Wichtigkeit ist allerdings die alte und allgemein berühmte *Universität* zu Pavia. Auf keiner andern Universität Italiens, und nicht leicht überhaupt eines andern Landes, möchte die Gelegenheit zur Einsammlung gründlicher empirischer Kenntnisse gleich günstig sein, in Betreff sowohl der allgemeinen Besetzung ihrer Lehrerstellen mit Männern von der erprobtesten Gelehrsamkeit, als auch des Reichthums an öffentlichen Sammlungen und Hülfsanstalten aller Art. Auch ist

*) Man sehe das Verzeichnis einiger Uebersetzungen neuerer deutscher Werke, im *Anhange*.

ist sie unter allen italienischen Universitäten die besuchteste, indem die Zahl der dort Studierenden selten unter 900 beträgt, wovon besonders sehr viele *Mediciner* sind. Die Lage und Beschaffenheit der Stadt scheinen in der That für ein empirisches Lernen und angestrengte Uebungen äufserts günstig: denn schwerlich findet sich in Italien eine weniger heitere, an Merkwürdigkeiten anderer Art minder reiche Stadt, als eben Pavia, und die Lage in der zwar fruchtbaren aber einförmigen Ebene, ohne alle Aussicht als auf die ferne, nur halberkenntliche Apenninenkette, läfst den Studierenden gar keine Zerstreuungen übrig, als die in dem Betrieb ihrer Unterrichtung liegen kann. Es möchte allerdings Mancher ohne sonderliche Uebertreibung behaupten dürfen, dafs auch solche Umgebungen einfliefsen könnten auf den allgemeinen Geist des Studiums an einem Orte, gleichwie die Bewohner glückseliger Gegenden durchweg auf einer höhern geistigen Stufe zu stehn pflegen. Und gewifs ist der Unterschied dieses allgemeinen Geistes, der in Lehrern und Schülern webt, nicht so gar gering bei Pavia und den beiden andern Universitäten des Königreiches, ihrem *jetzigen* Zustande nach. Ein glückliches Gegengewicht könnten beide Theile dieser Universitäten gegenseitig einander bilden, wenn eine höhere Leitung mit der vielseitigsten Umfassung das innere Wesen der Wissenschaft ernstlich ins Leben riefe, und beide nothwendigen Richtungen, bevor ein übler Zwiespalt möglich, in ihrem weiteren Zwecke vereinigte. Sich selber ganz überlassen, mag freilich der ehrwürdige Erfahrungsreichthum der Lehrer in den Schülern häufig als ein einseitiges Auffassen des Vorhandenen sich wiederholen, und allmälig zu unselbstständigem Betrieb handwerksmäſsiger Herkommen erstarren. In der That sehn wir die Gemüther der Lernenden zu Pavia eiligst auf die Mittel der Ausübung hingewandt, in der Aneignung des *Wie?* das *Warum?* häufig übergehn. —

Die Universität ist in ihren äuſseren Verhältnissen so reichlich ausgestattet, als man nur wünschen kann. Das Gebäude, in welchem sich ihre Sammlungen und Hörsääle befinden, ist prachtvoll und geräumig. Es stöſst, zur groſsen Bequemlichkeit der Studierenden, an das obenbeschriebene Spital, in welchem die Klinik gehalten wird. Das Spital nemlich, obwohl eigentlich der Bürgerschaft gehörig, ist in neueren Zeiten zum Spital der Universität erklärt worden, und daher dem Gebrauche derselben nun ganz überlassen. Jedoch sind die *klinischen Schulen* abgetrennt von den übrigen Krankensäälen. Sowohl die medicinische als chirurgische Klinik umfaſst jedwede 2 Sääle, einen für Männer und den andern für Weiber, und in jedem Saale befinden sich 8 Betten: im Ganzen also 32 Betten für die gesammte Klinik. Hier ist die Reinlichkeit und der Prunk noch gröſser als in den gewöhnlichen Krankensäälen: und der Aufwand an Wein, China, Gewürzen u. s. w. keineswegs beschränkt, sodaſs man in der chirurgischen Klinik die von Scarpa Operirten nicht selten durch wiederholte Chinabäder auch bei den schwierigsten Fällen gerettet sieht, wie ein esthländischer Azt, der geraume Zeit in Pavia studiert hatte, als Augenzeuge mir erzählte. Auch der prächtige und bequeme Operationssaal verdient wohl einer besondern Erwähnung. — Die *Sammlungen* im Universitätsgebäude gehören gleichfalls zu den vortrefflichsten ihrer Art, die man in Italien findet. So möchte man bei den wenigsten Universitäten eine *naturhistorische* Sammlung finden, wie sie hier befindlich ist: bei der *zoologischen* Abtheilung z. B. das Cabinet der *Eingeweidewürmer* von Götz, mit vielen bedeutenden Nachholungen; bei den *Mineralien* die Sammlung *vulcanischer Producte* von Spallanzani's Reisen, u. s. w. So findet sich hier der treffliche *physikalische Instrumentenapparat* von Volta. Die Sammlung *anatomischer Präparate* ist nicht zahlreich, enthält aber vortreffliche Arbeiten, und giebt ein zusammengedrängtes Bild der gesammten menschlichen Anatomie ohne allen unnützen Auswuchs und schwerfällige Prunkssucht. Sie entstand erst vor etwa 30 Jahren, besonders durch die Bemühungen des ehemaligen Professors der Anatomie, Giacomo Rezia. Dieser treffliche Mann, welcher gegenwärtig lange schon in andern Verhältnissen zu Mailand lebt, erwarb sich durch seine Präparazionen in Betreff der *Saugadergefäfse* gleiches Verdienst um die Universität, als ihm seine Untersuchungen dieses Gegenstandes, die unter den neuern gründlichern mit zu den frühesten gehören, gerechten Ruhm verschafft haben. *) Die vortrefflichsten und feinsten Mercurialinjectionen der Saugadergefäfse, dergleichen von seiner Hand mehrere sich in dieser Sammlung befinden, möchten ihres Gleichen schwerlich irgendwo finden. Besonders ist ein Testikel in grofsem Rufe, dessen äufsere Hülle nach der Injection barst, sodafs man nun die vollkommen wohlerhaltenen

*) Iacobi Reziae, *Lariensis, specimen observationum anatomicarum et pathologicarum. Accedit* Antonii Josephi Testae *epistola pathologici argumenti.* Ticini 1784.

8 *

Samengefäſschen in ihrer ganzen Verflechtung frei liegen sieht. Auch die Saugaderinjectionen der obern Extremitäten, der Schulter und des Rückens, und die der Leber und anderen Eingeweide sind unvergleichlich schön. Rezia lieſs jederzeit die frischgefirniſsten Präparate über *Arsenikdämpfen* räuchern. Ihm war längst bekannt, daſs der Arsenik, gegen die allgemeine Meinung, den thierischen Körper vor chemischer Zersetzung bewahrt, statt diese zu beschleunigen, und zu gleicher Zeit die Insecten gänzlich davon abhält.*) Die Präparate selber trockneten besser dadurch ein, und auch der Firniſs, welcher schon mit Arsenik bereitet wurde, erhielt sich fester. Wirklich sind diese sämmtlichen Präparate in einem bewundernswürdigen Zustand der Frische, und widerstehn dauerhaft, ohne daſs bis jetzo jemals der Firniſs erneuert worden wäre, seit mehr denn 20 Jahren allen chemischen Einwirkungen und den Insecten. Scarpa, welcher nach Rezia Professor der Anatomie wurde, setzte die anatomischen Arbeiten fort, und brachte die ziemlich vollständige Sammlung aller Systeme des menschlichen Körpers auch noch späterhin, da er die anatomische Lehrerstelle gegen die der chirurgischen Klinik vertauschte, zu Stande. Noch erzählt man in Pavia mit groſsem Triumf, wie Scarpa gegen Cuvier eine Wette ge-

*) Freilich war diese Arsenikräucherung ein höchst gefährliches Geschäft, und der noch gegenwärtig lebende Diener des anatomischen Museums, ein wohlunterrichteter Gehülfe mehrerer aufeinanderfolgender Professoren, weiſs jedem Fremden sein eigenes Verdienst, solcher Gefahr um der Wissenschaft willen sich ausgesetzt zu haben, hinlänglich anzupreisen.

wonnen, als letzterer bei seiner Universitäts- und Schulvisitation in den französischen Provinzen Italiens zu Pavia die Umfassung der gesammten menschlichen Anatomie in dieser Sammlung nicht glauben wollte. Wirklich ist sie in zwei unbedeutend grofsen Zimmern ganz enthalten, und keinesweges zahlreich. Scarpa's Originalpräparate zu seinen Tabellen der *Intercostalnerven* und der *Cardiacorum*, sowie zu dem vortrefflichen Werke *de penitiori ossium structurâ* zeichnen sich vor andern aus. In der Sammlung für *pathologische Anatomie* bewundert man gleichfalls manches wichtige Stück. Eine Sammlung für *vergleichende Anatomie* hat der gegenwärtige Professor Jacopi angelegt.

Der *öffentlichen* Lehrer, insgesammt ordentliche Professoren und Facultätsbeisitzer, sind zu Pavia, wie bei allen italienischen Universitäten, sehr viele, und ein jeder, wider die deutsche Gewohnheit, im Vortrage ganz auf sein ihm übergebenes Fach eingeschränkt. Dagegen hat man wenige, fast gar keine *Privatdocenten*. Ich wage nicht zu urtheilen, in wiefern diese ganze Einrichtung sowohl für die Studierenden als auch für die Beförderung der Wissenschaften selber günstig ist. Die Lehrer, welche zu Pavia dem Arzt nöthige Fächer vortragen, sind folgende. Professor der *menschlichen Anatomie* ist Dr. Fattori, dessen *anatomisches Handbuch* *) unter denen neuerdings in Italien erschienenen Schriften einen ehrenvollen Platz einnimt, sowie seine Untersuchungen über *Intussusception der Gedärme* viel Schätzbares enthalten. Die *Physiologie* wird vom Professor Jacopi, nebst *ver-*

*) Fattori *guida allo studio della notomia umana*, Pavia 1807, vol. 1mo.

gleichender Anatomie gelehrt. Sein *physiologisches Handbuch*, neuerlich erschienen, *) folgte den trefflichen Werken eines Gallini und Azzoguidi nicht ohne lobenswerthe Eigenthümlichkeit nach, ohne sich, wie das etwas frühere des Prof. Tommasini zu Parma, fast einzig auf die Schatzgräberei in den französischen Werken einzuschränken. Von dem begünstigten Zöglinge und Freunde Scarpa's liefs sich allerdings ein solches Werk erwarten, welches zu denen in einer bessern Richtung angelegten italienischen gezählt werden darf, und die bei früheren Aufsätzen, besonders der Widerlegung einiger Darwinschen Meinungen, **) dem Verfasser gezollte Achtung bestätiget. Herr Jacopi verdient auch wegen seiner chirurgischen Kenntnisse unter den Schülern Scarpa's vor Vielen den Rang: ja man glaubt, dafs Scarpa ihm in Kurzem seine Professur der chirurgischen Klinik abtreten werde. Auch er hat eine neue Veränderung bei der *künstlichen Bildung der Pupillen* gemacht. Es ist auffallend, wie viele Operationsmethoden und einzelne Abänderungen dieser Art von den italienischen Augenärzten seit einigen Jahren erdacht worden sind. Die kleine, aber sehr vollkommene Schrift des Ritters Assalini, welche ich unter dem Titel *Untersuchungen über die künstlichgebildeten Pupillen* ***) nächstens übersetzt herausgeben werde, enthält die genaue Beschreibung mehrerer derselben, und die später nach

*) *Elementi di fisiologia ed anatomia comparata di* Giu. Jacopi, Pavia 1810.

**) Jacopi *esame della dottrina di Darwin sul modo retrogrado*, Pavia 1804.

***) Vergl. oben *S.* 17 *Anm.*

der Erscheinung des Originals jener Schrift ausgedachten der Herren Baratta und Jacopi weichen im Wesentlichen nur wenig von den vorigen ab; außer daſs bei Jacopi's Methode das Anwachsen des Randes der künstlichen Pupille an die Wunde der Hornhaut durch Hervorziehn der Iris aus diesem Hornhautsschnitte, und also gleichsam Bildung eines künstlichen *prolapsus iridis* zu mehrerer Befestigung des neuen Sehelochs bezweckt wird, da Herr Jacopi beobachtet zu haben glaubt, daſs jede auf andere Art künstlichgebildete Pupille nach einiger Zeit wiederum sich verliere. — *Pathologie* lehrt Prof. Racchetti, dessen treffliches Werk *(sulla prosperità fisica delle nazioni)* leider unvollendet geblieben ist. *Materia medica* wird vom Prof. Borda gelehrt. Im Vortrage der *Physik* ist ein Schüler Volta's diesem berühmten Manne gefolgt, nemlich der Professor Configliachi, dessen neue Untersuchungen *über die Luft in den Schwimmblasen der Fische* jedem Physiologen willkommen sein müſs(*) — Die *Chemie* behandelt Professor Brug-

*) *Memoria sull' analisi dell' aria contenuta nella vescica natatoria de' pesci di* Pietro Configliachi *Barnab.*, Pavia 1809. 4to. — Ich leugne nicht, daſs mich die Gespräche dieses kenntnisreichen Mannes, dessen freundschaftliche Gefälligkeit übrigens meinen Dank erfodert, durch seine allzuparteilichen Aeuſserungen über die neuern Fortschritte der Physik in Deutschland äuſserst befremdeten. Es wäre wohl zu wünschen, daſs ein so gelehrter und mit allen äuſseren Erfodernissen eines Naturforschers begabter Lehrer an einer Universität, seine, vielleicht aus zu groſser Anhänglichkeit an das Privatinteresse ihm dankwürdiger Vorbilder, aufgefaſste Abneigung einer Masse blindfolgender Jünglinge nicht mittheilen möchte, ohne die

natelli, der als Herausgeber des hinlänglich berühmten *Giornale di Fisica* u. s. w. meiner Lobeserhebungen keinesweges bedarf, und sich den schon erworbenen Ruhm durch seine zu beendigenden Handbücher der *Pharmacie*

verhöhnten Gegenstände nur einigermaſsen erkannt zu haben. Der akademische Lehrer sollte so nachgiebig gegen ein Vorurtheil niemals sein. In jedem Falle ist doch gewiſs die *Rhabdomantik*, selbst wenn Vieles mit ihr Ausgeschrieene der Wahrheit zu nahe träte, eine so interessante Erscheinung, daſs ein Physiker von Profession nicht darüber absprechen darf, bevor er nur *einen* Versuch der Art selber gemacht oder angesehn hat. Herr Configliachi wird schwerlich gern in die Klasse derer gehören wollen, welche der unschätzbare Amoretti so treffend charakterisirt: „... compatire quelli, che ostinati nella loro opinió„ne, e diró anche nella loro ignoranza, *ricusano* come „Morveau e Lalande, e *qualcuno pur fra di nói, di „esaminare i fenomeni, per non essere costretti a ritrat„tarsi*, od a negare la verità evidente, siccome alcuni sra„gionando pur fanno." (*Della Raddomanzia* etc. prefaz. pag. VII.) — Ein Gleiches gilt von der Weise wie dieser pavesische Physiker im Geiste manches andern italienischen dasjenige beurtheilt, was ein Göthe, Ritter, Schelling, Steffens für die Naturkunde gethan. Das schwache und verunreinigte Extract solcher Wurzeln eines bessern Systems, aus dem einzig zugänglichen Gefäſse französischer Zeitschriften geschöpft, kann freilich keinen sonderlichen Wohlgeschmak haben. Möchte ein so liebenswürdiger und thatkräftiger Mann als Herr Configliachi, eine lautere Quelle der Originalsprache zu benutzen im Stande sein, und gewiſs würde seine uneigennützige Nachgiebigkeit gegen gründliche Einwürfe ihn dahin führen, die Donau nicht mehr als *Grenzscheide eines unechten Sprudelgeistes der Physik* anzusehn. — Meine Leser werden mir eine Abschweifung dieser Art um so gutmüthiger ver-

und *Chemie*, *) sowie durch das neue der *Materia medica* sicherlich nicht schmälern wird. Er lehrt in einem eigenen Local und Laboratorium, welches mit dem botanischen Garten verbunden ist. — Die *Pharmacie* wird vom Professor Marabelli vorgetragen, dem Verfasser eines *Handbuches der Pharmacie*, eines *Apparatus medicaminum*, u. s. w. **) Die Apotheke des Spitals, verbunden mit einem sehr reichhaltigen pharmaceutischen Laboratorium, steht ihm zu Gebote. — Professor Mangili, dessen Untersuchungen über das *Nervensystem der Bivalven* durch den Auszug in Reils und Autenrieths *Archiv für die Physiologie* auch in Deutschland bekannt geworden sind, ***) liest über *Naturgeschichte*. — Den Unterricht in der *Therapie* hat Prof. Raggi übernom-

zeihn, da die Gegenstände einer Schrift wie die meinige, persönliche Meinungen zu betrachten oftmals einladen, und es keiner Nachweisung bedarf, wie wichtig für die ganze Behandlung der Medicin auch die Richtung des physikalischen Studiums sein muſs.

*) Brugnatelli *farmacopea ad uso degli Speziali e Medici moderni d'Italia*, Pavia 1805.... *Elementi di Chimica appoggiati alle più recenti scoperte chimiche e farmaceutiche*, Venez. 1800 sqq.... Das erwähnte *Giornale di fisica etc.*

**) *Apparatus medicaminum nosocomiis ac generatim curationi aegrotorum, pauperûm maxime accomodatus*, Venet. 1799.... *Analisi chimica della china gialla etc.* Venezia 1800.... *Osservazioni sull' ossigene, considerato come rimedio nella cura particolarmente della malattia venerea*, Ven. 1801.... *Lezioni di chimica farmaceutica*, Pavia 1805, 2 tomi.

***) *Nuove ricerche zootomiche sopra alcune specie di conchiglie bivalvi, del cittad.* Giov. Mangili, Mil. 180..

men. Dieser vortreffliche Mann, der zugleich der *medicinischen Klinik* vorsteht, ist sicherlich einer der gelehrtesten Aerzte die es giebt. Seine Abhandlungen *über das Scharlachfieber* und *über die Zungenentzündung* müssen jedem, der sie gelesen, den lebhaftesten Wunsch einflöſsen, daſs der würdige Verfasser aus dem Schatze seiner unglaublichen Belesenheit, der niemals die Regsamkeit genialischer Selbstschöpfungen erstickte, Mehreres mittheilen möge, und besonders wir Deutschen müssen in diesen Wunsch einstimmen, da sich diese Belesenheit auch auf unsere neuesten und gerade eigenthümlichsten Gestaltungen ausgebreitet hat, wie besonders seine neueste Schrift *) in Bezug auf Reil und Andere beweist. Wenige Universitäten mögen eine so lange Reihe hochverdienter und trefflicher klinischer Lehrer gehabt haben, als Pavia. Die Namen Tissot und Frank, als ausländische, möchten fast glauben machen, Italien habe so groſsen Ansprüchen durch seine eigenen Söhne nicht genügen können: allein schon die zween noch lebenden Amtsvorgänger und Nachfolger der genannten zeigen wohl, daſs sie mit den Fremden zu wetteifern im Stande waren. Ich meine den Ritter und Mitglied des Nazionalinstituts, Michele Rosa, **) der gegen-

— Reils *und* Autenrieths *Archiv für die Physiologie*, IX Bnd. 1 Heft S. 213.... Von demselben besitzt die italienische Litteratur eine schätzbare Abhandlung über *das Viperngift*.

*) *Sulla glossitide ragionamento accademico, tenuto etc. dal Prof.* Giuseppe Raggi, Pav. 1809, 4to.... *Sulla scarlatina* etc.

**) *Lettere fisiologiche*, Nap. 1788, 2 tomi.... *Saggio d'osservazioni sopra alcune malattie particolari* etc. Nap.

wärtig im Ruhestande zu Rimini lebt, und eben auch den Professor Raggi. — Scarpa's Ruhm, als Lehrer der *chirurgischen Klinik*, ist in Deutschland schon längst allgemein verbreitet: und sosehr die chirurgische Geschicklichkeit des Professors Jacopi von Jedermann gerühmt wird, so wenig wird dieser wie Fremden so Einheimischen den Wunsch verübeln können, daſs der treffliche Verfasser der Schriften über die *Aneurismen*, über die *Augenkrankheiten*, über die *Brüche* u. s. w. *) noch lange den Gedanken nicht ausführen möge, ihm

1788.... *De Epidemicis et contagiosis, Acroasis; et scheda ad tussim russam*, Neapol. 1788.

*) Anton. Scarpae *tabulae neurologicae ad illustrandam historiam anatomicam cardiacorum, nervorum cerebri, glossopharyngaei et pharyngaei ex octavo cerebri, cum tabb.*. Ticin. 1794, fol... *Memorie sui piedi torti congeniti de'fanciulli, e maniera di correggerli*, Pav. 1803. con *Fig. Second. ediz.* ivi 1806.... *Saggio d'osservazioni ed esperienze sulle principali malattie degli occhj*, Pav. 1801, 4to. Venez. 1805., 8vo.... Die Schriften *De auditu et olfactu*.... *Ueber Aneurismen*.... *Ueber die Nervenganglien*.... *Ueber den nerv. access.* Willisii (in den *Abhandl. der Josephin. Akad.* zu Wien).... 5 *Memorien über die Brüche*, u. s. w. — Da sowohl die medicinische, als chirurgische Klinik zu Pavia das Vorrecht hat, aus dem allgemeinen Krankenhause die bedeutendsten Fälle auszuheben, so begreift man leicht, wie reich diese Anstalten allezeit an merkwürdigen Gegenständen sein müssen. Auſserdem hat der Professor der chirurg. Klinik noch das Vorrecht, alle im Spital vorkommenden *Steinoperationen* zu machen. Daher auch hat Scarpa diese sonst so seltene Operation mehr denn hundert Mal gemacht, da er seit mehrern Jahren die chirurgische Klinik leitet.

ihm die Leitung dieser wichtigen Anstalt zu übergeben. — Die *theoretischen* Vorträge der *Chirurgie* werden vom Prof. Cairoli gehalten. *Geburtshülfe* ist in diese Vorträge mit eingeschlossen: ebensowenig aber, als anderwärts in Italien über die Grenzen des theoretischen Unterrichts hinausgehend, da die wenigen Schwangern in dem abgesonderten Zimmer des Spitals weder zur Untersuchung noch zur Uebung in der eigentlichen Hülfe des Geburtsactes dienen dürfen. —

Die Ertheilung des Doctordiploms wird hier auch allein in Bezug auf Chirurgie nicht versagt, und sehr Viele bewerben sich um diesen Rang, ohne den der Medicin hinzuzufügen. In wie weit dieses von einem allgemeinen wissenschaftlichen Geist der Studierenden zeuge, sieht man alsbald. Uebrigens müssen alle auch auf einer der drei einheimischen Universitäten graduirte Doctoren, wenn sie im Königreiche angestellt sein wollen, nach ihrer Promotion noch ein Jahr in dem Spital der Universität prakticirt haben.

B. Padua.

1. Allgemeines Krankenhaus.

Das *allgemeine Krankenhaus* würde, sowie es bei meiner Anwesenheit bestand, der Bevölkerung Padua's von ungefähr 40,000 Einwohnern ziemlich angemessen in seiner Fassungsweite gewesen sein, wenn nicht auch hier sein gröfster Theil von den Kranken des anwesenden französischen und italienischen Militärs eingenommen worden wäre. Während nur etwa anderthalbhundert Kranke beiderlei Geschlechts aus dem Bürgerstande darin aufgenommen wurden, fanden mehr denn 300 Soldaten Platz. Man begann damals den Bau eines grofsen Seitenflügels, durch welchen der Raum bedeutend erweitert, und Gelegenheit gegeben werden wird, auch für die Bürger der Stadt besser zu sorgen. Das schon bestehende Gebäude ist zweckmäfsig angelegt, und sehr wohl eingerichtet. In dem einen Saale des rechten Flügelgebäudes befinden sich die männlichen Kranken aus dem Bürgerstande, 70 an der Zahl. Sie haben gute eiserne Gestelle mit reinlichen Betten, und sind überhaupt wohl gehalten. Die Weiber nehmen in gleicher Anzahl den andern Saal ein, und auch da herrscht lobenswerthe Sauberkeit. In jedem dieser beiden Säale liegen auf der einen Seite die medicinischen, auf der andern die chirurgischen Kranken. Bei der weiblichen Abtheilung ist eine geringe Zahl von Betten für *Gebährende* bestimmt. Der Chirurg des Hauses leistet bei schwierigen Geburten die nöthige Hülfe, ohne dafs jemals Studenten von der Universität diese Gelegenheit zu ihrer Unterrichtung benutzen können. In den dumpfigen Zellen eines ehmaligen Klosters, nicht weit vom Spitale, werden ein halb Dutzend *Irrende* von der Spitalskasse unterhalten, und es geht ihnen freilich weder schlecht noch gut in solcher Lage. Künftig soll im Local des Krankenhauses selber eine Abtheilung für die Kranken dieser Art eingerichtet werden. Bisher befanden sich in jenem Kloster fast mehr Wartfrauen und Aufseherinnen, als der Geisteskranken selber waren. — Den ganzen linken Seitenflügel des Krankenhauses nehmen die mit *Soldaten* gefüllten Säale an. Diese Säale sind weniger gut eingerichtet als jene der bürgerlichen Kranken, sie sind dumpfig und niedrig, und die Betten, in hölzernen Gestellen, stehn hier zu nahe aneinander. Die Zahl von 300 Kranken ist nemlich etwas zu groſs für die Weite dieses Locals, und erfodert daher engere Zusammenrückung. Sie werden mit den bürgerlichen Kranken gemeinschaftlich verpflegt: doch zahlt die Regierung für jeden Soldaten täglich 1 *lira* 6 *soldi* (*moneta del regno*), also etwa 35 Kreuzer Reichsgeld. Der Arzt dieser militärischen Abtheilung ist ein Franzos, Namens Fisaque, und überhaupt ist dieses militärische Spital ganz auf den Fuſs der französischen Feldlazarethe eingerichtet. — Die bürgerliche Krankenabtheilung wird von einem Doctor Supollo besorgt, welcher mit der Universität in keiner Verbindung steht. Eigentlicher Director des ganzen Krankenhauses ist aber Prof. Brera.

2. Die Universität.

Die uralte *Universität* von Padua, welche schon im achten Jahrhundert von den Longobarden gestiftet sein soll, besitzt freilich keineswegs so reiche Ausstattungen in Bezug auf das medicinische Studium, als die zu Pavia, jedoch bietet auch sie gegenwärtig nicht wenig Interessantes dar, besonders in Bezug auf die dabei angestellten Lehrer.* Unter diese sind folgende Fächer vertheilt. *) 1) *Allgemeine Physik:* Prof. Farini. — 2) *Experimentalphysik:* Prof. Dal Negro. — 3) *Na-*

*) Es mag nicht uninteressant sein, zu wissen, über welche Lehrbücher die Vorlesungen zu Padua gehalten werden. Jeder Professor ist verbunden, ein fremdes Lehrbuch als Grundlage anzugeben. Allein selten genug mögen sie sich daran binden, da Viele Lehrbücher von Verfasserrn gewählt haben, mit denen sie nicht in jeder Meinung übereinstimmen. Ich werde sie hier aufführen, wie sie in dem *Orario pell' anno scolastico di* 1810 — 11 vorgeschrieben sind. 1) Physik: Canovai; del Ricco; Poli. 2) Experimentalphysik: Poli. 3) Naturgeschichte: Blumenbach; Brochant *Mineralogie;* Lesck *Zoologie.* 4) Botanik: Sangiorgio *elementi di botanica.* 5) Chemie: Brugnatelli *elementi* (s. oben *S.* 121 *Anm.*) 6) Pharmacie: Marabelli *lezioni* (s. ebendas.). 7) Anatomie: Fattori *guida* (s. ob. *S.* 117). 8) Physiologie: Jacopi *elementi* vgl. *S.* 118. 9) Pathologie: Caldani *institutiones* etc. — Gerichtl. Arzneikunde: Tortosa *istituzioni di medicina forense,* Verona... 10) Materia medica: Cullen *mat. medica, tradotta dal prof.* A. dalla Decima, Pad. 1800, 6 vol. 11) Therapie: Clarke *medicinae praxeos compendium.* — Klinik: Hildenbrand *initia institutionum clinicarum, ed. in usum Italorum,* Vigevano 1807. 12) Chirurgie: Monteggia istituz. chirurgiche vgl. oben *S.* 26. — Geburtshülfe: Roederer *elementi d'ostetricia, tradotti dal Prof.* Giuseppe Galletti, Firenze 1795, ediz. terza. 13) Chirurgische Klinik: Bertrandi *operazioni chirurgiche, ediz. di* Anton. Penchienati *e* Giov. Brugnone, Torino 1802, 3 tomi.

turgeschichte: Professor Renier. — 4) *Botanik*: Prof. Bonato. — 5) *Allgemeine Chemie*: Prof. Melandri. — 6) *Pharmaceutische Chemie*: Prof. Mandruzzato. — 7) *Menschliche Anatomie*: Prof. Caldani *) (der Neffe). — 8) *Physiologie* und *vergleichende Anatomie* (auch hier vereiniget): Prof. Gallini. **) — 9) *Pathologie*: Prof.

*) *Icones anatomicae quotquot sunt celebriores ex optimis neotericorum operibus summa diligentia depromtae et collectae*, vol. I et II, 239 tabulae, voluminis III initium, Venet. 1800 squ. (275 Franken, oder 127 Gulden Reichsgeld). Dieses vortreffliche Kupferwerk übertrifft alle bisherigen Unternehmungen dieser Art an Pracht und Gröfse. Allein das bald zu erwartende Kupferwerk des grofsen Mascagni, davon ich die ersten Tafeln schon bewundern konnte, als ich in Florenz mich aufhielt, wird durch die Eigenthümlichkeit seiner Anlage auch diesem den Rang streitig machen. — Die Schriften des Oheims Caldani, vormals Professor der Anatomie, sind zum Theil den Vorlesungen in Padua zu Grunde gelegt; namentlich die *Institutiones pathologicae*, Neapol. 1787.... Aufserdem: *Instit. anatomicae*, Neapol. 1791, 4 vol. Edit. altera, Venet. 1797, 3 tom.... *Instit. physiologicae, ex edit.* Xav. Macri, Neapol. 1804, 2 vol. — Die Heilverhältnisse der berühmten Bäder zu Abano bei Padua sind näher erörtert vom Prof. Mandruzzato in seinem *Discorso recitato alla R. accademia di Padova sul clima e sull' aria de' bagni d' Abano*, Pad. 1802.

**) Stefano Gallini *saggio d'osservazioni concernenti li nuovi progressi della fisica del corpo umano*, Pad. 1792. — Deutsch von Althof, Berlin 1794.... *Introduzione alla fisica del corpo umano, sano ed ammalato, ossia fisiologia e patologia generale*, Pad. 1802.... *Nuovo saggio d'osservazioni fisiologiche*, Pad. 1807.... *Nuovi elemen-*

Prof. Fanzago. Derselbige auch *gerichtliche* und *polizeiliche Arzneikunde.* *) — 10) *Materia medica*: Prof. Dalla Decima. — 11) Vorlesungen der *praktischen Medicin:* Prof. Brera. **) Derselbige leitet auch die *klinischen* Uebungen. — 12) *Chirurgische Institutionen:* Prof. Vinzenza Malacarne ***) (der Vater). Der-

menti della fisica del corpo umano, ridotti dalle più recenti osservazioni, Pad. 1808, 3 tomi. — Mehr zum Lobe dieses ausgezeichneten Physiologen zu sagen, welcher eine der gröfsten Zierden der Wissenschaft im höhern Sinne dieses Wortes ist, kommt mir keineswegs zu. Es ist nur jammerschade, dafs die äufseren Bedingungen zur Beförderung wissenschaftlicher Blühte bei der Gegenwart eines solchen Benutzers nicht eben so vollkommen in Padua als in Pavia vorhanden sind.

*) Fanzago *saggio delle differenze essenziali delle malattie* ecc. Padova.... *Paralleli tra la Pellagra ed alcune malattie che più le rassomigliano*, Pad. 1793.

**) Valeriano Luigi Brera *riflessioni medico pratiche sull' uso interno del fosforo particolarmente nell' Emiplegia*, Pav. 1798.... *Anatripsologia, ossia dottrina delle frizioni, ediz. accresciuta*, Pav. 1799, 2 tom. (Vergl. Carminati *ricerche sulla natura e sull' uso del suco gastrico in medicina ed in chirurgia*, Mil. 1785.).... *Commentarii medici, opera periodica de' cittadini* Brugnatelli *e* Brera, Pav. l'anno V. seguent.... *Riflessioni sul sistema di Brown*, Ven. 1801.... *Lezioni sopra i principali vermi del corpo umano*, Crema 1802, 4to.... *Memorie per servire di supplimento alle lezioni* etc. Crema...

***) Vincenza Malacarne *nuova esposizione della vera struttura del cervelletto umano*, Tor. 1776.... *Encefalotomia nuova universale*, Tor. 1780.... *Neuro-Encefalotomia*, Pav. 1791. (vgl. Reils *Fieberlehre*, Bnd IV, Vor-

selbe hält die Vorlesungen über *Geburtshülfe.* — 13) Die *chirurgische Klinik* wird von Prof. Sografi geleitet. — 14) Aufserdem ist Dr. Gaetano Malacarne (der Sohn) Lehrer der *Veterinarkunde*, für welche jedoch keine eigentliche Professur gebildet ist.

Diese Universität ist freilich an *Sammlungen* und äufsern Hülfsmitteln aller Art nicht so reichlich ausgestattet, als Pavia; jedoch besitzt auch sie mancherlei nicht zu verachtende Anstalten, und das Bestreben der Lehrer ist sicherlich in jeder Hinsicht das lobenswürdigste. Die Sammlung *anatomischer Präparate*, *) welche unter der Aufsicht des berühmten Caldani steht, ist zwar nur gering, unter der Leitung eines solchen Leh-

rede, und öfter)... *Oggetti più interessanti d'ostetricia e di storia naturale*, Pad. 1807. Contiene *l'Esame della Cerebrotomia del Dr.* Gall.... *Icones ad osteogeniam et osteopathologiam, nuper editis a Vir. clarr.* C. F. Ludwigio *et* Anton. Scarpa *additae per* Vinc. Malacarne etc. Pataviae s. a.... *Delle operazioni chirurgiche spettanti alla riduzione, ricordi*, Bassano 1796. 4to.... *Osservazioni di chirurgia*, Tor. 1784, 2 vol.... *L'esplorazione esposta come fondamento dell' arte ostetricia*, Mil. 1791.... *Dialoghetti per istruzione delle levatrici idiote*, 2da ediz. Padova 1809.

*) Das nach der Angabe von Fabricius ab Aquapendente errichtete anatomische Theater, welches, wie das Universitätsgebäude überhaupt, dem Palladio seinen Ausbau verdankt, hat die auffallende Anordnung, dafs nur kaum bemerkbare Stralen des Tageslichtes hineinfallen, alle anatom. Demonstrationen also bei Kerzenlicht gehalten werden müssen. Welcher Grund den grofsen Fabricius zur Erdenkung eines solchen Planes vermögen konnte, weifs ich nicht.

rers fehlt es jedoch den Studierenden nicht an Gelegenheit ihre Kenntnisse aufs vollkommenste zu bereichern. Es ist Schade, daſs die vielfältige Erfahrung und der Scharfsinn des durch seine *Neuro-Encephalotomie* als wahre Zierde der Zergliederungskunst bewährten Professor Malacarne den Studierenden zu Padua in solcher Beziehung nicht unmittelbar dienen kann. Seine Privatsammlung enthält manche schätzbare Reliquie aus seiner frühern Laufbahn als Lehrer der Anatomie bei andern hohen Schulen. Für die *Geburtshülfe*, welche er hier lehrt, kann bei so beschränkten Anstalten nur wenig gethan werden. Ein abgenutztes Fantom muſs zu jeder Demonstration hinreichen; von Benutzung der im Spital befindlichen Schwangern ist keine Rede. Um so vorzüglicher ist die Einrichtung des *botanischen Gartens*, dessen Verwaltung dem Professor Bonato, zugleich einem der vortrefflichsten praktischen Aerzte Italiens, übertragen ist. Auch die übrigen Sammlungen, welche zur Universität gehören, die *physikalische*, *chemische*, *naturhistorische*, die *Bibliothek*, enthalten mancherlei Vortreffliches.

In dem Local des allgemeinen Krankenhauses befindet sich die *medicinische* sowohl als *chirurgische klinische* Anstalt. Jede derselben umfaſst 2 Zimmer für 10 Männer und 10 Weiber. Diese 4 Zimmer, obwohl in einem besondern Theile des Spitals, abgetrennt von den übrigen Krankensäälen, gelegen, sind jedoch zu solchem Zwecke nicht ganz günstig, *) sondern allzueng, und

*) Eine zweckmäſsige Einrichtung des letzten Halbjahres habe ich in diesen klinischen Säälen bemerkt. In jedem derselbigen hängt nemlich eine gedruckte Tafel, worauf alle im Spitale gangbare Arzneimittel mit ihren Preisen, sowie

9 *

kaum jedes für 6, geschweige denn für 10 Betten hinreichend. Man wird daher auch bei dem Anbau des neuen Seitenflügels ein besseres Local für beide klinische Schulen einrichten. — Die *chirurgische Klinik* steht unter Leitung des Professor Sografi, eines vortrefflichen Operators. Dieser gegen seine Schüler äusserst wohlwollende, und ihr Bestes eifrig betreibende Mann hat bei seiner Klinik die lobenswerthe Einrichtung gemacht, dafs beinah alle, selbst die schwerern Operationen, von den Studierenden selbst an Lebenden ausgeführt werden können, während auf andern italienischen Universitäten fast einzig die Uebung an Leichnamen möglich ist, und der Professor sich selber das Operiren in der Klinik nicht nehmen läfst. Zu bedauern ist jedoch, dafs Herr Sografi in Betreff der Operationen am Auge, den Studierenden die Gelegenheit gänzlich benommen hat, seine eigene Fertigkeit zu bewundern, und aus ihrer Anschau bei so schwierigem Verfahren wahrhaften Nutzen zu ziehn: denn seit einigen Jahren hat derselbe keine dieser Operationen mehr gemacht, sondern jährlich einige Sommermonate hindurch einem fremden Augenarzte alle

auch die Nahrungsmittel porzionenweise, verzeichnet sind. Jedes Bett hat auf einer Tafel die Rubriken: *Symptomatologie* und *Chronologie*, *Heilmittel*, *Nahrungsmittel*, und die Preise von allen. So kann man bei der Entlassung eines Kranken aus diesen Listen allezeit auch bis auf den *Centesimo* berechnen, wie viel er dem Spital gekostet hat, welches bei der Herausgabe des *Berichtes* von Herrn Brera, den ich im *Anhange* mittheile, noch nicht eingerichtet war. — Uebrigens können auch hier, wie zu Pavia, die klinischen Lehrer aus dem allgem. Krankenhause sich die wichtigsten Fälle aussuchen.

vorkommende Operationen überlassen. Zwar ist seine Wahl auf einen sehr geschickten jungen Mann gefallen, den Dr. Quadri nemlich, gegenwärtig Repetenten und anatomischen Prosector zu Bologna, welcher im Mai und Junius ausdrücklich deshalb in Padua sich einzustellen pflegt. Auch dieser talentvolle Mann hat seine Fähigkeit zu solchem Geschäft auf das mannigfaltigste und entschiedenste bewährt, jedoch würde er selber in anmafsungsloser Ueberzeugung, wie ich sie an ihm, als meinem vertrauten Freunde kenne, dem ältern und mehr geübten Operator niemals sich gleich stellen.

Professor Brera besorgt die medicinische Klinik. Sein Name ist durch die allgemeine Verbreitung seiner Schriften *) jedem deutschen Arzte bekannt, und auch seiner Person erinnern sich Viele unter uns, seitdem er Jahre lang auf den damals blühenden Universitäten Jena und Göttingen zubrachte. Durch das unausgesetzte Bemühen Nützliches zu leisten, hat Herr Brera die ihm anvertrauete Klinik sicherlich zu einer der vollkommensten gemacht, nicht blofs unter denen Italiens, sondern so viele ihrer auf andern öffentlichen Lehranstalten getroffen werden. Das scharfsinnige Urtheil und die veredelte Ansicht wird bei einem solchen durch Belesenheit und vielfältige Ausübung erworbenen Schatze der empirischen Kenntnisse auch im Einzelnen niemals abirren noch stocken können. Ich hatte Gelegenheit, bei manchem schwierigen Falle den wahrhaft grofsen Arzt in Brera zu erkennen. Auch jener Vorlesung, die er um meinetwillen zu halten die Gefälligkeit hatte,

*) S. oben Seite 129 *Anm.*

erinnere ich mich mit dem lebhaftesten Vergnügen. Es herrscht nemlich die nützliche Gewohnheit in der klinischen Anstalt zu Padua, bei vorkommenden bedeutenden Fällen, eine der gewöhnlichen Stunden der therapeutischen Vorlesungen dem in der Klinik gesehenen Falle ausschliefslich zu widmen. Der behandelnde Studierende liest dann die Krankengeschichte, und andere Commilitonen entwerfen Consultationen dazu. Am Schlusse pflegt dann Professor Brera eine gedrängte Zusammenstellung alles dessen was zur vollständigen Ansicht der Krankheit und ihrer Heilung nöthig ist, zu geben. Dasjenige was er in der erwähnten Stunde über den *Hydrops pectoris* in einem vortrefflichen Latein vortrug, gewährte sicherlich das vollendetste Bild dieser so schwer zu charakterisirenden Krankheitszustände, und nichts wäre mehr zu wünschen, als dafs Herr Brera die gesammte Zahl der wichtigern Krankheiten solchergestalt auch vor dem ärztlichen Publicum abhandeln möchte, welches ihm für dergleichen Mittheilung den wahresten Dank zollen würde. Die damals vorgelesenen Aufsätze der Studierenden zeugten von durchgreifender Wirksamkeit eines so gehaltvollen Lehrers auf seine Umgebungen. — Die entschiedensten und glücklichsten Versuche, um dies noch kürzlich als Nachholung zu dem im *Anhange* mitgetheilten Bericht zu erwähnen, hat Herr Brera über die Anwendung des *Arsenik* bei den *Wechselfiebern* gemacht, und die unpreisliche Dreistigkeit, mit welcher man ein so gefährliches, die Vegetation zerstörendes Mittel in Deutschland empfohlen, durch die auffallenden Erfahrungen von seinem Nachtheile zur Ruhe verwiesen. Durch das *Gluten animale* mit *Opium* hat er dagegen den Fieberkranken einen andern Beschützer hergestellt, und wir wünschen, dafs er bald, wie ein anderer Freund in Italien,*) auch öffentlich seine Erfahrungen darüber mittheile.

*) Gautieri *sperienze ed osservazioni sul glutine animale come rimedio nelle febbri intermittenti.* Mil. 1803. — Am Schlusse des scholastischen Jahres (welches bei den ital. Universitäten kaum 6 Monate beträgt) pflegt Herr Brera die Resultate seiner Klinik dem Publicum in einer eigenen Schrift vorzulegen. Im *Anhange* werde ich den *Rapporto* vom Jahre 1810 in einer Uebersetzung mittheilen, damit sein anspruchsloser Werth die Nichtigkeit des Rasorischen Prospetto um so mehr auffallend mache.

C. Bologna.

Um vorerst derer Anstalten, welche eigentlich zur Universität gehören, zu geschweigen, werde ich, wie bei Pavia und Padua, die kurze Darstellung der öffentlichen Spitäler und andern medicinischen Einrichtungen vorausschicken.

1. Bürgerliche Krankenhäuser.

Bologna besitzt zween *bürgerliche Spitäler*, deren Rechte in dieser Stadt durch gar keine Eingriffe des anwesenden französ. Militärs geschmälert werden. Beide Anstalten stammen aus der Zeit her, während Bologna dem Kirchenstaate noch einverleibt war: allein wenige Spuren jenes dem Arzte so oft auffallenden Geistes der Spitaleinrichtungen, wie ihn der Kirchenstaat im Allgemeinen aufweist, finden sich nur hierselbst, da die bessere wissenschaftliche Richtung der nahen Lombardei auch zu Bologna den erwünschten Spielraum fand.

a. Das erste und hauptsächlichste dieser Krankenhäuser ist das Spedale della vita, oder Spedale maggiore. Das zu diesem Behufe eigens errichtete Gebäude erfüllt manche der dringendsten Foderungen, die man daran zu machen berechtigt ist. Seine Sääle sind geräumig, bedeutend hoch, und licht. Die gesammte Fassungsweite würde sich an drittehalbhundert Betten belaufen, doch sind selten mehr als 200 Kranke darin befindlich, bei meiner Anwesenheit (im Merz) nur 190. Zur Aufnahme sind alle medicinischen und chirurgischen Krankheiten geeignet, bloſs mit Ausschluſs der Geisteskrankheiten, und der alten eingewurzelten Uebel, die man unter dem Namen der unheilbaren begreift, der Altersschwäche und dergl. Sowohl für Weiber als für Männer ist das Spital bestimmt. Auch diejenigen Kinder, welche im nachher zu erwähnenden Findelhanse erkranken, werden als Säuglinge sogar mit ihren Ammen, hierher gebracht. Nicht ohne Verdienst ist die Verfahrungsart der Aerzte und Chirurgen. Ein lange schon berühmter Mann steht an der Spitze der ganzen Medicinaldirection des Krankenhauses: Dr. Laghi nemlich, ehemaliger Professor an der Universität. Eine Abtheilung von dreifsig Betten für medicinische Kranke besorgt Prof. Moreschi, dessen ich als öffentlichen Lehrers der Anatomie noch anderweitig erwähnen werde. Seinem ausdrücklichen Verlangen gemäfs hat man ihm die Besorgung dieser Kranken übertragen, ohne dafs er in anderer Verbindung mit dem Spitale steht, weil ihm daran gelegen war, ein hinreichendes Feld zu mancherlei der interessantesten klinischen Beobachtungen zu haben, deren Resultate einer baldigen Bekanntmachung gewifs würdig sein mögen. — Erster Chirurg des Hospitals ist Dr. Venturoli, ein sehr thätiger junger Mann, dessen Geschicklichkeit und freundlichen Umgang mit seinen Kranken ich gleichsehr rühmen mufs. *)

b. Das andere Krankenhaus ist für alle diejenigen Uebel bestimmt, welche in dem so eben erwähnten keine Aufnahme finden dürfen. Es liegt aufserhalb der Stadt,

*) Auch bei diesem Spitale ist eine Art *praktischer* Unterrichtsanstalt angelegt. Die Unterärzte haben aus löblichem Eifer sogar eine kleine Sammlung anatomischer Präparate zu fertigen unternommen.

ziemlich günstig, und auch dieses Gebäude verdient nicht allgemeinen Tadel. Man nennt es Sta. Ursula oder Spedale della morte: doch kann glücklicher Weise angenommen werden, daſs der letztere Name nicht seine Wesenheit andeute, sondern mehr nur im Gegensatze des erstern so gebräuchlich sei. Man findet hier alle *Geisteskranke*, und auſserdem die *Altersschwachen*, mit *langwierigen* innerlichen und äuſserlichen *Uebeln* Behafteten, sowie auch während des Sommers die *Krätzigen* und *Venerischen*. Obgleich regelmäſsig nur gegen 200 Kranke sich in diesem Spitale befinden, so wächst ihre Anzahl im Sommer eben durch die Anwesenheit der Krätzigen und Venerischen gewöhnlich doch um ein volles Drittheil. Schon bei Gelegenheit von Forlì und Rimini habe ich der für einen nordischen Arzt auffallenden Sitte im südlichen Italien Erwähnung gethan, nach welcher man in den Spitälern *Krätzige* und *Siphilitische* nur vom April bis zum September aufnimt, weil nur in diesen Monaten eine allgemeine Kur derselbigen Statt findet. Diese Sitte des Kirchenstaates findet sich zuerst hier in Bologna, denn in der Lombardei und in Toscana hat man sie nicht angenommen. Man läſst die Krätzigen tüchtige Abführungen gebrauchen, bereitet ihnen Bäder, theils einfache, theils schwefelhaltige, und kümmert sich wenig um die eigenthümliche Gestaltung der Krankheit in den einzelnen Subjecten. Bei der Siphilis sind die Mercurialeinreibungen das allgemein gültige Verfahren, weshalb auch die neue Erfindung einer eigenen Maschine zu solchem Behufe, deren ich bei Gelegenheit Neapels Erwähnung zu thun habe, den Aerzten des Kirchenstaates im Ganzen ebenso willkommen sein wird, als sie es denen zu Neapel war. — Schon während der Abwesenheit solcher Kranken, waren sowohl die männlichen als weiblichen Säle nicht sehr sauber gehalten, es steht also zu glauben, daſs durch die vermehrte Krankenzahl die Reinlichkeit nicht gewinnen werde. Ein abgetrennter Flügel des Gebäudes umfaſst die *Geisteskranken.* Ihrer waren bei meiner Anwesenheit 105. Die Männer im Erdgeschoſs befanden sich im Ganzen nicht so gut, als die Weiber im obern Stockwerke. Die mehresten trieben sich in den mancherlei kleinen Zimmerchen und auf den Corridors umher: und obzwar nicht viel Gelaſs für sie da ist, so fand ich dennoch diesen Theil des Spitals fast noch reinlicher, als die übrigen. Ein vorgeschlagener Ausbau des ganzen Hauses, wird, wenn ihn auszuführen sich Geld vorfindet, auf die zweckmäſsigere Einrichtung dieser Irrenanstalt Einfluſs zu äuſsern nicht verfehlen. . Gegenwärtig waren die Irrenden immer noch menschlicher hier gehalten als in vielen andern Spitälern, allein von Anstalten zur eigentlichen *psychischen Heilmethode* fand ich keine Spur: selbst ein vorhandenes Douchebad war nur in schlechtem Zustande. -- Erster Arzt dieses Spitals ist Dr. Palazzi; die Abtheilung der Geisteskranken besorgt Dr. Gandolfi, welcher zugleich als Lehrer der Veterinarkunde bei der Universität angestellt ist. *)

*) Zu einem nicht unbedeutenden Vortheile gereicht diesen beiden Krankenhäusern, daſs ihre gesammte Direction, auch in ökonomischer Hinsicht, unter dem ärztlichen Personal steht, und nicht unter die Autorität von Pfaffen gehört. Im übrigen Kirchenstaate, besonders aber in Rom selber, war dies ehedem, und ist theilweise noch, unbedingt der Fall.

c. Für die *Gebährenden* ist zu Bologna gar keine Anstalt vorhanden. Weder in dem Spedale della vita, noch in dem von Sta. Ursula werden sie aufgenommen.

2. Findelhaus.

Dagegen befindet sich hier ein bedeutend großes *Findelhaus*, welches jedoch zunächst nur dem Departement del Reno, dessen Hauptstadt Bologna ist, angehn soll. Es ist diese Anstalt in dem Gebäude eines ehmaligen Klosters eingerichtet, und besteht seit nicht gar langen Jahren. Das Local ist nicht ungünstig: es umfaſst drei Hofräume, einen Garten, hat ziemlich geräumige Säale, und freien Luftzug. Die Oekonomie des Hauses umfaſst im Durchschnitt gegen 1100 Köpfe, Dienende und Aufseher mitgerechnet. Das ökonomische Bureau ist in wohlgeordnetem Zustande, und enthält genaue Listen aller Art. Nur war es mir auffallend, so auch hier, wie fast in allen italienischen Findelhäusern, keine genau verzeichneten Resultate der *Sterblichkeit* zu finden. — Die ganze Einrichtung ist durchaus nur für *uneheliche* Findlinge gemacht. Es findet keine Anstalt zum Aussetzen Statt, sondern alle aufzunehmenden Kinder müssen durch vereidete Hebammen der Stadt oder des Departements überbracht werden, und diese für den unehelichen Ursprung einstehn. Nicht alle Kinder werden im Hause erzogen: die mehresten giebt man an Ammen aufs Land umher in Pension. Einige Kinder, z. B. die schwächlichsten, werden von Ammen im Hause selber gesäugt: andere, für die sich keine Ammen finden, ernährt man mit Kuhmilch. Man hatte vor einigen Jahren auch hier Versuche mit dem Säugen durch *Ziegen* gemacht, sich aber gleichfalls zu frühzeitig durch die bei der nothwendigen Milchveränderung eintretenden Durchfälle abschrecken lassen. Im Ganzen sahen wirklich die mit Kuhmilch aufgesäugten Kinder hier bei Weitem besser aus, als ich sonst irgendwo unter ähnlichen Nahrungsverhältnissen bemerkte. *) Die allzeit gesunde Luft von Bologna, und die Geräumigkeit des Hauses mögen wohl diese günstige Wirkung hervorbringen. Die Sterblichkeit ebenfalls ist hier bei weitem weniger bedeutend als z. B. in Wien. Der entwöhnten Kinder beiderlei Geschlechts (alle Kinder werden zwölf Monate lang ohne Ausnahme gesäugt) befinden sich mehrere im Hause selber, und werden daselbst auf mannigfache Art erzogen. Alle Knaben entläfst man mit dem achtzehnten Jahre: die dann nicht versorgten Mädchen kehren alle ins Haus zurück, wo sie in einem eigenen *Reclusorio* mit weiblichen Arbeiten sich beschäftigen, zum Theil auch als Kinderwärterinnen, Küchenmädchen u. s. w. dienen. Alle diese einzelnen Theile werden von dem Arzte, Dr. Uttini, einem schätzenswürdigen Praktiker und ehmaligen Professor der Universität in guter Ordnung und Reinlichkeit erhalten, wobei ihm das ökonomische Directionsbureau thätige Hülfe leistet. Er ist eigentlich mehr der allgemeinen medic. Direction wegen dabei angestellt, denn alle erkrankenden Personen des Hauses werden in das Spe-

*) Alle diejenigen Kinder, welche mit *Krätze* oder *Siphilis* behaftet sind, werden im Hause mit *Kuhmilch* aufgefüttert. Der letzteren giebt es jedoch hier bei weitem wenigere, als an andern Orten, z. B. in Florenz, bemerkt werden. Die Krätzigen sehn bei ihrer Kuhmilchkost ziemlich munter und frisch aus.

dale della vita gebracht, Säuglinge sogar mit ihren Ammen. Der gesammte Bestand aller verpflegten Personen in und aufser dem Hause war am 25. Julius folgender: 334 männliche Kinder über dem Säuglingsalter; 360 weibliche dergleichen; 155 erwachsene Mädchen im *Conservatorio;* 76 männliche Säuglinge; 85 weibliche dergleichen; 42 Personen der Direction, der Dienerschaft, u. s. w.; im Ganzen 1052. Die jährliche Aufnahme an Kindern beträgt im Allgemeinen etwa 400; und die Sterblichkeit an Kindern und Erwachsenen etwa 240 im Jahre, also kaum 35 Procent im Durchschnitte. *) — — —

*) In den Büchern der Direction fand ich, als ich im Julius bei meiner zweiten Anwesenheit zu Bologna das Findelhaus besuchte, keine eigentliche Tabelle der Sterblichkeit, als abgesonderten und sichern Auszug der übrigen Berechnungen. Da die Zahl der Gestorbenen zum Theil aus dem Spedale della vita, wohin man die Kranken bringt, zum Theil von den auswärtigen Ammen berichtet wird, und hierin vielleicht nicht die beste Ordnung herrscht, so war sie nur zerstreut eingeschaltet, und nirgend ein gemeinsames Resultat daraus gezogen. Das oben angegebene von 240 im Jahre, war ich genöthiget den mündlichen Angaben des Oekonomen, und der flüchtigen Uebersicht der Bücher bei beengter Mufse nachzuschreiben. Bei meiner ersten Anwesenheit im Merz lernte ich den Dr. Uttini nicht kennen, und bei der zweiten im Julius war er krank, sodafs ich kein genaueres Resultat aus seinen Nachrichten schöpfen konnte. Ich bedauere, dafs der wichtige Punkt, ob die Sterblichkeit trotz des Auffütterns mit Kuhmilch bei den übrigen günstigen Aufsenverhältnissen gering sein könne, durch meine Angabe sich nicht gewifs bestimmen läfst.

3. Die Universität.

Wenn wir bei der Universität zu Padua im Allgemeinen beklagen mufsten, dafs sie in Betreff ihrer äufsern Verhältnisse, des Reichthumes an Sammlungen aller Art, gegen Pavia bei Weitem zurücksteht, und dafs diese Umgebungen dem würdigen echtwissenschaftlichen Geiste der dabei angestellten Lehrer im Ganzen nur unverhältnismäfsige Mittel darbieten, sich in der Wirklichkeit abzuspiegeln: so finden wir die *Universität* zu Bologna wohl in dem glänzendsten Zustande der Vereinigung bestehender Hülfsmittel und des Strebens ihrer Lehrer nach höherer als blofs empirischer Ausbildung mit einer seltenen Regsamkeit. Ich will zunächst die kurze Uebersicht derer dabei angestellten Lehrer und Gehülfen hersetzen, welche den Arzt angehende Fächer betreiben: sowie ich sie aus dem vor mir liegenden *Prospetto de' Sign. Professori e degl' Impiegati nella regia università di* Bologna *per l'anno scolastico* 1810 — 11, entlehne.

1. *Allgemeine Physik:* Prof. Stefano Longanesi. — 2) *Experimentalphysik:* Professor Baccelli. — 3) (Die hier folgenden 11 Professoren machen die eigentliche medicinische Facultät aus) *Menschliche Anatomie:* Prof. Moreschi. — 4) *Medicinische Klinik:* Prof. Testa. Derselbige trägt die Therapie nicht zugleich vor, wie die Prof. Brera zu Padua und Raggi zu Pavia. — 5) *Chirurgische Klinik:* Prof. Atti. — 6) *Physiologie* und *vergleichende Anatomie:* Prof. Azzoguidi. — 7) *Pharmaceutische Chemie:* Prof. Coli. — 8) *Allgemeine Chemie:* Prof. Salvigni. — 9) *Botanik:* Prof. Scannagatta. — 10) *Naturgeschichte:* Prof. Abt Ranzani. —

11) *Materia medica*, *Therapeutik* und *Hygiene*: Professor Ungarelli: — 12) *Chirurgische Institutionen* und *Geburtshülfe*: Prof. Termanini. — 13) *Pathologie*, *Casuistik* und *gerichtliche Arzneiwissenschaft*: Prof. Muggetti. — *Repetenten*: *) 1) *Medicinische Klinik*: Dr. Spedalieri. — 2) *Anatomie des Menschen*: Dr. Quadri. — 3) *Pathologie* und *Casuistik*: Dr. Gajani. — 4) *Medicina forensis*: der ebengenannte. 5) *Materia medica*: Dr. Gozzi. — 6) *Physiologie* und *vergl. Anatomie*: Dr. Gandolfi. — 7) *Chirurgische Institutionen* und *Geburtshülfe*: Dr. Cavara. — 8) *Allgem. Chemie*: Dr. Santagata. — 9) *Pharmaceut. Chemie*: Dr. Ferrarini. — 10) *Naturgeschichte*: Dr. Naldi. — 11) *Chirurgische Klinik*: Dr. Venturoli. — 12) *Physik*: Dr. Casinelli und Dr. Veratti.

Schon die Zahl der öffentlichen Professoren und Repetitoren übertrifft, wie man hieraus sieht, bei Weitem die der Lehrer zu Pavia sowohl als zu Padua. Die der Universität angehörigen *Sammlungen* zur Unterstützung des Studiums der Naturwissenschaften sind im Ganzen noch umfassender als die zu Pavia, und stehn auch an innerer Vorzüglichkeit denselben gewiſs nur wenig nach. Das groſse und prächtige Universitätsgebäude umfaſst eigentlich 9 hierher gehörige Sammlungen, welche unter der Aufsicht der verschiedenen Professoren stehn. Sammlung für die *Naturgeschichte* (besonders ist die *Mineraliensammlung* eine der vollständigsten und wohlgeord-

*) Die Repetenten sind vom Staate besoldet. Sowohl sie als die Professoren selber haben im Königr. Italien äuſserst anständige Gehalte.

ordnetsten in Italien): unter Leitung des Prof. Ranzani. Für *Chemie:* Prof. Salvigni. Für *Pharmacie:* Prof. Coli. Für *Physik:* Prof. Baccelli. Für *menschliche Anatomie:* Prof. Moreschi *) und Dr. Quadri. Diese Sammlung, von der weiland Professorin **) Manzolini und von Mondini angelegt, verdankt neuerdings dem geschickten und eifrigen Dr. Quadri einen bedeutenden Zuwachs. Ebenso die Sammlung für *pathologische Anatomie*, unter des Prof. Mugetti Aufsicht, zu welcher Dr. Quadri gleichfalls manches schätzbare Stück ausgearbeitet hat. Eine Sammlung von Präparaten zur *vergleichenden Anatomie*, unter Prof. Azzoguidi und Dr. Gandolfi, befindet sich gleichfalls daselbst. Eben-

*) Alessandro Moreschi *vero e primario uso della milza nell' uomo ed in tutti gli animali vertebrali*, Mil. 1803.... *Discorso sul sistema cranioscopico di* Gall, Bol. 1807.... *Avviso sull' antidoto, ossia preservativo del vajuolo*, Venez. 1801. — *Dr.* Quadri, ein äußerst thätiger junger Mann, ist einer der vortrefflichsten anatomischen Lehrer die ich irgendwo gehört habe, und wird sicherlich bei seinem großen Talent des Vortrages und seinen schon erworbenen Kenntnissen der Anatomie in spätern Jahren eine wahre Zierde der Universität werden, an welcher man ihm einen umfassenderen Wirkungskreis anweisen mag.

**) Zu Bologna lebte allezeit der Frauen gelehrter Eifer. Noch heut zu Tage sehn wir dort die treffliche Clotilda Tambroni, als ordentliche öffentliche Professorin der griechischen Sprache. — Aber auch bei uns verdankt einer der größten lebenden Anatomiker manche seiner feineren Präparate einem jungen Frauenzimmer, welche seine Gedanken besser ausführt als ein gelernter Prosector.

so für *materia medica*, unter Prof. Ungarelli; und für *Geburtshülfe* unter Prof. Termanini. Die letztere kann den übrigen Mangel an Anstalten für *praktische* Uebungen in der Geburtshülfe, der auch hier wie überall in Italien äufserst fühlbar ist, nicht ersetzen. —

Durch den Professor Azzoguidi ist die Lehrerstelle der Physiologie so wie auf wenig anderen Universitäten besetzt. Mit allem Feuer einer innigen Ergreifung erhebt sich dieser würdige Greis in seinen mündlichen Vorträgen über die Schranken eines dürren Erzählens, und weifs die Hoheit der Natur in dichterischem Schwunge zu erfassen. Was wir früher schon (*Seite* 101 u. ff.) kurz bemerkten, wird uns durch die Kenntnis dieses Mannes um so deutlicher: wie nemlich wunderbarer Weise ein gleiches Vorbild Männern erschienen, die wenig oder nichts von dem Gange der Wissenschaft aus dem ihnen unbekannten Norden hierüber vernahmen, wie diese auf ganz entgegengesetztem Wege zu der ursprünglichen reinen Naturanschau zurückkehrten, während bei uns aus langandauerndem Streite der Denkkraft endlich ein Gesetz aufgefunden ward, welches im Andrange hundertfältiger Erfahrungen den Geist zum unverrückten Ziele leitet. Es mag wohl erlaubt sein, die äufsere Erscheinung eines in jeder Beziehung uns so wichtigen Mannes, als Azzoguidi, nicht ganz zu übersehen. Vielmehr den treffenden, scharfsichtenden Verstand in seiner gewöhnlichen Aeufserung entwickelnd, kann dieser verehrte Mann in seinem ganzen Werthe nur in den Augenblicken einer ernsten Bestrebung um die Wissenschaft während der Vorlesungen erkannt werden. Sein vor Kurzem herausgegebener *Leitfaden der physiologischen*

Vorlesungen, *) als solcher eben nur rhapsodisch und in steter Beziehung auf den eigenthümlichen Zweck der mündlichen Erläuterung bearbeitet, kann bloß dem vollendeten Naturforscher als genügendes Bild seines wissenschaftlichen Geistes dienen. Die Vorlesungen selber, in denen sich das seltene Rednertalent so kraftvoll noch im späten Alter zu der Fülle des Stoffes gesellt, und die wiederholt gegönnte freundschaftliche Unterredung, deren Andenken ich dankbarlich erneuere, haben in mir den

*) *Compendio de' discorsi che si tengono nella regia università di* Bologna *dalla cattedra di Fisiologia e di Notomia comparata, di* Germano Azzoguidi, Bol. 1808. — Gewiſs zu groſsem Nachtheile der Wissenschaft war der treffliche Verfasser früherhin so äuſserst karg im Ausspenden seiner Gelehrsamkeit. Schon die erste Schrift beim Antritte seines Lehreramtes (*Observationes ad uteri constructionem pertinentes,* Bonon. 1773. 4to. — *Cum Scriptis* Pallettae et Brugnonis *edid.* Eduard. Sandifort, Lugd. Bat. 1788.) muſste den Wunsch nach mehrerer Mittheilung rege gemacht haben. — In der Zeit als die Impfung der Menschenpocken manchen Streit erregte, schrieb Azzoguidi einen merkwürdigen Brief, worin er, nebst andern schätzbaren Bemerkungen, die Nachtheile, welche aus einer Impfung entstehn können, aufs Genaueste darstellte, und mit weiter Umfassung das ganze Wesen eines solchen Rettungsmittels aufgriff. (*Lettera sopra il vajuolo spontaneo e sopra i mali effetti dell' inoculazione,* in Venezia 1782). Diese Schrift konnte damals der allgemeinen Meinung eben so wenig zusagen, als der gegenwärtigen die andrerorts angeführten Einwürfe gegen die Vaccine. Es ist lehrreich zu sehn, wie nach der langen Zwischenzeit die wohlbewahrte Ansicht auch in der neueren Beziehung ihre Richtigkeit wiederfindet.

10*

zuvor entstandenen Wunsch erfüllt, einen solchen Mann seinem ganzen Wesen nach zu kennen. Möge das Geschick ihm die rege Kraft noch bis ins höchste Alter bewahren, daſs er dereinst mit Bekanntmachung seiner vollendeten Arbeit manches Jahrzehends, die Kunde der ihm so günstigen Natur für jeden Empfänglichen erweitere! —

Ich verlasse die unvollkommene Darstellung eines mir so schätzbaren Mannes nur, um durch das Andendenken eines gleich Würdigen meine einem solchen Inhalte zu geringen Blättern zu erheben. Deutschland kennt den Professor Testa schon lange durch sein vortreffliches Werk *über die Lebensperioden.* *) Was ein solcher Mann durch unermüdete Forschung und in günstigem Wirkungskreise seit zwanzig Jahren geleistet, das kann nunmehr seine Nazion in zween Schriften beurtheilen, durch welche die neuere italienische Litteratur mehr als durch andere geziert worden ist. **) Ich freue mich der übernommenen Pflicht, durch die Uebersetzung der letzteren und wichtigsten von beiden, den Ruhm dieses groſsen Naturforschers und Arztes noch gründlicher und allgemeiner unter den Aerzten meines Vaterlandes zu verbreiten. Unbegreiflich scheint es fast, nachdem gegenwärtig mehrere treffliche Männer die schätzbarsten

*) Anton. Ios. Testae *de vitalibus periodis aegrotantium et sanorum, seu elementa dynamicae animalis*, volumina 2, Londin. 1787. — Deutsch: Leipzig 1790.

**) *Delle azioni e riazioni organiche, ossia alcune proposizioni elementari di Fisiologia, di Patologia e di Clinica,* Crema 1807.... *Delle malattie del cuore, loro cagioni, specie, segni e cura libri 3 volumi 4*, Bol. 1810. Bis jetzt sind der erste und zweite Band erschienen.

Beiträge zu einer genauern Bearbeitung dieses mächtig anziehenden Gegenstandes geliefert haben, wie gerade die Leiden des Herzens so lange nur von einer oberflächlichen, fast jeder Auffoderung leichtsinnig widerstrebenden Aufmerksamkeit berührt werden konnten. Fühlt doch ein Jeder im Ungestüm der alltäglichsten Leidenschaft, wie das Bild des in seinem tiefsten Wesen ergriffenen Organs sich dunkel der innern Selbstanschauung vorstellt. Jede menschliche Sprache — so bemerkte mir noch jüngst einer unserer schätzenswürdigsten Aerzte, gerade und gemüthvoll wie wenige — ward aus geheimem Triebe auf die Ergreifung des Bildes von erkranktem Herzen geführt, wenn sie das Leiden des Gemüths sinnlich erkennbar zu machen sich bestrebte. Aber es scheint allerdings, als ob auch hierbei, wie in hundertfältiger anderer Beziehung die innere Naturstimme gerade von den Priestern der Wissenschaft am mehresten verkannt worden sei. Sehen wir doch täglich eben die Aerzte, diese vermeinten Naturvertrauten, in ihrem stolzen Wahne nur das ihrer Blödsichtigkeit Begreifliche hervorheben, und über das ganze Reich einer durch höhere Beziehung im Menschen von selber erwachenden Ahndung des Wahren und Vorhandenen, als über ein nichtiges Spiel kranker Einbildung das eigenmächtige Vertilgungsgesetz aussprechen. Und nicht einmal so vieles Sperrens bedurfte es hier. Keiner leugnete jemals diese wunderbarsten Verkettungen des Körperlichen, mit dem was im Menschen als Sittliches entwickelt einer anderen Welt anzugehören scheint. Aber keiner trauete sich an das tiefe Geheimnis hinan, sondern man begnügte sich mit Stillstehn bei dem herkömmlichen Wuste der *Herzbeutel-*

wassersuchten, und dergl. mehr, ohne auf die tiefen, besonders ursachlichen Verhältnisse aufmerksamer zu denken. Welchen Dank verdient also ein Mann, der mit aller Kraft seiner Ueberzeugung ein halbes Menschenalter hindurch den Wust aller jemals niedergelegten fremden Erfahrungen *) sichtete, in seinem eigenen Wirkungskreise entschiedene einsammelte, und, der Erste, das mühselig und ausharrend errichtete Gebäude vollständig aufdeckte? Jedoch kann es uns gar nicht befremden, gerade dieses Werk von der Gemeinheit beschimpft zu sehn. Die Recension, welche in den ersten Monaten nach Erscheinung des ersten Bandes zu Mailand erschien, **) wird schon durch den Namen des Herausgebers der Zeitschrift, worin sie niedergelegt, hinlänglich gestempelt, da man denselbigen als Verfasser jener Beur-

*) Die durchaus vollständige *pragmatische Geschichte* der Beobachtung und Behandlung der Herzenskrankheiten, welche Testa seinem Werke stückweise vor jedem Bande vorangeschickt hat, und die beim 2ten erst bis zum Wiederaufblühn wissenschaftlicher Kultur unter den Europäern reicht, verdient allein schon den eifrigsten Dank, als Muster einer noch vergeblich gewünschten Geschichte der Medicin als Wissenschaft, um so mehr da sie die Begierde nach den vielen grofsentheils noch ungekannten Schätzen der *arabischen* Fundgruben, die er so unermüdet durchsucht, aufs Neue und in besserer Art erweckt, ja zum Theil reiche Ausbeute schon darbringt.

**) *Annali delle scienze e lettere, pubblicate dal Prof.* Rasori in Milano, 1810 Ottobre, No. 9, pag. 335 — 354. — Kaum konnte der Recensent das Werk, dessen erster Band sogar nur erschienen war, in so kurzer Frist nach der Druckbeendigung gehörig studiert haben. Und wer beurtheilt das ganze Wesen einer Schrift nur nach dem ersten Bande! —

theilung nicht verkennen kann. Es sei fern von mir, gerade bei dem Herrn Rasori die so widerwärtige Seite seiner Persönlichkeit angreifen zu wollen. Doch glaube ich bei der einmal begonnenen Herausgabe gegenwärtiger Blätter befugt zu sein, auch meinen Tadel dem mir an Berühmtheit und Autorität eben so überlegenen Herrn Professor öffentlich zu sagen, wie er den seinigen dem an Kenntnis, an Geist, und ernstem Wollen des Guten ihm selber weit mehr überlegenen Testa zu sagen sich nicht entblödet hat. Es liegt in der seichten Art, mit welcher Herr Rasori das Bestreben Testa's bei dieser Arbeit beurtheilt, ja schon in den Aeufserungen des in den ersten Zeiten sparsam ertheilten Lobes, soviel Charakteristisches für das Wesen der Meinungen des Recensenten selber, dafs wir auch darin sein werthestes *Ich* als alleiniges Gesetz der Wahrheit, und das beinah unverschleierte Bemühen durch grundlose Schmälerung fremden Verdienstes das Luftgebilde seines *Contrastimulus* zu verklären, aufs Sichtbarste ausgedrückt finden. Der *Contrastimulus* freilich konnte sich mit dem tieferen Forschen in der Natur nicht vertragen. Kein anderer italienischer Arzt von einiger Bedeutung hat das unschätzbare Werk Testa's mit solcher Parteilichkeit aufgenommen. Es mag daher Herrn Rasori, der schriftlich und mündlich alle andern Aerzte für hirnlose Träumer zu erklären kein Bedenken trägt, ohne die ihm bei eigner Windigkeit furchtbarste Strafe der gründlichen Widerlegung vergessen werden, dafs er sich, der bei seinem Sinne die Würde eines naturgemäfsen Strebens nicht zu ermessen vermag, an die Beurtheilung dieses Strebens selber, und nicht etwa blofs seines Gelingens im Einzelnen, gewagt hat, und wir führen deshalb seine Widersetzlichkeit einzig als ein leider vorhandenes Factum in der Tagesgeschichte des wissenschaftlichen Fortschreitens der Italiener, beiläufig auf.

Testa, ein Mann welchen Herzlichkeit und Geradsinn nicht minder ehrwürdig machen, als sein strenger Verstand bei der lebendigsten Ergreifung von allem Erhabenen und Schönen in der Natur und Kunst, ist einer von jenen wenigen Aerzten, die dem ärztlichen Urbilde durch eine Vereinigung des Moralischen und Geistreichen nahe stehn. Es sei mir erlaubt, dieses Urtheil über einen wahrhaft grofsen Mann öffentlich auszusprechen. Sein Vaterland bestätigt es durch die Uebereinstimmung der Bessern, die mir nicht unbekannt geblieben. Den wahrhaft wissenschaftlichen Werth eines solchen Mannes werden die deutschen Aerzte aus dem zu übersetzenden Werke genugsam erkennen. Die seltene Reichhaltigkeit der Erfahrungen, der strenge Beweis, werden den Arzt, welcher nur praktische Resultate sucht, ebenso befriedigen, wie der kühnere Naturforscher in den feinen und ungewöhnlichen Andeutungen ein befreundetes Streben wiederfindet. Jene noch wenig gekannten Zustände des blutführenden Systems, welche mit dem Leiden des geistigen Menschen näher vielleicht verwandt sind, als selbst die Nervenkrankheiten, vermag kein alltäglicher Kopf so zu durchschauen. Als *klinischen Lehrer* habe ich Testa zu bewundern mehrmals Gelegenheit gefunden. Eben diese Entschiedenheit des Urtheils und den scharfen Blick, welche erst die Erfahrung zur Brauchbarkeit erheben, achten alle seine Schüler als unfehlbare Eigenschaften an ihm. Die bessere Ansicht, mit welcher besonders das Wesen der brownischen Lehre einst von ihm geschildert ward (in dem angeführten Buche *sulle azioni e riazione* etc. findet sich eine vortreffliche Darstellung desselben Gegenstandes), rief mir die Meinung und den Ausdruck meines verehrtesten therapeutischen Lehrers zu Halle ins Gedächtnis zurück, mit welchem ich Testa überhaupt so gerne vergleichen möchte. —

Die *klinische Anstalt* der Universität ist in einem eigenen Gebäude eingerichtet, welches 4 Krankensäle, eine eigene Apotheke, Zergliederungskammer, Operationssaal, u. s. w. umfaſst. Jede, sowohl medicinische als chirurgische Klinik hat einen männlichen und einen weiblichen Krankensaal, in jedem 10 Betten. Das Local und die innere Einrichtung ist gut. Aus dem Spetale della vita sucht man die merkwürdigsten Fälle für die Klinik aus.

Allein, sosehr ich mein geringfügiges Lob dem vortrefflichen Testa als Vorsteher der medicinischen Klinik zu zollen mich berufen fühlte, so wenig kann ich bei aller Anmaſsungslosigkeit die Direction der *chirurgischen Klinik* von dem Professor Atti preisen. Da dieser Mann manche äuſsere Auszeichnung besitzt, und als vielerfahrener Chirurg von Manchem gelobt wird, so will ich, um mindestens von ihm selber, falls Jemand den Inhalt dieses Blattes ihm verdollmetschen sollte, nicht als bloſser Verläumder ausgegeben zu werden, die Aerzte Bologna's, und vorzüglich die übrigen Theilhaber der beiden klinischen Schulen nur an den das deutsche Publicum nicht angehenden Vorfall im Merzmonat 1811 erinnern, da Dr. Quadri an einem 15jährigen Buben die

Staaroperation mit seinem *Agogetes* in Beisein des Herrn Atti machte, und dieser den allgemeinen Unwillen durch mancherlei höchst unpafsliche Schritte auf sich lud. Jenes Benehmen gegen Dr. Quadri bewies nach dem allgemeinen Urtheil nicht die nothwendige Unparteilichkeit bei Gegenständen des Wissens, und das Verfahren des Herrn Atti bei den Augenoperationen, z. B. das nachfolgende feste Verbinden der Augen, zeugt von tadelnswürdigem Stillestand im alten Erlernten.

Vielleicht ist es den Lesern nicht unwillkommen, wenn ich bei dieser Gelegenheit einiger für die Augenärzte interessanter Gegenstände erwähne. Da der schon öfters erwähnte Dr. Quadri seit mehrern Jahren sich eifrig mit der Ausübung der Augenoperationen beschäftiget hat, so ist die von ihm erfundene und mehrmals angewendete *Methode der Staaroperation*, einiger Aufmerksamkeit wohl werth, und verdient nicht dafs man sie, wie mancher Chirurg Alles nicht von ihm ausgehende, geradezu verwerfe. Er hat nemlich schon vor 4 — 5 Jahren den Gedanken zu realisiren versucht, die Vortheile der Depression und Extraction miteinander zu vereinigen. Zu dem Endzwecke erfand er ein Instrument, welches er *Agogite* (ἀγωγητης) benannte. Mit dem gewöhnlichen Staarmesser wird ein Schnitt in die Sklerotica hinter dem Anheften des *orbiculi ciliaris* und der *Iris* gemacht, und sodann durch diesen das Instrument in die hintere Augenkammer geführt. Es besteht aus zwei platt aufeinander liegenden Flächen, wie Ohrlöffel: der vordere ist gefenstert, der hintere hat oben und vorn ein spitzes Häkchen. Jenen schiebt man, nachdem beide Löffel durch ein Gelenk am doppelten Stil, wie bei

Weinholds doppelter Depressionsnadel, nur nicht im Winkel der Schneiden, sondern in dem der Fläche, geöffnet sind, vor die Linse; diesen hinter dieselbige, sodafs man durch die Pupille und durch das vordere gefensterte Blatt das hintere durchschimmern sieht: fafst mit dem Häkchen die Linse, drückt beide Blätter zusammen, und zieht die Linse hinter der Iris durch das in der Sklerotika gemachte Loch heraus. Mancher deutsche Augenarzt wird über die barbarische Operation Zeter schreien. Wir bitten ihn jedoch höflichst zu bedenken, dafs mindestens bei denen von Quadri selber bisjetzt gemachten 12 — 13 Operationen, kein einziges Auge mehr durch die Entzündung litt, als bei der gewöhnlichen Extraction zu geschehen pflegt. Zeugen davon sind die klinischen Lehrer zu Padua, Brera und Sografi: ja selbst der tobende Prof. Atti zu Bologna mufste es ansehn, als im Merzmonat Quadri in seiner Gegenwart in der Klinik einen äufserst reizbaren kränklichen Knaben von 15 Jahren (der oben angeführte Fall) operirte, wobei das Auge durch den etwas ungeübten Gebrauch des von mir geborgten vorher ihm unbekannt gewesenen Beerschen Augenhäkchens zur Hervorziehung der zerstückten Kapsel bedeutend blutete, viel Luft in die Wunde drang, und Herr Atti in seiner Feindschaft sogar durch lautes Tadeln der Operation den Knaben zu tagelanger Verzweiflung und beständigem Weinen reizte (ein klinischer Lehrer that dies!): dafs dennoch die Entzündung wenige Tage lang kaum merkbar war, und der Knabe nur bei seitwärts angewachsener Iris mit geringem partiellen Nachstaar und ungeschwächter Sehkraft noch im Julius von mir, als Zeugen der Operation, wiederbeobachtet wurde. Absichtlich übrigens führe ich vorerst den ganzen Gegenstand nur ohne gründliche Nachweisungen an. In Brugnatelli's obenerwähntem *) *Giornale, bimestre 2 pag.* 110, findet sich ein Aufsatz über die Operationsmethode; und ich hoffe bald genauere Nachrichten von der Hand meines Freundes Quadri selber den deutschen Augenärzten vorlegen zu können. Noch ist die Methode roh und gewagt: mit mancher Abänderung kann sie jedoch vielleicht bei einigen Fällen brauchbar werden.

Die von Buchhorn erfundene *Keratonyxis* suchte ich vergeblich in Italien bekannt zu machen. Assalini schien ihr allein nicht abgeneigt, wenigstens um bei Pferden die Staaroperation möglich zu machen. Mit Quadri versuchte ich sie an dem Pferde des Herrn Divisionsgenerals Baron Fresia zu Bologna. Dieser würdige und unterrichtete Offizier machte sich ein Verdienst daraus, ein schönes auf dem linken Auge erblindetes Kutschpferd dem Streite gegen das Vorurtheil preis zu geben, welches bei den bisherigen Operationsmethoden mit Recht gegen die Anwendung am Pferdsauge herrschte. Das sonst äusserst sanftmüthige Thier im Stehen zu operiren (wie der wackere Director der Thierarzneischule, Herr Ryſs in Wirzburg gethan zu haben mir versicherte) wollte weder in diesem noch andern Fällen gelingen. Mit der Schmidtschen Nadel zur *Koretodialysis* ward der Stich gemacht; ein wenig *humor aqueus* spritzte aus, der völlig weiche Staar ward jedoch ohne Vordringen der Glasfeuchtigkeit zerstört. Entzündung stellte sich fast gar

*) Vgl. oben *S. 121 Anm.*

nicht ein. Das Pferd sah anfänglich vollkommen: nach 3 Monaten begann ein leichter Nachstaar sich zu entwickeln. Quadri hat nachher noch andere Pferde, auch Esel, theils mit ähnlichem, theils mit noch besserem Erfolge *keratonyxirt*. Er fand einige Staare ganz hart. Nach Herrn Ryſs Beobachtungen sollen die Staare bei Pferden immer weich sein; allein diese werden durch die von Quadri angegebenen Fälle zweifelhaft.

B.

Königreich Neapel.

Auffallender noch für den nordischen Beobachter, als das gänzliche Darniederliegen des ärztlichen Studiums in einem organisirten Staate sein würde, stellen sich die mancherlei Eigenthümlichkeiten der Meinungen und des äufseren Verhältnisses unter den neapolitanischen Aerzten dar, welche mit dem Wesentlichen des dortigen Allgebens und aller bürgerlichen Einrichtungen auf das Genaueste übereinstimmen. Wir dürfen das ganze Bild dieser ärztlichen Welt sogar nicht mit dem im Königreiche Italien vergleichen, um so weniger also mit einem solchen, als der deutsche Idealsucher sich erschaffen würde. Auf den ersten Blick entdecken wir die von der umgebenden Natur nothwendig bedingten Abweichungen der gesellschaftlichen Lebensweise von der unsrigen. In wie weit also die gesammte Ansicht der Aerzte und ihr Handeln sich nach den Einflüssen des Klima und der ganzen umgebenden Natur richtet, kann nicht befremdend scheinen, da ein jeder Arzt die Gewalt der Localität erkennen mufs. Jene wunderliche Nachgiebigkeit aber gegen die angewöhnten Gebräuche, welche ohne bestimmte Beziehung auf die Natur dem wissenschaftlichen Treiben oftmals im Wege stehn, mufs uns umsomehr misfallen. Die neapolitanischen Aerzte mögen leichtlich darin zu weit gehn, dafs ihnen ein solches der Wissenschaft ganz fremdartiges Befolgen alter Herkömmlichkeiten und in der Volksmeinung gegründeter Gesetze, eben als die naturgemäfse Ehrfurcht gegen die klimatische Eigenthümlichkeit erscheint. Es wird daraus um so begreiflicher, warum alles Ausheimische, dessen Wahrheit nur mit der Umstofsung menschlicher Einbildungen seine Wirkung äufsern kann, auf sie keinen sonderlich erfreuenden Eindruck macht; und dieses mag auch die Ursache sein, warum das Vorurtheil gegen die, der neapolitanischen Localität sogar angemessen wirkenden Aerzte aus andern Ländern, so allgemein und übertrieben herrscht. Kurz, obgleich die grofse Verschiedenheit der umgebenden Natur eine eigenthümliche Gestaltung der ganzen Medicin bedingt, und diese eben die gröfste Einfachheit und wenig modificirte Befolgung allgemeiner Vorschriften möglich macht, können wir demungeachtet jenes einem bessern Bewufstsein entgegengesetzte blinde Befolgen dürrer Convenienzen nimmermehr loben, noch als nothwendig ansehn. Es ist nicht unmittelbarer Ausdruck der natürlichen Gesetze in dem Wissen des Arztes, als dessen Folge dergleichen Richtung gelten kann. Freilich spricht in den Gebräuchen des Volkes eine gewisse Naturgemäfsheit immerfort sich aus. Allein der allgemeine Volksgebrauch kann auch jederzeit nur ein trüber Spiegel sein, und der aus ihm zurückgeworfene Stral dem freien Naturforscher nicht genügen. Wirklich ist es, wie gesagt, mehr das Wesen nazionaler Gebräuche, als unmittelbare Vertrautheit mit den Eigenheiten der Natur, welches in den Aerzten dieses Landes wirkt.

Verzeihlich, um auch dieses zu sagen, ist jedoch allerdings gerade in Neapel mehr als anderwärts ein ärztliches Treiben, das ich mit dem Alltagsausdrucke *Schlendrian* bezeichnen möchte. Wollen wir auch jenen Ausruf eines unserer trefflichsten Schriftsteller, der im dichterischen Feuer der ernsten unbildlichen Ansicht nicht gedachte, *) so leicht derselbe auch eigentlich in der Geschichte aller Wissenschaften bei Neapel als wahr aufzuweisen sein möchte, merklich einschränken, oder unsere Foderungen, nach alter vielbeliebter Weise, bei der armen Medicin nur in die Grenzen eines kargen, durchaus schwunglosen Beobachtens einengen: so möchte uns doch jenes unfreie Beruhen in einem selbstgeschaffnen Joche, welches ich Schlendrian nennen zu dürfen glaubte, nur zu verzeihen, nicht zu entschuldigen scheinen. Und verzeihen mag man daher das mancherlei Tadelnswürdige, eben wegen jener Leichtigkeit des Erschlaffens in dem äufsern Reichthume an Sinnesreiz, dem nur ein vollkommnes Volk, wie die Griechen, gerade seine höchste geistige Blühte verdankte, während die Schwäche des mit seinem alternden Planeten allmälig absterbenden modernen Geschlechtes den allzumächtigen Lebenseindruck nicht mehr seinem Wesen beizumischen vermag. Wenden wir uns hingegen von diesen allgemeineren, fast möchte ich sagen dem Arzte nicht angehörenden Betrachtungen zu dem, was einmal da ist, und verfolgen wir sonach im Einzelnen, soweit als nöthig, eben die erwähnte Eigenthümlichkeit des ärztlichen Handels.

Wie

*) „Neapel, ein Sitz des Vergnügens, voll Adel, voll „der lebhaftesten Menschen, rundum in Schönheit und „Fruchtbarkeit! *Zu strenger und erhabener Weisheit ists „fast nicht möglich, hier zu gelangen.*" Wilh. Heinze im *Ardinghello*, Lemgo 1794, S. 244.

Wie in dem Reichthume der Vegetation, in der üppigen Farbenpracht des von der allmächtigen Glut belebten Anorganischen, so auch in glückseliger Regelmäfsigkeit der thierischen Organisation offenbart sich die herrliche Natur dieses Landes. Es ist unmöglich, dafs in diesem mildesten Klima der Welt, bei so regem Leben des Ganzen, der Mensch allein in siechender Unvollkommenheit seines Körperlichen sich hinschleppen sollte. Ein Land, welches mit seinem innern vulcanischen Feuer gleichsam neuen Lebensstoff in sich bewahrt, während im Norden, wie im heifsesten Mittag starrer und vertrockneter Boden nur durch die höheren planetarischen Verhältnisse sein wirkendes Dasein zu erhalten scheint, kündigt mit jeder Hervorbringung die körperliche Kraft und Regsamkeit an. In den körperlichen Verhältnissen bestehet diese ursprüngliche Kräftigkeit am längsten. Wenn auch die Menschen, was ihre geistigen Anlagen betrifft, jene durchgreifende Stärke und Ausdauer nicht bewahrt haben, in welcher allein die ernste Auffassung des Erhabenen wie des Schönen beruht; so sehen wir sie bei den Einflüssen eines so glücklichen Klima gesunder doch und minder von den äufsern Schädlichkeiten gebeugt als sogar die übrigen Stämme ihrer eigenen Nazion. Wenige sumpfigte Gegenden abgerechnet, als z. B. die niedrigen, unter der Fülle unbenutzter Vegetation fast erstickenden Meeresufer von Salerno bis zum Capo Palinuro, und vielleicht an einigen andern Orten im ganzen Königreiche, herrscht zu jeder Jahreszeit überall die gesundeste Luft. Nicht allein die günstige Nähe hoher, schneetragender Berghäupter, welche, seiner ganzen Länge nach, den Kern des Landes ausmachen, und die allmälige Abdachung gegen die klippenreichen Ufer hinab, bedingt diese heilsame Beschränkung der mit übermäfsiger Einwirkung erdrückenden Hitze. Gewifs liegt auch in der noch frischen vulcanischen Thätigkeit im Innern, ein wenig beachteter Grund der so glücklichen Stimmung alles Lebendigen. Jener Zustand der nur gedämpften, nicht ganz in sich selber erloschenen vulcanischen Beschaffenheit eines Landes, wie er gerade in der Gegend von Rom durch so mancherlei Anzeichen sich offenbart, ist dem vegetabilischen, wie dem thierischen Leben ebenso ungünstig, als der hier genannte dasselbige befördert und kräftiget. Der ganze Theil von Italien, welcher eben das Königreich Neapel ausmacht, ist gleichsam ein weiter unterirdischer Heerd. Wir können freilich nicht genau wissen, welche innigere, und von höheren als blofs chemischen Gesetzen geleitete Beziehung zwischen den belebten Körpern und der Atmosphäre Statt findet, und wir ahnden nur aus hundert Ursachen den Bestand einer solchen minder beschränkten Wechselwirkung. Allein schwerlich möchten auch sogar dadurch alle Bestimmungen des Lebensprozesses in gewissen Formen, der Krankheit zumal, gegeben sein, und es wird mehr als wahrscheinlich, dafs die thierischen Körper zu dem Boden selber, ohne eigentliche Rücksicht der atmosphärischen Zustände, einen tiefeingreifenden und merkwürdigen Einflufs auf den erstern äufsern. Ich wage diese Behauptung, welche ich vorerst keineswegs als einer physikalischen Durchführung fähig ausgeben will, in einem weitern Sinne, als sie vielleicht von Anderen früher ausgesprochen sein könnte. Es würde bei Weitem mehr Zeit, als ich in Italien auf dergleichen Untersuchungen verwenden konnte, und eine gröfsere Vertrautheit mit der Physik dazu gehören, um eine durch mancherlei Combinationen und Beobachtungen erweckte individuelle Ansicht zu einer wissenschaftlichen und mittheilbaren zu erheben. Bei Gelegenheit Roms werde ich nicht umhin können, einige Umstände nachzuweisen, aus deren Bemerkung eine solche physikalische Ahndung entspringen mufste. — Genug, die Heilsamkeit des neapolitanischen Klima's ist bekannt. Einer meiner Freunde, der seit länger denn 10 Jahren in Neapel als praktischer Arzt ansässige Dr. Mayer, versicherte mich in dieser ganzen Zeit weder jemals eine *contagiöse* Krankheit welcherlei Art *epidemisch* gesehn, noch aus andern Orten des Königreiches davon gehört zu haben. Ja selbst als sporadische Uebel erscheinen die Krankheiten dieser Art nur äufserst selten. Es ist, als wenn nur der Magen wie ein abgesondertes Organ Zugang für Schädlichkeiten zeige und erkranken könne: und allenfalls gichtische Verwicklungen hervorbringe, die am Ende eben so häufig in den Folgen der *venerischen* Krankheit ihre Ursache haben. Wirklich ist diese Plage der neueren Zeit, die *venerische Krankheit*, beinahe die einzige, welche die milde Natur dieses Landes von ihren unmäfsigen Kindern nicht abzuwenden vermag: und eben darum auch so viel grausamer und allgemeiner als anderwärts. Es mag einem Nordländer wohl übertrieben scheinen, wenn der berühmteste und gesuchteste Arzt Neapels, Cotugno, ein Mann der mehr denn zwölf Lustra in seiner ausübenden Laufbahn verstreichen sah, mich versicherte, dafs in Neapel von 1000 Kranken gewifs mehr als 950 lediglich der Lustseuche ihr Leiden verdankten. Und in der That verhüllt sich auch diese Krankheit hier in den allerentlegensten Formen, so daſs nur die lange Beobachtung von Jahrhunderten, ein zwar bewuſstloses aber sicheres Gesetz der Diagnostik, die unbedingte Voraussetzung, rechtfertigen kann. Daher auch der spaſshafte Einfall eines bekannten deutschen Arztes, dessen freundschaftliche Verbindung mir während der gleichzeitigen Reise in Italien wegen der Gemeinschaft des wissenschaftlichen Interesse um so erfreulicher war, recht gut paſste. Er meinte nemlich, wenn er König von Neapel wäre, so würde er, um die Nazion mit einem Male ganz zu reinigen von ihrer Pest, allen Bäckern des Landes kurzweg befehlen, monatelang in jedes Pfund Brot ein Paar Gran Kalomel zu backen.

Bei diesen, im Ganzen so einfachen Verhältnissen derer Krankheiten, welche vorkommen, ist eine äuſserst einfache Heilmethode nothwendig und natürlich. Die ganze Medicin bleibt hier vielmehr auf den Grenzen der *Diätetik* stehn, welche freilich auch selten genug befolgt wird. In denen Krankheiten, welche ohne weitere Complication sich leicht genug äuſsern, und auch eben so leicht gehoben werden, dreht sich die ganze ärztliche Beihülfe um die Anwendung der Aderlässe, der Brechmittel u. s. w. Und dies allerdings mit Recht, wenn gleich die Unachtsamkeit, ja sogar Unkunde, mit welcher selbst die bessern Aerzte das feiner berechnete und dem individuellen Zustande angemessene Auswählen aus einem reicheren Arzneivorrate überhüpfen, schwerlich auch bei so leichtem Geschäfte Lob verdient. Das tägliche Bedürfnis führt daher eben so wenig auf die Aneignung der ausländischen litterärischen Schätze, und nur ein rein wissenschaftliches Interesse, das bei solcher Localität in Einzelnen sich sparsam genug ausspricht, könnte etwa dazu vermögen. Es ist natürlich, dafs die Aerzte im Ganzen bei solchen Umständen nachlässig werden, und gleichgiltiger von ihrer Wissenschaft und ihrer Pflicht zu denken sich gewöhnen, als deren innere Würde zuläfst. Zu einer schaalen Observanz artet am Ende aller höhere Zweck aus, und ein blindes Umhertappen nach altem Herkommen, ohne sonderliche Anstrengung ein allgemeines Ziel zu erreichen, öffnet der Quacksalberei und den selbstsüchtigen Beziehungen die Pforten. Dafs ein solches Urtheil nicht anmafslich noch ungerecht klingen möge, dafür sorge mir die Stützung auf den Ausspruch der bessern neapolitanischen Aerzte selber. Selbst diese klagen über das Verschwinden eines ernsteren, gediegenern Geistes unter ihren Amtsbrüdern, wie er in manchem grofsem Manne früherer Zeiten auch hier noch lebte. Freilich wohl wurde die Mehrzahl der neapolitanischen Aerzte eben aus diesem Grunde nicht einmal in die Schlingen des *Brownianismus* verlockt, noch möchte gegenwärtig das kraftlose Gegengift des *Contrastimulus* unter ihnen weit umher ätzen, wenn auch etwa ein verlassenes Päärchen seiner Liebhaber die schmacklose Kost heiser anpreist. Dafür werden aber auch die regsamern, bessern Naturforscher, wenige nur, selber trauern, dafs ihre Landsleute die Empfänglichkeit für eine bessere Cultur mit der Reizbarkeit durch flache Eindrücke, in dem Wust ihres alltäglichen Treibens zugleich ersticken.

Und eben dieses alltägliche Treiben nach angenommenen Regeln, ohne sonderliche Ueberzeugung oder Bestreben das Wahre zu erkennen, sieht man auch grofsentheils in den Meinungen der neapolitanischen Aerzte über die unter ihrem Volke so häufige *Lustseuche*, und ihrem Benehmen bei der Heilung derselben. Es mag in solchen Verhältnissen dem Arzte wohl erlaubt sein, wenn ein zweifelhafter Fall eintritt, die allgemeine Wahrscheinlichkeit auch für das Vorhandensein von dergleichen versteckten Ursachen im Einzelnen sprechen zu lassen. Allein zu einer Art von allgemeiner Norm, der man ohne Bewufstsein und beinah ohne den Kranken nur befragt zu haben, folgen kann, darf diese Erlaubnis eben so wenig ausarten. Wenn auch wirklich der Schaden aus einem solchergestalt möglichen Irrthume nur selten einträte, so wäre doch dieses gedankenlose Verfahren schon um des Interesse der Wissenschaft willen, höchst tadelnswürdig, und gewifs in mancher andern Beziehung schädlich. Die im Neapolitanischen, sowohl in den öffentlichen Krankenhäusern als bei der Behandlung von Privatkranken, allgemein angenommene Heilungsart der Lustseuche, so trefflich sie auch in den mehresten Fällen sein mag, ist eben wegen dieser allgemeinen, auf alle der Individualität angemessene Abänderung Verzicht leistende, Annahme, den stengeren Forderungen eines ärztlichen Handelns nicht gemäfs. Man hatte in Neapel allgemein die Gewohnheit, die *Mercurialsalbe*, *) welche ganz mit Recht ihren Namen von dieser Stadt selber führt, durch Menschen den Kranken einreiben zu lassen.

*) Da die in Neapel ziemlich häufig angenommene Bereitungsart dieser Salbe nach der Vorschrift von Cotugno, welche von der bei uns allgemeinen abweicht, vor der letzteren Vorzüge zu haben scheint, so will ich die Gelegenheit wahrnehmen, sie hier anzuführen:

Diese Gewohnheit aber brachte nothwendig grofse Nachtheile hervor. Es hatten sich bei der unglaublichen Häufigkeit der Seuche eigene Menschen als *Salbeneinreiber* gebildet, welche theils dies Handwerk besser verstanden als andere, theils auch darum nöthig waren, weil nicht Jeder sich dazu hergiebt. So wurde dieses Einreiben in der That handwerksmäfsig betrieben, und die Neapolitaner rühmten fast mehr als ihre Aerzte die Salbeneinreiber *)

Rec. Mercur. vivi e. Cinnabari factitiâ extracti,
Axung. porcin. nec recent. nec rancid. aa ℥jjjß
Lacrim. Nuc. moschat.
Camphor. aa ʒj
M. et in mortario porphyrino tere tamdiu, donec Mercurii globuli penitus disparuerint.

Die Einreibung wird von den neapolitanischen Aerzten allgemein an der *Fufssole* vorgeschrieben, damit die zu geschwinde Aufsaugung durch gröfsere Gefäfsstämme an der Wade und Lende nicht leichtere Salivation verursache. Man brauchte zur *grofsen* Kur ungefähr 8 Unzen Salbe in 34 Einreibungen, wobei man folgende Ordnung annimmt. Die ersten 4 Tage reibt man ½ Drachme jedes Mal in jede Fufssole (also 4 Drachmen); die folgenden 4 Tage 2 Skrupel (also 5 Dr. 1 Skr.); und dann noch etwa 27 Tage hindurch jedes Mal 1 Drachme (also 54 Dr.). Natürlich ist diese Angabe zu allgemein, und die in Neapel leider sehr häufige Befolgung derselben ohne weitere Modification nach den Umständen oftmals schädlich genug. Ruggieri in der anzuführenden Schrift, S. 83 und folg. setzt mehrere Nachtheile dieser Mercurialeinreibungen auseinander, und giebt die gehörigen Modificationen an.

*) „Tutti sappiamo, che la cura di mercurio richiede due „necessarie condizioni: la prima consiste nell' unguento „ben preparato, il che è facile ad ottenersi; la seconda „nelle frizioni eseguite da *esperti frottori, de' quali in* „*Napoli ne abbiamo degli ottimi.*" Ruggieri Seite 7.

in Bezug auf die Heilung der Krankheit. Aber die Nachtheile dieses Verfahrens sind sehr bedeutend. Der Verfasser jener alsbald anzuführenden Schrift hat diese Nachtheile am Eingange seiner Abhandlung umständlich angegeben. Theils nemlich wurden diese Salbeneinreiber nach wenigen Jahren ihres Amtes unausbleiblich krank, bekamen Blutspeien und Schwindsucht oder Kraftlosigkeit und Gliederzittern, sosehr sie auch durch starke lederne Handschuhe vor der Einsaugung des Quecksilbers sich zu verwahren suchten. Theils auch waren die Kranken selber mancherlei unangenehmen Verhältnissen dabei ausgesetzt. Denn ärmere Kranke konnten den *Unzionario* (so nannte man jene Leute) nicht bezahlen, da dieser seine Gesundheit keinesweges um ein Geringes preis gab. Der Kranke mufste sich und seine vielleicht gern verheimlichte Krankheit einem dritten, wenig zuverlässigen Menschen anvertrauen: und der *Unzionario* pflegte in der Regel so kurz als möglich sich seines Geschäftes zu entledigen, statt daher stundenlang an der Fufssole zu reiben, bis dieselbe nach gänzlicher Aufsaugung der Salbe wiederum trocken wird, begnügten sie sich oftmals, wenn der Kranke nicht gehörig unterrichtet war, an der Wade oder am Schenkel einen Theil einzureiben, wo die Aufsaugung bei gröfseren Gefäfsstämmen schneller vor sich geht. Andere Aerzte liefsen den Kranken die Salbe sich selber einreiben, allein abgesehn von der Schwierigkeit bei kraftlosen Subjecten, kaum zu ertragenden Langweiligkeit, versichert auch Ruggieri, der Verfasser jener genannten Schrift, fast jedesmal Lungenkrankheiten danach entstehn gesehn zu haben, theils des anhaltenden Bückens, theils der beständigen Einathmung der Mercurialatmosphäre wegen. Der eben angeführte Herr Ruggieri, praktischer Arzt in Neapel, der schon durch einige frühere Schriften sich rühmlich bekannt gemacht hatte, *) suchte daher seit geraumer Zeit diesen Nachtheilen abzuhelfen, und gerieth endlich auf die Erfindung einer Maschine, vermöge deren ein Kranker seine Fufssolen ohne Anstrengung und nachtheilige Körperhaltung selber der Einreibung unterwerfen kann. Er las eine vollständige Abhandlung darüber in der *Società reale d'incorraggiamento* vor, welche nachher auf Befehl des Ministers des Innern zu besserer Bekanntmachung gedruckt und ausgetheilt wurde. Diese ist die erwähnte Schrift, wobei sich auch Abbildungen der Maschine befinden. **) Die Regierung hat sich darauf dieser wirklich sehr nützlichen Erfindung noch mehr angenommen, und nachdem der Urheber eine Einrichtung angebracht, vermöge deren mehrere Kranke auf einmal durch einen einzigen Krankenwärter frottirt werden können, so ist der Befehl ergangen, die Maschine in allen öffentlichen Spitälern einzurichten. Bei meinem Aufenthalte zu Neapel (im April) war sie jedoch erst in einem Saale des grofsen Spitals degl' Incurabili vorhanden. Der Erfinder nannte sie *Tornofrottore*, *Drehscheiben - Reiber*.

*) *Infiammamenti animali e loro risultati*, Napoli 1796, vol. 1mo.... *Elementi di chirurgia medica*, Nap. 1803.... *Elementi di Ostetricia medica*, Nap. 1802.... *Lettere ottiche, riguardanti alcuni fenomeni della Visione*, Nap. 1807, vol. 1mo.

**) *Tornofrottore mercuriale, ossia nuova machina per le frizioni mercuriali. Memoria letta nella R. società d'incoraggiamento nel mese di Novembre 1809, dal socio ordinario* Pietro Ruggieri, Nap. 1810.

Die erste Angabe für einen einzelnen Kranken ist äuferst einfach. Eine auf beiden Seiten in metallnen Zapfen laufende Walze wird mit zween, durch erhabene Ränder begrenzten, und für die Breite einer Fufssole abgemessenen, Stücken weichen Leders ringsherum bekleidet. Der Kranke sitzt auf einem Sessel, zu dessen Füfsen in der gehörigen Entfernung die Maschine befestiget ist: er stemmt seine Fufssolen gegen die mit dem Leder überzogenen Flächen, auf welche die einzureibende Dosis der Salbe gestrichen worden: und nachdem die Fufssole durch die Reibung auf dem noch nicht besalbten Leder erwärmt worden ist, wird die nun darauf gestrichene Salbe durch die Bewegung der Walze eingerieben. Der Kranke fafst nemlich das eine Ende eines elastischen Bogens, dessen Schnur um den Zapfen der Walze geschlungen ist, gerade wie bei einigen Drechselbänken oder bei den sägenden Instrumenten der Goldarbeiter, Uhrmacher u. s. w. Indem er den Bogen gegen sich zieht und wieder zurückstöfst, wird die Walze ringsherum und wieder rückwärts um ihre Axe gedreht, und je nachdem dies geschwind oder langsam geschieht, eine stärkere oder schwächere Reibung der dagegen gestemmten Fufssole bewirkt. In ¾ Stunden kann die ganze Dosis eingerieben werden: auch soll die Friction weniger schmerzhaft und doch ebenso wirksam sein. Die spätere Abänderung, wodurch diese Maschine für mehrere Personen auf ein Mal brauchbar wird, besteht darin, dafs ein in der Mitte wie an einer Pumpe angebrachter Schwengel links sowie rechts zwei Reihen von Walzen in Bewegung setzt, welche man noch weiter hinaus verlängern kann, sodafs 4, 8 und mehr Kranke, in Reihen einander gegenüber sitzend, jeder die Fufssolen an eine eigene Abtheilung der vier langen Walzen, stemmen. —

Ebenso auffallend als die angedeuteten und mancherlei andere Verhältnisse der neapolitanischen Aerzte, ist auch die ganze Anlage und Unterhaltung der *Krankenhäuser* und übrigen *öffentlichen Sanitätsanstalten.* Es ist überhaupt, soviel ich aus den Erzählungen Anderer schliefsen kann, in den übrigen Städten des Königreiches wenig gethan Bezugs auf die öffentlichen Anstalten. Die etwa vorhandenen Krankenhäuser sollen nirgends grofs sein, noch der Eifer ihrer Aerzte absonderlich lobenswerth. Ich hatte nur in wenigen bedeutenden Städten des Königreiches Gelegenheit, mich nach dergleichen öffentlichen Anstalten umzusehen, da mich mein Weg nirgend in das Innere des Landes führte. In Gaeta (das militärische Spital etwa abgerechnet), Capua, Aversa, Salerno, würde eine aufmerksamere Nachforschung, als ich bei blofser Durchreise darauf verwenden konnte, schwerlich belohnend gewesen sein. Salerno besonders besitzt fast nichts mehr von dem, was diese Stadt im Mittelalter so berühmt machte. Die *salernitanische Schule* ist lange schon ausgestorben; und wenn auch Neapel nicht eigentlich eine *Schule* bildet in dem Sinne wie dazumal dies Wort gebraucht worden, so ist doch wenigstens in der Hauptstadt die einzige bedeutende Lehranstalt des ganzen Landes, aus der das ehedem selbst wirkende Salerno nun grofsentheils seine karge ärztliche Versorgung holen mufs. *) — Ich kann also theils aus

*) Durch Herrn Dr. Merrem aus Marburg, welcher später als ich Italien bereiste, erfahre ich, dafs bei den neueren Anstrengungen der neapolitanischen Behörden, ihre medic.

den angegebenen Gründen der Unzulänglichkeit anderweitiger Einrichtungen, theils weil ich nur der Hauptstadt längere Beobachtung widmen durfte, von den ärztlichen Anstalten in dieser ganz allein handeln. Bei dieser Betrachtung finde ich im Allgemeinen die bestehenden öffentlichen Krankenhäuser für eine so volkreiche Stadt nicht hinreichend. *) Sämmtliche Anstalten der Art würden höchstens 3000 Kranke alles in allem fassen können. Dies ist an sich vergleichungsweise mit den Anstalten anderer grofser Städte (z. B. Paris, ja auch Wien), bei einer Bevölkerung von fast 450,000 Menschen, wenig genug: und noch mehr, wenn erwogen wird, dafs von diesen 3000 Betten gewissermafsen noch mehr als 1000 abzurechnen sind, da nemlich ein ganzes Spital von 400 Betten (l'Annunziata) völlig eingegangen ist, da ich ferner zu obiger Zahl von 3000 auch die Anstalten für venerisch erkrankte Freudenmädchen, an 300, für kranke Galeerensklaven und Gefangene, an 300, und für kranke Findelkinder, auch an 100 Betten, hinzu-

Lehranstalten blühender zu machen, auch auf die noch zu Salerno bestehende ausdrückliche Rücksicht genommen worden ist, deren naturhistorische Sammlungen besonders grofsen Zuwachs erhalten haben. Auch sollen beinah mehr Doctorpromotionen zu Salerno, denn zu Neapel selber, Statt finden, welches letztere denjenigen Nachrichten widerspricht, die ich meinen neapolitanischen Freunden während der dortigen Anwesenheit verdankte.

**) Dagegen sind die neapolitanischen Spitäler ziemlich reichhaltig mit Aerzten besetzt, mehr als in andern Gegenden Italiens. So hat das Spedale degl' Incurabili auf 1200 Kranke an 50 Aerzte und Chirurgen aller Grade: so das di Sta. Eligia auf 100 ihrer 10, u. dgl. m.

gerechnet habe. Der vorletztregierende König vom Hause Bourbon hat vortreffliche Anstalten für Altersschwache, Verarmte, Verwaiste, eingerichtet, welche in der That alles Lob verdienen. Die Krankenhäuser sind aber leider in ihrer ursprünglichen Verfassung geblieben, sowohl was ihre Ausdehnung, als was die innere Einrichtung betrifft. Die ganze Gestalt der neapolitanischen Krankenhäuser ist von den unsrigen noch weit mehr verschieden, als die lombardischen, und sogar die römischen. Wenn selbst in den letztern, so abhängig die Aerzte auch von der fremdartigen Direction sind, doch immer noch einige Rücksicht auf wissenschaftlich bewährte Grundlagen genommen ist, so findet dies in Neapel gar nicht mehr Statt. Hier sind die Aerzte nicht um ein Haarbreit mehr angesehn, als die Krankenwärter insgesammt. Die Hospitäler sind bloſse Aufnahmehäuser, und die Heilung ist in der That nicht der Hauptzweck, sondern vielmehr die Versorgung der Erkrankten mit Bett, Speise und Trank. Daher sind auch die Kranken ziemlich ihrem Schicksale überlassen, und die Aerzte machen ihre Krankenbesuche ohne alles höhere Interesse bloſs handwerksmäſsig und aufs Leichtsinnigste. In neuerer Zeit hat man zur Steuerung vieles Unfuges die Einrichtung getroffen, daſs Verwandte und Freunde die Kranken nur zu gewissen Stunden besuchen dürfen. Mehrere der Aerzte aber, anstatt sich dieser Einrichtung wegen besserer Ordnung und Ruhe zu freuen, tadelten sie sogar, weil dadurch den Kranken der nöthige Trost geraubt würde. Ja im Spedale degl' Incurabili habe ich oftmals bemerkt, daſs die Besuchenden den Kranken allerlei Nahrungsmittel ganz ungehindert zutrugen; mein Lohnbedienter führte mich niemals hin, ohne alle Taschen voll Obst gesteckt zu haben, damit er „die armen verschmachtenden Seelen er„quicken könne.“ — Die Aerzte des Spitals degl' Incurabili stehn auf eine wahrhaft lächerliche Weise unter der Botmäſsigkeit des *Rettore*. Die unmittelbare Direction des Spitals ist nemlich einem geistlichen Herrn mit unumschränkter Gewalt anvertraut, ohne daſs jedoch dieser der Verantwortlichkeit gegen das neuerrichtete *Collegio della Beneficenza* seit den neueren Veränderungen überhoben ist. Ich sah einen merkwürdigen Fall von dessen Gewalt. Ein geschickter Chirurg des Spitals, *Don* Cosmo de Oraziis, wollte mir am Tage vor meiner Abreise seine Operationsweise des grauen Staares zeigen. Ein erblindeter Greis, den er dazu in das Spital aus der Stadt bringen lieſs, war kurze Zeit vor unserem Zusammentreffen erst darin aufgenommen worden. Nach den Gesetzen des Spitals darf kein Neuaufgenommener sogleich operirt werden, er muſs erst eine gewisse Zeit da liegen. So dienlich diese Einrichtung in einigen Fällen sein mag, so übel ist sie doch gewiſs noch öfter, und da nur der geistliche *Rettore* die Erlaubnis zu früherer Operation ertheilen kann, so müssen die Aerzte sicherlich oftmals die nothwendigste Hülfe den Launen des unverständigen Priesters aufopfern. *Don* Cosmo begab sich zu dem *Rettore*, und bat den *riverendissimo padre* um die Erlaubnis zur baldigen Staaroperation. „*Conosci tu le leggi dell' Ospedale, figlio mio?*“ war der Bescheid: „*aspetterai fin' a domani.*“ Der Arzt muſste die abschlägige Antwort in so verächtlichem Tone hinnehmen; und erst als ein anderer Anwesender auseinandersetzte, man wünsche die Operation um eines *Signor Medico forestiere* willen, der morgen abreise, ward mit einem gnädig-beifälligen Nicken gegen den Fremdling die Erlaubnis bewilliget.

Die sämmtlichen Krankenhäuser Neapels haben während der revoluzionären Unruhen sehr bedeutenden Verlust in ihren Fundationen erlitten, welcher noch nicht hinlänglich hat wiederersetzt werden können. Um den dadurch bewirkten Uebelständen einigermaſsen abzuhelfen, hat die Regierung in der neuern Zeit einen eigenen Wohlthätigkeits-Ausschuſs, *Direzione della Beneficenza* festgesetzt, welcher aus drei vornehmen Männern, Nichtärzten, besteht, unter dem Vorsitze des *Cavaliere* de Sterlich. Alle Kassen der öffentlichen Wohlthätigkeitsanstalten, der Krankenhäuser, Waisenhäuser, Armenspittel u. s. w. sind in eine einzige verschmolzen, und alle Beisteuern des Staats und der Privatpersonen flieſsen in diese gemeinsame Kasse. Die Direction giebt jeder öffentlichen Anstalt soviel sie nöthig glaubt. Viele Kranke werden mit Geld unterstützt und in ihren Wohnungen versorgt. Die neapolitanischen Aerzte und Spitalverwalter beschweren sich über diese neue Einrichtung, weil die Direction gegen die Anstalten zu karg sei, und es scheine, als wolle man allmälig alle Krankenhäuser u. s. w. eingehn lassen, die Kranken nur mit Geld unterstützen, und den Ueberschuſs den königlichen Kassen zuwenden. In wie weit diese Vermuthung richtig ist, mag ich nicht bestimmen. —

1. Spedale degl' Incurabili.

Dieses Krankenhaus, das weitumfassendste von Neapel, gehört überhaupt zu den gröſsesten in Italien, und war ehedem auch eines der reichsten von allen. Es hat von seinen Besitzungen während der Revoluzion und den nachherigen Regierungsveränderungen über 1,400,000 neapolitanische *Ducati* (gegen 2,000,000 Reichsthaler) verloren. Gegenwärtig hat man diesen bedeutenden Verlust noch keinesweges zu ersetzen gesucht: im Gegentheil ist auch diesem Spital seine Selbstständigkeit so zu sagen genommen, und es der *Direzione della Beneficenza* mit untergeordnet worden. Welchen übeln Einflufs eine solche bedeutende Verminderung der Einkünfte auf die ganze Haltung der Kranken haben müsse, begreift sich leicht. Die Kost der Kranken ist daher auch sehr schlecht, und so gering, dafs sie kaum den Hungerstod abzuwehren vermag. *) Die Zahl der Betten, welche das Spital im dringendsten Nothfalle umfassen kann, erstreckt sich kaum über 1200: und diese sind fast allezeit mit Kranken besetzt, ja der Zuflufs ist so bedeutend, dafs weder Raum zur Aufnahme, noch Einkünfte zur Verpflegung hinreichen. Und dennoch sollen in diesem Spitale eigentlich nicht einmal die fieberhaften, hitzigen Krankheiten aufgenommen werden, wiewohl freilich ein so genauer Unterschied oftmals nicht gemacht werden kann, besonders bei den Geisteskrankheiten. Die unmittelbare Leitung des Innern ist dem schon erwähnten *Rettore*, einem geistlichen Herrn, mit wenigen Einschränkungen seiner Willkührlichkeit übertragen. Die Aerzte

*) Die Apotheke dieses Spitals dient zugleich als Central-Specierie für alle übrigen Spitäler der Stadt. Diese Einrichtung ist in Bezug auf ihre ökonomischen Vortheile und die leichter mögliche allgemeine Controlle gewifs lobenswürdig.

Aerzte haben übrigens mit der Direction gar nichts zu schaffen. Während der revoluzionären Zeiten war einmal einer derselben, *Don* Boccanera la Lionessa, allgemeiner Director: nacher aber, mit der Wiederherstellung der Geistlichkeit, wurde dieselbe auch hier in ihre alten Rechte aufs Neue eingesetzt. Das ärztliche Personal ist aufserordentlich stark, und beläuft sich durch alle Grade fast bis auf 50 Individuen, sodafs auf einen jeden nur eine äufserst geringe Zahl von Kranken kommt, und es daher keinen Schwierigkeiten unterworfen wäre, mit Eifer und Aufmerksamkeit jeden einzelnen Fall zu beachten. Allein dies geschieht dennoch nur wenig, ja die Aerzte dieses Spitals scheinen fast mit einander zu wetteifern, wer am oberflächlichsten und mit der mindesten Anstrengung, seine Pflicht dem äufsern Scheine nach zu erfüllen verstehe. Eine lobenswerthe Ausnahme macht wohl der schon erwähnte Chirurg *Don* Cosmo de Oraziis, ein junger regsamer Mann, im Auslande gebildet: und besonders auch der treffliche Chirurg *Don* Bruno Amantea, welcher wegen seines Eifers, seiner Uneigennützigkeit und Geschicklichkeit allgemein verehrt wird. — Das Gebäude dieses Krankenhauses liegt zwar an einem hohen ziemlich luftigen Orte der Stadt, jedoch von Häusern eingeengt, und gehört nicht zu den pafslichsten für einen solchen Zweck. Es enthält die Krankensääle in zwei Stockwerken, davon das untere, welches die Männer einnehmen, ganz massiv gebaut, dunkel und dumpfig ist: das obere für die Weiber bestimmte hat einen freieren Luftzug, und wird reinlicher gehalten, weil hier eine Anzahl *barmherziger*

Schwestern *) die Kranken warten helfen, die bei den Männerabtheilungen weniger zu schaffen haben. Ehedem war die Wartung der Kranken deshalb sorgfältiger und besser, weil die Frömmigkeit viele, selbst vornehme Personen antrieb, sich diesem Geschäfte einige Zeit hindurch zu unterziehn. Es geschah dieses vorzüglich oft als auferlegte Kirchenbuſse. Selbst Dr. Mayer sah noch in der ersten Zeit seiner dasigen Anwesenheit sehr häufig Damen des ersten Standes die niedrigsten Dienste im Spital verrichten. Gegenwärtig ist von dieser wohlthätigen Aeuſserung der Frömmigkeit keine Spur mehr vorhanden, und die Kranken leiden in der That sehr darunter, besonders, wie gesagt, auf den Abtheilungen der Männer, wo die Unreinlichkeit bei weitem gröſser ist, wenn gleich nicht zu wenige bezahlte Krankenwärter vorhanden sind. Die Unsauberkeit geht aber hier mitunter so weit, daſs man neuaufgenommene Kranke ohne Umstände öfters schon in die beschmutzten, lange gebrauchten Betten anderer, ja sogar darin verstorbener Kranken gelegt hat. Daſs hier auch die Insecten aller Art in übermäſsiger Menge hausen, ist begreif-

*) Vor einigen Jahren machten die Zeitungen groſses Wesen daraus, daſs von den barmherzigen Schwestern des Hôtel-Dieu in Paris ein Dutzend für dieses neapolitanische Spital abgeschickt worden seien. Als ob diese französischen Wärterinnen die neapolitanischen nur im Geringsten an Brauchbarkeit überträfen! Die letztern zeigen sich mindestens sowohl bei den Incurabili, als in der Annunziatella und Sta. Eligia äuſserst thätig und pflichtergeben. Nützlicher freilich für das neapolitanische Krankenhaus mag die Hülfe dieser französischen Schwestern sein, als wenn soviele Aerzte von dorther gekommen wären.

lich. Neapel wäre ein zu glückliches Land, wo keine *febrium mala cohors* sich lagert, wenn nicht jene markaussaugende Seuche bis auf kommende Geschlechter hinabwütete, und die zahllosen Heerschaaren der Läuse, welche das Volk auf offner Strafse sich absucht! — Die Abtheilung der *Männer* zerfällt wiederum in verschiedene Unterabtheilungen. Es sollen in dem ganzen Krankenhause durchaus keine Fieberkranke aufgenommen werden. Allein der Name Spedale degl' Incurabili ist doch nur uneigentlich. Man nimmt alle Arten von *chronischen* und *chirurgischen* Krankheiten auf. In dem einem Saale, dem gröfsten von allen, liegen Kranke mit allerlei innerlichen und chirurgischen Uebeln in bunter Mischung, sodafs die Aerzte und die Chirurgen durcheinander rennen bei den Krankenbesuchen, und sich oft bei dem Kranken selber befragen, ob er dem Gebiete des einen oder des andern angehöre. Ja ich habe oftmals gesehn, dafs ein neuangekommener Kranker lange ohne Untersuchung liegen mufste, weil mehrere sich stritten, und keiner ihn übernehmen wollte. In den andern Säälen ist ein Wenig mehr Ordnung. Einer derselbigen ist blofs für *Paralytische* eingerichtet, deren hier eine ungeheuere Menge vorkommen (gerade als Folge der *Lustseuche*, oder vielleicht eben so häufig auch der *Mercurialkrankheit*). In diesem Saale hängt über jedem Bette ein Riemen, um sich aufzuhelfen, und in der Mitte des Bettes befindet sich ein Loch mit einem Nachtgeschirr darunter, damit die Kranken ohne Bewegung, wenn die Paralyse ihnen diese erschwert, sogleich unter sich die Mittel zur Entladung finden. In einem andern Saale liegen die *Brustkranken* bei einander. Wieder ein anderer dient für die *Sterbenskranken.* Dies ist eine wunderliche Einrichtung: wenn ein Kranker dem Tode nahe kommt, bringt man ihn hierher, damit die andern durch den Anblick des Sterbenden nicht leiden sollen. Zugleich legt man hierher die etwa von *contagiösen* Krankheiten mit Ergriffenen. Die Aerzte verstehn hierbei das nichtsthuende Abwarten meisterlich. Neben diesem Saale ist sogleich die Leichenkammer, und ein Sectionszimmer, sodafs der Todtengeruch schon die Zimmer der noch Lebenden ahndungsvoll erfüllt. — Im Kellergeschofs ist ein grofses feuchtes Gewölbe den *venerischen Männern* angewiesen. Hier sieht es abscheulich aus, und die Luft ist von Mercurialgestank und Ausdünstungen aller Art verpestet. Die oben beschriebene Maschine des Doctor Ruggieri ist hier zuerst eingeführt worden, und leistet gute Dienste. *) — Ganz abscheulich ist aber die Abtheilung der *geisteskranken Männer* eingerichtet. Die Kranken liegen im Kellergeschofs auf dem Pflaster in dumpfigen Gewölben umher, und Nachts giebt man ihnen nichts als einen elenden Strohsack. Ihre Kleidung besteht blofs in einem groben Sacktuche ohne anderen Zuschnitt, nur mit einer Kaputze für den Kopf. Hierein wickeln sie sich, übrigens ganz nackt. Wäre das Klima Neapels nicht so mild, sie müfsten in diesem höchsten menschlichen Elend geradezu hinsterben. Ehedem wa-

*) Das Spital mufste vorher allezeit mehr als ein halbes Dützend Männer halten, die blofs zu den Mercurialeinreibungen gebraucht wurden, und reichliche Besoldung bekamen (die oben S. 168 bemerkten *Unzionarj*). Aber selbst diese reichten nicht immer zu, und thaten mehrentheils ihr Geschäft nur oberflächlich, weil sie das ermüdende und angreifende unmöglich lange aushielten.

ren diese Gewölbe ganz finster. Boccanera-Lionessa liefs während seiner Directionszeit die Fenster wenigstens vergröfsern. Der Schmuz ist hier unbeschreiblich, alles von Ungeziefer wimmelnd, und unerträglicher Gestank verbreitet. Die Rasenden sind in den nemlichen Gewölben nur hinter hölzernen Gittern eingesperrt, oder blofs mit Fufseisen am Boden angeschlossen. Ein enger Hofraum ist der einzige Ort, wo die Kranken etwas freiere Luft geniefsen. Wenige Wärter sind nur sichtbar: in ihrem Zimmer aber hingen die gräfslichsten Instrumente zur Züchtigung, Fufsschellen, Handfesseln, Ketten, neben den Peitschen umher. Ein durch eine Treppe abgesondertes Gewölbe dient für diejenigen, welche etwas bezahlen können. Allein sie sind fast um Nichts besser gehalten. An psychische Behandlung, auch nur auf ihrer niedrigsten Stufe, wird hier gar nicht gedacht. Wunderbar ist übrigens, dafs zu Neapel das Verhältnis der Geisteskranken aus beiden Geschlechtern demjenigen, welches man fast allgemein anderwärts beobachtet, gerade entgegengesetzt ist: die Zahl der Männer nemlich gröfser als die der Weiber, von jenen 140, von diesen nur 90. Die ruhigen Kranken gebraucht man viel in der Oekonomie des Hauses, aber es scheint dafs man sie ohne Unterschied ihres Zustandes durch die schwersten Arbeiten oftmals erdrückt. Gegenwärtig soll ein neuer Flügel an dem Krankenhause, besonders für diese Kranken, angebauet werden. Vielleicht dafs ihr Schicksal dann sich etwas verbessert. Der Arzt dieser Abtheilung, Dr. Fartaglia, wird jedoch schwerlich zu Begründung und Einführung einer bessern psychischen Heilmethode beitragen. Bis zu solcher Regsamkeit steigert sich der ruhige Gang des alten Herkommens unter den neapolitanischen Aerzten nimmermehr. *) — Das ganze obere Stockwerk des Spitalgebäudes wird von den Abtheilungen der *weiblichen Kranken* eingenommen. Hier herscht, wie oben schon angeführt, wegen der Gegenwart von 48 barmherzigen Schwestern, etwas mehr Reinlichkeit. Und obwohl diese Schwestern bei den *geisteskranken* Weibern nichts zu thun haben, so ist dennoch auch hier, wo nur eine *einzige* Wärterin alle 90

*) Im ganzen Königreiche Neapel ist diese die einzige *öffentliche* Anstalt für Geisteskranke. Da sie aber in Allem kaum 250 Kranke faſst, so kann sie unmöglich hinreichen; und besonders ist sie bei dem daselbst herschenden ungeheuern Schmuz durchaus nicht paſslich für Wohlhabendere. Es sind daher mehrere *Privatanstalten* im Gange, d. h. man giebt die Kranken einzelnen Familien, die sich damit beschäftigen wollen, in Pension. Aber auch hier sind sie im Wesentlichen nicht besser gehalten. Mehrentheils haben in solchen Häusern gar keine Aerzte den Zutritt, und die Kranken sind daher ohne alle Controlle der Willkür und Unkunde jener als der Behandlung Erfahrene ausgegebenen Menschen bloſsgestellt. Hier sind alle, auch die nicht Rasenden, an Ketten geschlossen. Es herscht nemlich in Neapel mehr als anderwärts die Sucht sich ums Leben zu bringen, wie eine wirkliche Geisteskrankheit. Die meisten stürzen sich aus den Fenstern oder in die Brunnen: vermuthlich gerade weil sie hier der leicht zu erringenden Lebensfreuden um so eher satt werden. Da hat nun die Polizei das Gesetz gemacht, in einem solchen Falle alle Bewohner des nemlichen Hauses, ohne Unterschied ob sie verwandt und bekannt mit dem Verunglückten sind oder nicht, festzusetzen. Und aus Furcht vor der strengen Ausführung kettet man lieber alle Kranke aufs beste an.

Kranken versorgen mufs, der Unfug nicht so arg als bei den Männern. Die übrigen weiblichen Abtheilungen verhalten sich ganz wie die männlichen. Das Local oben ist luftiger, daher auch eher reinlich zu halten, als bei den Männern, was sonst in den italienischen Spitälern gerade umgekehrt zu sein pflegt. Ueberhaupt haben hier auch die Weiber bessere Kost als die Männer, und darin ebenfalls weicht dieses Spital von den andern in Italien ab. Bei denjenigen Weibern, welche mit *venerischer* Krankheit behaftet sind (eigentlich öffentliche Dirnen werden anderwärts behandelt) ist die alte Einreibung der Salbe durch Krankenwärterinnen noch gebräuchlich. Ein abgesondertes, aber viel zu kleines Zimmer, dient für *Gebährende:* es zeichnet sich nur durch Schmuz und verpestete Luft aus, und hat keine besondere Anstalten. Hebammen werden dann und wann hier unterrichtet, und es ist dieses die einzige Bildungsanstalt für sie im ganzen Reiche. —. Eine eigentliche *praktische Unterrichtsanstalt* befindet sich nicht bei diesem Spitale. Jedoch können die Studenten der zu Neapel befindlichen Universität den Krankenbesuchen der Aerzte beiwohnen. Nur bei den Weiberabtheilungen darf durchaus niemand als die öffentlich bestallten Aerzte und Chirurgen mit ihren Gehülfen Zutritt haben. Die Krankenbesuche bei den männlichen Kranken werden ohne sonderliche Ordnung gemacht. Die Aerzte kommen beinah zu jeder Zeit, wann es ihnen beliebt: und die Studenten laufen in den Krankensäälen umher, von einem Arzte zum andern, wie der Augenblick jedem die Lust bringt. Anatomische Hörsääle und Secirzimmer befinden sich gleichfalls hier, welche zugleich den Mangel solcher Anstalten bei der eigentlichen Universität zu ersetzen bestimmt sind.

2. Spedale di Sta Eligia.

In dem Kloster barmherziger Schwestern einer andern Ordnung, als die beim Sp. degl' Incur. angestellten, befindet sich eine Krankenanstalt, worin blofs *Weiber*, und zwar nur an gewissen Krankheiten Leidende, aufgenommen werden. Diese Anstalt umfafst 100 Betten, und dient nur für *fieberhafte* Kranke, chronische aller Art sind gänzlich ausgeschlossen. Es herscht sogar die lächerliche Einrichtung, dafs solche Kranke, welche an Wechselfiebern z. B. schon lange leiden, alsdann das Spital räumen, und in das obenbeschriebene der Incurabili wandern müssen. In dem Verfolg einer solchen Trennung der acuten und chronischen Uebel sind die mehresten italienischen, vor allen aber die neapolitanischen Aerzte, überhaupt sehr halsstarrig, ohne zu untersuchen, ob eine wesentliche Grenze Statt findet, durch die dergleichen willkürliche Anordnung gerechtfertigt werde. Das Spital liegt in einer engen Strafse der volkreichsten Gegend, und die zween Säle, in denen die Kranken sich befinden, sind nicht geräumig genug. Eine Galerie, welche oben an der Wand in der Breite von kaum 4 Schritten umherläuft, ist mit denjenigen Betten besetzt, welche unten im Saale, wo sie schon eng genug stehn, nicht mehr Platz finden. Hierdurch ist dem Mangel an Raum auf eine Weise abgeholfen, welche nur die Luftverderbnis um so mehr begünstigt, indem zugleich die obere, wie die untere Schicht, von Ausdünstungen überladen werden. Schlimm ist auch die Nähe von mehrern Gerbereien und Lederfabriken, deren übler Geruch stets in die Krankensääle dringt. Man nimmt übrigens Weiber aller Alter, aller Nazionen, ja aller Religionen, ohne Unterschied auf. Obgleich das Spital während der Revoluzion den gröſsten Theil seines Reichthums verloren, so werden dennoch die Kranken, was ihre Kost betrifft, noch ziemlich gut gehalten. Für Gebährende ist keine Anstalt vorhanden. — Sechs Aerzte sind an diesem Spitale, so gering auch die Anzahl der Betten ist, angestellt. Der Oberarzt heiſst *Don* Domenico Tizzani; auſser ihm *2 Ordinarj* und 3 *Extraordinarj.* Ueberdies aber noch 4 Chirurgen; nach eben dieser Art der Abtheilung in Ordinarier und Extraordinarier angestellt.

3. Spedale de' Pellegrini.

Das Local des ehemaligen Klosters de' Pellegrini, in welchem dieses Spital angelegt worden ist, bietet manches für die Kranken günstige Verhältnis dar. Es liegt ziemlich frei, hat hinlängliche Hofräume, und ist auch seinem innern Bau zufolge nicht unpaſslich zur Aufnahme vieler Menschen. Da das Pilgern nicht mehr eben gebräuchlich ist, so gebraucht man dieses Spital auch zur Aufnahme anderer Kranken, jedoch bloſs *männlicher:* auch ist es nur wenig besetzt im Vergleich mit seiner Geräumigkeit. Denn obgleich mehr als 1000 Kranke in dem ganzen Gebäude vertheilt werden können, befanden sich bei meiner Anwesenheit nur hundert und etliche darin. Die Betten sind äuſserst schlecht, und überall herscht die gröſste Unsauberkeit, um so tadelnswürdiger, da das Local Mittel zur Reinlichhaltung an die Hand giebt. Man klagt über den grofsen Verlust der Spitalskasse bei den revoluzionären Unruhen, und über die Kargheit der *Direzione della beneficenza.* Uebrigens sind mehr denn die Hälfte aller anwesenden Kranken, aus dem grofsen Militärspitale della Trinità hierher gebracht, welchen Umstand ich anderwärts nochmals berühren mufs. — Das ärztliche Personal dieses Spitals, worunter kein militärischer Arzt sich befindet, ist aus 7 Männern zusammengesetzt. Primararzt: *Don* Giocchini Colello. Primarchirurg: *Don* Oronzo Oronzini. Zweiter Chirurg: *Don* Felice Pasqualone. Aufserdem noch 2 *Ordinarii*, und 2 *Assistenti.* — Wahrscheinlich wird die ganze Anstalt nicht lange mehr bestehn. Durch karge Versorgung läfst die Wohlthätigkeits-Direction allmälig die Sache in sich selber zerfallen, vermuthlich aus dem schon angegebenen Grunde, um den dazu nöthigen Aufwand anderwärts zu benutzen.

4. Spedale della Pace.

In dem Kloster della Pace befindet sich ein für Krankenpflege eingerichteter Saal, in welchem die Mönche des Klosters, obwohl nicht eigentliche barmherzige Brüder, die Wartung der Kranken übernehmen, weshalb auch dieses Kloster nicht so wie die der übrigen Orden aufgehoben worden ist. Dieser Saal enthält 50 Betten, und es dürfen nur Personen *männlichen* Geschlechts, und zwar nur von *fieberhaften* Krankheiten Befallene, darin aufgenommen werden. Ehemals war das Kloster ziemlich begütert, und die Kranken über die Mafsen gut darin gehalten. Die feinsten Speisen, Früchte aller Art, theuere Sorbette, wurden täglich ohne Anstand gereicht. Selbst gegenwärtig, bei der Verschmelzung aller Kassen in die der Wohlthätigkeits-Direction, ist die Kost noch reichlich und fein, die Betten gut, und alles Geschirr im Ueberfluſs vorhanden. Leider liegt das Kloster in einer engen, sehr volkreichen Gegend der Stadt. Bei der übrigens guten Haltung der Kranken findet sich jedoch nur eine geringe Sterblichkeit, von ungefähr 15 unter 100, welches bei der bloſsen Gegenwart von hitzigen Krankheiten wenig genug ist. Der Aerzte sind an diesem kleinen Spitale 2, nebst 1 Chirurgen angestellt: *Don* Felice Ferrara, *Don* Felippo Barracane, und *Don* Giuseppe Perotti. — Mit diesem Spitale ist eine eigene Art von *Unterrichtsanstalt* verknüpft. Die genannten Spitalsärzte machen ihre Krankenbesuche Morgens. Nachmittags aber hält ein gewisser Doctor *Don* Vincenzo Lanza bei den nemlichen Kranken eine Art von Klinik zur Uebung von Studirenden, welche er unterrichtet. Hier werden die Kranken examinirt, ihre Krankheiten bestimmt, und die nöthigen Mittel ausgedacht, ohne jedoch verschrieben zu werden, weil die Spitalsärzte Morgens schon ihre Indicationen gemacht haben. Auſserdem hält der nemliche Lanza in einem eigens dazu bestimmten Saale des Klosters *Vorlesungen* über die verschiedenen Theile der Heilkunde. Er vereiniget gleichsam in seiner einzigen Person eine ganze Universität: in einem Zeitraume von etlichen Jahren trägt der Mann den gesammten medicinischen Cursus vor, und heiſst Professor der Klinik. Diese Unterrichtsanstalt, obwohl nicht eigentlich vom Staate festgesetzt, steht dennoch unter dessen Autorität. Sie gehört keineswegs zu der neapolitanischen Universität. Allein die Jünglinge, welche die Lanzaschen Vorlesungen drei Jahre lang besucht haben, können alsdann bei der Universität sogleich promoviren, müssen jedoch hierauf noch 2 Jahre lang unter Aufsicht prakticiren. Ob eine solche Einrichtung an sich gut sei, und wie fern auch der gelehrteste und kräftigste Mann in dergleichen Verhältnissen etwas Nützliches leisten könne, mag ohne Schwierigkeit zu entscheiden sein. Der genannte *Don* Vincenza Lanza, auch durch anderweitige Schriften bekannt, hat insonderheit einige Leitfaden zu diesen Vorlesungen herausgegeben. *) Nicht ohne Gutmüthigkeit sucht er die Principien des Rasorischen *Contrastimulus* mit denen der uralten ärztlichen Theorieen zu vereinigen. Er theilt die Geschichte dieser Theorieen kurzweg in die drei Abschnitte der alten, der brownschen und der rasorischen. Freilich könnte man fragen, welcher von den unzähligen alten Theorieen der *Contrastimulus* wesentlich gleichen solle, wenn anders unter den reineren derselbigen irgend ein so ganz auf Willkürlichkeit beruhende aufzufinden ist. Herr Lanza sucht ihn als das Bild eines immer sich gleich bleibenden Wahren darzustellen, sofern die alten Theorieen, und auch die, welche dem Verfasser selbst die natürlichste scheint, mit ihm

*) Vinc. Lanza *sull' azione de' rimedj nel corpo umano, ossia saggio d'un nuovo sistema di medicina*, Mant. 1804.... *Lezioni cliniche*, Napoli 1809..... *Istituzione clinica secondo li principj della medicina antica, Browniana, e contrastimo ante*, Nap. 1811. — Dieses Schriftchen, als der eigentliche Leitfaden seiner Vorlesungen, enthält, außer Anatomie und Physiologie, alle Theile der medicinischen Wissenschaft.

übereinstimmen: ja er malet ihn als eine Rückkehr aus den Klauen des einseitigen *Brownianismus* zum Bessern, und erwartet von Rasori die wichtigsten Aufschlüsse über das Verhältnis der innern Action des Körpers beim äufsern Einflufs. Zwar sagt Herr Lanza selber, *) dafs in Neapel der *Contrastimulus* wenig Schwindel erregt habe, und er nennt uns die Männer, welche, wie Cosmo de Oraziis, Giustino Marruncelli, Prospero Postiglione und Vincenzo Stellati, vielleicht voreilig dem gleichfalls voreilig von Andern beschützten widerstrebten. Allein er hofft zuviel von

*) „Giunta in Napoli la teoria controstimolante non poteva „far il furore che ha fatto nell' alta Italia. La teoria con„trostimolante *correggendo i difetti della stretta pratica* „*Browniana*" (si tacuisses! vergl. *Anhang II.*) ha dato „il vantaggio di ripristinare sotto altro titolo e con nuovi „principj l'uso degli antichi *risolventi*, incisivi e correttivi. „Ma gli allievi de' nostri (napoletani) Dottori amici del „controstimolo, pervenuti nella clinica, han dovuto rile„vare, che i rimedj controstimolanti sono gli stessi nostri „ed antichi risolventi, e che vengono negl' istessi casi im„piegati." *Istit. clinica*, pref. pag. VII. — In wie weit dieses wahr genannt werden könne, mag Herr Lanza selber beurtheilen, wenn er einmal die innere Armut des Contrastimulus in der Nähe betrachtet, und durch den leeren Schimmer von fernher nicht mehr geblendet sein wird. Freilich hat Herr Rasori das grofse Glück noch nicht sich eigen gemacht, ein neues Heilmittel erfunden zu haben. Ebendarum kann man ihm nichts Beleidigenderes sagen, als dafs schon vor ihm die nemlichen Meinungen da gewesen (M. s. die im *Anhange II* mitgetheilte Schrift des Dr. Cervi): und insofern wird Herr Lanza seine Gunst nicht gewonnen haben, sosehr er meinte, dieselbe durch jenes Urtheil zu verdienen.

seiner Wichtigkeit. Herr Rasori hütet sich wohl zu schreiben, damit Niemand seine Schwäche aufdecken könne. Auch dieser *Don* Vinc. Lanza kannte erst seit 1810 den *Contrastimulus*, nur aus unvollkommnen Erzählungen *) und eilig nachgeschriebenen Heften, die der feine mailändische Lehrer geschickt genug ohne eigentliche entscheidende Aeufserung zu dictiren weifs. Man kann eigentlich also annehmen, dafs der *Contrastimulus* auch zu Neapel keine sonderliche Aufnahme gefunden hat, und die genannten 4 Aerzte nebst vielen andern der noch ältern und angesehnern werden in gründlicher Widerlegung ebensowenig nachlassen, als die jetzigen von fern geblendeten Verfechter bald schon von ihrem Irrthume geheilt werden müssen. — Eines wunderlichen Umstandes mufs ich noch bei Gelegenheit dieses Spitals erwähnen. Die Aerzte aller übrigen Spitäler sagten mir nemlich auf mein Befragen nach dem della Pace, dafs dieses bis auf 3 oder 4 Betten ganz eingegangen sei. Ich kam endlich selbst dahin, und wunderte mich, alle 50, ebenso wie sonst immer, besetzt, und das Ganze in besserer Ordnung als eines der andern Spitäler zu finden. Da klagte mir dann der Oberarzt, *Don* Felice Ferrara, dafs man das Spital *verleumde*, ihm nachsage, es sei eingegangen u. s. w. Welchen Grund können die andern Aerzte wohl dazu haben? Ist es nicht

*) „Nel 1809 la scuola napoletana non conoseva la teoria „controstimolante.... Non avevamo opere, onde attignerne la conoscenza. Nel già scorso anno 1810, e per mezzo di manoscritti, e di relazioni particolari la teoria controstimolante è stata mediocremente conosciuta" etc. Ivi pag V.

lächerlich, nicht etwa die Aerzte, sondern ein *ganzes Spital zu verleumden?* Vielleicht mag die gröfsere Thätigkeit des Doctors Lanza daran Schuld sein, welcher sich hierdurch vor allen neapolitanischen Aerzten auszeichnet. Auffallender jedoch ist in jeder Hinsicht, dafs andere Aerzte so ungescheut ihre Misgunst durch Unwahrheiten verrathen, die man leicht entdeckt.

5. Casa di S. Francesco.

Vor der *porta Capuana* in einer freien Gegend liegt das grofse Gebäude, Casa di S. Francesco genannt. In demselbigen sind mehrere verschiedene Anstalten auf die wunderlichste Weise vereiniget, und kann man irgendwo eine ganz unsinnige Raumersparung antreffen, so ist es sicherlich hier. Das Gebäude hat vier Stockwerke, und in der Mitte nur einen kleinen Hofraum. In jedem dieser Stockwerke ist eine eigene Anstalt, und diese alle stimmen so wenig mit einander überein, ja ihre Vereinigung in einem rücksichtlich so kleinen Raume ist dermafsen nachtheilig, dafs man nicht begreift, warum eine solche Einrichtung noch besteht, wenn sie überhaupt einmal ohne Ursache gemacht war. Das Gebäude umfafst in Allem über 600 Menschen, Kranke und Gesunde, und ist für so viele bei Weitem zu klein. Im *ersten Geschofs* sind mehrere Kammern und lange Gänge, in welchen die zur *Kettenstrafe verdammten Weiber*, bei diesem Geschlecht was die Galeerensklaven bei den Männern, aufbewahrt werden. Hier müssen sie Wolle krämpeln, spinnen u. s. w. Den Arzt angängig ist hierbei nur die kleine *Infirmerie*, ein Paar Zimmerchen, wo die Erkrankenden behandelt werden. Man hält sie darin ungefähr ebenso, wie die Galeerensklaven in dem nachher zu erwähnenden Spitale von S. Giovanni Carbonara. Weil aber der verurtheilten Weiber bei Weitem weniger sind als der Galeerensklaven, so ist auch diese Infirmerie lange nicht so grofs als jene zu erwähnende. — Im *zweiten* Geschofs befinden sich die mit der *Lustseuche angesteckten Freudenmädchen.* Schwerlich kann in Neapel, bei der unglaublichen Verbreitung dieses Uebels, die einfache polizeiliche Einrichtung des Einregistrirens und wöchentlichen Untersuchens aller öffentlichen Lustgeschöpfe durch bestallte Chirurgen, selbst wenn aufs Strengste durchgegriffen wird, nur einige Verminderung zu Wege bringen. Nur diejenigen Freudenmädchen, welche allein, oder auch neben andern Krankheiten, mit der Siphilis behaftet sind, werden hierher gebracht. Haben sie blofs andere Krankheiten, so kommen sie, nach deren Beschaffenheit, entweder ins Spital von Sta. Eligia, oder in das degl' Incurabili. Von jenen sind, bei der wirklich wachsamen Polizei, jederzeit an 400 hier. Sie befinden sich in den grofsen Säälen und Gängen des zweiten Stockwerkes ringsherum. Die Luft ist Ganzen ziemlich rein: übrigens freilich die Unsauberkeit ekelerregend, die Betten ganz nahe bei einander und schlecht, doch die Kost immer im Grunde noch allzugut für solche verworfene Geschöpfe, deren Schicksal im Spital man, soweit es erlaubt sein könnte, einigermafsen erschweren sollte, wodurch gewifs manche zur Zucht angehalten werden würde. *) Denn hier ist die

*) Zweierlei Gründe bestimmen mich zur Aufstellung dieses Satzes. Ich habe überall bemerkt, dafs die angesteckten Freu-

die Verworfenheit in der That grenzenlos, und die Damen der Berliner Charité sind wahre Sittenheldinnen dagegen. Nirgend anderwärts kann sogar den vielgereisten und abgehärteten Arzt ein solcher Ekel befallen als hier. Die in dem milden Klima aus angewöhnter Bequemlichkeit ohne alle körperliche Bedeckung Herumlaufenden drängten sich in dichten Schaaren zu dem Gitter am Eingange, wo knoblauchstinkende und

Freudenmädchen, so lange nicht vollendete Siphilis bei ihnen ausgebrochen, nur um so ausgelassener und leichtsinniger werden, welches theils eine unmittelbare Einwirkung der Krankheit ist, welche in ihren leichtesten Anfängen eben so entschieden ein jedes Temperament zum Sanguinismus umstimmt, als sie bei höherem Grade mit wütender Verzweiflung aus allen Eingeweiden aufbraust. Durch die gänzliche Unthätigkeit, das Wohlleben in Spitälern, welches dieser Klasse um so ungewohnter ist, da sie daheim bei häufiger Geschlechtslust, wie wir Alle, und besonders auch die sparungsgierigen Bordellswirte wohl wissen, wenig Drang des Magens verspüren; und endlich besonders durch das Beisammensein vieler solcher Geschöpfe, wird dieser Leichtsinn und diese freche Lustigkeit nur vermehrt. Brächte man eine jegliche Angesteckte in ein kerkermäfsiges Local, worin sie von aller Gemeinschaft mit ihres Gleichen abgetrennt, reinlich zwar, aber bei sehr magerer Kost eingesperrt bliebe, gewifs würden viele sich um so sorgfältiger vor aller künftigen Ansteckung hüten. Zudem bewährt es eine vielseitige Erfahrung, dafs die venerische Krankheit durch *Fasten* und reizlose Diät ihrer Heilung ganz allein schon um Vieles näher gebracht werden könne, unheilbar aber durch Indulgenz gegen den Magen werde: wie besonders noch neuerlich die Versuche bewiesen, welche deshalb in Schweden angestellt wurden.

zerlumpte Liebhaber mit eleganten Zierbolden in vertraulicher Eintracht ihren eingesperrten Herzblättchen durch das schmale Fenster entgegenschmunzelten, ohne sich vor den gefährlichen Küssen mehr zu fürchten als vor dem Schmuz der Umgebungen. Ein Krankenhaus, wo 400 venerische Dirnen beisammen sind, in lauter aneinanderstofsenden offenen Sälen, ist gewifs das Bild der abscheulichsten Hinwegwerfung alles Menschlichen. Mehrentheils ohne eigentlich bettlägerig, oder von heftigem Schmerze gefoltert zu sein, bis etwa die höhern Grade eintreten, werden diese Geschöpfe bei reichlicher Nahrung und einförmigem Zusammensein so vieler sich Gleichen, zu einer grenzenlosen Ueppigkeit und Frechheit gebracht. Der Arzt ging ganz zutraulich unter ihnen umher: das unbändige Geschrei hörte bei seiner Gegenwart nicht auf, ja als er einige Schwangere in einem für diese und die Gebährenden bestimmten Saale untersuchte und einen Abortus zergliederte, drängten sich die übrigen Dutzendweise um ihn her, und fragten ihn aufs Keckeste nach Allem was unbändiges Gelächter erregen konnte. Ihn schien weder dieser Auftritt selber, noch meine nachherigen abscheuvollen Rügen eines solchen Unwesens zu kümmern. Die Behandlung der Krankheit ist übrigens hier ganz die in Neapel allgemeine. Die Reibmaschine des Doctor Ruggieri soll auch hier eingerichtet werden, doch bediente man sich bei meiner Anwesenheit noch der *Unzionarii*. — Im *dritten* Stockwerk befindet sich das eigentliche *Spital der Gefägnisse*, d. h. derer, worin die Eingezogenen, noch nicht Verurtheilten aufbewahrt werden. Erkranken diese, so bringt man sie hierher. Es zerfällt dieses Spital in eine männliche und weibliche Abtheilung. In beiden befinden sich 100 Kranke zusammen. Die Säale sind geräumig, da das Local für mindere Zahl doch eben so grofs ist als das für die venerischen Dirnen. Nicht alle Kranke sind hier mit Ketten angeschlossen, wie bei jenen Verurtheilten der Fall ist. Sie werden überhaupt ziemlich gut hier versorgt, sowohl mit Kost als mit Arzneimitteln. — Im *vierten* Stock endlich sind noch einige ganz niedlich und bequem eingerichtete Zimmerchen, worin vornehmere, und ein Gewisses bezahlende *Staatsgefangene* aufbewahrt werden. Sie sollen eigentlich nur im Fall des Erkrankens hierher kommen, doch nimmt man dies wenig genau, wenn nur bezahlt wird. — Der Oberarzt und eigentliche Director des ganzen Hauses ist der Doctor *Don* Francesco Angiulli. Im Erdgeschofs befindet sich noch eine zunächst für die Unterärzte des Hauses bestimmte *Lehranstalt*. Die Anatomie wenigstens und die Chirurgie werden hier in einem hübschen Lehrsaale an den Leichnamen der im Hause Verstorbenen vorgetragen. Der Lehrer derselbigen, *Don* Antonio Nannola, ein thätiger auswärtsgebildeter Arzt, hatte hier auf seine eigene Hand manche recht artige Arbeit aus der vergleichenden Anatomie gemacht, die seinem Brotgeschäfte nicht wesentlich angehört.

6. Spedale di S. Giovanni Carbonara.

Das Kloster dieses Namens, nachdem die Mönche daraus entlassen, wurde zum Spital für die *königliche Marine* eingerichtet, deren Kranke nicht im allgemeinen militärischen della Trinità aufgenommen werden. Man bringt im Gegentheil eine gewisse Anzahl kranker

13*

Landsoldaten mit in dieses Spital, weil sie, wie man sagt, in dem Dreieinigkeitsspital keinen Platz finden. Das Gebäude ist geräumig, und liegt ziemlich frei. Dafs die Kranken zum Theil in den ganz offenen Corridors liegen, ist bei dem milden neapolitanischen Klima kein sonderlicher Verstofs gegen die diätetische Pflege. Nur möchte wohl der Zugwind, welcher übrigens in den Säälen fast ebenso stark ist, Manchem mehr schaden, als bei uns die rauhe Kälte. Altane und flache Dächer (*lastrici*) dienen den Kranken, wie in Neapel bei allen Häusern gewöhnlich ist, um sich an der frischen Luft zu ergehn. Der kranken Seesoldaten sind 200 hier. Die Officiere werden in eigenen sehr hübsch eingerichteten Zimmern aufs Anständigste verpflegt. Auch die Gemeinen liegen in reinlichen, zum Theil sogar ausgeschmückten Umgebungen, haben lauter eiserne Bettstellen, sauberes Bettzeug, und sind hinlänglich ausgedehnt im Raume. Der Marineminister versorgt nämlich die Kranken seiner Behörde unmittelbar, und wendet viel darauf, daher auch die Kranken so wohl gehalten sind. In einem Saale liegen, wie schon gesagt, 40 kranke *Landsoldaten*, die provisorisch hier mit eingeflickt sind. Sie sind eng zusammengedrängt, haben schlechte Betten in hölzernen Gestellen, und es wird überhaupt wenig auf sie verwandt. Es ist auffallend, dafs von Seiten des Kriegsministeriums die Vorsorge für kranke Soldaten noch gar nicht ihre nothwendige feste Richtung bekommen hat, während der Seeminister die Anstalten für seine Kranken aufs Beste einrichtete, und treu versorgt. — In einem ganz abgesonderten Theile dieses Gebäudes befindet sich das Spital der *kranken Galeerensklaven* und zu Kettenstrafe verdammter Gefangenen. Dieser Unglücklichen giebt es in Neapel aufserordentlich viele, und nur der herrliche Himmelsstrich erleichtert ihnen das härteste Loos. Im Hafen, in den Schanzen, beim Bau der Meeresdämme, erkranken sie zu Hunderten unter der schweren Arbeitslast. Sie stehn unter der Autorität des Marineministeriums. Ihrer sind in diesem Spitale allezeit an 300 befindlich. Man schliefst sie mit ihren Ketten in Tragsesseln an, um sie dahin zu schaffen, und dann im Krankenhause einen jeden an den Fufs seines Bettes. Uebrigens werden sie im Spitale ziemlich gut verpflegt. Sie liegen, ohne allzusehr gehäuft zu sein, in luftigen Sälen und Corridors, haben erträglich reinliche Betten und geniefsen die gute Kost der Marinesoldaten mit diesen. Diese menschliche Behandlung solcher Elenden, wie sie an wenig andern Orten Statt findet, mufs hier den Beobachter um so mehr erfreuen, da man sie nach dem Anblicke eines so scheuslichen Irrenhauses gar nicht erwartet. — Da die ganze Anstalt in allen ihren Theilen nichts mit der *Direzione della Beneficenza* zu thun hat, sondern unmittelbar unter den verschiedenen Ministerien steht, so sind erwähnter Mafsen wenigstens die Seesoldaten und Gefangenen besser darin gehalten, als Kranke in andern Spitälern. Die ökonomische Direction steht unter einem eigenen Bureau, und die Aerzte sind verpflichtet, täglich Küche und Keller zu besuchen, Speisen und Getränke zu kosten, und ihren Befund in ein dem Ministerium monatlich vorgelegtes Controllbuch einzutragen. — Der Oberarzt der ganzen Anstalt in allen ihren Theilen ist eine Civilperson, und heifst *Don* Giovannini Bianchi. Der Chirurg, *Don*

Francesco Angiulli, steht in den nemlichen Verhältnissen. Beide haben eine grofse Anzahl von *Secondarii* unter ihrer Aufsicht.

7. Spedale della santissima Trinità.

Ich habe schon der Vermuthung erwähnt, dafs von Seiten des Kriegsministeriums noch nicht das gehörige Augenmerk auf die Verpflegung erkrankender Landsoldaten gewandt worden sei. Bei der Betrachtung des eigentlichen Militärspitales wird diese Vermuthung zur Gewifsheit. Das während der Revoluzionsperiode aufgehobene Kloster della santissima Trinità ward von den damals anwesenden französischen Truppen zum *Militärspitale* gemacht, und nach der zweiten Wegnahme Neapels wiederum dazu gebraucht. Seitdem nun die eigentlichen neapolitanischen Truppen errichtet worden sind, hat man ihre Kranken allezeit auch in dieses Spital gebracht, welches von dem immer noch anwesenden französischen Militär gebraucht wird. Die ganze Einrichtung ist auf französischen Fufs gemacht, auch sind lauter französische Militärärzte *) dabei angestellt. Weil nun aber die ganze Einrichtung für die franz. Truppen dient, so konnten nur wenige Neapolitaner noch Platz in den eingerichteten und mit dem Nöthigen versehenen Säälen finden, welche 1200 Mann fassen, während im übrigen sehr

*) Unter Leitung des berühmten und trefflichen Doctor A. M. T. Savaresy, ersten Arztes der franz. Armeen in Italien. Dessen: *Memorie ed opuscoli fisici e medici sull' Egitto, traduzione dal francese dell' Autore*, Nap. 1808.... *De la fièvre jaune en général, et particulièrement de celle qui a regné à la Martinique en 1803 et 1804*. Naples 1809.

grofsen Gebäude leerer Raum für mehrere tausend Kranke vorhanden ist. Man bringt daher die neapolitanischen Soldaten, welche nicht mehr Platz finden, in die Spitäler de' Pellegrini und di S. Giovanni Carbonara; denn hier können sie wenigstens, wenn auch kümmerlich genug, in den schon vorhandenen Betten schlafen u. s. w. Die Ursachen, warum nicht auch für diese Kranken, wie für die Seesoldaten von Seiten des Marineministers, eigene Anstalten getroffen werden, kann ich nur in dem gröfsern Kostenaufwand bei der reichlichern Zahl kranker Landsoldaten aufsuchen. — Das Spital della Trinità ist übrigens seinem Gebäude nach eines der besten von Europa, sehr geräumig, schön gebaut, und in einer trefflichen Lage.

8. L'Annunziata.

Das Kloster barmherziger Schwestern eines eigenthümlichen Ordens, dell' Annunziata genannt, umfafst drei verschiedenartige Anstalten, von denen jedoch die eine seit etlichen Jahren eingegangen ist.

a. Diese letztere war ein *Spital*, blofs für *Männer* bestimmt, jedoch auch von den Klosterfrauen abgewartet. Es bestand in drei sehr langen und hohen Säälen, worin 400 Betten äufserst bequem stehn konnten, und die zwar ohne weitere Einrichtung zur Trennung der verschiedenen Kranken von einander, aber doch luftig und angemessen für einen solchen Zweck waren. Es ist Schade, dafs man diese Anstalt ganz eingehn liefs.

b. Gegenwärtig noch fortbestehend ist die zweite der in diesem Kloster angelegten Anstalten, nemlich das *Findelhaus*, l'Annunziatella genannt. Für Neapel ist dieses von der gröfsten Wichtigkeit, und es gehört sicherlich überhaupt zu den besten der irgendwo vorhandenen, so grofse Mängel im Einzelnen auch hier noch Statt finden. Die Anstalt entstand schon in frühern Zeiten, verlor gleichfalls während der revoluzionären Stürme durch Einziehung der Klostergüter den gröfsten Theil ihrer nöthigen Fundation, und ist gegenwärtig von der Kasse der Wohlthätigkeits-Direction abhängig, ausgenommen dafs der König als beständigen Zuschufs zu den kärgeren Auszahlungen derselben bei diesem so wichtigen Institute monatlich 800 neapolitanische Silberducaten (etwa 970 Reichsthaler) bewilliget hat. Das Gebäude, ein Theil des Klosters, ist ziemlich grofs und geräumig, aber freilich mitten im Gewühle der Stadt gelegen. Die Klosterfrauen führen über die Anstalt die Aufsicht, und die Direction des Ganzen ist einem eigenen geistlichen Bureau unter Vorsitz des *Padre Rettore* übertragen. Ich mufs die Zuvorkommenheit und bereitwillige Mittheilung dieser geistlichen Direction, sowie einiger andern in Italien, mit gebührendem Lobe anführen. Das eigentliche Findelhaus besteht in 14 Säälen und Zimmern, in denen die Betten der Säugammen stehn. Neben jedem Bette steht eine grofse Wiege, worin 3 auch 4 Kinder ohne Unterschied des Geschlechts beisammen liegen. Die Wiegen sind wohl geräumig genug, ziemlich gut ausgestattet, und mit Schleiern von Gaze über darauf stehenden Reifbögen bedeckt, zum Schutz vor Fliegen und Staub. In jedem Saale schläft eine Klosterfrau als Aufseherin. Es ist dieses Findelhaus eines von den wenigen irgendwo vorhandenen, worin durchaus alle aufgenommenen Kinder durch Ammen gesäugt werden, und in Italien beinah deshalb das vorzüglichste, weil kein anderes diesen Reichthum an Ammen besitzt. Einen Theil der Kinder giebt man säugenden Weibern auf dem Lande in Pension. Die übrigen werden durch gemiethete Ammen im Hause gesäugt. Man giebt jeder Amme monatlich ungefähr 10 Reichsthaler, und ganz freie Beköstigung; daher auch allzeit sich ihrer so viele einfinden. Die Weiber nehmen sich ihrer Säuglinge unbegreiflicher Weise wie eigener Kinder an, obwohl jedwede 3 auch 4, ja einige sogar 5 Kinder zu warten haben, von denen einige noch saugen, andere zwar darüber hinaus, aber noch in den Jahren hülfsbedürftiger Kindheit sind. Letztere jedoch sind blofs Mädchen: denn die im Hause aufgesäugten Knaben werden alsbald nach ihrer Entwöhnung (welche hier mit Ende des 9ten Monats geschieht) in ein eigenes Haus, dessen ich nachher erwähnen werde, gebracht, und daselbst erzogen. Die Mädchen, wenn sie 3 — 4 Jahre alt sind, werden im Kloster unterrichtet. Alle in Pensionen gegebenen Kinder bleiben daselbst bis in ihr 18tes Jahr. Alsdann werden sowohl diese, als die im Hause erzogenen entlassen, die Knaben zu Soldaten gemacht, in Handwerke gegeben u. s. w., und die Mädchen mit einem geringen Brautschatze ausgestattet. Diejenigen Mädchen jedoch, welche kein Unterkommen auswärts finden, bleiben im Kloster selbst, und werden darin als Klosterfrauen aufgenommen, oder dienen zu Krankenwärterinnen und Aufseherinnen des Findelhauses selber. Dieses Findelhaus ist eine der wichtigsten Anstalten für Neapel. Bei der Armut und Sorglosigkeit des hiesigen von der Natur verwöhnten Volkes möchte wohl jener englische Grundsatz, gar keine Findelhäuser zu dulden, weil sie das

Uebel nur verschlimmern, durchaus nicht anwendbar sein. Das Volk würde seine Kinder ganz hülflos aussetzen, wie ja im Alterthum, da noch keine Findelhäuser bestanden, in jenen glückseligen Himmelsstrichen öfter sogar geschah. Der Bestand des ganzen Findelhauses ist hier nicht einmal so zahlreich als in Florenz bei einer fast 6 mal geringeren Volksmenge (80,000 : 439,000). Freilich ist auch der Zulauf in Neapel sehr grofs, und oftmals werden in einem Tage 15 — 20 Kinder in der Drehscheibe gefunden, welche hier noch im Gange ist. Man kann die jährliche Aufnahme im Durchschnitte zu 2000 angeben. Von diesen sterben im Allgemeinen 900, sodafs das Verhältnis der Sterblichkeit ungefähr wie 45 : 100 angenommen werden darf. Wenigstens fand ich das Resultat der Angaben des gesammten jährigen Bestandes als 3000, Säuglinge und ältere Kinder zusammen gerechnet, und von diesen die ganze Sterblichkeit 950 im Durchschnitte. Zu einem bedeutend geringern Verhältnisse hat selbst der verdienstvolle Doctor Bruni zu Florenz die Sterblichkeit nicht herabstimmen können. Bei meiner Anwesenheit (im April) fanden sich 147 Ammen und 360 Säuglinge in der Anstalt, die in Pensionen aufs Land gegebenen abgerechnet. — Was die *erkrankenden* Kinder betrifft, so bleiben diese in ihren Wiegen. Nur die mit *Augenkrankheiten*, mit *Krätze*, oder mit Zufällen *venerischer* Art behafteten Säuglinge oder ältern Kinder, werden in besondere Zimmer gebracht, deren eines für jede dieser 3 Klassen bestimmt ist. In dem Zimmer für *Augenkranke* sah ich an 30 Kinder liegen: zu andern Zeiten sollen ihrer bedeutend mehrere sein. Die Herren Aerzte, welche ich über die eigenthümlichen hier erscheinenden Formen und die Behandlungsart befragte, bestätigten durch ihre oberflächlichen Aeufserungen das aus andern Gründen vorgefafste Urtheil, dafs hier dieser ganze Theil unserer Wissenschaft noch im ärgsten Wuste liegt. Die *krätzigen* oder *venerischen* Kinder werden hier, wie es nirgend anders so methodisch geschicht, dennoch von *Ammen* aufgesäugt. Man wählt dazu Weiber, welche die nämlichen Krankheiten schon haben, oder läfst sie immerhin von den Kindern angesteckt werden, und curirt dann auf beide Theile los. Die bei der venerischen Ansteckung wenigstens (welche übrigens auch hier äufserst selten beobachtet, und fast noch für problematisch gehalten wird) auch an der Ammenbrust häufig hinsterbenden Kinder würden vielleicht dennoch besser durch Kuhmilch oder Breie aufzufuttern sein, damit die Ansteckung nicht ewigen Kreislauf zwischen Kind und Amme habe: wenn man auch die trefflichen Ziegen ungläubig und verstockt misachtet. Bei der leichtern Heilung und gröfsern Häufigkeit der krätzigen Kinder ist das Säugen an der Ammenbrust freilich nothwendiger und besser. Ueber *Verhärtung des Zellgewebes*, und dergl. mehr, war wenig Auskunft zu erhalten. Auch die Verhältnisse der *Pocken* und der *Vaccine* sind hier, wie überhaupt in Neapel, die allgemeinen. Von dorther wüfste ich den an andern Stellen vorkommenden Nachweisungen keine bedeutende Zugabe anzufügen, weder für noch gegen die allgemeine Meinung. — Werden Ammen von andern Krankheiten als Krätze und Siphilis befallen, so bringt man sie, nach Beschaffenheit der Umstände, in das Spedale degl' Incurabili oder in das di Sta. Eligia, und giebt die Säuglinge andern. — Der Aerzte sind bei diesem Findelhause 5, nebst 1 Chirurgen. Don Angelo Cubitoso ist Primarius: außer ihm *D.* Michele Tartaglia, *D.* Cice Gallize, *D.* Luigi Lionetti, und *D.* Nicolò Mangini, welcher die Krätzigen und Siphilitischen behandelt. Der Chirurg heißt *D.* Vincenzo Coruzzo.

c. Die *dritte* im Kloster befindliche Anstalt ist die schon erwähnte zur Erziehung der Findelmädchen und Versorgung der Unverheiratheten: welche wie ein geistliches Institut anzusehn ist.

9. Il Reclusorio.

Das vom König Karl von Bourbon errichtete Gebäude dieses Namens, in der Volkssprache il Seraglio genannt, enthält eine der vortrefflichsten Anstalten ihrer Art, deren ich, als nicht eigentlich hierhergehörig, nur kurz erwähne. Das prachtvolle, nur leider unvollendete Gebäude verdient an sich schon alle Aufmerksamkeit. Ueber 500 Personen finden darin ihr Unterkommen. Alle armen und kränklichen Greise beiderlei Geschlechts aus dem ganzen Königreiche werden darin verpflegt. Ihre Infirmerie bietet weiter nichts medicinisch Merkwürdiges dar. Die Reinlichkeit ist wohlerhalten. Außerdem befinden sich hier die Knaben aus dem Findelhause, welche man, sobald sie entwöhnt sind, dahin bringt. Ihr Aussehn ist ungewöhnlich munter und gesund. Sie werden in allerlei Handwerken unterrichtet, zu Künstlern erzogen, u. dergl. mehr. Die Ordnung und Reinlichkeit im ganzen Hause ist musterhaft, und macht dem Aufseher, *Don* Castaldi, einem in jeder Hinsicht trefflichen Manne, viele Ehre. Das Ganze steht gleichfalls unter der *Direzione della Beneficenza*, wird aber, wie die übrigen Armenanstalten, Waisenhaus u. s. w. besser als die Hospitäler versorgt, ja im Reclusorio ist sogar ein Staatsrath als beständiger Director gegenwärtig. — Die andern Armenanstalten, das treffliche grofse Haus für gesunde Greise zu S. Gennaro di monte, wo die *Katakomben* sind, u. s. w., kann ich übergehn.

10. Oeffentliche medicinische Unterrichtsanstalten.

Wie sich überhaupt die im ganzen Königreiche einigermafsen vorhandene ärztliche Blühte auf die Hauptstadt beinah allein beschränkt, so finden sich auch in dieser nur die bedeutendsten, wenn gleich immer noch sehr unvollkommenen, Unterrichtsanstalten. In ihrer Anlage herscht durchaus keine Ordnung und Uebereinstimmung, noch darf man auch nur genügende Umfassung vermuthen. Neapel besitzt eine *Universität*, bei welcher die andern Facultäten vielleicht noch besser eingerichtet und vollständiger besetzt sein mögen. Die medicinische wenigstens ist durchaus mangelhaft. In ihrem Local (nel Gesù vecchio) befinden sich wohl *Sammlungen naturhistorischen* Inhaltes, besonders von Mineralien und dgl., allein nichts für den Arzt unmittelbar Brauchbares. Es geht so weit, dafs die Universität nicht einmal ein eignes *anatomisches Theater* besitzt, sondern sich dessen vom Spital degl' Incurabili bedienen mufs. Ebendeshalb konnte auch der berühmte Cotugno, seit mehr denn 50 Jahren Professor der Anatomie an dieser Universität, niemals eine Sammlung anatomischer Präparazionen anlegen. Die ganze Organisation der Facultät ist höchst wunderlich. Die Professur der Physiologie z. B. giebt keine Stelle in der Facultät, wohl hingegen die der Materia medica. Es kann nicht anders geschehn, als dafs wenige Sorgfalt von Seiten der Professoren auf den Unterricht verwandt wird, da der Staat bisher äufserst wenig auf die Beförderung desselben verwandte, und der Neapolitaner nicht zu strenger wissenschaftlicher Cultur geneigt ist. Man sagt, dafs gegenwärtig die Regierung ernsthaftere Anstalten treffen werde, dem Ganzen einigen Schwung zu geben. Nur steht noch zu bezweifeln, ob dieser von aufsen wirkende Stofs auch wirklich eine bessere Richtung des Naturstudiums, und besonders eine innige Liebe desselben in den Herzen der dem elendesten Brotbetriebe hingegebenen ärztlichen Zöglinge, mit sich führen werde. Von den Mängeln dieser Universität ist aber unstreitig wohl der gröfste, dafs gar keine Anstalt der *klinischen Uebungen* mit ihr verbunden ist. Wir haben anderwärts gesehn, dafs die Studirenden gezwungen sind, den oberflächlichen Krankenbesuchen im Spital degl' Incurabili beizuwohnen, wo sie überdem nur die männlichen zu sehn, und nie selber zu behandeln bekommen. Von Uebung in *chirurgischen Operationen* ist eben so wenig die Rede, doch haben sie wenigstens Gelegenheit, diese mit anzusehn. In der *Geburtshülfe* aber wird ihnen vollends der mangelhafteste Unterricht ertheilt. Die oben beschriebene (S. 187) medicinische und klinische Unterrichtsanstalt des Sped. della Pace, ist daher, so unvollkommen auch an sich, ja in mancher Hinsicht allen Anforderungen ungenügend, neben jener Universität immer nicht überflüssig.

In der Masse *praktischer Aerzte* zu Neapel erkennt man wohl die Folgen dieser mangelhaften Unterrichtsanstalten. Ich kann mich grofsentheils auf diejenigen Andeutungen zurück beziehn, welche oben bei anderer Gelegenheit nothwendig gemacht werden mufsten. Der über die Achtzige schon hinauslebende Domenico Cotugno, *) dessen Nennung es nur bedarf, um überall wo europäische Litteratur von Aerzten gekannt ist, die rühmliche Kette mannigfacher Entdeckungen und anderer grofser Verdienste um alle Theile der Wissenschaft vor dem Gedächtnisse vorüberzuziehn, ist in seinem grauen Alter immer noch der thätigste, munterste und fortschreitendste aller Aerzte. Ihm zur Seite steht der im höhern Alter unglücklicher Weise durch Schlagflufs gelähmte *Don* Nicola Andria, **) ein Mann, welchen hier zu rühmen, eine Unbescheidenheit von meiner Seite sein würde, und dessen Kenntnis ausländischer Schriften ich nur als eine seltene Ausnahme in Neapel anführe. Bei dieser Gelegenheit kann ich nicht umhin zu erwähnen, dafs der schon früher rühmlich genannte Chirurg *Don* Cosmo de Oraziis sich auch

*) Dominicus Cotunnius *de aquaeductibus auris humanae internae*, Neap. 1761.... *De sedibus variolarum syntagma*, Neap. 1770. Vindobon. 1771.... *De ischiade nervosâ commentarius*, Neap. 1765. 1779. Vindob. 1770.... *Dello spirito della medicina raggionamento accademico*, Napoli 1783.

**) *Medicinae practicae institutiones*, *auct.* Nicolao Andria, Neapol. 2 vol.... *Delle acque minerali d'Ischia*, Nap. 1785.. 2 vol.... *Lezioni di fisiologia*, Nap ... *Osservazioni sulla teoria della vita, per appendice alle lezioni di fisiologia*, Nap. 1805, 4to.

durch gelungene Uebersetzungen ausländischer Schriften, um die Aerzte seines Vaterlandes wohl verdient gemacht hat. *) —

Einen auffallenden Umstand kann ich nicht übergehn. Im ganzen Königreiche Neapel ist keine einzige ordentliche *Thierarzneischule*; daher es auch nicht einmal in der Hauptstadt erträgliche Veterinärärzte giebt, ja aufser einem gewissen Mazzucchelli eigentlich nur höchst unwissende Kurschmiede. Es ist wunderbar, dafs in dem Lande der trefflichsten Pferdezucht kein Kutscher die gesunden Pferde zu erhalten, kein Arzt die kranken zu heilen versteht. Die Natur dringt diese edeln Thiere in solcher Vollkommenheit einem Volke auf, welches nur sie zu verderben strebt, dafs sie bei alle dem sich in ihrer Schönheit und Kraft lange erhalten. —

Wenige Länder können so reich ausgestattet sein mit den natürlichsten Heilmitteln für die hartnäckigsten Krankheiten, als Neapel. Die natürlichen *Dampfbäder* von Bajae, von S. Germano beim Lago d'Agnano, die *Mineralquellen* im Hafen von Neapel selber, auf

*) Desault *opere chirurgiche, ossia esposizione della sua dottrina e pratica, opera di* Saverio Bichat, *tradotta ed accresciuta di nuove osservazioni da* Cosimo M. de Oraziis, Pavia 1802, 7 tomi.... Die Uebersetzung von Marcards Abhandl. von den Bädern, s. *Anh. III.* Die Namen Cirillo und Troja führe ich bei dieser Gelegenheit mit an. Den unglücklichen Tod des ersteren durch eigene Halsstarrigkeit in dem Freiheitsrausche, hört man noch täglich beklagen. Der letztere ist, seinem Könige getreu, mit Opferung der Glücksgüter nach Sicilien folgend, ein entgegengesetztes, schöneres Tugendbild.

auf den Inseln Ischia und an andern Orten des Königreiches sind bekannt genug. *) — Ein an vulcanischen Erscheinungen und grofsen Naturanftritten aller Art so reiches Land würde genialischen und aufmerksamen Naturforschern Stoff zu den herlichsten Beobachtungen an die Hand geben. Thouvenel und nach ihm Fortis, sowie der Ritter Abt Amoretti benutzten die Gelegenheit ihrer Reisen auf das Mannigfaltigste. **) Es ist zu bedauern, dafs der gegenwärtige Professor der Physik an der Universität zu Neapel, *Don* Luigi Sementini, ***) durch ganz falsche Ansicht und wenigen

*) Vergl. die angeführte Schrift von Andria: besonders auch: Michele Attumonelli *delle acque minerali di Napoli, de' bagni a vapori, del modo di farle artificialmente, e del loro uso in medicina*, Nap. 1808.

**) Amoretti in seinen verschiedenen Schriften: insonderheit in der vollständigen Darstellung (*Della raddomanzia ossia elettrometria animale, ricerche fisiche e storiche di* Carlo Amoretti *Cavaliere etc.* Mil. 1808, 2 vol. — Deutsch von K. U. von Salis-Marschlins, Berlin 1809, der 1ste Band allein), §. 67, 370, und öfter.

***) Im Jahre 1810 gab Herr Sementini eine kleine Vorlesung heraus, welche er kurz zuvor in der *Società R. d'incoragiamento* zu Neapel über die *Rhabdomantik* gehalten hatte. Der gröfste Theil, besonders die historischen Nachweisungen, besteht blos in einem unbedeutenden Auszuge aus Amoretti's Werke. Was aber das Uebrige betrifft, so würde Herr Sementini besser gethan haben, falls er überhaupt gegen den grofsen Mailändischen Physiker auftreten wollte, vorher sich genauer mit dessen Lehre zu beschäftigen, damit ihm nicht begegnen konnte, seine entgegengesetzte Meinung auf ein völliges Unverständnis der Sache zu gründen. Er sucht uns neulich zu überreden,

Eifer, diesen wichtigen Gegenständen Beförderung, und sich selber dauernden Ruhm versagt.

die Ruthe bewege sich in der Hand, auch ohne dafs man über Metall oder Wasser stehe: mindestens ⅝ aller Menschen, sagt er, hätten die Fähigkeit, durch das Anfassen die Ruthe sich bewegen zu machen, und diese Versuche seien ihm in jedem Kaffehause und jedem Gesellschaftssaale mit aller Welt gelungen. Also wieder eine andere Erklärung, nur um die so einfache und natürliche Metalleinwirkung nicht zuzugeben! Es ist lustig anzusehn, wie ein Jeder die Ausgeburten seines Gehirns bei dem allgemeinen Ostracismus darbringt, und zuletzt aus all den Scherben doch nur ein um so festeres Fufsgestell sich aufbaut für den Befeindeten. Die der Rhabdomantik so giftigen franz. und deutsch Annalen, Journale, und wie sie weiter heifsen, mögen nur nicht zu früh auf den willkommenen Beitrag aus Neapel zählen. Es ist ausgemacht, dafs Herr Sementini niemals die Ruthe ordentlich zu halten verstand: ergreift man sie mit einwärtsgekehrten Händen, so wird sie allzeit durch den nothwendigen mechanischen Druck bewegt. So geschah's bei den flüchtigen Versuchen in den Kaffebuden und Gesellschaftssäälen! Herr Sementini würde in jedem Falle noch nicht genug Versuche gemacht haben, um das von Amoretti aus langjähriger Erfahrung hergenommene Gesetz, nach welchem *kaum der 5te Theil aller Menschen* die elektrometrische Fähigkeit besitzt, (s. das angef. Werk 1 Th. S. 6 und folg.) gerade als umgekehrt aufzustellen. Schon daraus erkennt man die Unzulänglichkeit der ganzen Beschäftigung. Was sollte auch aus der Behauptung hervorgehn, die Ruthe schwinge ohne allen Wasser- oder Fossilien-Einflufs? Ist dies nicht eine durchaus grundlose, der Natur aufgezwängte Hypothese, die gewagt wird, um ein immer sich gleichbleibendes Naturphänomen freventlich zu verdrängen? Wer ist da der einbildungsreiche Schwärmer, der Theorienhascher, der Selbstgetäuschte? — — Wir hoffen auf die gründliche Widerlegung, welche Amoretti, seiner mündlichen Aeuſserung zufolge, bald dieser Meinung entgegensetzen wird, weil wir überzeugt sind, daſs der treffliche Naturforscher bei dieser Gelegenheit aufs Neue reichhaltige Beiträge zu der immer umfassenden und wichtiger werdenden Lehre geben will. —

Uebrigens füge ich hier den Wunsch hinzu, daſs Herr Hofrath Weinhold in Meiſsen, die kurz nach meiner Abreise von Neapel im Krater des Vesuvs angestellten merkwürdigen Versuche, welche durch Vermehrung des Dampfes ganz Resina in Schrecken setzten, dem Publicum mittheilen möge. Vielleicht entschlieſst sich irgend einer der jungen Aerzte, welche, wie es scheint, gegenwärtig häufiger nach Italien zu reisen anfangen, mit mehrerer Muſse und hinlänglichen Vorsichtsmaſsregeln gegen die blinde Wut der Vulcansumwohner, diesen wichtigen und neuen Gegenstand weiter zu betreiben.

C.

Fürstenthum Lucca.

Die kleinen Staaten von Lucca und Piombino, welche unter ihrem Fürsten Felix I. eine, zwar auf französischen Fuſs eingerichtete, aber von dem Kaiserthume unabhängige Verfassung hatten, boten durch den Zustand ihres Medicinalwesens während meiner Anwesenheit (im Julius) das Bild einer wunderlichen Prunksucht ohne Verständnis dessen, was das Nothwendigste und Nützlichste sein muſste, schon auf den ersten Anblick dar. Es ist zu bedauern, daſs dieser Staat kostspielige Einrichtungen einer weiten Umfassung machte, ohne vorher über den ganzen Plan völlig ins Reine gekommen zu sein: daher man mit groſser Umständlichkeit auf alte und schiefe Grundpfeiler ein neues Gebäude prachtvoll errichtet hat, ohne zu bedenken, daſs der äuſsere Prunk weder innere Dauer noch durchgreifende Nützlichkeit mit seinem Dasein bedingt. Mit weit geringeren Kosten, minderer Umständlichkeit, und besserer Erreichung des wahren Zweckes hätten alle diese Einrichtungen gemacht werden können, wäre man nicht auf den unglücklichen Gedanken gerathen, alle öffentliche Verpflegungsanstalten in ein einziges Local soviel möglich zusammenzudrängen. Das Fürstenthum war eigentlich ein sehr glücklicher kleiner Staat, und die Fülle der öffentlichen Kassen hätte bei so geringer Ausdehnung des Landes eine hohe Vollendung aller innern Einrichtungen möglich gemacht. In Hinsicht der medicinischen Anstalten war der Wille sowohl der Regierung, als derer die Anstalten unmittelbar leitenden Männer, sicherlich der beste. Sowohl die Regierung, als diese Männer im Einzelnen, thaten allerdings nach ihrer Ueberzeugung alles nur Mögliche. Allein eben eine falsche Richtung ihrer Meinungen beklagen wir, da diese die mannigfachen Aufopferungen in ihrer Wirksamkeit zu wahrhaft Nützlichem, leider bedeutend einschränkte. Ich kann nicht umhin, bei Gelegenheit dieser vorläufigen Betrachtungen, einige Verwunderung darüber auszudrücken, dafs der eigentliche Director aller medicinischen Anstalten des Fürstenthums, Doctor Rossi, nicht manchen in die Augen springenden Uebelstand der neuern Einrichtungen zu verbessern gesucht hat. Wenigstens sollte er, falls dieses etwa bei einseitigen Vorurtheilen der Staatsbehörden unmöglich gewesen wäre, dieselbigen nicht auch durch seine Autorität begünstigen. Herr Rossi, den ich freundschaftlich schätze, wird mir verzeihen, dafs ich dieses Urtheil ohne Rückhalt ausspreche. Da er, ein junger und kräftiger Mann, auf deutschen Schulen gebildet, und sowohl mit unserer Litteratur, als mit denen anderer europäischer, um die Medicin in ihren Einzelnheiten verdienter Völker bekannt ist, so liefs sich eine richtigere Ansicht in mancher Beziehung von ihm erwarten. Allerdings ist die ganze jetzige Gestaltung des Medicinalwesens bei Weitem nicht sein Werk allein, jedoch ist er ihren wesentlichen Mängeln nicht abhold, und beklagte sich mehr über ihre Geringfügigkeit, die in Wahrheit bei dem kleinen Staate nicht einmal tadelnswerth ist, als über die fehlerhafte Einrichtung.

Die ehmalige *Republik* Lucca besaſs eine medicinische Unterrichtsanstalt, welche als Facultät der hier befindlichen kleinen *Universität* keine sonderlichen Vorzüge vor andern besaſs. Die Universität ward aufgehoben, seitdem der Staat seine neue Gestaltung bekam. Man errichtete dagegen auf ihren Trümmern eine Art von *Lyceum*. Bei diesem nun sind einige medicinische Lehrer beibehalten worden. Man unterrichtet in der Anatomie, in den Anfangsgründen der Chirurgie, der Materia medica, ohne jedoch eigentlich die gesammte Medicin zu umfassen. Nur insofern, als diese medicinische Lehranstalt nicht bedeutende Kosten verursacht (denn die wenigen Lehrer bekommen monatlich 100 Franken Gehalt ein Jeder) mag man sie als nicht überflüssig betrachten. An sich kann sie unmöglich wahren Nutzen schaffen, da sie zu geringfügig, und keinesweges mit hinlänglich tauglichen Lehrern und sonstigen Mitteln versehn ist, um auch nur als Vorbereitungsanstalt für andere Universitäten zu gelten.

1. Noch aus früheren Zeiten besitzt Lucca ein allgemeines *bürgerliches Krankenhaus*, welches bei der jetzigen Staatsverfassung wenig in seiner ehemaligen Einrichtung verändert worden ist. Die ganze Anstalt faſst 200 Kranke beiderlei Geschlechts: sie mag also bei der Volksmenge von Lucca, die ungefähr 25,000 Seelen beträgt, immer hinreichen. Die Männer haben ein Gebäude für sich, worin auch die Apotheke, Küche und übrigen ökonomischen Anstalten befindlich sind, alle in ziemlicher Vollkommenheit und auf lobenswerthe Weise in Ordnung gehalten. Die Weiber hingegen haben ihr Local in einem andern, daran stoſsenden Gebäude, wor-

in auch das Findelhaus angelegt ist. Die innere Einrichtung dieses Spitals ist im Allgemeinen wie die der übrigen italienischen. Dr. Rossi ist der erste Arzt: unter ihm stehn mehrere andere. Sein Amtseifer, wie ich ihn bei wenigen italienischen Spitalsärzten fand, kann für die Kranken nur die entschiedenst glückliche Wirkung bei dem Vereine reichhaltiger praktischer Kenntnisse haben. Nicht leicht wird ein anderer italienischer Arzt einen zweiten genauen Krankenbesuch gegen Abend täglich machen, so wie Dr. Rossi es thut, noch überhaupt sich der Direction des Ganzen so anhaltend unterziehn. Militärische Kranke, da es an einem eigenthümlichen Hospital für sie fehlt, müssen von den Civilärzten in diesem Local auch mit verpflegt werden. Uebrigens ist das Local nicht eben zu klein, und die vorgesetzte Ausführung neuer Gebäude wird im Grunde nur unnöthige Kosten verursachen. Allein man will das Irrenhaus mit diesem Spitale vereinigen, und verwendet daher solchen Aufwand auf eine nicht nur unnöthige, sondern sogar zweckwidrige Einrichtung. Lieber sollte man die weiblichen Kranken aus dem Hause, worin sie jetzt ihre Sääle haben, hinwegnehmen, aus nachher anzugebenden Gründen, und für diese am allgemeinen Spitale selber einen Flügel neu anbauen, statt sie dort zu lassen, und die Geisteskranken hierher zu verpflanzen.

2. Das Irrenhaus nemlich, welches Lucca besitzt, liegt gegenwärtig 2 Miglien von der Stadt entfernt, im Freien. Es enthält 150 Geisteskranke beider Geschlechter, und diese sind freilich dort in einem zu engen, aus mancherlei Ursachen nicht ganz paſslichen Gebäude eingeschränkt. Allein man sollte froh sein, bei allen Män-

geln mindestens doch den Stamm zu einer bessern Anstalt außerhalb der Stadt zu haben. Mit weit geringern Unkosten, als der neue Spitalsbau innerhalb der Stadt verursachen wird, könnte man dieses Gebäude erweitern und zweckmäßsiger einrichten. Es hat die paßlichste Lage in einer wunderschönen Gegend, und alle diese Umstände bieten ohne Weitläufigkeit die Mittel zu einer der vollkommensten Anstalten dieser Art dar. Statt alles dessen will man die Kranken absichtlich in die Stadt zurückziehn, wo sie zwar in buntausgeschmückten, aber doch engen Zellchen, immer kerkermäßsig eingesperrt sein werden, bei aller Reinlichkeit und allem Prunk ihrer engen Umgebungen, ohne alle Mittel zur wirklichen Heilung. Ich würde mich nicht darüber wundern, wüßste ich nicht, daß Herr Rossi Reils treffliche *Rhapsodieen* wohl gelesen hat, und dennoch mit Gleichgiltigkeit der Neuerung zusieht, die das Unwesen ärger als vorher begünstigen wird.

3. In dem ehemaligen Kloster barmherziger Schwestern, dessen einen Theil die zum allgemeinen Krankenhause gehörigen Weibersäle einnehmen, ist in dem obern Stockwerk das *Findelhaus* befindlich. Dieses umfaßt gewöhnlich an 200 Köpfe, nemlich heranwachsende Findlinge beiderlei Geschlechts, und erwachsene Mädchen, die bei der Entlassung im 18ten Jahre kein Unterkommen gefunden, und daher vom Hause forternährt werden müssen. Die Säuglinge werden, bis auf wenige Ausnahmen, außer dem Hause an Ammen gegeben. Da nun obgedachte 200 Findlinge in dem bisherigen Local eng und unbequem sich befanden, dachte man darauf, ihnen ein besseres zu verschaffen. Anstatt aber die, in dem Ge-

bäude ohnehin hinderlichen weiblichen Kranken in ein besseres anderes Local zu verlegen, anstatt noch lieber irgend eines der mancherlei aufgehobenen Klöster zum Findelhause einzurichten, wo man sogleich ein gutes Local vorräthig gefunden hätte: läſst man die unzweckmäſsige Vereinigung des Hospitals und Findelhauses fernerhin zu, baut mit groſsen Kosten einen neuen Flügel an dieses Haus, richtet ihn mit einer unnützen Pracht ein, und verschwendet solchergestalt groſse Summen, da man mit weit geringern Kosten mehr wahren Nutzen stiften konnte. *) Diese neue, eben ſertige Einrichtung des Findelhauses ist in Wahrheit prachtvoll. 400 Betten sind mit der feinsten Wäsche, mit bunten Kattundecken belegt. Alle Mobilien sind zierlich und neu. Schöne Kupferstiche sogar hängen in den Säälen der Findlinge umher. Eine solche prunkvolle Einrichtung, wie kaum in reichen Privathäusern, für die Findlinge, die einst Handwerker, Bedienten und gemeine Soldaten werden! — Die auſserordentliche Reinlichkeit, unerhört in Italien, möge sich nur lange erhalten. Wahrhaft vortreffliche Anstalten zum Unterricht und zur Beschäftigung der Findlinge sind getroffen.

*) Ich kann nicht umhin, noch jetzt die Aengstlichkeit zu belächeln, mit welcher man sich berieth, ob dem Hause ein männlicher Thürhüter zur bessern Ordnungspflege am Eingange zu geben sei, da ein solcher den heranwachsenden Jungfrauen gefährlich werden könne. Man wählte endlich einen eisgrauen Invaliden; während doch unter den Findelkindern so viele reifende Jünglinge im nemlichen Hause unmöglich von der Mädchen-Gesellschaft ganz getrennt werden konnen.

4. Die *Armenanstalten* anderer Art sind alle neu organisirt, und gewifs sehr gut, nur zu kostspielig durch ihren übertriebenen Prunk. Die Einwohner Lucca's liefen staunend hinzu, diese grofsen Anstalten ihrer neuen Regierung zu besehn. —

Durch diese zwar kurze aber wahrheitgemäfse Darstellung der neuen Medicinalverfassung Lucca's im Wesentlichen, glaube ich die oben vorausgeschickten allgemeinen Bemerkungen in jeder Hinsicht gehörig gerechtfertiget zu haben. *)

*) Auch die Gegenden von Lucca, gegen Pisa, Pistoja, Massa-Carrara hin, sind überall aufserordentlich reich an Mineralquellen und Gesundbrunnen mancher Art. Die nach der Stadt Lucca selber benannten Bäder, 4 Stunden Weges von ihr entfernt in der anmuthreichsten Gegend, sind auch im Auslande berühmt. Ueberhaupt hat das Apenninengebirge in dieser ganzen Gegend Italiens einen eigenthümlichen Charakter, und bietet dem Naturforscher Gelegenheit zu den mannigfaltigsten Beobachtungen dar. — Sehr kräftige *Eisenwasser* hat Italien überhaupt nicht, oder nur äufserst wenige. Die mehresten seiner Mineralquellen enthalten mehr *kalische* und *seifenhaltige* Verbindungen. So ist es auch an *Schwefelbädern* reich, und, besonders im Neapolitanischen, an sehr wirksamen natürlichen *Dampfbädern*, welche die Natur dort in den Hölen von Bajae, von Agnano u. s. w. eingerichtet zu haben scheint, damit die unglückseligen Schlachtopfer des nothwendigen Mercurgebrauchs ihr verzehrendes Heldenmittel wiederum ausschwitzen können. Die *Seebäder* müfsten in dem milden Klima, bei so herlichen Umgebungen wie die Farbenpracht des Meeres und der Küsten giebt, den wichtigsten so psychischen als physischen Eindruck machen (Reil *üb. d. Nutzbarkeit und den Gebrauch der Soolbäder u. s. w.*, Halle 1809, Seite 9). Man gebraucht sie vor-

züglich in Neapel und in Livorno, wo eigene Anstalten getroffen sind. — Die Gesundbrunnen Italiens erfreuen sich nirgend eines solchen Mitwirkens der Kunst zu ihrem Glanze, wie in Deutschland. Der Vergnügungsanstalten giebt es fast gar keine. Man trifft sich in der steifen Conversazion, wie ein Trupp geregelter Uhrwerke. Selten sogar giebt es besondere Anstalten zur Gesundheitspflege der Badegäste. Nur wenige der italienischen Badeorte haben ihre eigenen Brunnenärzte. Besonders im Neapolitanischen ist dies alles der Fall. Wohin ist die unermeſsliche Pracht der stolzen Römer in dem herlichen Bajae geschwunden! Noch zeugen die zahllosen Trümmer, trauernd und hehr, von dem groſsen Werke verschwendender Jahrhunderte: und noch heutiges Tages streckt der gefolterte Wüstling im marknagenden Schmerze den Leib auf das Steinlager, welches in den qualmreichen Grotten ein Nero zur Stütze seiner Polster in die Felsenwand grub.

Ueber die neapolitanischen *Dampfbäder* belehrt schon der um die Beurtheilung aller Bäder so hoch verdiente Marcard, im 11ten Kapitel seiner *Abhandl. von den Bädern im Allgemeinen.*

II.

DEM KAISERTHUM FRANKREICH EINVERLEIBTE

STAATEN ITALIENS.

A.

Der Kirchenstaat. *)

Aus dem bei der allgemeinen Betrachtung der Medicinalverfassungen im Königreich Italien Gesagten läfst sich zum Theil schon abnehmen, wie deren Zustand in denen *mit* Frankreich *vereinigten Staaten* Italiens angesehn werden müsse. Die Provinzen dieser Art, deren Uebersicht von den Grenzen der gegenwärtigen Schrift nicht ausgeschlossen ist — denn Piemont und das genuesische Gebiet werden, wie anderwärts erörtert, hier völlig übergangen — zeichneten sich zum Theil früherhin durch die Vortrefflichkeit ihrer medicinischen Anstalten aus, zum Theil waren diese in ihnen durch die wunderlichsten Meinungen und Gebräuche bedingt, ja sogar gänzlich vernachlässiget. Gleichwie also in jenem neugebildeten Staate bei den verschiedenen dazu gehörigen ehemaligen Provinzen ein verschiedenartiger Zustand der Anstalten bemerklich war, so finden

*) So weit der in neuern Zeiten bekanntermafsen zwischen dem Kaiserthum Frankreich und dem Königreich Italien getheilte Kirchenstaat zu dem letzteren gehört, (die ehemaligen Provinzen Romagna und Mark Ancona) ist derselbe oben *Seite* 81 *folg.* betrachtet worden; es ist also gegenwärtig nur von der südwestlichen Hälfte die Rede, welche Umbrien und das eigentliche Gebiet von Rom in sich begreift.

wir ihn ebenfalls in den verschiedenen, hier zu betrachtenden. Toscana glänzte unter allen italienischen Staaten durch die Mannigfaltigkeit und Vollendung solcher Einrichtungen hervor, sodafs ich diesen Staat mit dem mailändischen um so richtiger vergleichen konnte, (*Seite* 3, 4, *und folg.*), da beide von Prinzen des österreichischen Kaiserhauses auf die weiseste und liebevolleste Art regiert worden waren. Dahingegen der Kirchenstaat, wie an einem andern Orte (*S.* 81. *folg.*) hinreichend angedeutet wurde, ein diesem völlig entgegengesetztes Bild lieferte. Es ist unnöthig, uns bei diesen schon anderwärts aufgestellten Betrachtungen länger aufzuhalten. Umständlicherer Auseinandersetzung bedarf vielmehr die Weise, mit welcher seit jenen grofsen Staatsveränderungen die aus früherer Zeit bestehenden medicinischen Anstalten betrieben oder vernachlässiget worden sind. Allein ich halte es für gerathener, meine Leser auf die im Einzelnen selber nothwendig vorkommenden Beispiele hinzuweisen, aus welchen Jedweder leichtlich eine Schlufsfolge ziehn kann, die in einer absichtlichen Hervorhebung manches Gehässige haben würde. Erlaubt mag es nur sein, zu bemerken, wieviel schwieriger eine genaue Darstellung der medicinischen Anstalten in ihrem gegenwärtigen Zustande bei diesen Provinzen sein würde, als bei denen des Königreiches Italien, da man unmöglich unterscheiden kann, was als bestehend, was als verfallen anzusehn ist. Die öffentlichen Behörden haben weniger für als wider den Bestand jener Anstalten durch die Einziehung ihrer mit den Klosterschätzen verbundenen Güter gehandelt. Fast möchte es scheinen, als würden in Betreff aller, Abgaben

ben und Polizei nicht angehenden Richtungen der innern Verfassung, diese Provinzen als aufserwesentliche für das Transalpinische Kaiserreich betrachtet, da man die eingezogenen Fundationen auf keine Weise zu ersetzen versucht hat. Nirgend sind die Anstalten aufgehoben, allein das Räderwerk stockt in den gröfseren wie in den minder bedeutenden, weil die mächtige Triebfeder, das Geld, den Kassen durchaus fehlt. Meine Leser werden mir daher aus diesem und ähnlichen Gründen verzeihen, wenn ich entweder gar nichts Genaueres von dem Zustande vieler öffentlichen medicinischen Anstalten, besonders des Kirchenstaates, zu sagen weifs, und mich mit einer oberflächlichen Bezeichnung des Aeufseren begnüge: oder eine Darstellung gebe, die vielleicht schon in dem Augenblicke da ich dieses schreibe, nicht mehr mit der Wirklichkeit zusammentrifft, wenn anders die Sorgfalt so bald schon ernster und wirksamer auf Gegenstände sich verwandt haben sollte, welche der jetzigen äufseren Gröfse des Staates nicht als wesentliche Bedingnisse gelten mögen. Gewifs war der Anblick derer Anstalten, welche mir von jetzt an zu beschreiben übrig bleiben, während meiner Reise bei Weitem nicht so erfreulich, als im Königreiche Italien. Der augenblickliche Mangel und die ungewisse Aussicht derer Männer, die das Leben der Anstalten leiteten, bedingte nothwendiger Weise eine Stockung, welcher sich gänzlich hinzugeben, dennoch als pflichtwidrig und strafwürdig von den Behörden angesehn ward. Vielleicht ist gegenwärtig schon diesem Uebelstande auf eine oder die andere Weise abgeholfen worden: denn unmöglich kann in einem Reiche welches seine Entstehung der des eigenen

Vortheils sich bewufsten Klugheit verdankt, ein solcher nachtheiliger Stillestand des ganzen so wichtigen Medicinalwesens lange geduldet werden. Andere deutsche Aerzte mögen uns daher, falls sie späterhin eine neue Gestaltung angesehn haben, das Wesen derselben unparteilich und getreu schildern. Freilich wohl wird in einem solchen Falle die neugebildete Verfassung schwerlich das Erfreuliche jener Modificationen nach dem Landeseigenthümlichen haben, von denen wir bei Gelegenheit des Königreiches Italien erinnerten, dafs sie, soweit möglich, die Einflüsse eines unerwünschten Zeitgeistes umzuändern streben, wenn die gänzliche Abhaltung nicht gelingt. In jenem Königreiche gab die abgetrennte Verwaltung in den Händen eingebohrner Obern die Möglichkeit einer solchen Modification. Aber gerade diese Bedingung fehlt bei den einverleibten Provinzen, deren natürliche Nazionalrichtung auf das Entschiedenste abweicht von dem was eine nothwendige Rundung des ganzen Staates ihnen unabänderlich aufdringen mufs. Wichtiger Beitrag zu einem, an sich auch welcherlei, organischen Ganzen, würde also in dem Falle von den Aerzten dieser Provinzen nicht zu erwarten sein, und eine solche neue Einrichtung deshalb immer nur einem bald verwelkenden Pfropfreis auf unverwandtem Stamme gleichen.

Denen bei jener frühern Gelegenheit (*S.* 81 *folg.*) gemachten Bemerkungen über das Wesen der ärztlichen Anstalten in den vormaligen päpstlichen Staaten mögen hier noch einige, auf Rom selber sich näher beziehende nachfolgen. Man erkennt auch hier überall die Entstehung aller öffentlichen Institute aus regierender Geistlichkeit. Wenn gleich in der Hauptstadt Rom die Aerzte in ihren übrigen bürgerlichen Verhältnissen ein gröſseres Ansehn behaupten, als an manchen andern Orten, so müssen doch sogar die geachtetsten von ihnen in den Beziehungen zu öffentlichen Krankenhäusern sich die nemliche Lage gefallen lassen, welche ich an dem angeführten Orte schilderte. *) Die Spitäler waren auch hier kirchliche Institute, von der Geistlichkeit nach ihren Begriffen gemacht, und die Aerzte traten gewissermaſsen erst zu der vollendeten Einrichtung wie ein nicht mehr als die Krankenwärter nothwendiger Theil des ganzen Verpflegungspersonals hinzu. Die gesammte Einrichtung der Spitäler zeigt beim ersten Anblick, wieviel mehr ihr eigentlicher Zweck darin bestand, Aufbewahrungsanstalten für die Kranken zu liefern, als eigentlich unmittelbar zu ihrer Heilung beizutragen. Die Heilung blieb dem glücklichen Zufalle überlassen, den man mehr durch frommen Kirchengebrauch, als durch die Thatkraft der Aerzte herbeizuführen suchte. — Die kirchliche Herrschaft war eine nothwendige Bedingung der allgemeinen Armut und des Elendes. Sie begünstigte den ungeheuern, alles verschlingenden Reichthum einzelner, in ihr Interesse eingeweiheter Familien, und drückte das Volk in einen grenzenlosen Mangel hinab, damit ihre einseitigen Wohlthaten ihm um so dankwürdiger vorkommen, und die Gleichheit seiner Begriffe über die gemodelte Religion und über das Menschenwohl unabänderlich erhalten möchten. Denn einseitig, ja strafwürdig sogar waren

*) Es ist auffallend, daſs an den so häufigen katholischen Festtagen die Kranken in keinem römischen Spitale von den Aerzten besucht werden, sondern allein von den Geistlichen, die ihnen alsdann Messe lesen.

jene Wohlthaten, welche der Armut eben in der Absicht nach wohlberechnetem Maße ertheilt wurden, daſs diese, ihres Geschickes nimmermehr überdrüssig, ein die Welt umspinnendes Netz zu zerreiſsen unterlasse. Ich gestehe unverhohlen, und obwohl an diesem Orte ohne eigentlichen Beruf, daſs gerade durch die Betrachtung jener aus Klöstern und Stiftern den Armen angediehenen Wohlthaten die Abneigung gegen das Papstthum in mir nur genährt, nicht besänftigt worden ist: und ich kann jene Urtheile vieler sonst nicht verstandloser noch ununterrichteter Menschen, welche Verwünschungen gegen das Einziehn klösterlicher Güter in dieser Beziehung ausstoſsen, unmöglich glimpflicher als ein unverständiges und sträfliches Begünstigen durchaus übler Folgen der Hierarchie benennen. Wohl weiſs ich, daſs gänzliche Abhelfung der Armut zu denen ohne Weltkenntnis gemachten Hirngespinnsten gehört, daſs daher eigentliche Wohlthatserzeigung gegen Mangelleidende allzeit eine wichtige Aufgabe des Staates bleiben muſs. Allein wie verschieden von diesem ehrwürdigen Ziele einer wohlgeordneten bürgerlichen Verfassung ist jenes pfiffig ersonnene Begünstigen der Faulheit und gänzlichen Selbstwegwerfung, von Seiten der katholischen Geistlichkeit, besonders in Italien! Der Bettler war schon ⁎ vorher gleichsam eine heilige, unantastbare Person: nicht das Mitleid mit dem Zustande wahrer Hülfsbedürftigkeit erhob ihn bis dahin, nein auch der rüstigste, tauglichste Mensch, ergriffen von jener schändlichen Faulheit, fand die sicherste Zuflucht gegen sein Gewissen und gegen die Vorwürfe Anderer in der Erwählung irgend eines Heiligen zum Schutzpatron seiner schamlosen Bettelei. Moritz hat in seinen Briefen über Italien *) manche Bemerkung der Art gemacht, welche uns ein deutliches Bild dieses von der Geistlichkeit begünstigten Bettlerunfugs giebt. Warum ist es in Mailand gelungen, diesem Bettlerwesen gründlich zu steuern, und warum blühet die Stadt nun um so mehr, da ein reger Betrieb von der Regierung eines Jeglichen Kraft angepafst worden ist? Dort ist es gelungen, weil geistlicher Einflufs aufgehoben war, und es wird in Rom nicht minder gelingen, wenn eine milde, verständige Gewalt, durchgreifend die alte Einrichtung umstöfst.

Nach jenem Zustande der Armut, der uns hier nur in Bezug auf unsere medicinische Ansicht interessirt hat, finden wir also auch die Krankenhäuser des Kirchenstaates gemodelt. Sie mufsten grofsentheils bis zu einer ungeheuern Ausdehnung und Häufigkeit anwachsen, da unter dem Volke so allgemeiner Mangel herrschte, der in Verbindung mit der minderen Nothwendigkeit eines für mancherlei Fälle ausgestatteten Obdaches in so mildem Himmelsstriche, eine weit gröfsere Anzahl von Kranken in die öffentlichen Spitäler jagte. Die Krankenhäuser insgesammt waren kirchliche Anstalten, sie beruheten entweder auf den Klostergütern, oder auf frommen Stiftungen, welche von der Pfaffensippschaft verwaltet werden mufsten. Mit den öffentlichen Kassen des Staates hatte ihre Versorgung nichts gemein. So trefflich diese Einrichtung in den Händen denkender Directoren sein könnte, so verderblich war sie gerade in denen der Prie-

*) *Reisen eines Deutschen in Italien, in den Jahren 1786 — 1788, in Briefen von* Karl Philipp Moritz. Berlin 1792. Besonders III Th. 8 Seite.

sterschaft, weil hier nur die allgemeine Beziehung zur Hierarchie auch in der entferntesten Kleinigkeit sich aussprach. Unnütze Pracht in den Verzierungen der Krankensääle, um ihnen ein kirchliches Ansehn zu ertheilen. Eine übermäfsige Menge vom Spitale zu ernährender Personen, die niemals nothwendig sein konnten: besonders in Rom eine solche Zahl von Krankenwärtern, Unteraufsehern, Beichtvätern, u. dergl. mehr, dafs ihrer oftmals beinahe gleichviele als der Kranken selber waren. Man betrachtete nemlich die Dienste als Krankenwärter mehrentheils wie eine Art von Belohnung für Personen, die irgend ein Verdienst sich erworben hatten, und ohne ihre Tauglichkeit zu erprüfen, setzte man sie in solche Stellen ein, wo sie ohnehin nur um versorgt zu sein, nicht um zu dienen, leben durften. Dagegen aber lag es nicht in den Begriffen noch im Willen der Pfaffen, eigentlich heilsame Anstalten für die Kranken zu errichten. In unverhältnismäfsiger Seltenheit nur mit der ungeheuern Ausdehnung der Spitäler findet man daher in ihnen hie und da Anstalten zur Bequemlichkeit, zu bestimmten Heilmethoden u. dergl. mehr, zu deren Ausführung die nordischen Krankenhäuser gerade umgekehrter Weise hauptsächlich bestimmt zu sein scheinen. Einige Anstalten, in Rom selber, und noch während der päpstlichen Herrschaft entstanden, machen jedoch eben hier eine ehrenvolle Ausnahme. Während in den mehresten Spitälern des Kirchenstaates beinahe keine andere Anstalt zu finden ist, als schlechte Betten in weitläuftigen Säälen, hat das Spital **Sta. Maria in Trastevere** (s. **Rom** No. I. e) manche lobenswürdige Eigenthümlichkeit, und auch im grofsen **Heiligengeist-**

spitale (Rom No. I. a) befinden sich einzelne sonst ungewöhnliche, und weiter hinausziclende Einrichtungen. Auch werde ich, obgleich die Anstalt von S. Michele in ripa nicht eigentlich in die Grenzen meiner Abhandlung gehört, dennoch nicht ermangeln ihre Vortrefflichkeit einigermafsen zu schildern (s. Rom No. 4. b), damit das Nachtheilige nicht allein hervorgehoben, sondern auch das Bestreben erscheinen möge, nach manchem Tadel sogar einen ferner liegenden Gegenstand des Lobes aufzuführen.

Ich wünschte nicht misverstanden zu werden, wenn ich an andern Orten meiner Schrift gleichsam als einen Vorwurf tadelhaften Benehmens die Einziehung der Spitalskassen mit den Klostergütern betrachte. Meine Aeufserungen über das Verwalten dieser öffentlichen Anstalten durch geistliche Hände mögen wohl hinreichend deutlich sein, um mich vor dem Verdacht einer Uneinigkeit meiner Meinung mit sich selber zu bewahren. Allein mit der Abstellung dieser Mangelhaftigkeit war das Aufheben eigenthümlicher und abgesonderter Fundationen der Spitäler noch nicht bedingt. Im Königreiche Italien hat man, wo es bei den allgemeinen Verhältnissen irgend thunlich war, die in den Revoluzionsstürmen zerstreueten Spitalskassen hergestellt, und wenigstens in ihrer Selbstständigkeit gelassen: weshalb ich oben S. 6 mich berechtigt glaubte, in Bezug auf die Medicinalverfassung eben jenen Staat als den glücklichsten Italiens anzusehn. Ein Anderes findet in den Provinzen Statt, welche wir gegenwärtig betrachten. Wenn gleich die öffentlichen Medicinalinstitute durch die schrankenlose Willkür revoluzionärer Räuber bedeutenden Verlust erlitten, so wurde dieser doch bei wiederhergestellter Ruhe unter ihren selbstständigen Regenten ziemlich ersetzt. Allein bei den neuesten Staatsveränderungen wurden bekanntermaſsen alle Klöster und geistlichen Stifter aufgehoben. Da nun die Spitäler im Kirchenstaate sowohl als in Toscana lediglich von diesen abhingen, so wurde ihre ganze Existenz dadurch gefährdet. Im Kirchenstaate hat die Regierung einer eigenen Commission vornehmer Römer, welche jener *Direzione della Beneficenza* zu Neapel gleicht, die Aufsicht und Verwaltung aller öffentlichen medicinischen Anstalten in ökonomischer wie in jeder andern Hinsicht übertragen. Ihr ist, soviel mir bekannt wurde, eine gewisse Summe von den öffentlichen Einkünften zur Verpflegung aller so mannigfachen Anstalten dieser Art angewiesen worden. Unter ihrer Aufsicht steht gleichfalls die römische Universität, la Sapienza. Ich weiſs nicht, in wieweit die Klagen sowohl der Professoren dieser Universität, als der Spitalsärzte, über Mangel an Auszahlungen jeder Art, gegründet sind, und insofern für dürftige Bestellung der Generalkasse jener Commission zeugen. In den übrigen hier zu betrachtenden Provinzen sind die öffenlichen medicinischen Anstalten, die Universitäten u. s. w., den Präfecten der einzelnen Departementer untergeordnet, und daher ihre Verwaltungsart die in Frankreich allgemeine, bis auf den auch bei diesen leider herschenden Geldmangel.

I. Rom.

Was ich schon oben erinnerte, wie wenig man gegenwärtig zu bestimmen im Stande sei, ob manche derer im Kirchenstaate ehemals vorhandenen medicinischen Anstalten als ganz eingegangen, oder nur in eine augenblickliche Stockung gerathen betrachtet werden müssen, das gilt vornemlich von Rom selber. Die Zahl der ehemals hier vorhandenen Krankensääle in verschiedenen Klöstern, der Spitäler für besondere Krankheitsfälle, oder für besondere Innungen und Gesellschaften der Bürgerschaft, erreichte fast das halbe Hundert, ohne noch die allgemeinen und gröfsern Anstalten in sich zu begreifen. Der letztern waren allein 14. Derer Spitäler aber, in welchen nur die Kranken gewisser Nazionen aufgenommen wurden, waren 20. Durch die mancherlei Veränderungen der Zeitumstände ist die Zahl sowohl der öffentlichen, als jener Privatkrankenhäuser, aufserordentlich verringert worden. Besonders aber ist dieses seit der Vereinigung des Kirchenstaates mit Frankreich geschehn. Die Regierung hat bis jetzo noch nicht ausdrücklich festgesetzt, welche von den mancherlei, besonders auf Privatkassen beruhenden Spitälern künftighin beibehalten werden sollen. Selbst die öffentlichen Krankenhäuser waren noch nicht in ihrer Existenz bestätiget, als ich in Rom Erkundigungen über diese Gegenstände einzog. Da noch nichts Entscheidendes über die ganze Medicinaleinrichtung verfügt war, so konnte selbst die Directions-Commission keine befriedigende Auskunft geben. Manches Spital ward als fortbestehend angegeben, ohne dafs es in eigentlicher Wirksamkeit sein konnte, weil die Geldunterstützungen abgingen: manches andere ward gar nicht unterstützt, sondern als eingegangen betrachtet, worin dennoch die Ausstattung mit allem Zubehör verblieben war, als sollte es bald wieder gebraucht werden, da man dieselbe sonst unter andere Anstalten der Art vertheilen könnte. Kurz, der alte Bestand war umgestürzt, und noch keine neue Verfassung angegeben. Die Regierung hatte von verschiedenen ärztlichen und andern Behörden mehrmals schon Entwürfe zu neuen Einrichtungen gefodert, und ihre Ausführung war schon oft als gewifs angekündigt worden, ohne doch zu beginnen. Natürlich mufste diese Ungewifsheit, und die Sparsamkeit der vorläufig angewiesenen Auszahlungen aus den öffentlichen Kassen, diejenigen Männer, welche mit der Verwaltung solcher Anstalten beauftragt waren, höchst mismuthig machen.

Soweit meine Nachforschungen hinreichten, von denen ich bemerke, dafs sie aus gewissen Ursachen durchaus keine Begründung in der genannten Commission der vornehmen Römer suchten, habe ich als eigentlich bestehende Krankenanstalten nur die sogleich näher zu betrachtenden aufgefunden, welche in 3 verschiedenartige Abtheilungen zerfallen, nemlich:

1) Oeffentliche Anstalten, von der Regierung unterhalten;
2) Anstalten die von einzelnen Privatleuten unterhalten werden;
3) solche die bestimmten fremden Nazionen oder italienischen Volksstämmen angehören.

An die Betrachtung dieser mag sich alsdann eine kurze Schilderung einer andern öffentlichen Anstalt, die den Arzt nicht unmittelbar angeht, deshalb hinzureihen, damit ihre noch aus der päpstlichen Zeit herstammende vortreffliche Einrichtung gepriesen werden könne. — Uebrigens hat vielleicht der Herr Doctor Merrem aus Marburg, von dessen späterer Reise durch Italien ich auf dem Rückwege hörte, durch die ihm von Seiten des kais. franz. Ministers der innern Angelegenheiten gewordene Unterstützung mit Vollmachten, bessere Gelegenheit gehabt, sich über den wahren Zustand mancher Anstalt in Rom zu unterrichten, weshalb ich ihn hierdurch ersuche, die etwa nöthigen Berichtigungen meiner Angaben nach seiner tiefer gehenden Erfahrung dem Publicum mitzutheilen.

1. Oeffentliche Krankenhäuser.

Ich fasse hier Anstalten verschiedener Art zusammen, welche von den öffentlichen Kassen gegenwärtig ihren Unterhalt herleiten. Sie waren früher insgesammt kirchliche Anstalten, und auf bestimmte klösterliche oder sonstige geistliche Fundationen angewiesen. Da diese sämmtlich vom Staate bei der Vereinigung mit Frankreich eingezogen worden sind, so ist hier die Nothwendigkeit eingetreten, wie früher schon erwähnt wurde, sie durch Auszahlungen aus den allgemeinen Staatskassen zu unterhalten. Ihrer sind, von den vielen früher bestandenen, soweit ich sie ausforschen konnte, nur noch 8, und zwar folgende.

a. Spedale di S[to] Spirito in Sassia, ossia de' Sassoni.

Dieses Spital, das gröſste seiner gesammten Umfassung nach in Italien, ja vielleicht in Europa, ist, als eigentliches Krankenhaus betrachtet, nur von geringer Bedeutung. Es verdankt seine Entstehung einem aus Sachsen gebürtigen Kardinal, wovon auch der Name Spedale de' Sassoni herrührt. *) Dieser errichtete das eigentliche Krankenhaus, welchem späterhin noch andere, demselben ganz fremdartige Anstalten hinzugefügt wurden. Die ganze Anlage ist in so fern fehlerhaft: bei Weitem mehr aber noch durch die Wahl der Gegend, in welcher das Spital errichtet wurde, nemlich zwischen der Tiber und dem Vaticanischen Hügel, in der ungesundesten Gegend Roms, welche schon Tacitus **) mit dem Namen *infamia Vaticani loca* bezeich-

*) Bedeutsam genug zur Bezeichnung der Art, wie in Rom die Spitäler verwaltet wurden, während die Geistlichkeit das Ruder des Staates führte, ist auch der dort gangbare Schwank über die Person jenes sächsischen Kardinals. Der Teufel nemlich, so heiſst es, sei ihn zu holen bereit gewesen: da habe der Prälat in aller Herzensangst das Spital errichtet, und sich glücklich noch den Himmel erkauft. Satanas aber, statt zu lästern, sei höchlich erfreut mit den Worten von ihm gewichen: „Dich schenke ich gern dem „Himmel; denn du erzeigst der Hölle nur Gefälligkeit „durch dein frommes Werk. Statt deiner einzigen Seele „wirst du hinfüro Hunderte mir senden: die Aerzte, die „Verwalter, die Aufseher deines Krankenhauses, welche „durch unzählige Betriegereien und pflichtvergeſsnen Eigen-„nutz an den armen Kranken sich versündigen werden!“

**) Histor. II. cap. 93.

ner, und die auch heutiges Tages unter den Einwohnern Roms so verrufen ist, dafs in den Sommermonaten nur nothgedrungene Arme dort wohnend den unausweichbaren Fiebern und dem Tode entgegen gehn.

Von dem eigentlichen *Krankenhause*, welches jener sächsische Kardinal anlegte, gilt grofsentheils das Nemliche, was ich oben über die römischen Spitäler im Allgemeinen sagte. Die vordern Sääle sind grofs, geräumig, und mit unnützer Pracht ausgestattet, als mit vergoldetem Täfelwerk der Decken, mächtigen reichgezierten Altären, u. dgl. m. Hinter diesen aber befinden sich andere Gemächer, in welchen die Kranken sich schon kümmerlicher behelfen müssen. Doch ist nirgend der Raum übermäfsig beschränkt, und nirgend die Gesetze der Ordnung und Reinlichkeit auf bestimmte tadelnswürdige Weise übertreten: welches bei der grofsen Menge der Krankenwärter freilich wohl leicht verhütet werden konnte, in den jetzigen Zeiten des Geldmangels aber um so löblicher ist. Auch sind diese Krankensääle äusserst dunkel, und im Frühlinge, wann der Tevere vom Apenninenceise überströmt, häufigen Ueberschwemmungen ausgesetzt, welche nur das Ungesunde der Luft in dieser Gegend vermehren. — Die innere Einrichtung hat vor den übrigen Spitälern des Kirchenstaates manches Gute voraus. Da das Spital reicher als alle übrigen fundirt war, so konnten Betten und übriges Geräth, sowie auch die Nahrung der Kranken selber, einigermafsen besser sein als anderwärts. Insonderheit aber die *Apotheke* ist in sehr gutem Zustande, und zeichnet sich gerade unter den äufserst schlechten römischen löblicher Weise aus. Besonders hat man darin auf die

Bereitung der China zu ihren verschiedenen Formen Rücksicht genommen, und die hier befindliche *Chinamühle* mag wohl allen anderwärts eingeführten zum ältesten Muster gedient haben. Die Consumtion dieses Mittels, besonders in der Pulverform, geht hier ins Ungeheuere, und die Behauptung der römischen Aerzte, dafs in ihrer Stadt allein mehr als im übrigen Italien davon verbraucht werde, mag nur wenig übertrieben sein. Das Heiligengeistspital ehrt noch heutiges Tages seinen alten Ruhm, dafs in ihm die ersten allgemeinern Erfahrungen über die Wirksamkeit dieses trefflichen Mittels gemacht wurden, nachdem der Kardinal Lugo es den römischen Jesuiten mitgetheilt. Roms Aerzte der jetzigen Zeit würden ohne die China sich ihrer besten Wirksamkeit beraubt glauben, und es darf ihnen daher nicht verargt werden, wenn sie von den grofsen dortigen Vorräthen dem übrigen mangelleidenden Continent nichts zukommen lassen, da derselbige undankbar die abgehende Rinde über seinem träumerischen Surrogatenkrame vergifst. *) — Dieses eigentliche Krankenhaus ist nur für Männer eingerichtet. Man nimmt in demselben alle fieberhafte und alle sogenannte chirurgische Krankheiten auf. Von chronischen nur die leichteren, besonders die noch nicht eingewurzelten: denn diesen, sowie allen eigentlich unheilbaren, ist eine eigene Anstalt angewiesen. Ansteckende Krankheiten, von welcher Art sie seien, dürfen

*) Weiter unten werde ich ausführlicher angeben, wie wenig die Empirie der römischen Aerzte hinreichte, den nützlichen Gebrauch der China vollkommen zu bestimmen, und es wird daraus hervorgehn, wie dieses herliche Mittel auch in ihren Händen oftmals zum wahren Gifte gemacht wurde.

in diesem Spitale gar nicht aufgenommen werden. Auf solche Weise umfaſst das Spital höchstens 400 Kranke: allein der wirkliche Bestand ist gegenwärtig selten über 300, und die Zuschüsse der allgemeinen Spitalskasse für diesen einzelnen Pflänzling wohl kaum nur für diese Zahl hinreichend. — Die eigentliche geistliche Direction der ehemaligen Zeiten hat zwar gänzlich aufgehört, jedoch ist die innere Einrichtung im Wesentlichen noch unverändert aus jener Gestaltung beibehalten worden. Von den Verhältnissen der Spitalsärzte gilt das Nemliche was ich im Allgemeinen erinnerte. Der Eifer konnte in so untergeordneter freiheitsloser Lage niemals bedeutend sein: und aus alter Angewohnheit sehn wir auch jetzo bis auf wenige Ausnahmen überall den trägen Paſsgang der Oberflächlichkeit. Das Spital hat in dieser Beziehung einen unersetzlichen Verlust an dem berühmten Filippo Flajani erlitten, welcher noch vor drei Jahren als Chirurg ihm seine ganze seltene Thätigkeit und Ausdauer widmete, und zu früh durch den Tod entrafft wurde. Der Oberärzte sind gegenwärtig 4, nemlich die Doctoren Prelà, Santini, Francesco Egidj, Raffaelle Giovanelli. Der Oberchirurgen sind 2, nemlich Della Rocca und Pane. Die Zahl der Unterärzte, Praktikanten, Krankenwärter, geht auch jetzo noch ins Unglaubliche, und es ist gewiſs, daſs sie einander oft nur hinderlich sind.

Von einer ungeheuern Umfassung sind wie schon gesagt die übrigen mit diesem Krankenhause verbundenen Gebäude. Das Ganze würde bequem 4,000 Menschen enthalten können, und gehört in dieser Hinsicht wirklich zu den ungeheuersten Anstalten Europa's.

Allein gewöhnlich enthält die Anstalt in allen ihren verschiedenartigen Theilen kaum 1100 Personen, wenn man die zahlreichen Unterbedienten, Krankenwärter u. s. w. hinzurechnet. Die ganze Anstalt ist ein widersinniges Gemisch durchaus unverwandter und sich gegenseitig behindernder Theile. Denn hier ist jenes beschriebene Krankenhaus, das Findelhaus, eine Aufbewahrungsanstalt erwachsener Mädchen, und das Narrenhaus, alles in einem Local zusammengedrängt. Ich erwähne jetzt nur des *Irrenhauses*, als allein hierhergehörig. Dieses verdient noch kaum einen solchen, schon so verrufenen Namen. Es ist dieses ein erbärmliches Häuschen, die einzige Anstalt der Art in ganz Rom, ja beinahe im ganzen Kirchenstaate, worin 40 Narren beiderlei Geschlechts ohne allen Unterschied ihrer Krankheit, aufbewahrt werden. *) Nimmermehr wurde in Rom an die eigentliche Heilung der Geisteskranken gedacht, und die dazu nöthigen, dadurch herbeigeführten psychologischen Untersuchungen mußten ja schon dem Interesse der Geistlichkeit schnurstracks entgegenlaufen. **) Auch in diesem Häuschen werden die Kranken nur aufbewahrt, und sie befin-

*) Die etwa von andern Krankheiten zugleich Befallenen werden von einem Stadtarzte behandelt, welcher nichts weniger als ein bedeutender Mann seyn soll.

**) Die kurzen Anweisungen zur Erkenntnis und Behandlung der Geisteskrankheiten, welche Baglivi (*Opp. omn.* Lugdun. 1745. prax. med. (I c. 14) giebt, sind weder ihrer Umfassung, noch ihrem innern Gehalte nach als Ersatz des Mangels anderer Schriften anzusehn. Selbst in den neuesten Zeiten übernahm, oder vermochte niemand, bessere Begriffe zu entwickeln.

befinden sich um Nichts besser als die Verbrecher im dunkeln Kerker. Zwangsmittel aller Art sind hier an der Tagesordnung, und unter ihnen spielte der Prügel allzeit eine Hauptrolle. Der Prior, welcher Aufseher des Ganzen, und so zu sagen auch psychischer Arzt der Anstalt ist, mag froh sein, auf so kurzem Wege die Tollen nach der Richtschnur seiner eigenen Tollheit und seiner trägen Feistigkeit gängeln zu dürfen. Die erwähnte neueingerichtete Direction aller öffentlichen Anstalten hat freilich wohl einen an sich wesentlichen, hier aber im Vergleich mit den vielen Uebelständen nur geringfügigen Schritt zur Besserung gethan. Früherhin nemlich stand das Haus für Jedermann offen, und der Pöbel benutzte diese Gelegenheit, die armen Kranken, in denen der fromme Eiferer allezeit des Teufels Gewalt erblickte, seine freche Neugier büfsen zu lassen. Dies ist gänzlich abgeschafft, und der Zutritt so erschwert, dafs nur die unmittelbare Erlaubnis der Direction ihn möglich macht, und der feiste Prior durch einen eigenmächtigen Einlafs seine ganze erhabene Wirksamkeit verlieren würde. Allein niemals kam die vornehme Welt, die Mächtigen, die Klugen, in diese abgelegene Gegend. Fern vom *Corso*, wo die schweren Karossen den schmachtenden Römling in der abendlichen Kühle wie ein geputztes Gliederpüppchen umhertragen, ja sogar im versteckten Winkel fern von der vielbewallfahrteten Strafse zu dem heiligen Peter, ächzten diese Unglücklichen. Wer sollte sie hören, in dem Taumel des alltäglichen Lebens, und in dem trunkneren noch der religiösen Verblendung? Sie ächzten vergebens, und noch ächzen sie vergebens, denn nur verwöhnte Ohren können in den vornehmen

Directionszimmern den schwachen Nachhall aus niebesuchter Ferne vernehmen! *)

b. Spedale di S. Giacomo in Augusto, **) ossia degl' Incurabili.

Nur für alteingewurzelte und langwierige Krankheiten ist dieses Spital bestimmt, welches zu dem geistlichen Stifte gleiches Namens gehört. Es befinden sich hier zween Krankensääle für die beiden Geschlechter, und in jedem finden 40 Betten bei einfacher Reihestellung Platz. Die ganze Anstalt dient gewissermafsen nur zur Aufbewahrung eines Auswurfes alter und längeren Heilbemühens nicht mehr gewürdigter Personen aus allen übrigen Krankenhäusern der Stadt, und es begreift sich von selber, wie wenig eine strenge und wissenschaftliche Begrenzung dessen was überhaupt hierher gehörig sein solle, bei so allgemein verworrenen Begriffen über Unheilbarkeit möglich sein könne. Auch hier ist, selbst bei dem ursprünglich angenommenen Grundsatze der seltenen Heilbarkeit, das ärztliche Personal und das Heer der Aufwärter ungemein stark. Der eigentlich behan-

*) Leichter als an vielen andern Orten würde eben in Rom die Anlegung einer trefflichen und allen Wünschen entsprechenden Irrenanstalt sein. Man dürfte nur eine der mancherlei jetzt verödet stehenden *Ville* grofser Herren dazu nehmen, wo sich Gärten, Gebäude, Bader, ja sogar wohl Theater und mancherlei Anstalten des Vergnügens in einsamer ländlicher Freiheit und dennoch nicht gar weit vom Leben der Stadt vorfänden, ohne dafs man kostspielige Einrichtungen neu zu machen hätte.

**) So genannt, weil die Ruinen vom Mausoleum des Kaisers Augustus in seiner Nähe liegen.

delnde oberste Arzt, Dr. Bomba, hat hier begreiflicher Weise mehr zu figuriren als zu handeln, und mag selber mit seinem thatarmen Wirkungskreise unzufrieden sein. Mehrere Bemühung noch wird dem ersten Chirurgen Dr. Sisco auch bei den langjährigen Wunden und Verstümmelungen unseliger Opfer der Armut und der bösartigen Fieber. Die Haltung der Kranken ist im Ganzen nur mittelmäſsig: Sauberkeit zum wenigsten, und gute Ordnung wird hier ungleich minder betrieben als im Heiligengeistspitale.

c. Sped. di S. Giovanni in Laterano.

Zu der angesehenen und reich fundirten *Basilica* dieses Namens gehörig, deren sämtliche Pfleganstalten, Schulen u. s. w. in sehr gutem Zustande waren, bevor die Güter der Kirche eingezogen wurden. Das Krankenhaus war damals für beide Geschlechter bestimmt, und fast von gleicher Fassungsweite als das Spital di Sto. Spirito. Man nahm alle Krankheiten darin auf, mit Ausschluſs jedoch der ansteckenden, der unheilbaren, und der äuſserlichen gewaltsamen Verwundungen. Zween durch eine Straſse von einander getrennte Gebäude machten das Spital aus: ein jedes derselben diente einem Geschlechte für sich allein. Das Gebäude der Männer sollte weiter ausgebauet werden, und würde, wenn der Plan nicht hätte aufgegeben werden müssen, gewiſs eines der prächtigsten dieser Art geworden sein, wie der eine erst ausgebauete Saal beweist. Die Lage dieses Krankenhauses an der Höhe des Laterano ist am glücklichsten gewählt unter allen Spitälern Roms. Die Apotheke befindet sich in einem sehr guten Zustande, ja man hat sogar

16 *

darauf gedacht, zur Unterweisung ihres und des jüngern ärztlichen Personals einen eigenen botanischen Garten anzulegen. Auch in der innern Einrichtung des Spitals fand manches in Rom sonst ungewöhnliche Gute Statt. Allein bei all diesen Vorzügen hat man dennoch das Krankenhaus gegenwärtig sehr beschränkt. Es werden bloſs noch Weiber darin aufgenommen, und auch deren waren bei meiner Anwesenheit nur 80 darin vorhanden. Ihre Lage war bei den mancherlei lobenswerthen Einrichtungen der Anstalt auch jetzt ungeachtet des Mangels an eigner Kasse ziemlich gut. Die beiden Oberärzte des Spitals heiſsen Dr. Filippani und Dr. Chiaro Bonelli.

d. Ospedale di Sta Maria della Consolazione.

Dieses Krankenhaus, welches wiederum eine höchst ungesunde Lage unterhalb des Foro romano hat, ist bloſs zur Aufnahme von gewaltsam verwundeten Personen bestimmt, und besteht aus zwei Säälen in getrennten Gebäuden, für beide Geschlechter. Es umfaſst 80 Betten für Männer, und 20 für Weiber. Man nimmt die Verwundeten aller Art ausschlieſslich in diesem Spitale auf. Ehemals war der Zulauf ungeheuer, da die täglichen Dolchstiche oft Dutzende von Schlachtopfern auf ein Mal hierhersendeten. Gegenwärtig hat solche Verschaffungsart der Zufuhr bei strengerer Polizei merklich abgenommen, doch ist das Spital an Verwundeten andederer Art immer noch reich genug. Die Kranken sind schlecht genug darin versorgt, obgleich der Aerzte und Krankenwärter auch hier übermäſsig viele herumschlendern. Der Primararzt ist Dr. Marinucci, die zween Primarchirurgen Dr. De Rossi und Severini. Angehende Chirurgen könnten bei einigem Eifer in der Klinik dieses Spitals allerdings reichhaltige Erfahrungen einsammlen.

c. Spedale di Sta Maria e S. Gallicano in Trastevere.

Dieses Krankenhaus ist das gröſste und wohl auch das beste in Rom, obgleich es nur für eine bestimmte Art von Krankheiten angelegt worden ist. Man nimt nemlich durchaus nur ansteckende Uebel darin auf, sie mögen nun fieberhafter, exanthematischer, venerischer Natur sein: sodaſs alle andern Spitäler von Kranken dieser Art völlig frei sein können. Für ansteckende Fieber zumal ist freilich die Lage am Fuſse des Gianicolo nicht sehr vortheilhaft, doch immer gesünder noch als die des Heiligengeistspitals und manches andern unter den kleineren. — Die Gebäude dieses Spitals, erst in neueren Zeiten errichtet, gehören in der That zu den zweckmäſsigern ihrer Art. Sie würden 500 Personen bequem in sich fassen können: jedoch waren zur Zeit meines Aufenthaltes in Rom nur 320 Kranke darin, nemlich Männer, Weiber, und Kinder beiderlei Geschlechts zusammengerechnet. Die beiden Geschlechter sind scharf von einander geschieden; ebenso auch bei den Kindern. Jede Gattung der Kranken ist von den andern getrennt: weshalb denn auch die Säle nirgend überfüllt sind. Ueberall finden sich brauchbare Anstalten zum Reinigen der Säle, marmorne Becken und Hähne mit kaltem und aus der mit Sparöfen und Röhrenwerk wohleingerichteten Küche stets herbeigeleitetem heiſsen Wasser in Ueberfluſs, und dergleichen Reinlichkeitsanstalten mehr. Jede Gattung von Kranken hat ihre eigenen Efsgeschirre, ja sogar einen eigenen grofsen Trog zum Waschen der Kleidungsstücke, sodafs selbst bei der Wäsche diese nicht von fremdem Ansteckungsstoffe berührt werden können. Die Reinlichkeit dieses Spitals ist überhaupt bewundernswürdig, wenn man bedenkt, dafs es in dem so entsetzlich unsauberen Rom liegt. Seine ganze innere Einrichtung ist, wie gesagt, so gut als in keinem anderen der dortigen Krankenhäuser. Doch sind der eigentlichen Anstalten zur Heilung solcher ansteckender Krankheiten, besonders der Haut, im Grunde zu wenige nur vorhanden. Das ganze Spital hat nur 2 eingemauerte Wannen für Männer, und 2 dergleichen für die Weiber zum Baden. In der Heilungsart, besonders der hartnäckigen exanthematischen Krankheiten, habe ich wenig Eigenthümliches und Nachahmenswerthes bemerkt. Die häufigen Scarificationen, welche man an den kranken Theilen derer mit *Tinea* oder mit *Lepra* Behafteten anstellt, und zu deren Behuf eigene Becken mit stets zufliefsendem Wasser in den Säälen eingemauert sind, sollen sehr grofse Dienste leisten: ob jedoch nur für den Augenblick, sodafs vielleicht in der Folge die Krankheit sich um so heftiger und dauernder durch die locale Thätigkeitserhöhung der Hautgefäfse entwickele, wage ich, bei nur mangelhaften Erfahrungen, nicht näher zu bestimmen. In der Heilung des eigentlichen Kopfgrindes haben die Aerzte dieses Spitals allerdings Fortschritte gemacht: wenigstens ist die mildere Art, durch weiche Pflaster allmälig die Haare abzunehmen, bei dem sonst ziemlich allgemeinen Gebrauche jener barbarischen Pechhauben gewifs lobenswerth und erfolgsreich. Obgleich übrigens in diesem Spitale nur solche Ausschlagskranke aufgenommen werden, welche dabei ein eigentliches inneres Uebelbefinden, Fieber od. dgl. haben (denn die übrigens gesunden Krätzigen und Grindigten werden nicht hier, sondern in dem später zu betrachtenden Ospizio di Sta. Galla behandelt), so sind doch auch hier, gerade wie in dem grofsen Spital des heil. Ludewig zu Paris, ganze Heerden der räudigen Schäflein vorhanden, besonders unter den Kindern, und es ist zu bedauern, dafs der rüstige Held jener schäbigen und aussätzigen Horden nicht auch hier, wie im mailändischen Findelhause, einen wohlbestallten Emissarium finden konnte, um täglich neue Gattungen und Arten in treuer Abbildung zu erhalten. — Da auch von den siphilitisch Angesteckten nur solche hier aufgenommen werden, welche zugleich an eigentlichem Uebelbefinden leiden, so ist das Spital nicht als allgemeine Anstalt für die unreinen Freudenmädchen zu betrachten, und da nirgend in Rom eine dergleichen Anstalt zu finden ist, so kann man wohl sagen, dafs trotz des häufigen Untersuchens der Dirnen die so nothwendigen polizeilichen Einrichtungen dieser Art keineswegs hinreichend sein können bei der täglich zunehmenden Menge solcher Geschöpfe, deren früherhin keine in Rom geduldet wurden. — Lobenswerth ist der Eifer, mit welchem ein Secundarchirurg, Namens Baglioni, in einem eigens eingerichteten anatomischen Theater, die jüngern Mitglieder des ärztlichen Personals, andere Studierende aus der Stadt, und sehr häufig angehende Maler und Bildhauer, in der Anatomie unterrichtet. — Der Primararzt des Spitals heifst Volpicelli, der Primarchirurg Sernicoli:

das übrige ärztliche Personal ist auch hier ziemlich zahlreich.

f. Ospedale de' frati ben fratelli. *)

Diese Anstalt gehört zu dem Stifte einer eigenen Art von Weltgeistlichen, welche wie die barmherzigen Brüder zur Pflege der Kranken bestimmt sind. Es liegt, freilich nicht in der gesundesten Gegend Roms, auf der Insel im Tiberstrom, und bietet auch durch seine innere Localität wenig besonders Erfreuliches dar. Man nimmt bloſs Männer auf, und zwar nur solche, die mit eigentlichen fieberhaften Krankheiten behaftet sind. Der hier vorhandene Krankensaal faſst 100 Betten; allein bei meiner Anwesenheit waren nur 10 Kranke darin, weil die allgemeine Wohlthätigkeitskasse eine gröſsere Anzahl nicht verpflegen kann. Der Arzt, Dr. Donzelli, sowie der Chirurg Farnesi haben daher fast gar nichts zu thun, indem die Geistlichen selber bei so geringer Concurrenz ihre Geschäfte zu verrichten im Stande sind.

g. Spedale di S. Rocco.

Leider ist in Bezug auf Rom besonders zu wiederholen, was ich schon früher bemerkte, daſs die Gebähranstalten Italiens groſsentheils nur gemacht zu sein scheinen, um heimliche Geburten zu befördern. Das einzige öffentliche Gebährhaus in Rom, zu S. Rocco, ist allein für solche Personen, welche heimlich ihre un-

*) Der Name dieses Ordens barmherziger Brüder entstand daher, daſs ihr Stifter, ein sehr wohlthätiger frommer Mann, unablässig in seinen Krankensälen umherging, und den Brüdern zurief: *„Fate ben, fratelli!"*

ehelieben Kinder gebähren wollen, eingerichtet. Keine Schwangere geht daher öffentlich hinein, oder läſst ihren dortigen Aufenthalt Andere wissen, sondern sie entzieht sich für diese Zeit gänzlich den Augen der Welt. Kein anderes Gebährhaus ist in Rom vorhanden. Im Krankenhause von S. Giovanni in Laterano werden nur solche Schwangere aufgenommen und entbunden, die zugleich an eigentlichen Krankheiten leiden. Die Anstalt von S. Rocco ist ebensowenig allgemein, wie schon die Beschränkung auf uneheliche Schwangerschaften und das Vorurtheil beweisen. Alle übrigen ärmeren, aber rechtlichen Weiber, welche in ihren eigenen Wohnungen nicht Bequemlichkeit genug finden können, sind daher gezwungen, sich zu irgend einer Hebamme, welche gewöhnlich 3 oder 4 Zimmerchen zu solchem Behufe bereit haben, in Pension zu begeben, wo sie um ein Geringes verpflegt, aber freilich auch nicht sonderlich aufgehoben sind. — Das Haus von S. Rocco, ebenfalls von geistlichen Stiftungen abhängig, enthält mehrere Zimmer, in welchen die Gebährenden und Wöchnerinnen sich befinden. In einem Saale stehn 20 Betten, worin die Aermeren unentgeldlich verpflegt werden. In den übrigen Zimmern wohnen diejenigen, welche bezahlen können. Man nimt die Schwangern erst wenige Wochen vor ihrer Entbindung auf: doch können die Bezahlenden auch früher schon in diesem Asyle sich den Schmähungen der Welt und den Verfolgungen ihrer Verwandten entziehn. Für die Reichen steht also der geheiligte Zufluchtsort zu jeder Zeit offen, die Arme muſs frech sich an die Schmach ihrer süſsen Vergehung gewöhnen. Die geistliche Direction des Hauses, ein Pater Rector und eine bejahrte Nonne, scheinen für die Reinlichkeit und Ordnung der Anstalt im Innern wenig zu sorgen, so sehr auch die strenge Ausschliefsung aller nicht ins Haus gehörigen Personen betrieben wird. Besonders merkwürdige Anstalten zur Entbindung sind hier durchaus nicht vorhanden. Das nicht unzweckmäfsige Geburtsbett von der Erfindung des jungen Chirurgen Clementi, eines geschickten Schülers von Asdrubali, befindet sich hier, jedoch ist seine bedeutende neuere Verbesserung noch nicht eingeführt. Es ist zu wünschen, dafs Herr Asdrubali bei der bevorstehenden neuen Ausgabe seines trefflichen Werkes die Beschreibung dieses Geburtsbettes geben möge. — Adrubali selber hat die Aufsicht über den Gesundheitszustand der Schwangern und Wöchnerinnen, und wird bei vorkommenden schweren Geburten zur Hülfe gerufen. Aufser ihm hat keine männliche Person den Zutritt, ja es hielt schwer, dafs ich in seiner Gesellschaft die Anstalt besehn durfte. Gewifs wird vielem Kindermord durch diese Verbergung gefallner Mädchen vorgebeugt, wenn gleich die ganze Anstalt, zumal in ihrer geringen Ausdehnung, unmöglich zur gründlichen Hebung eines solchen Uebels beitragen kann.

h. Ospizio de' Pellegrini e de' Convalescenti.

Dieses Hospiz, so unvollkommen es auch gegenwärtig nur besteht, ist dennoch eine sehr nützliche Anstalt, sofern es nemlich einigermafsen dient, einen allgemeinen Mangel der römischen Krankenhäuser zu ersetzen, dem freilich kürzer und besser gründlich abgeholfen werden müfste. In keinem Spital Roms werden nemlich, nach einem in solcher unbedingten Ausdehnung höchst widersinnigen Gesetze, die Kranken, sobald sie für Reconvalescenten erklärt worden sind, und also nicht eigentlich mehr Arzneien bekommen, länger als 3 Tage geduldet. Um dies einigermaßen zu compensiren, hat man dieses Haus eingerichtet, worin alle diejenigen Reconvalescenten aufgenommen, und noch 3 Tage lang verpflegt werden, welche zu schwach sind um sogleich zu ihren Geschäften heimzukehren. Ehemals war diese Anstalt sehr gut fundirt, und man begreift nicht, warum so viel Geld auf diese abgetrennte Einrichtung verwandt wurde, während man nur in den Spitälern selber die Reconvalescenten mit minderem Aufwand länger verpflegen konnte; allein man muſs bedenken, daſs die ganze Medicinalverfassung Roms von den Pfaffen ausging, und zwar durch völlig planlose Stiftungen einzelner Prälaten oder frommer Reichen entstand. Noch unbegreiflicher, und gewiſs sehr charakteristisch für die ganze Verwaltung ist es aber, daſs auch bei den neuern groſsen Veränderungen dem ganzen Fehler gründlich abzuhelfen immer noch verabsäumt worden ist. — Die Pilgrime, welche ehemals auch 3 Tage hier verpflegt wurden, sind freilich jetzt selten genug, und möchten überhaupt keine Aufnahme mehr darin finden, seit eine weltliche Verwaltung die Anstalt leitet.

2. Von Privatleuten unterhaltene Krankenanstalten.

Auch diese Anstalten, deren ehedem mehrere waren, sind fast alle eingegangen seit der Reichthum so vieler Familien durch die Stürme der neuern Zeit gelitten hat, und nur eine einzige von allen besteht noch gegenwärtig. Es ist nemlich die von der fürstlichen Familie der Odescalchi unterhaltene Anstalt zu

Santa Galla.

Dieses Haus ist zu zween verschiedenartigen Zwecken eingerichtet, von denen uns hier der eine eigentlich nicht angeht. Es enthält nemlich aufserordentlich viele kleine und grofse Zimmer, in welchen zwar nur schlechte, aber in desto gröfserer Anstalt vorhandene Betten stehn. Hier werden alle Abende mehrere Hundert ganz armer Leute beiderlei Geschlechts aufgenommen, um ihnen eine unentgeldliche Lagerstätte zu gewähren, und des Morgens ohne weitere Verpflegung entlassen. Diese Einrichtung ist bei der Lebensweise des römischen Pöbels allerdings nothwendig. Viele des Tags über Arbeitende sind gänzlich wohnungslos. In Neapel ist es bekannt, wie dergleichen Menschen, die dortigen vielbefabelten *Lazaronen*, zu Tausenden des Nachts unter den weiten Hallen des Schlosses Capo di monte zubringen, nachdem sie am Tage durch Arbeit ihren Unterhalt verdient. Allein in Rom würde die Menschenklasse, welche jenen Lazaronen entspricht, solchergestalt nicht gut leben können. Denn einestheils ist das Klima von Rom schon ein bedeutendes weniger mild als das neapolitanische, und im heifsen Sommer ist das Schlafen in freier Luft fast unmittelbar mit Anfällen der bösartigsten Fieber verknüpft: anderntheils mangelt es in Rom an Gebäuden, wie jenes Schlofs zu Neapel, deren weite Vorhallen so viele Menschen einiger Mafsen gegen alle Unbill der Witterung zu schützen vermöchten. —

Den Arzt geht hierbei mehr die eigene Anstalt für *unreine Hautkranke* an. Es ist nemlich eine Abtheilung des Hauses für solche Menschen allein bestimmt, welche, ohne eigentlich bettlägerig zu sein, von ansteckenden Hautkrankheiten befallen sind. Hier befinden sich mehrere Unterabtheilungen, in welchen man Venerische, Krätzige, Grindige, von einander und von den Reinen aufs Genaueste sondert. Auch sie kommen des Abends, und gehen Morgens wiederum ihren täglichen Beschäftigungen nach. Eine kleine Unterstützung an Gelde wird ihnen jedoch von der Kasse des Odescalchi gereicht: besonders den Krätzigen, welche unter ganz vorzüglichem Schutze stehen, wie denn auch die ganze Anstalt nach ihrer Schutzheiligen benannt ist. Im Palast Odescalchi wird unter Aufsicht des Fürsten selber ein geheimnisvolles Pulver seit mehreren Generationen schon bereitet, welches man mit Oel als Salbe Abends und Morgens den sich einstellenden Krätzigen aufstreicht. Anderweitige Heilungsanstalten finden nicht Statt: Grindige, Venerische u. s. w. haben bloſs ihr gesondertes Nachtlager, denn erkranken sie bedeutender, so werden sie dadurch zur Aufnahme in das Spital Sta. Maria e Gallicano tauglich. Man begreift, wie nachtheilig für die Krankheiten, dieser Art zumal, eine solche Verzögerung der Heilung sein müsse, die gar keinen reellen Grund hat. Eben darum ist jenes Einsalben der Krätzigen immer lobenswerth genug, wenn gleich das Ganze auf eine windbeutelnde Pfuscherei gegründet sein mag. Das gerühmte Geheimnitfel besteht in einem durch geringe Modification veränderten Schwefelpulver, welches durch seine Mischung mit dem bloſsen Oele zu einer einfachen, und, dem Erfolge nach minder noch als die Jassersche, wirksamen Salbe wird. — Als Arzt ist bei diesem Hause angestellt ein Dr. Maranelli: zur Aufsicht wenigstens, denn eigentliche Beschäftigung hat er dabei gar nicht, so wenig als der andere für seine Besuche besoldete Arzt Dr. Egidj. Eher noch verdient der Chirurg della Rocca bei vorkommenden Fällen seinen Gehalt.

3. Fremde Nazionalspitäler.

Von diesen gab es ehemals, wie schon angemerkt, 20 in Rom. Sie wurden von einzelnen auswärtigen Nazionen oder besondern italienischen Stämmen unterhalten, und dienten ein jedes nur für die Erkrankten der Nazion, welcher das Spital zugehörte. Diese Einrichtung, obgleich nicht von der Kirche gemacht, war doch um ihretwillen da: denn die mehresten Fremden dieser Art bestanden in Pilgern, in Büßenden, in Geistlichen aller Art, denen Handwerker und Krämer sich nur in geringerer Menge zugesellten. Gegenwärtig sind nur noch 7 solcher Anstalten vorhanden, und auch diese in bejammernswerthem Zustande. Alle 7 würden etwa 150 Kranke fassen können, allein während meines Aufenthaltes in Rom enthielten sie deren aus gänzlichem Geldmangel kaum 20. Denn die Staatskassen nahmen sich ihrer nicht an, und die Fundationen waren in den revoluzionären Stürmen bedeutend geschwächt worden. Die noch nicht ganz eingegangenen Spitäler dieser Art waren übrigens folgende: 1) De' Lucchesi; 2) De Bergamaschi; 3) S. Giacomo degli Spagnuoli; 4) De' Fornarj marcheggiani *ossia* della Madonna di Loreto chiamata de' Fornarj; 5) S. Carlo de'

Milanesi; 6) S. Giovanni de' Fiorentini; 7) Sta. Maria dell' anima, *ossia* hospitium Teutonicorum.

4. Oeffentliche Anstalten für die Jugend.

Ich erwähne hier zweener Anstalten dieser Art, als einigermaſsen in meinen Plan gehöriger, nemlich des Findelhauses und Waisenhauses: welche sich beide auf die auffallendste Weise an innrer Zweckmäſsigkeit entgegengesetzt sind.

a. Das Findelhaus.

Schon die erste Anlage dieser nothwendigen Anstalt in den Nebengebäuden des Heiligengeistspitals bürgt für eine groſse Mangelhaftigkeit des Ganzen, welche bei jedem Blick in das Innere um so deutlicher wird. Man hat in den weitläuftigen Hintergebäuden von Santo Spirito einen Hofraum mit denen ihn umgebenden Flügeln für das Findelhaus angewiesen. Dieses Local ist zwar an sich groſs und geräumig, steht aber doch nicht in Vergleich mit der Anzahl darin befindlicher Personen. Auch sind die Gebäude des frischen Luftzuges groſsentheils beraubt, dunkel, und auf klösterliche Weise eingerichtet. Die Anzahl zerfällt in 3 ungleich groſse Abtheilungen, deren Locale keinen Zusammenhang untereinander haben. — 1) nemlich befindet sich hier die Anstalt für *Findlinge im Säuglingsalter*, so viele deren nemlich im Hause selber verpflegt werden. Es waren hier bei meiner Anwesenheit 70 Kinder beiderlei Geschlechts, vom Alter von wenigen Tagen bis zu 2 und $2\frac{1}{2}$ Jahren: die andern wurden in Pensionen auf dem Lande und in der Stadt verpflegt.

Der Ammen waren 18 vorhanden, sodafs auf eine jede etwa 4 Kinder gerechnet werden konnten, von denen bei einigen 3, bei andern 2 Säuglinge waren, die übrigen entwöhnte der Pflege noch bedürftige Kinder. Um den Ammen das Säugen und die Wartung zu erleichtern, sollten daher noch 6 neue Ammen angenommen werden. Allein die Anstalt wird dadurch um Nichts gebessert werden. Das Local ist ebenso schlecht, als jenes in Sta. Catterina zu Mailand. Es findet durchans keine Anstalt zur bessern Erhaltung der schwachen und kranken Säuglinge Statt, als die allgemeine Wartung aller. Die Ammen, welche ich hier sah, waren fast lauter unansehnliche, ja sogar kränklich aussehende Personen, und obwohl ihre Nahrung ziemlich gut ist, so scheint es mir aus jenem Grunde dennoch sehr begreiflich, dafs die Kinder insgesamt schwächlich und siech aussahen. Jede Amme hat ihr Bett, und daneben eine Wiege, in welcher 3 auch 4 Kinder beieinander liegen: alles ohne sonderliche Zweckmäfsigkeit der Einrichtung, und nicht wenig von italienischer Unsauberkeit besudelt. Die Kinder müssen jetzt insgesammt dem geistlichen Aufseher selber übergeben werden, weil ehemals, als die Drehscheibe im Gange war, oftmals wohlhabende Leute unerkannt ihre Kinder aussetzten, und solcher Misbrauch die Kräfte der Anstalt schwächte. Man nimt jedoch hier auch vater- und mutter-lose Waisen auf, wenn sie noch im Säuglingsalter befindlich sind, da in dem eigentlichen Waisenhause zu S. Michele nur Waisen aufgenommen werden, deren Mütter noch am Leben sind; sowie man auch in diesem Findelhause solche nur vaterlose Waisen im Säuglingsalter aufnimt, und dann im 3ten Jahre etwa

an

an die Anstalt zu S. Michele abliefert. — 2) Wenn die Findelkinder und ganz elternlose Waisen im zweiten oder dritten Jahre einigermaſsen selbstständiger geworden sind, laufen können und nicht mehr der genauesten Pflege bedürfen, so bringt man sie aus jener ersten Säuglingsabtheilung nach ihrem Geschlecht in eines der beiden für *Heranwachsende* bestimmten Locale. Das eine derselben, für die *Knaben*, enthält nur wenige derselben, weil diese darin nur bis zu dem Alter von 8 9 Jahren verbleiben, und alsdann insgesammt, bloſs mit Ausschluſs der ganz untauglichen Krüppel, welche nach S. Michele oder in die Incurabili gebracht werden, auf Kosten der Anstalt bei Handwerkern und Künstlern in die Lehre gehn. Mit dem 25sten Jahre entläſst man sie ohne Ausnahme, und zahlt alsdann Jedem die Summe von 40 Piastern aus (etwa 55 Thaler). — 3) Ein stärkeres Personal befindet sich in der dritten Abtheilung, wohin die *Mädchen* gebracht werden. Auch dieses Local ist weitschichtig, aber dennoch für die darin enthaltenen 350 Personen zu eng, und besonders seiner Einrichtung nach ganz untauglich. Nur ein Drittheil aller Findelmädchen wird hier verpflegt, die übrigen, beinah 600 an der Zahl, werden in Pensionen auf dem Lande erzogen. Alle diejenigen welche mit ihrer Mannbarkeit kein Unterkommen finden, kehren in das Haus selber zurück, und werden darin ernährt, oder treten in die Gesellschaft weltgeistlicher Schwestern, welche die Aufsicht des Ganzen führen und im Hause wohnen. Dieser ganze Theil der Anstalt ist mit klösterlicher Strenge sowohl von den übrigen als von der Gemeinschaft mit der Stadt abgeschieden. Die darin aufgewachsenen Mädchen sind daher ohne alle Weltkenntnis, und pflegen auch der Gewohnheit zufolge nur ungern in andere Verhältnisse zu treten. Man trägt sich in Rom mit den lustigsten Geschichten von solchen Personen die zufällig verheirathet wurden, u. s. w. Die ganz klösterliche Erziehung lag natürlich im Plane der Geistlichkeit. Allein was der Arzt vorzüglich daran zu tadeln findet, das ist der Einfluſs dieser Erziehung auf die Gesundheit. Die Luft im Hause ist auſserordentlich verdorben, wie bei 350 eingeingeschlossenen unverheiratheten Weibspersonen alles Alters natürlich ist. Die armen Geschöpfe sitzen ohne alle körperliche Bewegung, ohne Veränderung ihrer Lebensweise, ja beinahe ohne eigentliche Beschäftigung, denn das Wollrad ist im Allgemeinen nur wenig im Gange, vielmehr hocken jüngere und ältere Personen den gröſsten Theil des Tages auf den Treppen und in Vorsälen umher, oder knieen in den zahlreichen Oratorien und Kapellen stundenlang. Alle, die Kinder, die Erwachsenen und die alten Jungfern, hatten ein elendes Aussehn. Insgesammt waren sie bleich, und groſsentheils aufgedunsen. Es ist natürlich, daſs bei solcher Lebensart das ganze Heer der Kachexieen, die Skrofeln, Bleichsucht und weiſsen Flüsse, hier ihr Lager aufschlagen. Gemüthsverirrungen, Exaltationen, und alle hysterischen Zufälle gesellen sich um so leichter hinzu, da die Richtung des Geistes absichtlich auf die schwärmerischste Frömmelei gelenkt wird. Die Aufseher wollten das Geständnis eingerissener heimlicher Laster nicht ablegen. Allein in den Gesichtszügen und dem Betragen der meisten jüngern und ältern Mädchen war es deutlich genug geschrieben, und die heilige Erziehung macht auch hier wie überall eine solche Vermuthung nur um so wahrscheinlicher. Ich war froh, aus dieser eingeschlossenen weiblichen Atmosfäre hinauszutreten, und hatte meine pflichtmäfsige Wifsbegier durch widerwärtigen Ekel zu büfsen.

b. Casa di S. Michele in ripa grande.

Der eigentliche Name dieser Anstalt ist: Hospitium apostolicum Scti. Michaelis pro pauperibus et orphanis ex patre. Man ersieht aus ihm den Zweck. Die Anstalt ward von Papst Innocenz XII gegen Ende des 17ten Jahrhunderts begründet, und ist wirklich eine der vortrefflichsten die ich noch gesehn. Sie dient zur Verpflegung armer Greise beiderlei Geschlechts, und zur Erziehung vaterloser Knaben und Mädchen. Es ist Schade, dafs man das treffliche und ungemein grofse Gebäude nicht in einer gesündern Gegend der Stadt errichtet hat. Es enthält in allen seinen Theilen 1200 Personen, und ist in jeder Hinsicht äufserst zweckmäfsig eingerichtet. Die durchgreifende Ordnung, die Reinlichkeit, die mancherlei vorzüglichen Anstalten, wie sie Kaiser Josef II bei seiner italienischen Reise in den siebziger Jahren des vorigen Jahrhunderts bewunderte, mufs man auch unter den ungünstigsten Umständen noch heutiges Tages anstaunen. Ein gewisser Giuseppe Vai, damaliger geistlicher Aufseher, hat die Einrichtung des Hauses und seine merkwürdigen Gesetze in einer eigenen Schrift mitgetheilt, welche gelesen zu werden verdient. *) Der gegenwärtige *Maestro di casa,*

*) *Relazione del pio istituto di S. Michele a Ripa grande, eretto dalla SS. memoria di PP. Innocenzo XII.* In Roma, dalla stamperia di S. Michele, 1779. 65 pag. in 4to.

1* *

Sign. Sclippa, verdient gewiſs ausgezeichnetes Lob für die Ausdauer und Geschicklichkeit, mit welcher er die Blühte der Anstalt immer noch zu erhalten weiſs. — Die Abtheilungen der greisen Männer und Weiber sind aufs Sorgfältigste von einander geschieden, damit nicht Zank und Feindschaft entstehe, welche die wohlgehaltenen alten Frauen so leicht anzetteln. Die innere Einrichtung dieser Abtheilungen ist auſserordentlich bequem und paſslich. Männer sowohl als Weiber haben eine eigene Infirmerie für etwa vorkommende Krankheiten, und sind darin aufs Beste gehalten. Dr. Egidj, als Primararzt, besucht die Anstalt täglich: auſserdem aber wohnt immer ein anderer Arzt nebst einigen Chirurgen in besondern Zimmern des prachtvollen Gebäudes. Schwerlich mögen altersschwache Personen irgendwo in andern Ländern einen reinlichern und bequemern, ja sogar prächtigern Zufluchtsort finden; denn dieses römische Haus kann vollkommen mit dem vortrefflichen *Reclusorio* zu Neapel wetteifern. — Die *vaterlosen* Waisenknaben müssen, um aufgenommen zu werden, mindestens 8 und höchstens 11 Jahre alt sein. Bringt man jüngere Kinder, so werden sie dem Findelhause übergeben, bis sie das erforderliche Alter haben, und also keiner eigentlichen kindlichen Pflege mehr bedürfen. Auch diese Abtheilung ist streng von den andern geschieden, hat ihre Infirmerie, steht unter genauer Aufsicht, und zeichnet sich durch ihre Zweckmäſsigkeit und gute Ordnung aus. Ein eigner groſser Hofraum mit Gebäuden und Seulengängen umher ist für die Spiele und zum Unterricht der Knaben eingerichtet. Man leitet sie, nicht ohne geläuterte gymnastische Begriffe, zu zweckmäſsigen Spielen an, eine Einrichtung die ich sonst nirgend in Italien fand. In den Sälen des Unterrichts aber erlernen sie aufser den gewöhnlichen Schulkenntnissen mannigfache Gewerke, ja sogar freie Künste, in denen sich mancher Zögling nicht unbedeutend schon ausgezeichnet hat. Mit dem 25sten Jahre entläfst man sie, und ertheilt ihnen zugleich ein Geschenk von 30 – 40 Piastern. — Nicht weniger zweckmäfsig ist die Abtheilung der Waisenmädchen eingerichtet, welche durch ein eben so gesundes und frisches Aussehn als die Knaben ihre gute Haltung bezeugen. Sie stehn in den nemlichen Verhältnissen wie jene, und sind, gleich den greisen Weibern, sogar in der Kirche ganz von den übrigen Abtheilungen getrennt. Auch sie werden in mancherlei Nützlichem unterrichtet. Diejenigen Mädchen, welche bis zum 25sten Jahre nicht verheirathet oder sonst untergebracht sind, bleiben im Hause, und werden meist als Krankenwärterinnen in den verschiedenen Infirmerieen gebraucht. Es fiel mir auf, die jüngsten Mädchen gleichwie die alten Jungfern jede als alleinige Besitzerin eines grofsen zweischläfrigen Bettes zu sehn. Ich erfuhr, dafs jede Eintretende ihr eignes Bett mitbringen mufs: um nun für den möglichen Fall der künftigen Verheirathung zugleich mit zu sorgen, ist es Sitte, dafs die Verwandten solchen aufzunehmenden Mädchen sogleich zweischläfrige Betten machen lassen. — Auch diese Anstalt ist gegenwärtig, und wohl schwerlich zu ihrem Vortheil, der allgemeinen Direction untergeordnet, von der ich oben sprach.

5. Neuangelegte Krankenhäuser.

In diesem Abschnitt erwähne ich des grofsen *militärischen* Spitals und der Krankenanstalten in den Ge-

fängnissen. Was zuerst das *Militärspital* betrifft, so bestand dieses zwar schon zur päpstlichen Zeit, jedoch ist es seit der Vereinigung Roms mit Frankreich gänzlich umgemodelt und auf französische Weise eingerichtet worden. Das Local ist äuſserst geräumig, und wäre an sich vortrefflich, wenn es nicht in einer so ungesunden Gegend, gerade gegenüber Santo Spirito, erbauet worden wäre. Ich muſs hierbei eine Bemerkung wiederholen, die ich schon früher aufzuzeichnen nothgedrungen war. *) Es ist nemlich auffallend, wie wenig besondere Sanitätsanstalten für die zahlreiche französische Armee in Italien getroffen worden sind. Auſser dem hiesigen Militärspital, und dem groſsen der Ssma. Trinità zu Neapel habe ich fast nirgend in Italien ein eigenthümliches Spital der französ. Truppen gefunden. Im Königreiche Italien sind die Kranken der häufigen französ. Garnisonen in den Krankenhäusern des königl. italienischen Militärs aufgenommen, und wo dergleichen nicht sind, da bringt man sie sogar in die bürgerlichen Krankenhäuser. Nur zu Vicenza fand ich ein besonderes französ. Militärspital, obgleich von sehr kleinem Umfange. In denen dem Kaiserthum Frankreich einverleibten Staaten ist jedoch dieser Mangel noch auffallender, weil hier die Truppen in ihrem eigenen Lande sind, und die Administrationen ungehindert wirken können. Allein in diesen Staaten (Genua und Piemont immer ausgenommen) fand ich nur dieses eine besondere Krankenhaus zu Rom. In allen übrigen Städten, selbst in so groſsen als Florenz und Parma, bringt man die kranken

*) Vergl. oben *S.* 85 *folg.*

Soldaten in die gewöhnlichen Stadtkrankenhäuser, wo sie von den Civilärzten versorgt werden, und nicht einmal ihre eigenen, unter genauerer Controlle stehenden Militärärzte haben. Sicher wird man diesem großen Mangel und seinen vielen Nachtheilen sowohl fürs Militär als für die Bürger bald abzuhelfen suchen, welches in einem so großen und mächtigen Staate nicht schwer fallen kann. Denn es ist gewiß, daß an den mehrsten Garnisonsorten die bürgerlichen Kranken sehr durch eine solche mangelhafte Einrichtung leiden. Die immer beträchtliche Anzahl der kranken Soldaten entzieht ihnen die besten Plätze in den Spitälern, und die Kassen werden durch deren Verpflegung nicht wenig belästiget, wenn gleich die militärischen Autoritäten mehrentheils für ihre Kranken eine gewisse, aber nicht hinreichende Summe auszahlen. —

Für die *Gefangenen* hat man gegenwärtig in Rom zween Krankenanstalten errichtet. Es sind nemlich zwei Gefängnisse für Civilpersonen vorhanden, in deren jedem ein kleines Local zur Infirmerie gemacht worden ist. Man begreift leicht, daß bei so enger Beschränkung des Oertlichen und unmittelbarer Gemeinschaft mit den übrigen dumpfen Gefängniszellen, weder große Reinlichkeit und gute Luft, noch besondere Einrichtungen zur Erleichterung des Heilverfahrens Statt haben können. Der Arzt beider Gefängnisse heißt Dr. Angiluci.

6. Medicinischer Unterricht.

Obgleich der berühmte Cuvier schon vor geraumer Zeit als Abgeordneter der Regierung eine Reise durch die mit Frankreich vereinigten Provinzen Italiens machte, um die daselbst vorhandenen öffentlichen Unterrichtsanstalten aller Art auf französische Weise einzurichten, so habe ich doch wenigstens bei den Anstalten zum *medicinischen* Unterricht weder in Rom noch in Toscana wesentliche Veränderungen in dieser Hinsicht gesehn. Man hat allerdings die hohen Schulen als vereiniget mit der grofsen kaiserlichen Universität angesehn, allein die wirkliche Vereinigung war bis zur Periode meiner Reise immer noch unterblieben. Auch in dieser Hinsicht fand also jene nemliche Ungewifsheit Statt, welche ich in der Verwaltung der Krankenanstalten bemerkte. Die Entwürfe zu mancherlei grofsen Umänderungen waren gemacht, und die bisherige Einrichtung bestand eigentlich nur als stellvertretende bis zur weitern Ausführung des Neuen. Vor allen Lehranstalten bot die Universität zu Rom, la Sapienza genannt, ein solches Bild dar. Es versteht sich, dafs ich hier die *medicinische* Facultät ganz allein betrachte. Wegen jener Verzögerung der neuen Organisation werde ich nur im Allgemeinen einige Worte über die alte Verfassung sagen, so wenig diese auch eigentlich noch geltend sein sollte. Dafs die nur wegen Schwierigkeit der neuen Einrichtung fortdauernde alte Anstalt sich keiner lebendigen Blühte erfreuen konnte, bedarf wohl um so weniger einer bestimmten Erinnerung, wenn man bedenkt, dafs auch ihre Fundationen wie jene der Spitäler eingezogen sind, und die Zahlungen aus andern Kassen nicht besonders reichhaltig ausfallen.

a. La Sapienza.

Die Universitäten des Kirchenstaates zu Rom und Perugia, welche sich den Namen der *Weisheit* selber zueigneten, dürften freilich wohl trotz ihres vielversprechenden Namens manche eingreifende Verbesserung nöthig haben, jedoch glaube ich, dafs im Allgemeinen ihre wenngleich nur mangelhafte Existenz der früheren Zeit in voller Kraft nützlicher sein würde, als der gegenwärtige Stillestand in Erwartung eines noch problematischen neuen Schwunges. Bei dem Anblick der römischen Sapienza mufs uns Deutschen zumal die wunderlich gemischte Verfassung auffallen, in welcher man kaum weifs, ob eine eigentliche Universität, oder ein vorbereitendes Gymnasium zu erkennen sei. Die physikalisch-medicinische Facultät, welche uns hier allein angeht, hat nemlich folgende Lehrer, unter welche die verschiedenen Fächer auf die anzugebende Weise vertheilt sind, ohne dafs aufserordentliche Professoren oder Repetenten ihnen zur Seite stünden. Professor Morecchini für die *Chemie;* Poggioli für die *Botanik;* Conti für *praktische Pharmaceutik;* Lupi für *Anatomie;* Bomba für *theoretische Medicin*, solchergestalt nemlich, dafs er im Sommerhalbjahre *Physiologie*, in den Wintermonaten aber *allgemeine* und *besondere Pathologie* liest; Micocci für *allgemeine Therapie* und *Erklärung der Aphorismen des* Hippokrates; Sisco für *chirurgische Institutionen;* Giovanelli für *medicinische Praxis;* Belli für die *praktische Chirurgie;* Asdrubali für die *Geburtshülfe;* und Oddi für die *vergleichende Anatomie* und *Thierarzneikunde.* — Allerdings findet sich in dieser Anordnung aufserordentlich viel Mangelhaftes, jedoch ist dieses immer nur gering gegen die gänzliche Armut an allen auch den nothwendigsten Hülfsanstalten. Es scheint in dieser Hinsicht wirklich beinah, als habe man nur eine durch oberflächliches theoretisches Studium vorbereitende Schulanstalt einzurichten im Sinne gehabt, und dieser Gedanke möchte fast Gewifsheit bekommen, wenn man die Art betrachtet, wie die Fortschritte der Studierenden geleitet werden. Denn die mancherlei dem Wesen einer echten Universität fremdartigen Einschränkungen des Vortrages abgerechnet, finden wir das freie Leben im Glanze der höchsten Wissenschaft auch durch schülermäfsige Anordnungen behindert, als durch die Gesetze eines unabänderlichen Studienplans, des öfteren Einlieferns einzelner schriftlicher Ausarbeitungen als Wiederholung des Vorgetragenen, u. s. w. Dennoch ist diese Anstalt die höchste des Landes, allgemeiner als die zu Perugia, und durch das Recht, Doctorwürden zu ertheilen, sowie durch den äufseren Rang der Professoren, als eigentliche Universität dargestellt. Was aber, angeführter Weise, am wenigsten dem Bilde einer höheren Universität pafslich ist, der gänzliche Mangel aller eigentlichen Hülfs- und Ausübungs-Anstalten, das bürgt vollkommen für die Unwissenheit der geistlichen Stifter und Lenker, *) so-

*) In neuern Zeiten verdient besonders Papst Pius VI, dessen Regierung durch so manche gute Einrichtung anderer Art ausgezeichnet ist, den Vorwurf, dafs er nicht allein zu wenig für die naturwissenschaftlichen und ärztlichen Anstalten gethan, sondern sogar das gesammte Studium derselben zurückgedrängt habe. Er war nemlich ein entschiedener Feind aller Naturwissenschaften, und suchte sie durch Aufstellung ihrer Mangelhaftigkeit im Einzelnen soviel möglich lächerlich zu machen. Noch gegenwärtig sind die Aerzte Roms erfüllt von der zürnenden Rückerinnerung an seine unbezwinglichen Vorurtheile, die oftmals entschieden guter Sache den gröfsten Nachtheil gebracht haben, und

fern auch jahrhundertlange Erfahrung diese niemals vermochte den auf die unnützeste Weise verschwendeten Reichthum der Kirche nur einestheils dem wichtigeren Bedürfnisse zuzuwenden. Die Sapienza besitzt, aufser einer *Bibliothek*, keine andere *Sammlung* als eine höchst unvollkommene von *Mineralien*. Erst in den letzten Jahren der Regierung Pius VII ward ein *botanischer Garten* angelegt, welcher gegenwärtig durch die Bemühungen des verdienstvollen Professors Poggioli und die von der französischen Regierung angewiesene besondere Aushülfe an Geld blühender ist als man bei dem Zustande der übrigen Anstalten vermuthen sollte. Das *chemische Laboratorium*, welches den Professoren Morecchini und Conti dient, kommt dagegen eben so wenig in Betracht, als der nöthige Apparat zu physikalischen Vorträgen geringfügig ist. Noch auffallender aber mufs die Einrichtung sein, dafs sogar alle anatomische Präparationen, welche den Vorträgen des Prof. Lupi zu Grunde gelegt werden, aus dem weit entfernten Spital Santo Spirito geliefert werden müssen. Die Sapienza nemlich besitzt gar kein anatomisches Theater. Herr Lupi ist daher keinesweges im Stande, die ihm nöthigen Arbeiten unter seiner eigenen Leitung verfertigen zu lassen. Die Sapienza ist in dieser Hinsicht seit ihrer Entstehung auf die später zu beschreibende Unterrichtsanstalt von Santo Spirito angewiesen. Die dort angestellten Lehrer lassen durch ihre Schüler dasjenige ausarbeiten, was zum Unterricht in der Sapienza nöthig ist: und dieses wird sodann bei jeder einzelnen Vorlesung dorthin getragen, ob-

bei der ausgezeichneten Beschützung des philologischen Studiums Neid und Eifersucht rege machten.

ne dafs auch nur eine ältere Sammlung der weitläuftigen Aushülfe überheben könnte. Studierende also, welche sich blofs mit dem Unterricht in der Sapienza begnügen wollten, würden durchaus keine Uebung im Seciren selber finden, und so unvergleichlichen Vorträgen sie auch beiwohnen könnten, doch nur geringfügige Anschau an den seltenen Leichnamen haben, durch welche ihre anatomischen Kenntnisse schwerlich eine gründliche Umfassung erhalten möchten. Denn der vortreffliche Lupi, dessen Lob meine geringen Kräfte übersteigt, kann einen solchen Mangel durch seine Persönlichkeit nie ganz ersetzen. Er beschränkt sich auf die mangelhafte Demonstration an den wenigen Präparaten während einiger Wintermonate, so ungemein gut und lehrreich eine solche Anstalt zu machen gewifs dieser Mann vor andern tauglich sein würde, (da er in den übrigen Sommermonaten die Beschreibungen meisterhaft vorträgt) wenn ihm die äufseren Mittel mehr zu Gebote stünden. Es bedarf nur weniger Worte, um die Vortrefflichkeit dieser freien Vorträge, welchen ich oftmals beizuwohnen Gelegenheit fand, gehörig zu würdigen. Denn der Name dieses Mannes, welcher auf das Scharfsinnigste die Meinungen des grofsen Mascagni anzugreifen, und dessen reichhaltiger Beobachtung die Resultate einer nicht minder wohlbegründeten entgegenzustellen wagen konnte, *) ist auch aufser seinem Vaterlande genugsam bekannt, und ich bedarf zur völligen Schilderung seines Lehrerwerthes keiner anderen Ausdrücke, als dafs die

*) Petri Lupi *refutatio theoriae absorptionis et secretionis, ad calcem operis* Mascagni, *edit.* Romae 1793. — Deutsch Leipzig 1799. 2 Bnde.

Talente des mündlichen Vortrags denen der schriftlichen Darstellung gleichkommen. — Die praktische Medicin wird als solche immer nur theoretisch gelehrt, d. h. Prof. Giovanelli trägt die besondere Heilkunde und Casuistik vor, hat aber durchaus keine Gelegenheit, die Studierenden am Krankenbette in der Ausübung selber zu leiten. Ebenso geht es bei der Chirurgie unter Prof. Belli. Die Sapienza besitzt nemlich durchaus keine *klinische Anstalt*. Keines der mancherlei Spitäler steht mit ihr in unmittelbarer Verbindung, und in keinem ist besondere Rücksicht auf die Unterweisung der jungen Aerzte genommen. Diese können nach ihrem Belieben den Krankenbesuchen der gewöhnlichen Aezte in Sto. Spirito, in S. Giovanni, S. Giacomo, Sta. Maria della Consolazione, S. Gallicano u. s. w. beiwohnen. Allein wie mangelhaft diese Einrichtung sei, wird Jedermann sogleich einsehn. Denn erstlich können die Studierenden in jedem dieser Spitäler immer nur ein bestimmtes Geschlecht der Krankheiten, und nur bei Männern oder bei Weibern kennen lernen, und es würde einen unmöglichen Zeitaufwand erfodern, wenn sie durch alle sich arbeiten, und solchergestalt einen völligen klinischen Cursus machen wollten. Auch geschieht dies niemals: denn da man wunderlich genug im Gegensatze der oben angeführten Studienbeschränkungen, welche ganz grundlos waren, hier, wo eine sichere und weise Leitung den Unerfahrenen nöthig sein würde, völlige Licenz gestattet hat, so pflegen sich die Studierenden nach zufällig gefundenen persönlichen Verhältnissen an diesen oder jenen Arzt eines der Spitäler allein anzuschliefsen, und dieser nimmt sie dann gewöhnlich mit zu seinen Privatkranken, schickt sie bei unbedeutenden Fällen umher, und erzieht sich in ihnen einen Lehrling auf gut handwerksmäſsig, wie der Bader nur immer im Stande ist. Selten findet eine Ausnahme von diesen Gewohnheiten Statt, so daſs etwa ein besser organisirter Jüngling aus innerem Triebe den rechten Weg des praktischen Studiums einschlägt, und sich das Gute eines jeden Spitals zu eigen macht. Als groſsen Fehler muſs man auch betrachten, daſs in keinem der Spitäler eigentlicher klinischer Unterricht gegeben wird. Der Arzt macht seine Krankenbesuche rasch und oberflächlich ab, denkt, wenn er überhaupt dazu geeignet ist, was zur Erklärung des Falles dient, aber hüthet sich wohl es zu sagen, weil er keine Verbindlichkeit hat, die edle Zeit dadurch auszufüllen und seine nazionale Trägheit zu überwinden. Der Schüler sieht also die bettlägerige Menschengestalt, und hört, daſs dieser Mercur und jener China gereicht wird, ohne recht eigentlich zu erfahren, warum? Auch stehn diese Krankenbesuche in den Spitälern in keinem äuſseren Verhältnisse zu der Sapienza und zu einander selber. Alle werden in den Morgenstunden gemacht, und treffen also miteinander und mit den Vorlesungen der Sapienza in gleicher Zeit zusammen. Der Studierende also, welcher seinen theoretischen Cursus macht, kann kein Spital besuchen: der, welcher Krankheiten der Weiber in S. Giovanni sieht, kann die der Männer in Sto. Spirito nicht kennen lernen, zumal auch da die weite Entfernung eines Spitals von dem andern alle gleichzeitige Benutzung unmöglich macht, selbst wenn die Stunden des Krankenbesuches nicht zusammentreffen. Niemals aber, und dies ist wohl der gröſsete Fehler, kann der Studierende Gelegenheit finden, seine Kräfte selber zu üben. Er hört von seinen Lehrern, und sieht in den Spitälern, oftmals nach ganz anderer Richtschnur, die er mit jenem Gehörten nicht zu reimen vermag, wie man Krankheiten heilen müsse, allein er selber darf es nicht versuchen, bis die Zeit kommt, da er als praktischer Arzt sich selber ganz überlassen ohne vorausgegangene Uebung umhertaumelt. Besonders für die Chirurgen ist dieser Umstand sehr übel, da man in der Sapienza die Operationen nicht einmal am Leichnam üben kann. Man läſst sich also nach 3 Jahren theoretischen Studiums von der Facultät prüfen und die Doctorwürde ertheilen. Allein der Staat hat wohl eingesehn, daſs solche theoretische Doctoren den Gesundheitszustand der Bürger wohl zu berathen nicht im Stande sein würden. Deshalb darf im Vertraun auf seine Würde Keiner die Ausübung beginnen. Nun erst muſs er noch zwei Jahre in einem oder in mehreren der Spitäler den Krankenbesuchen beiwohnen, und darüber schriftliche Zeugnisse beibringen, wenn er angestellt sein, oder nur die Erlaubnis der Ausübung erhalten will. Ebenso kann aber auch ein Jüngling, welcher diese Zeugnisse der zweijährigen Spitalsbesuche aufweist, ohne weitere Theilnahme an den Vorlesungen der Sapienza zum Doctor gemacht werden: sodaſs man erkennt, wieweuig die Begründer einer solchen Einrichtung zu beurtheilen vermochten, was sie selber zur Absicht hatten, noch was die Würde des Doctors bedenten solle. Papst Pius VII, welcher überhaupt mit freierer Ueberlegung des Guten in allen Theilen des menschlichen Wissens, als sein naturfeindlicher Vorgänger, manchen Uebelstand zu verbessern strebte, hatte den Entwurf zu einer eigenen klinischen Anstalt für die Sapienza gemacht: allein Beschränkung der Einkünfte seit den Räubereien der Revolution, hinderten ihn an der Ausführung, bis endlich das wichtige politische Ereignis ihn in seiner Wirksamkeit gänzlich hemmte. — Nicht minder zu bedauern, als die wenig wirkenden Talente des Prof. Lupi bei dem Mangel der Hülfsanstalten, ist auch die vergebens angestrengte Kraft des berühmten Asdrubali als Lehrers der Geburtshülfe an der Sapienza. Zwar zeichnet sich diese Anstalt dadurch vor den meisten andern Universitäten Italiens aus, daſs ein eigner Lehrer der so allgemein vernachlässigten Wissenschaft hier seinen Platz gefunden hat. Allein der Lehrer kann sich nur auf theoretische Vorträge einlassen, ja es fehlt ihm sogar an Gelegenheit, die Studierenden im Untersuchen zu üben, und es bedürfte daher seiner besondern Anstellung keinesweges, sondern die Geburtshülfe könnte füglich wie bei den übrigen Universitäten zugleich mit den chirurgischen Institutionen vorgetragen werden. Leicht wäre es freilich gewesen, dem groſsen Fehler gründlich abzuhelfen. Denn die oben beschriebene Gebähranstalt zu S. Rocco durfte nur dem Zutritt der Studierenden eröffnet werden, zumal da Professor Asdrubali selber die Leitung jenes Hauses besorgt. Der würdige Mann, welcher mit der gröſsten Thätigkeit seine Wissenschaft zu fördern strebt, und dessen Verdienste durch die bald zu hoffende neue Auflage seines groſsen reichhaltigen Werkes in weit hellerem Lichte noch als bisher erscheinen werden, kann nicht einmal am Fantome seine Schüler üben, weil die Anstalt kein einziges brauchbares besitzt. —

sitzt. — Endlich bleibt mir noch das Verhältnis des Professors Oddi und die Beschränkung seiner Wirksamkeit zu erwähnen übrig. Papst Pius VII erkannte die Nothwendigkeit des öffentlichen Unterrichts in der Veterinarkunde, und suchte dem gänzlichen Mangel desselben dadurch abzuhelfen, daſs er einen talentvollen jungen Arzt in fremde Länder reisen lieſs, und ihn nachher in die neuerrichtete Stelle eines Professors der vergleichenden Anatomie und der Thierarzneikunde einsetzte. Allein auch hier fehlte es durchaus an Hülfsanstalten; erst in der letzten Zeit seiner Regierung lieſs der Papst das Gebäude des ehmaligen *Collegium umbricum* zur Einrichtung der Veterinaranstalt anweisen, ohne jedoch die benöthigten Summen zu dieser Einrichtung selbst herzugeben. In diesem Zustande der nur halben Ausführung ist die Anstalt auch gegenwärtig noch. Herr Oddi hält in jenem von der Sapienza entfernten Gebäude seine Vorlesungen, kann aber wegen Mangel an Geld und andern Anstalten nur unvollkommene anatomische, und fast ganz unbedeutende klinische Uebungen halten. Sein trotz aller Hindernisse immerfort reges Bemühen, dem der uneigennützige und aller Belohnung entbehrende Dr. Metaxà, ein in der vergleichenden Anatomie geübter junger Arzt, seinen Eifer zugesellt, hat ein kleines Cabinet anatomischer Präparationen zu Stande gebracht, welches die nothwendigsten Hülfsmittel für die Studierenden enthält. Häufigen Auffoderungen der neuen Behörde, einen tauglichen Plan zur vorgesetzten Umgestaltung zu entwerfen, hat Herr Oddi gründlich und gut entsprochen: allein die Ausführung ist immer noch verschoben worden. Bei dem Dasein so mancher groſsen und mit Gärten und Gebäuden reich ausgestatteten Villa vornehmer Familien, welche gegenwärtig keinen Gebrauch davon machen, würde es ein Leichtes sein, eine derselben zu einer Veterinaranstalt von seltener Vollkommenheit einzurichten.

Von dem Geist der Studierenden bei einer in sich unvollkommenen und durch die Stürme der Zeit vollends umgestürzten Anstalt bleibt mir nach dem Mancherlei früher Angeführten kaum noch etwas Besonderes zu sagen übrig. Auffallend gewiſs ist die allgemeine Wirkung des minder gründlichen Schulunterrichts. Wie bei uns sehen wir auch in Italien die sträflichste Oberflächlichkeit sich der Studierenden bemeistern, und wenig Gutet für die strenge Cultur der Wissenschaft mag von der jetzigen Generation zu erwarten sein. Man sage was man vermag gegen die Wichtigkeit der philologischen Bildung, in Italien steht ebenso wie anderwärts ihr Verfall mit der einreiſsenden Oberflächlichkeit alles wissenschaftlichen Bestrebens in gleichem Verhaltnisse. Die Studierenden der Sapienza haben ihre Lehrer einmüthig ersucht, statt der lateinischen Sprache, deren Gebrauch bei allen Lehrvorträgen aus alter Zeit her anbefohlen ist, sich der italienischen zu bedienen, weil sie das Latein nicht mehr gelernt haben. Und eben diese Studierenden beweisen auch täglich sowohl die Armut an empirischen Kenntnissen unter ihnen, als die schiefe und leichtfertige Richtung ihres Bestrebens nach Erkenntnis der Wissenschaft.

b. Unterrichtsanstalt zu S^to^ Spirito.

Dem Mangel des praktischen Unterrichtes bei der Sapienza scheint man zum Theil durch die Lehranstalt abhelfen gewollt zu haben, welche sich ohne bestimmte Richtung ihrer Organisation, bei dem Heiliggengeistspital vorfindet. Ich weifs nicht, ob diese oder die Sapienza älter ist: nach einem gemeinschaftlichen Plane und zur völligen Ineinandergreifung ihrer Wirksamkeit sind sie aber beide sicherlich nicht angelegt. Ein eignes Local ist in den weitläuftigen Gebäuden von Santo Spirito dazu eingerichtet. Hier finden sich Hörsääle, und ein zweckmäfsiges anatomisches Theater, welches der Sapienza völlig abgeht. Vier sogenannte *Lectoren* (denn die Ehre des Professorentitels hat man ihnen nicht gewährt) sind dabei angestellt: nemlich Pane für Anatomie, Bomba für medicinische Institutionen, Sernicoli für Chirurgie, und della Rocca für eigentliche Klinik. Die Anstalt hängt ganz vom Spital Sto. Spirito ab, und scheint insofern als ein selbstständiges Ganzes ohne Dienstbarkeit für die Sapienza betrachtet worden zu sein, sosehr man auch beim ersten Anblick berechtigt sein möchte dieses zu glauben. Allein die Studierenden dieser Anstalt können, zwar nicht von dem Collegium der Lectoren selber graduirt werden, aber doch ohne erst einen Lehrcursus der Sapienza durchgemacht zu haben, die Doctorwürde bei dieser Universität begehren, wie wirklich immatriculirte Studenten. Bei alle dem scheint das ärztliche Publicum aus wohlbegründeter Erfahrung nicht sonderlich viel auf diese Anstalt zu halten, soviele Schüler auch beständig darin zu sehn sind, welche sich als Klienten der Herren Lectoren einfinden müssen. Die Anatomie soll unter ihrem Lector Pane am besten berathen sein. Man rühmt diesen Mann als einen der erfahrensten und geübtesten Anatomen Italiens, welches

18 *

er jedoch dem Publicum durch Schriften zu beweisen unterlassen hat. Unter seiner Leitung üben sich die jungen Leute dann und wann im Seciren: allein es scheint, dafs die heranreifende ärztliche Generation wenig Gewicht auf das Studium der Anatomie lege, welche Oberflächlichkeit wohl grofsentheils dem so Vieles verderbenden Schwanken des Zeitganges zuzuschreiben sein mag, bei welchem ein Jeder nur aufs Hastigste nach nothdürftig Brauchbarem fürs tägliche Leben zu haschen gezwungen wird. Eine ziemlich vollständige *Sammlung anatomischer Präparate*, die einzige in Rom, befindet sich hier. Der englische Arzt Crawfurd hatte sie durch die Schenkung einiger Präparate in Spiritus gestiftet: späterhin verdankte sie ihre Vervollkommnung dem rastlosen Fleifse des kürzlich verstorbenen Filippo Flajani, eines der gröfsten italienischen Chirurgen, welcher Wundarzt am Spital und Lector der Anstalt war. Dieser hat vortreffliche Präparate, besonders des Gefäfs- und Nervensystems, mit einer ungemeinen Feinheit und Genauigkeit geliefert, wobei jedoch der sie Bewundernde sein Erstaunen über die unglaublich feine Ausarbeitung aller Arterien, auch der kleinsten Hautästchen, ausgeschält als abgetrenntes System ohne Knochen und Muskeln vom Körper eines etwa 14jährigen Knaben, und über ein nach ähnlichem Plane gearbeitetes Nervensystem, dadurch mäfsigen wird, dafs er die Zusammensetzung der verschiedenen gröbern und feinern Aeste aus mehrern Präparaten bedenkt. Reichliche Ausbeute findet man hier auch für pathologische Anatomie, insonderheit in Bezug auf die Schwangerschaftslehre. — Die *klinischen Uebungen* der Anstalt sind um so mittelmäfsiger. Ein Krankensaal des Spitals ist für dieselben angewiesen, und dieser enthält eine hinreichende Anzahl von Betten, um bei gröſserem Eifer von beiden Seiten für Lehrer und Studierende die Gelegenheit zur Erreichung ihres Zweckes darzubieten. Entschuldigen schwerlich, aber doch verzeihen muſs man allerdings den trägen Gang des Ganzen wegen der öfters angedeuteten zeitlichen Gründe.

Der *praktischen* Aerzte und Chirurgen leben zu Rom zwar nicht wenige, jedoch beklagt man sich seit geraumer Zeit allgemein über den Mangel an zuverlässigen und erfahrenen Männern. Insonderheit pflegen die in Rom so häufig sich aufhaltenden Nordländer diese Klage laut, und wie es scheint, nicht mit Unrecht, zu führen. Selten ist es jedoch einem nordischen Arzte gelungen, in Rom eine bedeutende Wirksamkeit zu finden. Gewöhnlicher Weise erlangen die nordischen Aerzte wenigen Zutritt in die römischen Häuser selber, und müssen sich eben auf die anwesenden Fremden beschränken. Nirgend in der Welt können die ärztlichen Vorurtheile dem Wesen des Volkes so erwünscht sein, als gerade in Rom, daher auch ein auswärtiger Arzt, dem es um die Wahrheit der Natur zu thun ist, und der die locale Modification der Zoonomie als Untergeordnetes unter höhere Gesetze zu fassen weiſs, in diese Herkömmlichkeiten nimmermehr eingehn wird. Die römischen Aerzte scheinen, so lange man ihren Aeuſserungen trauen darf, für die ausländischen, und zumal für die deutschen, eine ungemeine Ehrfurcht zu haben. Allein ich bezweifle, daſs es den mehresten unter ihnen wirklich Ernst um eine solche Meinung ist. Die Kenntnis ausländischer Schriften kann nur bei Wenigen gründlich sein, und jenes günstige Urtheil über die Ausländer beruht daher fast allein auf der Biegsamkeit gegen fremde Autorität aus dem Gefühl des Mangels an eigener. Es bedarf keiner besondern Erinnerung, dafs ich auch hier, wie bei jedem allgemeinen Urtheil die als seltene Ausnahmen aufzuführenden Bessern der jetztlebenden römischen Aerzte anders charakterisiren würde, wenn ihre Talente und Gelehrsamkeit in so seltener Vereinigung ein ausdrückliches Lob noch erheischten. Diese Wenigen wissen auch die beschränkten Meinungen ihrer Landsleute zu durchschauen: die Mehrzahl aber hängt fest an ihrer geerbten Einbildung, und meint nur sie selber allein vermöchten in Rom Krankheiten zu heilen. Denn allezeit pflegen diese gegen den anwesenden auswärtigen Arzt die Wichtigkeit ihrer Localität herauszustreichen, als seien die Krankheiten zu Rom wirklich Phänomene einer ganz andern Natur. *)

*) Keiner von den Alltagsärzten Roms, aus deren Munde man dergleichen Urtheile hört, — denn dafs Männer wie Lupi, Morecchini, Flajani einen höheren Begriff von der Naturerkenntnis haben, und deren Möglichkeit nicht in die engen Schranken der Zeit und des Ortes bannen, bedarf keiner weitern Erinnerung — kann übrigens im Vertrauen eigener empirischer Fertigkeit mit so gutem Grunde ausrufen, als Baglivi (l. c. p. m. 49): „In remediis prae„scribendis semper ante oculos habe tui climatis naturam, „tuorumque popularium temperiem; neque quidquam prae„scribas, quod ex libris didiceris, nisi praedicta calleas.“ Wohin auch in den Werken desselben Arztes das öftere: „Romae scribo, in agro romano“ etc. gehört, hinter welches jedoch auch bei ihm nur allzuoft eine eigene Unzulänglichkeit der Meinungen sich versteckt. Denn sollen wir dieses mächtige Hervorheben localer Eigenthümlichkeit an-

Daher sie denn auch fremde Schriftsteller gelten lassen, den Ausländer aber, wenn er thätig in ihrer Mitte wirkt, der Fassungskraft jenes erträumten Eigenthümlichen nicht fähig halten. Ich kenne die Urtheile solcher römischer Aerzte über mehrere nicht untergeordnete nordische, welche sie noch in neuerer Zeit neben sich wirken sahn. Es würde wenig Bekanntschaft mit der Localität Roms verrathen, wenn ich durchaus leugnen wollte, dafs dieselbe einen wichtigen und mehr als einseitigen Einflufs auf die thierische Organisation und ihre krankhaften Umgestaltungen äufsere. Im Gegentheil mufs ich sagen, dafs mich gerade diese wunderbare Eigenthümlichkeit der römischen Gegend in meinen Nachforschungen sehr häufig beschäftiget hat, und es mir sehr leid ist, durch anderweitige Verhältnisse von einer bedeutenden Verlängerung meines dortigen Aufenthaltes abgehalten worden zu sein, da ein solcher mich in den Stand gesetzt haben würde, mehr als die hier vorzutragende blofse Vermuthung

ders nennen, als eine Stütze für die Unwissenheit, wenn wir einestheils die Ergründung des ursachlichen Verhältnisses darüber verabsäumt sehn, anderntheils, wie ich deutlich genug aufgewiesen zu haben glaube, auch die Empirie des Heilverfahrens nirgend auf festen Stützen beruht, sondern mit den Meinungen eines jeden Jahrzehends unaufhörlich schwankte? — B a g l i v i hafste die China bei diesen Fiebern mit Recht: vor 10 Jahren feuerte alle Welt auch zu Rom mit Opium und Wein auf gut brownisch, und heut zu Tage stopft man die Fieberkranken voll Centner der Chinapulver. Alle diese Aerzte waren jedoch in Rom, von der römischen *Sapienza* erzogen, und glaubten bei der jedesmaligen Theorie ihre Localität richtig aufgefafst zu haben, obgleich Keiner jemals wufste, was die Natur unveränderlich und wahr vorzeichne.

aufzustellen. Allein es verräth eine höchst beschränkte Ansicht von dem Wesen der ärztlichen Erkenntnis, wenn die Römer meinen, nur sie und kein Ausländer vermöge jene locale Eigenthümlichkeit richtig aufzufassen. Es ist wunderlich, dafs sie bei diesem Dünkel dennoch in der allerblindesten Empiric bei einem Gegenstande ihr Heil versuchen, dessen nothwendige Zerspaltung in völlig verschiedenartige Theile dem unbefangenen Denker stracks in die Augen springt. Der Gegenstand, den ich meine, ist die eigenthümliche Gestaltung derer in Rom selber, im ganzen Agro romano, und in den pontinischen Sümpfen, so allgemein herschenden *Fieber*. Schwerlich wird sich bei einer genaueren Beleuchtung die Empirie der römischen Aerzte als zulänglich befinden. Ich habe aufmerksam ihre Aeufserungen über alles was diesen Gegenstand betreffen konnte, beachtet, und absichtliche Fragen nicht gespart. Allein auch nur die dürftigste Kenntnis dessen, was Wesentliches bei der Ergründung solcher Verhältnisse eintreten kann, habe ich nirgend gefunden, und die gänzliche Unmöglichkeit, aus jener vielbelobten Empirie der eingebohrnen Aerzte, etwas Befriedigendes zu ersehn, zwang mich meine Nachforschungen, leider in zu beschränkter Zeit, auf meinem eigenen Wege nach einer durch alle Umstände mir aufgedrungenen Annahme sich aneinander reihen zu lassen. Solchergestalt mufs ich die Naturforscher um Verzeihung bitten, wenn ich ihnen nichts Vollständiges zu geben vermag. Der Arzt wird aus meinen Vermuthungen, obzwar sie nichts anderes als Vermuthungen sind, eher noch eine allgemein gültige Folge ziehn können. Wenigstens kann es mir nicht verargt werden, dafs ich die Armut der römischen

Aerzte an Kenntnissen, die ihnen gerade bei ihrer Localität so wichtig sein würden, nicht als eine Richtschnur annahm. Selbst wenn die Ansicht des Ursachlichen, welche ich mir bildete, fehlerhaft sein sollte, werden wenigstens doch diese gegen meine Abweichungen von ihrem medicinischen Kanon nichts Gründliches einzuwenden vermögen. Es würde mich aber freuen, wenn sie aus dem Bestreben der Nachforschung schon erkennen wollten, dafs auch ein ausländischer Arzt im Stande ist die Erscheinungen der Natur, wie sie immerhin sich gestalten, ihrem Grundwesen nach aufzugreifen, und sein ärztliches Einwirken denselben anzupassen: ohne dafs er darum in Rom gebohren, von der römischen *Sapienza* erzogen sein müsse. Denn welchem redlichen Freunde der Natur, er möge kommen woher es sei, würde einer von uns den Zugang in die Geheimnisse versagt glauben, welche nach allgemein gültigen Gesetzen der Geologie und der Physik doch nur in einem bestimmten Bezirke ihre äufsern Erscheinungen zu Tage senden? Wer würde es durchsetzen, dafs dem von Vorurtheilen unbefangenen Arzte die Uebersicht jener bestimmten Verkettungen zwischen der Aufsenwelt und dem Organismus nicht gegönnt sei schon durch eine eigene ernsthafte Beobachtung, und die Lehren der allgemein bekannten Meister früherer Zeiten, deren Vorschrift nur noch misverstanden wird von den meinungssüchtigen, nicht wahrheitsuchenden Asklepiaden des heutigen Roms? Bei dieser zeitlichen und vergänglichen Einseitigkeit von althergebrachten Meinungen so lange sich aufzuhalten, verdient nur darum Entschuldigung, weil die Nichtigkeit solcher Traditionen eben jene sträfliche Unkunde des Nöthigen um so auffallender macht. Man würde jedoch diese Unkunde des localen Verhältnisses den römischen Aerzten gern verzeihn, erwähnten sie nicht eben bei jeder Gelegenheit, dafs sie in der Behandlung der dadurch bedingten Krankheiten den Ausländern überlegen seien, ja dafs diese selbst nach langer Anwesenheit in Rom die Eigenthümlichkeit ihrer Natur zu durchschauen nicht vermögen, und daher immer ihrer mitgebrachten Landessitte zum Nachtheil der römischen Kranken treu bleiben. Ich will die Beschränktheit solcher Aussprüche dadurch nicht weiter rügen, dafs ich sie auf entschiedene Weise als voreilige Schlufsfolgen aus dem Beispiele einzelner verlaufener Grofssprecher herleite, die vielleicht einmal prahlerisch in Rom auftraten, und hinterher mit Schimpf abziehn mufsten. Denn die römischen Aerzte bedenken nicht, dafs wir Deutsche niemals gewohnt waren, dergleichen armselige Subjecte als dem Ideal nachstrebende Heilkünstler anzusehn. Es möchte wohl vielen der römischen Aerzte noch unendlich schlimmer im Auslande ergehn: der wackere Alessandro Flajani wird nach der Erfahrung seiner langjährigen Reisen dieses Wort seinen Landsleuten am besten ans Herz legen können, da es ihm bei seinem richtigen Blicke und seiner Unparteilichkeit nicht fremd geblieben ist, wiefern das allgemeine Streben der Aerzte seiner Vaterstadt in Vergleich stehe mit dem nordischen. Auch könnte man jenen Römern achtungswerthe Beispiele von echten Aerzten anführen, welche in früheren Zeiten und heutiges Tages jenes Eigenthümliche ihrer Gegend wohl zu erfassen wufsten, und wir brauchen ihnen in dieser Hinsicht nur die Lesung von Marcards trefflicher Abhandlung *über die*

Bäder anzuempfehlen, mit deren Uebersetzung ein der deutschen Litteratur wohlkundiger Neapolitaner sie beschenkt hat, damit sie urtheilen, in wie weit ein scharfsinniger nordischer Arzt auch bei kurzer Anwesenheit jene als wunderbares Geheimnis oft ausgeschrieene locale Eigenthümlichkeit erkennen konnte. Sollten wir aber auch diesen einseitigen Dünkel derer, welche sich allein im Gebiete des Oberflächlichen und der unzusammenhängenden Erscheinungen herumtummeln, mit allzugrofser Nachsicht ganz übergehn, so bedarf es doch gewifs einer Rüge, dafs diese nemlichen stolzen Aerzte das nothwendige Fortschreiten in der Ergründung des Ursächlichen durchaus verschmähn, und die von der Natur selbst dargebotenen Erkenntnisse, welche das empirische Heilverfahren unmittelbar berichtigen, auch ohne allen Bezug auf höheres wissenschaftliches Interesse gegen den Wust ihrer angenommenen Meinungen zurückstehn lassen.

Betrachten wir also jene Eigenthümlichkeit der Gegend von Rom näher, und erkundigen uns zuerst bei den einheimischen Aerzten nach ihrem Wesen, so hören wir von denselben über die Häufigkeit bösartiger fieberhafter Krankheiten klagen, welche in ihrer Entwicklung und ihrem Verlaufe eine von denen anderwärts beobachteten sehr verschiedene Richtung annehmen, und eben deshalb ein ärztliches Verfahren erheischen sollen, welches, von den allgemein giltigen Gesetzen unserer Wissenschaft abweichend, nur durch die Empirie erkannt werden könne, ohne dafs eine genügende Regel in der Natur nachzuweisen sei. Mehr als anderwärts mufsten daher die Aerzte in Rom bedacht sein, ein durchgreifendes Gesetz ihrer Empirie aufzustellen, weil eben bei dem Schweigen des Verstandes keine einzelne Modification möglich war. Allein diese Aufstellung gelang ihnen niemals. Denn bald suchte man die Natur dieser eigenthümlichen Krankheitsrichtung in einer Krankheit ganz eigner Art, bald nur in einem eigenthümlichen Charakter sonst gewöhnlicher Arten: bald in einer Affection besonderer Organe (Baglivs *febres mesentericae*), bald eines einzigen Ursystems im Körper. Andere wieder glaubten der nosologischen Ergründung gar nicht zu bedürfen, und hielten sich allein an die Wirkung angewandter Mittel, ohne im Mindesten auf das ursachliche Verhältnis zu achten. Aber auch solchergestalt stellten sich bald die gröſsten Schwierigkeiten in den Weg. Denn indem mancher glaubhafte Arzt die vortrefflichsten Wirkungen von dem unbedingten Gebrauche der *China* gesehn zu haben versicherte, träten Männer vom ausgebreitetsten Wirkungskreise, wie eben Baglivi, gegen dieselbe auf, und sprachen das ungünstige Urtheil über sie eben deshalb aus, weil man römische Krankheiten nicht nach dem Maſsstabe derer in andern Gegenden messen dürfe. Endlich trat in den neuern Zeiten auch der *Brownianismus* in diesen Streit der Elemente. Die jahrhundertlange Empirie muſste dem modernen Ungethüm selbst in den Köpfen manches talentvollen Arztes weichen, und man glaubte nun den Schlüssel zu den Geheimnissen auch der römischen Fieber gefunden. Allein hatte wohl Baglivi viele Kranke gerettet, hatten die Verfechter der China viele andere geheilt, so fiel der Brownianismus doch gänzlich durch, und verdarb, was jene beiden in verschiedener Richtung Gutes gewirkt hatten. Gegenwärtig scheinen die Aerzte den Warnungen des Baglivi wenig mehr nachzugeben, denn die China gehört zu ihren allgemeinsten Mitteln, und ihr Verbrauch geht ins Unglaubliche. *)

Bei so schwankender Ansicht des Heilverfahrens, und der Unmöglichkeit eine Bestimmung auf empirischem Wege zu erlangen, wird die Forschung nach einem Aufschluſs durch das ursachliche Verhältnis nothwendig bedingt. Man frägt die römischen Aerzte nach den Ursachen dieser eigenthümlichen Krankheitserscheinungen in ihrer Gegend, und sie antworten kurz mit dem Ausdrucke des groſsen Haufens, daſs es die *aria cattiva* (verdorbene Luft) sei, welche so heftige Folgen herbeiführe. Von welcher Art aber ist diese verdorbene Luft? Warum wirkt sie hier anders als an andern Orten auf den menschlichen Organismus? **) Und warum

*) Eben wegen dieser allgemeinen Gültigkeit der China hat man zu Rom, wie groſsentheils auch im übrigen Italien, nur wenig auf die neumodige Surrogatenjagd geachtet. Doch fand ich mehrere Aerzte Roms, vornemlich die Herren Lupi, Morecchini und Poggioli auf die durch Hildenbrand empfohlene Rinde des *Liliodendron tulipiferum* äuſserst aufmerksam, obgleich es ihnen selber noch an vollkommen hinreichenden Erfahrungen über deren Wirksamkeit gebrach. Da diese Pflanze in der Gegend von Rom gutes Fortkommen findet, wie man aus ihrer unerkünstelten Häufigkeit im Garten der herlichen Villa Pamfili-Doria sieht, so könnte sie für diese Stadt bei dem dasigen theuern Preise der China von mehr denn 4 Franken die Unze, groſse Nutzbarkeit haben.

**) Zwei allgemeine, von Aerzten verfaſste, Schriften sind mir nur bekannt, welche über die physikalische Einwirkung der Atmosfäre auf den thierischen Organismus unter

wirkt sie nicht überall in der *campagna romana*, warum nicht einmal gleichmäfsig an allen Stellen in der Stadt selber? Diese Fragen weifs Niemand zu beantworten, ja die Mehrzahl der Aerzte bekümmert sich sogar nicht um die Möglichkeit des Aufschlusses, sondern begnügt sich mit dem herkömmlichen Ausspruche ohne weitere Deutung. Im Vorbeigehn nur erwähnt Baglivi seiner Meinung über das Ursächliche der römischen Fieber. *)

der bestimmten Modification des italienischen Klima ausdrücklich handeln: Thouvenel *sur le climat de l'Italie, ou essai de météorologie par rapport de la physique, géographie, et médecine*, à Verona 1796, 2 vol.... und Giannicola del Giudice *riflessioni patologiche sulla influenza dell' ammosfera nella produzione delle febbri intermittenti e delle cachesie*, Napoli 1805. — Von beiden Schriften kann ich aus Mangel einer genaueren Kenntnis ihres Inhaltes kein Urtheil fällen. Von Thouvenel, dem trefflichen Beschützer der lange verwaisten, überall mit Schmach verstofsenen *Rhabdomantik*, einem von den wenigen und um so ehrwürdigern Franzosen, welche ohne die geckenhafte Oberflächlichkeit ihrer Nazion ebenso kraftvoll als bescheiden die ihnen gewordene höhere Naturoffenbarung in sich aufzunehmen verstanden, läfst sich allerdings ein wichtiges Resultat erwarten, besonders nach den mancherlei Versuchen, die er mit Pennet auch in Betreff des Zusammenhanges zwischen Atmosfäre und siderischen Erscheinungen angestellt hatte. — Andere Schriften über das chemische Verhältnis der Atmosfäre um Rom, welche zum Theil bekannt genug sind, können nur bei Betrachtung der pontinischen Sümpfe angeführt werden. —

*) „Hic Romae febres per aestatem ob aëris mutationem saevientes, non ab acidis, sed alkalino-acribus producuntur salibus (ut taceam malesana in victu errata, quae ru-

Aber die heutigen Aerzte bekümmern sich nicht einmal um diese Meinung, die einzige aufgestellte, *) wenn gleich falsche. Seit der Vereinigung Roms mit dem französischen Reiche hatte daher die Regierung für nöthig erachtet, dem ursachlichen Verhältnis dieser verdorbenen Luft nachspüren zu lassen, weil man glaubte ihr abhel-

„ri oblectationis gratiâ committuntur, unde interdum harum febrium origo, non ab aëre). Variae enim telluris „et mineralium particulae vi caloris Solis in aëra elevatae, „illic per novos supervenientes calores magis atque magis „attenuantur, cohobantur atque volatilizantur, unde summam volatilitatem et alkalino-acrem indolem potius, quam „aciditatem nanciscuntur, sanguinique per inspirationem „communicatae ejusdem massam dissolvunt, et ex dissolu„tione mox coagulationis effectus suboriuntur," etc. *Praxeos medicae* lib. I p. m. 50. — Ich halte mich keineswegs damit auf, die Unzulässigkeit dieser ohne allen natürlichen Grund erfundenen Hypothesen darzuthun, da ich die unzweckmäfsige Herleitung aus chemischen Gesetzen im Allgemeinen schon genug widerlegt habe. Was übrigens Baglivi in einem eigenen Abschnitte (p. m. 157) von den Ursachen der ungesunden Luft Roms abhandelt, das pafst gar nicht auf die hier betrachteten bösartigen Fieber, sondern allein auf jene den Sumpffiebern gleichen nach Ueberschwemmungen der Tiber mitunter entstehenden Epidemieen.

*) Denn die in neuern Zeiten von einigen italienischen Gelehrten über die *aria cattiva* herausgegebenen Schriften enthalten Ansichten, die fast unmittelbar aus einer Uebereinstimmung mit Baglivi hervorgehn: sie insgesammt sind von Nichtärzten verfafst (Cuoco, Niccolao u. s. w.) und haben die physikalische Untersuchung dessen zum Zweck, was man der Natur als Nothwendiges aufdringen zu müssen glaubte, nemlich die alleinige Annahme einer wirklichen chemischen Luftverderbnis.

fen zu können. Es ward daher eine Commission zu diesen Untersuchungen ernannt, welche aus verschiedenen Personen bestand. Der Herr Baron von Voght aus Hamburg, welcher mehrere Mitglieder dieser Commission kannte, theilte mir von den Resultaten ihrer Forschungen Folgendes mit, welches ich nur darum ausführlich wiedergebe, weil es mir als unwahrer Erfolg besonderer Nachforschungen um so mehr beweist, wie wenig man auf solchem Wege Aufschlüsse erwarten dürfe. Jene Commission ging nemlich zwar von der richtigen Ansicht aus, dafs die ganze Gegend um Rom, von den Vorhügeln der Apenninenkette an südwestlich hinab bis zum Meere, ein durch vulkanische Thätigkeit später hervorgehobener ehemaliger Meeresgrund sei: der Boden daher, seiner vulkanischen Entstehung wegen, viel schweflichte und andere metallische, stickstoffhaltige Theile in sich enthalte. Nun aber schlofs man, nicht minder beschränkt wie Baglivi in jener Ansicht, dafs von den Sonnenstrahlen bei heftiger Hitze diese Theilchen aus dem Boden herausgezogen würden, und sich alsdann sowohl mit den feuchten Dünsten des Meeres, als auch mit den Ausdünstungen der vielen am Strande ausgeworfenen und verfaulenden Pflanzen und Thiere vermischten. Solchergestalt hätten wir eine wunderlich verdorbene Atmosfäre, in welcher die heterogensten Dinge zu gleicher Zeit wirkten, Schwefeldampf, feuchte Dünste, und Aushauchungen faulender organischer Stoffe. Die Meinung dieser Commission entfernt sich also von der früheren des Baglivi nur durch den vornehmern Rückblick auf die vulcanische Entstehung: allein von den wichtigen Aufschlüssen, welche gerade dieses

vul-

vulkanische Verhältnis zur Erklärung der Sache darbietet, hat man keinen richtigen Gebrauch gemacht, ja nicht einmal sie geahndet. Man nimt daher nach der herkömmlichen Meinung für gewifs an, dafs die geringe Cultur der nächsten Umgebungen Roms gleichwie der pontinischen Sümpfe, der Mangel an hinlänglicher Zahl von Bewohnern und dgl. m. hauptsächlichste Ursache einer so heftigen Wirkung der *aria cattiva* sei. Denn, so wird behauptet (vgl. auch Baglivi p. m. 158), wenn die unbebaueten Landesstrecken besser benutzt, mit vielen Bäumen und Pflanzen besetzt, die Ruinen und der Schutt aufgeräumt werden, und viele Menschen in der Gegend wohnen, so hemme theils die sauerstoffhaltige Ausdünstung der Vegetabilien, theils die verminderte Menge stehenden Wassers, theils die mehr vertheilte Absorbtion unter vielen menschlichen Individuen, den heftigen Einflufs der verdorbenen Luft: da es bekannt sei, dafs im Alterthum, während mancherlei Haine der Götter vorhanden waren, und die Gegend reichlicher bewohnt wurde, niemand über die Ungesundheit geklagt habe. Durch solche einfache Mittel werde man also dem Uebel gründlich abhelfen.

Nach dieser Meinung müfste offenbar die ungesunde Beschaffenheit der Gegend um Rom in einer fremdartigen Mischung der Atmosphäre bestehn, welche unter die Gesetze des Chemismus fiele. Gegen eine solche Annahme streitet aber sowohl die Erfahrung aller bisher angestellten Versuche, als die nothwendigste Schlufsfolge aus täglichen Erscheinungen. Es ist zwar ausgemacht, dafs in der gröfsten Hitze die für ungesund bekannten Orte bei ihren Bewohnern am leichtesten und heftigsten

Krankheiten erzeugen: jedoch giebt es auch viele andere Gegenden, wo sich diese Beschaffenheit nicht sowohl an die steigende Sommerhitze, als vielmehr an mancherlei andere Veränderungen der Zeitperioden bindet. Entstünden jene heftigen, und durch ihren eigenthümlichen Verlauf bekannten Krankheiten durch eine endiometrische Mischung der Atmosphäre, so müfste diese, was ihre angenommene schweflichte Verunreinigung betrifft, in der Hitze am wirksamsten sein: was die von den Meeresdünsten, gerade im Winter und Frühlinge, wo die Luft in der römischen Gegend äufserst feucht ist. Man nahm daher den *Sciro̊cco* zu Hülfe, welcher doch auch in andern Jahreszeiten wehet, schwerlich also nur im Sommer die Fähigkeit haben könnte, Krankheiten dieser Art hervorzubringen. Endlich ist es auffallend, dafs gewisse, oftmals sehr engbegrenzte Stellen in Rom selber und in der Gegend umher, allein durch die Hervorbringung der Krankheiten berüchtiget sind, während ringsher nichts von dergleichen beobachtet wird. Man glaubt gewöhnlich, es seien diejenigen Stellen als gesund zu betrachten, deren Lage sie vor dem Wehen des Scirocco, und also vor der Gemeinschaft mit den herübergetragenen Dünsten des Meeres und der pontinischen Sümpfe schütze. Allein es giebt Stellen, welche in der nemlichen Lage wie benachbarte ungesunde, von jeher und bei allen Winden sich als gesund bewährt haben. Die Vertiefungen zwischen den Hügeln Roms sollen mehrentheils ungesund sein: die Hügel selber gesund; bei der Aufstellung dieser Regel hat man aber nicht bedacht, dafs der *spanische Platz*, welcher ebenfalls in der Tiefe gelegen ist, sich durch seine gesunde Lage auszeichnet, während der daranstofsende Hügel des Monte Pincio, und besonders die Gegend um Trinità di monte, nordöstlich gegen die Villa Medici, verrufen ist, südwestlich gegen Strada Felice und Sistina wiederum gesund. Ebenso ist der ganze Hügel des Vaticano, wenn gleich eben mit seinem Abhange gegen Nordosten gerichtet, höchst ungesund: Monte Cavallo aber, der ehmalige Quirinalis, vollkommen gesund, obwohl er gerade gegen Südwesten dem Zugange der Winde vollkommen offen steht. Auch sind Ortschaften, am nordöstlichen Saume des stets reinen und von den Fiebern verschonten Albanergebirgs gelegen, ohne dafs der Südwestwind die verdorbene Luft der Sumpfgegenden ihnen zuführte, höchst ungesund, wie z. B. der kleine Fleck, auf welchem man ehemals die Stadt Gabii gelegen glaubt, und um welchen ringsher gesunde Gegend liegt. Wie soll es also zugehn, dafs diese einzelnen, kleinen Flecke ungesund sind, und die Gegend ringsher verschont? Weht der nemliche Wind nicht über die ganze Gegend, verbreitet er nicht überall die morastigen Dünste, wenn ihm dergleichen beigemischt sind? Oder erzeugen sich diese auf den einzelnen ungesunden Stellen, wo doch nicht einmal Morast gefunden wird (z. B. auf Trinità di monte, auf dem vaticanischen Hügel, u. s. w.)? warum verbreiten sich diese durch den oftmals darüber streichenden Wind nicht in die übrige Gegend? Und sind die Meeresufer, die pontinischen Sümpfe, u. s. w., wirklich an Schwefeldämpfen reich?

Ganz unbezweifelt waltet ein sehr grofser Unterschied ob zwischen demjenigen Princip, welches die Luft in den eigentlichen pontinischen Sümpfen zwischen Velletri und Terracina, in den niedrigen und morastigen Gegenden des Gestades bei Ostia, ja selbst noch hinauf bis gegen Livorno ungesund macht, und dem ursachlichen Uerhältnis, durch welches die bösartigen Krankheiten in Rom selber und in den nördlichen Theilen der *Campagna romana* hervorgebracht werden. Was der Römer mit einem gemeinsamen Ausdrucke *aria cattiva* nennt, kann nicht alleinige Ursache so ganz verschiedenartiger Phänomene, noch an jene wunderliche Ungleichmäſsigkeit der Wirkung in verschiedenen Strichen gebunden sein.

Was zunächst das Verhältnis der pontinischen Sümpfe und der niedrigen Meeresufer zu der ungesunden Lage Roms betrifft, so würde es thöricht sein, dasselbe leugnen zu wollen. Allerdings findet zu gewissen ungünstigen Zeiten, besonders im hohen Sommer, wenn das stehende Gewässer jener Sümpfe eintrocknet, und der Schlamm des Bodens faulende Vegetabilien und Thierkörper der Atmosphäre zur Berührung giebt, eine Mittheilung dieser schädlichen Dünste Statt, und diese wird erleichtert durch das Wehen des Scirocco, welcher über die Sümpfe hinwegstreichend dem festen Lande gegen Nordost zueilt. In diesem Falle mögen auch in Rom Krankheiten entstehn, welche denen in den sumpfigten Gegenden aller Länder allgemeinen ähneln, und sich auch von denen in den pontinischen Sümpfen selber vorkommenden nicht wesentlich unterscheiden: als kalte Fieber mit mancherlei Affectionen der Organe des Unterleibes, Wassersuchten, und andere primäre Abirrungen der Vegetation. Ihnen ähneln die Krankheiten, welche zu Rom mitunter durch die heftigen Ueberschwemmungen der Tiber entstehn. Allein alle Krankheiten dieser Art sind mehr oder weniger allgemein verbreitet, und zeigen sich wenigstens nicht bloſs an bestimmten alljährlich ihrer Herrschaft zinsbaren Bezirken, sondern fallen alsdann auch die Bewohner sonst gesund geglaubter Striche an. Die Krankheiten aber, welche durch Ueberschwemmungen des Tevere entstehn, zeigen sich gerade im Winter und ersten Frühlinge, wenn der Schnee in den Apenninen schmilzt, und noch keine heftige Hitze eingetreten ist. Alle diese, von eigentlicher *aria cattiva* und von feuchten Dünsten entstandene Krankheiten unterscheiden sich also schon durch Ort und Zeit ihres Vorhandenseins wesentlich von jenen, Rom eigenthümlichen. Sie sind es, welche die China erheischen, und bei ihnen gebrauchte auch der eifrige Baglivi dieses herliche Mittel, wie seine vielgerühmte Verbindung mit dem salzsauern Ammoniak (p. m. 389) beweist.

Wie aber kann man von einer solchen verdorbenen Luft auch diejenigen Erscheinungen herleiten, welche sich ohne alle Abhängigkeit von herrschenden Winden, von geringer oder heftiger Hitze, nur an bestimmten Orten zeigen? Man hat sogar in solchen Fällen die Luft chemisch untersucht, niemals aber auch nur die mindeste auffallende Veränderung in dem Wesen oder der Mischung ihrer Bestandtheile gefunden. Wie können wir auf eine Mischungsveränderung schlieſsen, die wir nicht sinnlich erkennen, welcher sogar alle sinnliche Merkmale geradezu widersprechen? Dazu kommt die veränderte Gestaltung derer Krankheiten welche als der römischen Gegend eigenthümlich geschildert werden, und bei welchen Baglivi vor dem Gebrauche der China aus reichhaltiger Erfahrung warnt. Ein Aufruhr des gesammten Organismus, welcher durch die leiseste Anregung schon jeder Erscheinung den gefürchteten Charakter der Bösartigkeit beilegt, beginnt mit dem Befeinden des Nervensystems, und windet sich durch eine Folge der auffallendsten Gestaltungen bis zu den innersten Tiefen der Vegetation hinab, ohne eine sichtbare Affection innerer Organe zu bedingen. Jene langhingezogenen kalten Fieber der Sümpfe mit all ihren Gefährten und ihren Folgen gehören nicht zu diesen regelmäſsigen, an den begrenzten Ort gebundenen Krankheiten. Man glaubte daher, in der vulkanischen Beschaffenheit jener sumpfigen Meeresufer den Grund zu finden, und leitete die Krankheiten auch von der Atmosphäre beigemischten Schwefeltheilchen her. Allein gerade die Niederungen am Meere, die pontinischen Sümpfe, und der unbebauete Theil des *agro romano* möchten schwerlich irgend ein Kennzeichen eines bestimmten azotischen Verhältnisses im Boden geben, wenn gleich die ganze Gegend durch allgemeine Revoluzion dem Meere entstiegen zu sein scheint. Denn die sicheren Spuren ehemaliger selbstständiger vulkanischer Beschaffenheit finden sich nur an der Apenninenkette selber, an denen davon losgerissenen Gebirgsinseln des Monte Oreste (Soracte bei den Alten), Monte cavo (M. albanus) und Monte Circello (M. circaeus), und in den Vorhügeln derselben, welche das mächtige Rom selber tragen. Die Ebene in den pontinischen Sümpfen beut keinen Grund dar, auf gegenwärtiges unterirdisches Feuer und ausgehauchten Schwefeldampf zu schlieſsen. Zudem spaltet auch bei der gröſsten Hitze des Sommers der Erdboden höchstens 3 bis 4 Fuſs tief, und schwerlich wird Jemand im Ernste behaupten, daſs ein vulkanischer Heerd bei übrigens fehlenden Zeichen seiner Thätigkeit unter so flacher Erdschicht verborgen sein könne. Niemals auch hat man die Gegenwart der doch gewiſs leicht erkennbaren Schwefeltheilchen in der Atmosphäre nachzuweisen vermocht. Wie wenig aber die vorhin genannten Orte, welche bestimmte Spuren einer ehemaligen vulkanischen Thätigkeit an sich tragen, von der eigentlichen Aushauchung schweflichter Dämpfe entfernt sind, lehrt auch die oberflächlichste Untersuchung. Diese wenige Uebereinstimmung der gewöhnlichen Meinungen untereinander selbst und mit den unentstellten Phänomen der Natur, macht mich daher glauben, daſs jene bisher durchgegangenen Ansichten nichts mit der Wahrheit gemein haben, wenn man allein den Bezug auf die Entstehung der Krankheiten aus zufällig dann und wann einwirkender mit faulen Dünsten geschwängerter Luft der pontinischen Sümpfe ausnimt. Gegen diese mag man durch bessere Cultur der Gegend und Bezweckung einer stärkern Populazion wirken, und man wird den Einwohnern der Sümpfe selber einen immer und unbezweifelt wichtigen, denen der eigentlichen römischen Gegend einen dann und wann nützlichen Dienst leisten, die letzteren aber von jenen eigenthümlichen, nur hie und da örtlichen Krankheiten durch dieses Mittel nicht befreien. Denn gerade der Umstand, welchen die Verfechter dieser Meinung aus dem Alterthum herleiten, spricht durchaus gegen sie. Die ungesunde Luft der pontinischen Sümpfe und der flachen Meeresufer hat keinesweges durch die verringerte Bevölkerung der Gegend zugenommen. Schon im Alterthum waren diese Gegenden verrufen. *) Die häufigen Landhäuser, welche römische

*) Ich verweise meine Leser desfalls auf die bestimmten Angaben über die Geschichte der pontinischen Sümpfe in dem schätzbaren Werkchen eines Deutschen, welcher Jahrelang zu Rom gelebt: *Plan topographique de la campagne de Rome, considerée sous le rapport de la géologie et des antiquités, dessiné et expliqué par* F. Ch. L. Sickler, Dr. A Rome 1811. Da ich vermuthen kann, daſs sich diese Schrift nicht in den Händen eines jeden Lesers befindet, obwohl der Verfasser nach seiner Rückkehr in Deutschland sie dem *Industrie-Comtoir* in Weimar zum Verlage übergeben hat, so führe ich hier die Worte des Verfassers von der 15ten Seite selber an: „Les marais pomptins, dits: „*le Paludi*, sont les plus considérables dans la campagne „de Rome. Ce fut apparement une plaine beaucoup plus „élevée qu'elle ne l'est maintenant, mais qui s'est affaisée „peu à peu, à la suite des revolutions volcaniques, qui ont „changée la face de ce pays. Pour preuve de cette opinion „on cite quantité de végétaux, consistant souvent en chê„nes avec leurs racines assez bien conservées et fixées dans „de la terre végétale, trouvée sous la tourbe à 15 pieds de „profondeur au dessous du niveau de la mer. Ceci s'accor„de fort bien avec ce que Pline nous rapporte de l'ancien „état de ce pays, en disant L. III c. 5 et 9: „Aliud mira„„culum a Circaeis palus pomptina est, quem locum XXIII „„urbium Mucianus ter Cos. prodidit." Ces 23 villes avoi„ent disparu de la surface de cette terre, à ce qui paroit, „déja du tems de Pline, car Tite Live raconte que le pre„mier essai pour desécher les marais pomptins fut déja fait „par Cornelius Cethegus l'an de Rome 553; donc ces marais „devoient avoir existé bien long-tems avant Pline, surtout „d'après ce que nous savons de Strabon L. V, que tout le „pays entre Ardea et Lanuvium jusqu'à Setia et Circaei étoit „reputé fort malsain. Cicéron L. II de Oratore en dit la

Grofse in den ungesunden Ebenen besafsen, wurden eben so wenig während der heifsen Sommermonate bewohnt, sondern ein jeder eilte alsdann nach den frischern Höhn um Tusculum, Aricia, Tibur und Präneste, *) wie gegenwärtig ein Duca Braschi im August seine Villa auf der *linea Pia* bei Oltreponti nicht besucht, sondern des gesunden Frascati sich erfreut. Gerade in jener Zeit, als mannigfache Haine der Götter, und gartenreiche Landsitze die ganze Ebene bis hinab zum Meere bedeckten, als Rom in seiner ungeheuersten Ausdehnung blühete, und auf der Stelle, wo jetzt kaum 150,000 Menschen weit umher zerstreut sind, beinahe 6 Millionen aneinander gedrängt waren, schon damals waren bestimmte Gegenden der Stadt wegen ihrer ungesunden Lage verrufen. **) Wir sehen die deutschen

„même chose. — Il paroit que l'état des champs pomptins „a changé rapidement. Deux cents ans avant C. Cethegus, „savoir 352 d. R. le Sénat de Rome avoit créé cinq Commissaires pour diviser le champ labouré pomptin, au profit du peuple. V. Tit. Liv. L. VI: „Quinque viros pomp„„tino agro dividendo creaverunt.""

*) Horat. III od. 4, 23, ibique Intpp.

**) Doch wird man die damalige Ungesundheit des Esquilinischen Berges (die jetzt als ganz heilsam bekannte Gegend von Sta. Maria maggiore) nicht misdeuten. Denn diese entstand nur aus der Luftverpestung durch die dortige Grabstätte für Sklaven und niederen Pöbel. Mäcenas kaufte den Platz, liefs ihn reinigen und Gärten darauf anlegen, welche nunmehr ohne allen Nachtheil der Gesundheit bewohnt werden konnten. Daher der scherzhafte Priapus beim Horaz (Serm. I, 8.) sich freut, dafs nach solcher Verbesserung keine Zauberin mehr, wie einst Canidia, nächtlicher Weile ihn zu beunruhigen wage.

Truppen, an deren Spitze der unmäſsige Vitellius unter allen der erste seinen Kaisersitz als Feind überfiel, und den Barbaren späterer Jahrhunderte die Bahn nach Italien öffnete, frisch und kraftvoll zum Erstaunen der Einwohner in Rom einziehn: kaum aber haben sie wenige Wochen daselbst gerastet, alt unausweichbare Krankheiten des *verrufenen Vaticanus* sie schaarenweise hinweggraffen, und die wenigen Verschonten in traurigem Siechthum kaum kenntlich nach ihrer vorigen jugendlichen Blühte hinwegziehn. *) Entweder also schützte die Häufigkeit der Bevölkerung und die reichere Vegetation vor den Einflüssen der pontinischen Sümpfe auch damals nicht: oder es fand schon eine anderweitige Ursache der localen Krankheiten Statt, **) wie ich sie bald auseinandersetzen werde. Auch findet man die Gegend um Rom seit den groſsen unter Papst Pius VI gemachten Anstalten zur Austrocknung und Urbarmachung der pon-

*) „Postremo, ne salutis quidem curâ, infamibus Vaticani „locis magna pars tetenditi unde crebrae in vulgus mortes." Tacit. hist. II. cap. 93. — Mehrere hierher gehörige Stellen aus den Werken des Galenus, welcher sich häufig über diese Ursache heftiger Krankheiten beklagt, bezeichnet Baglivi p. m. 49.

**) Doch könnte diese allerdings erst um die Zeit von Christi Geburt entstanden sein, so wie es auch möglich ist, daſs sie heutiges Tages noch heftiger wirkt als zu den Zeiten des Vitellius. Denn in mehr als 1600 Jahren mag wohl manche Veränderung im Innern der Erde vorgehn, welche wir nicht kennen, weil die groſsen Zeitperioden solcher Naturerscheinungen unsere Lebensalter übersteigen, und man niemals die vorige Beschaffenheit der Erdoberfläche aus Mangel an genauen Nachrichten kennt.

tinischen Sümpfe nicht im Geringsten von Krankheiten befreit, obgleich diese Anstalten schon hinreichend waren, einige Theile der Sümpfe selber auch für den Sommer bewohnbar zu machen.

Den vulkanischen Ursprung der ganzen Gegend um Rom nachzuweisen, ist nicht schwer. Ich setze aus der schon angeführten Schrift des Herrn Dr. Sickler eine Stelle in unveränderter Uebersetzung her, da sie zu solchem Behufe vollkommen genügend ist: *)

„Keiner von den klassischen Schriftstellern, welche „wir kennen, spricht von den Vulkanen in der römi„schen Gegend, deren Zahl doch daselbst auf mehr denn „10 sich belief, wie ihre Krater, wohlerhalten, und mit „allen Arten vulkanischer Producte bedeckt deutlich be„weisen. Man darf deshalb ihre Thätigkeit keiner an„dern als einer vor den historischen Epochen noch weit „zurückgelegenen Zeit zuschreiben. Dennoch ist es auf„fallend, dafs weder Dionys von Halikarnafs, „noch Strabo, noch Plinius, bei ihren Nachrichten „von Latium uns keinen ihrer Gedanken über diesen Ge„genstand mitgetheilt haben. Kannten sie nicht den Aet„na und seine vulkanischen Productionen? Sie waren al„so doch im Stande, eine vergleichende Anwendung zu „Gunsten ihrer Nachforschungen über die Natur des Bo„dens der beschriebenen Länder zu machen. Gegenwär„tig sind diese Vulkane gänzlich erloschen, und ihre Kra„ter bilden mehrentheils die Ufer von Seen füfsen Was„sers, die mehr oder minder grofs sind. Diese ziemlich „grofse und in der Geschichte von Latium berühmte Städ„te, Alba Longa, Aricia und Gabii wurden auf

*) *Plan topographique* etc. *Explication* pag. 13.

„den Rändern dieser Krater lange vor der Erbauung „Roms selber gegründet. Es giebt dieser Krater 4 in dem „albanischen Gebirgsstock, nemlich: der von Castel „Gandolfo, der von Nemi, von Vall' Ariccia, „und vom Lago di Giuturna. Aufserdem zählt man „hinzu den von S. Giuliano, von Gabii, von der „Solfatara bei Tivoli, von Baccano, von Brac-„ciano, und von Lago morto. Der Vulkan von „Anagni, davon man noch die grofsen Lavafelsen links „an der Heerstrafse von Valmontone nach Feren-„tino sieht, wird für den zehnten angesehn. Endlich „fügt man noch den Vulkan von Rom selber hinzu, des-„sen Mittelpunkt offenbar der Palatinische und Capitoli-„nische Hügel ausmachten, und dessen Krater von den „andern Hügeln ringsher gebildet wurde, der aber wahr-„scheinlich erloschen ist seit der albanische Vulkan in „Thätigkeit zu kommen angefangen hat. Zum Beweis „dieser Annahme hat man die beinah kreisförmige Lage „der römischen Hügel ringsher um den palatinischen „und capitolinischen angeführt: ferner ihre ganz vulka-„nische Beschaffenheit, die schwarze Lava in den Stein-„brüchen bei dem Denkmal der Cäcilia Metella welche „nicht vom albanischen Vulkan noch von dem zu Gabii „herabgeflossen zu sein scheint, das Dasein eines Ab-„grundes mitten auf dem Forum, dessen Hälfte dadurch „verschlungen ward, und in welchen der herzhafte Cur-„tius sich hinabstürzte, endlich die Spuren unterirdischen „Feuers in der Höle des Cacus am aventinischen Hügel, „Tit. Liv. VII cap. 7. Virgil Aen. VIII v. 185 sqq."

Die hier aufgeführten Thatsachen beweisen zur Genüge, wie alt die vulkanische Entstehung der römischen

Gegend sein müsse: denn daſs alles Land vom Fuſse der Apenninen bis zum Meere eines solchen Ursprunges sei, kann niemand bezweifeln, der es nur einigermaſsen durchwandert hat. Das schon im hohen Alterthum allgemeine Erloschensein dieser Vulkane möchte freilich glauben machen, daſs man ihnen keine Wirkung mehr zuschreiben dürfe, und für den ersten Augenblick mag es daher der Wahrheit widersprechend scheinen, wenn ich jene often erwähnte ungesunde Beschaffenheit einzelner Orte gerade aus ihren vulkanischen Verhältnissen herzuleiten suche. Ich selber nehme für gewiſs an, daſs sogar noch in den republikanischen Zeiten Roms diese Orte sich einer heilsamen Atmosphäre erfreuten. *) Allein

*) Wir finden, soviel mir bekannt, in keinem klassischen Schriftsteller bestimmte Nachweisungen, daſs in *entlegnern* Zeitaltern vor Christi Geburt dergleichen jetzt als ungesund berüchtigte Orte in gleichen Verhältnissen gestanden hätten. Gabii war eine der bewohntesten Städte der Gegend, das Haupt eines eigenen Völkerstammes: ja der damals volkreichste Theil von Rom selber lag in denen jetzt sehr ungesunden Thälern zwischen dem Capitolinus, Palatinus und Aventinus, an der Tiber entlang. Wären auch in der That Spuren früherer schädlicher Einflüsse solcher Orte auf die Gesundheit der Einwohner aufzuweisen, so würde doch nur daraus folgen, daſs die hier zu erörternde Bestimmung der Atmosphäre durch den vulkanischen Boden von jeher Statt gefunden habe, nicht erst durch eine Veränderung desselben bei Gelegenheit des Vesuvausbruches entstanden sei: und dieser Umstand würde dann um so mehr für meine Meinung sprechen. Uebrigens reden Strabo (lib. V) und Cicero (lib. II de Oratore) nur von der Gegend der pontinischen Sümpfe und den Niederungen am Meere, als schon längst für ungesund bekannten Strichen: und diese waren schon früher in Sumpf und Bruch

dieser Umstand hindert durchaus nicht, eine spätere Veränderung dieses vulkanischen Bodens anzunehmen. Die pontinischen Sümpfe selber mögen uns hier zum Beweise dienen. Nach der oben *) mitgetheilten Untersuchung über die Geschichte dieser Sümpfe ergiebt sich, daſs auch sie erst um den Anfang des 6ten Jahrhunderts nach der Erbauung Roms entstanden sein können: und gewiſs geschah diese allgemeine Senkung des Erdreiches, wodurch ein Uebertreten des Meeres ohne möglichen Rückfluſs bedingt wurde, durch die Wirksamkeit unterirdischen Feuers. Auch jene längsterloschenen vulkanischen Heerde, deren Krater oben angegeben worden sind, konnten durch anderweitige Veränderungen im Innern in ein neues und wirksames Verhaltnis zur Atmosphäre treten. Die Schlacken früherer Verbrennungsprocesse sind nicht allein in ihnen übrig, sondern die ganze Gegend enthält auch noch eine groſse Menge derer Materien, welche höchst wahrscheinlicher Weise der vulkanischen Thätigkeit fröhnen. Denn die *Solfatara* von Tivoli beweist hinlänglich, daſs der Schwefel nicht ganz verbrannt sei bei jenen Ausbrüchen in der Urzeit. Diese Vulkane ruheten in der Folge, wie es gewiſs ist, daſs auch der Vesuv nur geruhet hat, bevor er im Jahre 79 n. Chr. den

verwandelt, wie wir aus Dr. Sicklers Angaben ersehn haben. In dieser Gegend herrschten also damals schon, wie auch jetzo noch, Sumpffieber. Strabo aber hätte wahrscheinlich eines so auffallenden Umstandes erwähnt, wenn auch früher schon jene vulkanischen Orte ihre eigenthümlichen Krankheiten hervorzubringen geschickt gewesen wären.

*) In der aus Sicklers *Explication* aufgeführten Stelle.

ersten der Geschichte bekannten Auswurf machte. Es ist nicht anzunehmen, dafs damals eine ganz neue Thätigkeit in diesem Berge sich gebildet habe. Wir haben keinen Grund, die Offenbarung eines allgemeinen höhern Lebens auch in den typischen Verhältnissen der grofsen Naturerscheinungen zu leugnen. Die Wiederkehr der Ausbrüche des Vesuvs mag nach vielen Jahrtausenden der Ruhe geschehn sein: wie vermag die menschliche Geschichte den Kreislauf des grofsen Naturlebens zu verfolgen? Schwerlich aber konnte jener Ausbruch des Vesuvs geschehn, ohne das gesammte vulkanische Land in seine gewaltigen Veränderungen zu verflechten. Jene Quelle des Juragebirges bei Biel flofs trübe an dem Tage des grofsen Erdbebens zu Lissabon im vorigen Jahrhundert. Warum sollte die nahe Gegend Roms, so oft von gleichzeitigen Erdbeben noch jetzo erschüttert, nicht auch bei jener mächtigen neueintretenden Veränderung mitleiden? Es ist sogar wahrscheinlich, dafs die *Solfatara* von Tivoli erst um die nemliche Zeit oder noch später ihre jetzige Gestalt angenommen hat: weil die Beschreibung dieser Gegend beim Virgil *) nicht mehr auf den gegenwärtigen

*) Aeneid. VII, 84 sqq. — Denn diese *Solfatara* ist heutigestages an 2 Miglien von Tivoli entfernt, in der Ebene, ohne alle Hügel: und die Grotte, welche man allein in der ganzen Gegend für jene beim Virgil und Horaz (I, od. 7, 12) genannte nach einiger Wahrscheinlichkeit erklären könnte, müfste eine von denen beim grofsen Sturz des Teverone im Berge unter Tivoli selber gelegenen sein, bei denen aber gegenwärtig keine Spur von Schwefeldämpfen und grofsen Hainen ist, wie sie Virgil mit seiner *alta Albunea* zusammenstellt. Da also seit jener Zeit Mehreres in der äufsern Gestalt jener Gegend sich umgeän-

Zustand pafst. Von jener Zeit an, da nach der obigen Angabe zuerst der *ager pontinus* sich in Sumpf verwandelte (ums Jahr 500 n. R. E.) bis zu dem grofsen ersten Ausbruche des Vesuvs unter Kaiser Titus im Jahre 79 n. Chr., sehn wir mancherlei Veränderungen des römischen Bodens vor sich gehn. Ich halte es daher nicht für ungereimt, die Erscheinungen während dieses ganzen Zeitraumes von beinah viertehalbhundert Jahren in einen genauen Zusammenhang mit jener wiedererwachten Thätigkeit des Vesuvs zu stellen. Ein Zeitraum von 300 Jahren schwindet zu der Kürze eines Tages vor den Jahrtausenden, welche der Vulkan vorüberziehn sah: und es wird also nicht unwahrscheinlich, dafs er bei dem langen Kreislaufe seiner Thätigkeit eines mehr als hundertjährigen Zeitraumes zur ganzen Entwickelung seines neuen Wirkens bedurfte, während er durch unterirdische Verbindungswege noch vor dem allgemeinen Ausbruche seine verwandten Umgebungen schon bestimmte. Die erloschenen Vulkane der römischen Gegend sind nicht wieder in einen eigentlich feuerspeienden Zustand gerathen, vielleicht weil es ihnen dazu an hinlänglicher Kraft fehlte. Allein die ruhende Materie in ihrem Innern kann deshalb doch durch den grofsen Tumult der Nachbarschaft in eine Thätigkeit

ver-

dert hat, so möchte, um es beiläufig zu erwähnen, auch der gelehrte Streit über Horazens *blandusischen Quell*, als bei Tivoli selber gelegen, unentscheidbar bleiben: falls man einmal diesen mit Gewalt, der einzigen Autorität des Scholiasten (ad III od. 13) und dem Zusammentreffen der Beschreibung mit noch bestehender Localität zuwider, von dem sabinischen Landgute bei Digentia (itzt Licenza) zu verdrängen strebt.

versetzt worden sein, die sich seitdem auf mannigfaltige Weise offenbart. An jene neuerlich von der angeführten Commission aufgestellte Meinung, daſs der Boden schweflichte Theile aushauche, ist jedoch hierbei gar nicht zu denken: denn nirgends hat man diese schweflichten Theile nachzuweisen vermocht. Nur die *Solfatara* von Tivoli könnte zu einer solchen Annahme berechtigen. Allein ihr Schwefeldampf bewirkt bei den Einwohnern benachbarter Orte Brustkrankheiten, langwierige Affectionen des Unterleibes, und dgl. m., gerade wie der Schwefeldampf in jenem berühmten Kessel der phlegräischen Felder bei Pozzuoli, und wie überhaupt viel und lange eingeathmete schweflichte Dünste zu bewirken pflegen. Ganz von dieser Wirkung verschieden ist dagegen jene der schon bezeichneten bestimmten Stellen in der ganzen Gegend, *) welche bei allen Win-

*) Denn die Fieber, welche auf solchen vulkanischen Stellen zu entstehn pflegen, kommen eher den hitzigen, leichtbeweglichen Nervenfiebern gleich. Sie scheinen vorzüglich das Nervensystem, durch dasselbe aber auch die Substanz der Blutgefäſse selber, heftig zu ergreifen. Sie verlaufen mit einem eigenthümlichen Tumult aller Erscheinungen. Sie bilden auffallende Gegensätze im Organismus, und tragen überhaupt durchgehends das Gepräge ihrer Verwandschaft mit der Elektricität, auch in den eigenthümlichen Gestaltungen ihrer typischen Verhältnisse, von denen Baglivi (p. m. 52. 389.) mancherlei Merkwürdiges aufgezeichnet hat. Durch diese Fieber wird, wie es scheint, zunächst die Vegetation des Nervensystems verletzt, bis sie endlich in allen Systemen untergraben ist, und der Tod mehr durch eine gänzliche Aufhebung aller Ursachen der Lebensthätigkeit, nach manchem täuschenden Sturme, als durch eine bestimmte fehlerhafte Richtung derselben eintrit (z.

den, aller chemischen Veränderung der Luft, oftmals scharf begrenzt sind auf die Entfernung von kaum 100 Schritten.

Die Richtung der Krankheitserscheinungen nach verschiedenartigem Boden ist auch in andern Ländern nichts Ungewöhnliches. Ich zweifele, dafs man alle dahin gehörigen Beobachtungen aus den chemischen Einwirkungen der Luft beigemischter Stoffe genügend erklären kann: denn die nemlichen Einwürfe gegen eine solche Annahme, welche ich rücksichtlich der Gegend um Rom aufstellte, können auch bei den Erfahrungen anderer Länder eintreten. Wir sind gewohnt, die Atmosphäre als ein chemisches Gemisch todter Auswürfe zu betrachten, und denken uns daher alle Einwirkung von ihr auf den thierischen Organismus nur in Bezug auf ihre chemischen Processe. Allein die einfachste Beobachtung der Natur überzeugt uns von der Mangelhaftigkeit dieser ihr aufgedrungenen Begriffe. Unsere Eudiometrie ist schon nach den ersten Versuchen überführet wor-

B. Krampf). Die anfängliche Heftigkeit der Affection des irritabeln Systems brachte den langen Streit über die Nothwendigkeit des Blutlassens hervor, welches jedoch schädlich zu sein scheint, da die Masse des Blutes selber, wie bei elektrisirten Organismen, eine chemische Auflösung erleidet, weshalb auch Baglivi auf alleinige Anwendung abführender Mittel dringt. Uebrigens fehlt es an genügenden und reinen Beobachtungen dieser Fieber. Die einzelnen Nachweisungen bei dem ebengenannten römischen Arzte werden durch den Wust seiner physiologischen und pathologischen Hirngespinnste entstellt: und die mündlichen Nachrichten der heutigen Aerzte jener Stadt können nur noch weniger befriedigen.

den, wie wenig ihre weiteste chemische Ausdehnung das lebendige Spiel unbekannter Kräfte zu erreichen vermag. Die moderne Selbstsucht glaubte die Rechte der Atmosphäre gekränkt, wenn ahndungsreiche Zeitalter ihrer Willfährigkeit gegen die Gesetze einer höheren Physik nachspürten. Darum zwang man ihre Erscheinungen in das engere Gewand der Chemie: und bedachte nicht, daſs schon das bloſse Vorhandensein als solche Atmosphäre ein selbstständiges, dem rohen Anorganischen überlegenes Leben verräth. Es ist nicht mein Geschäft, noch hier der schickliche Ort, die von groſsen Physikern längst zusammengestellten Merkmale eines dem Anorganischen überlegenen Zustandes der Atmosphäre aufzureihen. Mit groſser Sicherheit durch die Begründung auf eine Masse von Thatsachen hat sie der vortreffliche Schubert *) vor Allen in wissenschaftlichem Zusammenhange mitgetheilt. Die sinnreiche Verfolgung des allmäligen Entwickelns einer lebendigen Regsamkeit in den Stoffen des chemischen Reiches bis zu ihrer höchsten Selbstständigkeit unter der Luftgestalt, bietet uns mannigfache Schau in die inneren Verhältnisse dessen was beständig in dieser freieren Luftgestalt webt. Allein wie auch in der Atmosphäre ein eigenthümliches Leben sich offenbare, wie sie auch strebe, als ein abgeschlossenes Ganzes sich von der Verwandschaft des Anorganischen loszusagen, so kann ihr regsames Vorhandensein doch nur in einem ewigen Wechselspiel äuſserer Beziehungen seine Dauer finden. Der eben angeführte Schriftsteller

*) *Ahndungen einer allgemeinen Geschichte des Lebens*, von Dr. G. H. Schubert. Leipz. 1806. Besonders im 1sten Bande No. IV.

20 *

nennt sie daher mit einem schönen Ausdruke *das Sensorium der Erde*, so fern das beständige Wogen der gegenseitigen Einflüsse zwischen dieser und dem sie vermittelnden Sonnensysteme in der Atmosphäre seinen nothwendigen Durchgangspunkt findet. Denn sie umgiebt die Erde, wie der sensible Dunstkreis den thierischen Organismus, und beide bedingen sich ohne Aufhören wechselseitig. Wir sehen die Atmosphäre als den Träger einer *actio in distans* bei hundert Erscheinungen der Elektricität und des Magnetismus: und ihre Einflüsse bestimmen auf das Mannigfaltigste die Wechselwirkung der Körper im Siderismus, wie insonderheit das 8te Kapitel des ersten Theiles des schon angeführten Amorettischen *) Werkes weitläuftig darthut. Wir können also der Atmosphäre aus diesen und vielen andern Gründen eine nothwendige Beziehung zu dem Erdboden und denen denselben bildenden Stoffen keinesweges absprechen, wenn gleich diese Beziehung die Grenzen der chemischen Gesetze überschreitet.

Finden wir nun zwar über jenen erstorbenen Vulkansheerden der Gegend von Rom keine sichtbare chemische Veränderung der Atmosphäre, so können wir darum ihre Einwirkung auf die in ihr lebenden thierischen Organismen nicht leugnen. Es bleibt zur Erklärung eines solchen Bildens eigenthümlicher Krankheitsformen nichts Anderes übrig, als die durch die Atmosphäre vermittelte dynamische Verbindung des Organismus und des Bodens selber anzunehmen. In den sandreichen Ebenen der Mark Brandenburg sind nach den mir mitgetheilten Bemerkungen eines unserer trefflichsten Aerzte und Schrift-

*) *Della Raddomanzia* etc. Mil. 1808.

steller die mit entzündlichem Zustand beginnenden Schwindsuchten und ähnliche Krankheiten häufiger, das Heer der skrofulösen Kachexieen dagegen seltener und minder kräftig: und schwerlich wird man der Atmosphäre Stoffe beigemischt finden, welche dies bewirkten, sowie etwa in Wien und Paris die übermäfsig häufigen Augenkrankheiten von aufsteigenden Staubwolken entstehn. Wer kann durch chemische Einwirkung, sei es des Wassers, sei es der Luft, die in den Alpengebirgen unvermeidlichen Kröpfe erklären? — Jener vulkanische Boden, an metallischen und azotischen Stoffen noch heutiges Tages so reich, mufs unausbleiblich die Verhältnisse der ihn umgebenden Atmosphäre bestimmen. Ich wage nicht zu vermuthen, ob eine solche Bestimmung der Atmosphäre, und durch sie des thierischen Organismus, einzig nach den Gesetzen und mit wirklicher Gegenwart einer materiellen Elektricität geschehe. Die Erscheinungen des *Siderismus* sind von zu grofser und zu allgemeiner Wichtigkeit, als dafs wir die Unterstützung ausschlagen sollten, welche sie auch den ätiologischen Untersuchungen des Arztes anbieten. Ich habe keinesweges die Dreistigkeit, mich in die rein physikalische Untersuchung einzulassen, in wie weit der Siderismus sich von dem Wesen eines eigenthümlichen materiellen Princips der Elektricität entferne. Allein die mancherlei Beobachtungen, welche ich über diese so unbestreitbaren Phänomene zu machen Gelegenheit fand, haben mich überzeugt, dafs ich früher schon, nur nach allgemeiner Kenntnis der Gesetze, das pathologische Verhältnis jener genau an den Ort gebundener Krankheiten nicht ganz mit Unrecht in Zusammenhang damit gesetzt hatte. Vielleicht ist selbst die merkwürdige Aehnlichkeit dieser versatilen Fieberkrankheiten, besonders im Anfange ihres proteischen Verlaufes, mit dem eigenthümlichen Zustande des Gefäfs- und Nervensystems in sehr reizbaren Metallfühlern nicht ohne Bedeutsamkeit für jenes ursachliche Verhältnis: besonders da dieser ebenerwähnte Zustand der Metallfühler, von welchem das schon öfter angeführte Amorettische Werk *) genauere Aufschlüsse giebt, schwerlich mit den Wirkungen der Elektricität vollkommen übereinstimmen möchte. Eine solche eigenthümliche Beziehung der Atmosphäre zu dem vulkanischen Boden über welchem sie schwebt ist wenigstens wahrscheinlich, und widerstreitet nicht so sehr allen übrigen Erscheinungen, als die Annahme beigemischter fremdartiger Stoffe. Die Oscillationen der Wirkungssphäre metallischer Körper gegen die Luft müssen in dem thierischen Organismus, welchen letztere berührt, nothwendig wiederum bestimmte Schwingungen hervor-

*) Besonders im 6ten Kapitel des 1sten Theiles. — Man könnte vermuthen, dafs bei jenen Fiebern eine ganz ähnliche Einwirkung Statt finde. Weil diese Einwirkung aber hier ungewohnt ist (vielleicht werden wohl im Gegentheil recht entschiedene Metallfühler nie von solchen Fiebern befallen, sowie manche Menschen, welche selber mit starker Elektricitätserzeugung begabt sind, allen bekannten elektrischen Einflüssen der Atmosphäre widerstehn, und frei von rheumatischen und gichtischen Zuständen bleiben?) und durch noch unbekannte Verhältnisse eine krankhafte Reaction hervorruft, so wird sie dem Gemeingefühl auch nicht auf jene den Metallfühlern eigene Weise klar. Ein noch ungeübter Metallfühler glaubt sich bei seinen fieberhaften Empfindungen ebenfalls krank (der Bauer Giacomo Jacchetta bei Amoretti pag. 57 der ital. Ausg.) bevor er weifs, was sein Gefühl zu bedeuten hat.

rufen. Es würde sehr lehrreich sein, wenn ein der Metallfühlung Kundiger und Geübter auf jenen Stellen der römischen Gegend ausgedehnte Untersuchungen anstellen wollte. Man hat bisher Untersuchungen dieser Art, in Bezug auf die Vulkane, nur bei wirklich sichtbarer Thätigkeit derselben gemacht. *) Allein auch die ruhenden Vulkane würden vielleicht nicht minder wichtige Aufschlüsse geben, welche unsern gegenwärtigen pathologischen Nachforschungen um so willkommener sein müfsten, da wir die in Anfrage stehenden Krankheiten in der Nähe der noch eigentlich thätigen Vulkane nicht einmal finden. Ich habe schon anderwärts **) erwähnt, dafs wir die in voller vulkanischer Thätigkeit begriffene Gegend in einer sehr abweichenden Einwirkung auf den Gesundheitszustand der Einwohner von jener sehn, welche abgestorbene Feuerheerde in sich enthält. Es ist auch begreiflich, dafs die Wechselwirkung jener unterirdischen Massen auf einander selber während des Zeitraums ihres Vulkanismus andere Bedingungen für die Oberfläche und für die Atmosphäre setzen müsse. Daher das neapolitanische Gebiet gerade in der Nähe des Vesuvs die gesundeste Gegend ist, und nichts von jenen, durch die ruhenden Vulkane bedingten Fiebern der Gegend um Rom zu erdulden hat. — Uebrigens ist es unstreitig auffallend, dafs die verdorbene Luft der pontinischen Sümpfe an einigen

*) Wie Thouvenel, Fortis, Amoretti, in der neapolitanischen *Solfatara* bei Pozzuoli, welcher Versuche Amoretti im 2ten Theile seines Werkes erwähnt. Vergleiche oben beim Abschnitt Neapel.

**) Man sehe, was ich bei dem Abschnitt Neapel über diesen Gegenstand angeführt habe.

Orten auch auf den benachbarten luftigen und hohen Bergen noch heftig genug wirkt, wie in dem bedeutend höher gelegenen Oertchen Sermoneta. Jene abgestorbenen Vulkane finden sich aber alle nur in niederen Gegengen mit kleinen Hügeln. Denn von dieser Art ist auch die nächste Umgebung des Seees von Albano, obgleich dieser hart am Fuſse des hohen und als Kern der ganzen Gebirgsinsel bestehenden Monte Cavo seine Lage hat. So heilsam die Luft auf dem hohen Rande dieses alten Kraters ist, so leicht werden diejenigen, welche sich in seiner Tiefe am Ufer des darin befindlichen schönen Seees lange aufhalten, von eben jenen Fiebern befallen. Ein Gleiches gilt vom See von Nemi, und von dem trockenen Kessel der Vall' Ariccia, über welchen beiden unmittelbar die als gesunde Aufenthaltsorte berühmten Städtchen gelegen sind. *)

Die gerühmtesten prakticirenden Aerzte in Rom sind die Herren: Bomba, Alessandro Flajani,

*) Man könnte sich wundern, warum Lariccia, Castel-Gandolfo und Nemi gesunde Ortschaften sind, da sie doch ebenso auf dem Rande ihrer Krater liegen, als das fieberreiche Fleckchen des ehemaligen Gabii. Allein auch die Beschaffenheit dieser Krater ist verschieden. Denn der letztere ist mehr eingesunken als die vorhergehenden, und die 3 angeführten neueren Städtchen liegen im Grunde mehr auf einem später empergethürmten Damme von schwerlich ursprünglichen vulkanischen Stoffen. — Uebrigens versteht es sich von selber, daſs nach der hier aufgestellten Ansicht gar keine Vorbauungsmittel gegen die Entstehung solcher Fieber angewandt werden können, als daſs man eben die

Lupi, Massimi, Mora, Morecchini, Poggioli, Prelà. Als Schriftsteller sind unter ihnen besonders

vulkanischen Orte, wo sie entstehn, ganz vermeide zu bewohnen. Die Natur hat durch diese Beschränkung in bestimmte, nicht sehr ausgedehnte Grenzen einen deutlichen Fingerzeig gegeben, wie man sich vor diesen Fiebern zu bewahren habe. Was können menschliche Anstalten gegen die Schwefeldämpfe eines *Solfatara* helfen? Und doch würden bei diesen chemische Reagentien noch wirksam sein. Allein welches Reagens besitzen wir gegen die hier dargestellte allgewaltige dynamische Ergreifung des gesammten Organismus? Wie sollen wir die unterirdischen Stoffe hinwegräumen, oder uns vor ihren Einflüssen sichern? Der Metallfühler mag auf die höchsten Berge laufen, das Gefühl der Metallvene verläfst ihn nicht, und wenn sie viele 100 Fufs unter ihm liegt. Jene Fieber befallen wenigstens, ebenso wie dies Metallgefühl, keinen der sich nicht an den Orten aufhält denen sie angehören. — Die menschlichen Anstalten mögen die häufig sich hinzugesellenden Sumpffieber hemmen, und sogar ganz verdrängen. Allein wenn die jetzt aufs Neue betriebenen Anstalten gegen dieselben im Verhältnis stehn mit den Forschungen der obenerwähnten Untersuchungs-Commission, so wird wenig Grofses davon zu erwarten sein. — Die ganze hier eingeschaltete Abschweifung von dem eigentlichen Plane meiner Schrift, welche der Leser in den periodischen Blättern des Herrn Prof. Wolfart (Ασκληπιειον u. s. w., Halle 1812, Stück 2) schon abgedruckt gefunden hat, ward hier übrigens darum wiederholt, weil ich wünschte, dafs sie mehrern italienischen Aerzten zu Augen kommen möge, welchen hoffentlich spätere Reisende diese Bemerkungen mittheilen werden. Auch steht dieselbe mit denen zur Darstellung des Medicinalwesens charakteristischen Untersuchungen der obenerwähnten Commission in zu genauem Verhältnisse, um hier übergangen werden zu können.

Flajani, *) Lupi, **) Massimi ***) und Morecchini ****) bekannt.

*) *Saggio filosofico* di Alessandro Flajani, *Prof. di medicina, intorno agli stabilimenti scientifici in Europa, appartenenti alla medicina.* Roma 1807. — Der Verfasser, welcher mehrere Jahre hindurch Deutschland, Frankreich und England bereiste, giebt in diesem Werke eine schätzbare Uebersicht, welche freilich, bei der großsen Ausdehnung seines Plans, mehrentheils nur sehr kurze Angaben enthält, für die italienischen Aerzte aber allerdings wichtige Aufschlüsse über die wenig gekannten Länder giebt. Durch das *Giornale di medicina*, welches der nämliche junge Arzt seit einigen Jahren in Rom herausgiebt, erwirbt er sich fortdauernd das Verdienst, seine Landsleute mit den neuern Werken der ausländischen, besonders deutschen Litteratur der Medicin bekannt zu machen, da ihm die neueren Werke trotz des mangelnden Buchhändlerverkehrs durch seine anderweitigen gelehrten Verbindungen zu Gebote stehn.

**) Durch die sinnreiche Widerlegung der Secretion in unorganischen Poren nach Mascagni, ist der Name des Prof. Lupi hinreichend bekannt. (Petri Lupi *refutatio theoriae* etc. *ad calcem operis* Mascagni, edit. Romae 1793.)

***) Massimi *trattato sopra l'acqua di* Nocera *vicino* Foligno. Roma...

****) Domenico Morecchini *saggio chimico-medico sopra l'acqua di* Nocera. Roma 1807. liefert genauere Resultate über die chemischen sowohl als therapeutischen Verhältnisse dieses heilsamen Wassers. — — Die Schrift eines *ungenannten* römischen Arztes (*Doveri dell' uomo riguardo alla salute, ossia maniera di conservarsi sano senza mai far uso di medicamenti*, Roma 1795) kenne ich nicht genauer, als nur durch die Urtheile Anderer.

Unter den Chirurgen werden vorzüglich gerühmt die Herren Asdrubali, Flajani (Bruder des obengenannten), Pane, della Rocca und Siseo. Doch klagt man allgemein über den Mangel eines wirklich ausgezeichneten Operators, dergleichen der vor wenig Jahren verstorbene und schon öfters erwähnte Filippo Flajani war, Vater der beiden zuletzt genannten, und als Schriftsteller gleichfalls berühmt. *) Des Professors Asdrubali **) als Geburtshelfer habe ich schon bei Gelegenheit der *sapienza* ausführlicher erwähnt.

Von *medicinischer Polizei* war während der päpstlichen Herrschaft zu Rom fast keine Spur vorhanden; sowie überhaupt das Medicinalwesen keine bestimmte und wohlbegründete Verfassung hatte. Selbst gegenwärtig, nach der Vereinigung mit Frankreich, sind theils nur wenige Anstalten zur Verbesserung der alten Mängel getroffen worden, theils hat man die Vorurtheile und Sitten des Volkes, welche nicht ohne Nachtheil für eine bessere Ordnung in diesen Gegenständen sind, vergebens in Kurzem auszurotten versucht. Noch immer herrscht jene oftmals empörende Unreinlichkeit in den Strafsen,

*) Filippo Flajani *collezione di osservazioni e riflessioni chirurgiche.* Roma anno VI repubblicano, 4 vol.

**) Sein schätzbares Werk: *Elementi d'ostetricia scritti da* Francesco Asdrubali, Roma 1795, 4 vol., würde in einer ungemein bereicherten und verbesserten Auflage schon längst erschienen sein, wenn es nicht immer noch durch die Weitläuftigkeit der für alle ital. Werke jetzt in Paris zu bestehenden Censur zurückgehalten worden wäre.

die schamlose Bettelei, und die mancherlei der öffentlichen Gesundheit schädlichen Gewohnheiten, woran das geistliche Rom so reich war. Insbesondere wird immer noch über den Mangel einer guten *Apothekerordnung* geklagt, daher denn auch die Arzneimittel mehrentheils äufserst schlecht bereitet, hie und da übermäfsig theuer, und oft sogar auf die gefährlichste Weise verfälscht sind. Ja ich kenne sogar äufserst unglückliche Fälle, wo durch die strafwürdigste Nachlässigkeit der Apotheker Personen unwiederbringlich um ihre Gesundheit gekommen sind. Es steht hier für die neueingerichtete französische Polizei noch ein weites Feld offen, durch welches sie sich um eine grofse Menge von Menschen sehr verdient machen kann. Nur wird zu wünschen sein, dafs die Resultate ihrer Nachforschungen wahrer und nützlicher ausfallen mögen; als bei jener Commission der Fall war, welcher man die Untersuchung der sogenannten *aria cattiva* aufgetragen hatte.

II. Andere Städte des Kirchenstaates.

Von denen insgesammt nicht unbedeutenden Städten Terni, Spoleto, Foligno, Perugia, bleibt fast gar nichts zu erinnern übrig, als dafs der Zustand des Medicinalwesens in ihnen auf eine unbeschreibliche Weise zerrüttet ist. In allen genannten, und vielleicht auch in andern minder grofsen Städten bestanden unter der päpstlichen Herrschaft Krankenhäuser von ziemlicher Ausdehnung, nach Art derer zu Rom angelegt und unterhalten. Durch die Stürme der Revoluzion, und besonders durch die neuere Einziehung aller geistlichen Güter haben jedoch alle diese und ähnliche Anstalten noch unendlich mehr gelitten als die zu Rom selber, sodafs im Grunde kaum noch Spuren ihres vorigen Daseins anzutreffen waren.

1. Die Stadt Spoleto, obgleich grofs und volkreich, und Sitz einer Präfectur, hat doch nur die Ueberbleibsel eines Spitals, worin nicht mehr als 45 Betten stehn. Von diesen aber sind die mehresten durch Kranke der anwesenden französischen Besatzung besetzt, sodafs für die bürgerlichen Kranken kaum 10 Plätze frei bleiben. Es gilt also auch hier, was ich bei Gelegenheit des militärischen Spitals zu Rom umständlicher auseinandergesetzt habe, dafs durch den Mangel an bestimmten Anstalten dieser Art für die anwesenden Truppen in Italien die bürgerlichen Spitäler zu beiderseitigem Nachtheil belastet werden. Das Local dieses Krankenhauses ist höchst mittelmäfsig, und seine Unterhaltung gegenwärtig allzu dürftig. Arzt desselben ist Dr. Martelli. Dieser Mann

ist in der ziemlich volkreichen Stadt eigentlich der einzige praktieirende Arzt und Chirurg. Ein alter Arzt hat sich seit einigen Jahren in Ruhestand versetzt: ein anderer ist Präfecturrath geworden, und dadurch hinlänglich, jedoch keinesweges zu Gunsten der gar nicht betriebenen medicinischen Polizei und Jurisdiction, sondern in Betreff ganz fremdartiger Geschäfte, angestrengt: und solchergestalt mufs sich die grofse Stadt mit einem einzigen Aeskulap begnügen, welcher trotz seiner alleinigen Herrschaft, durch sein Aeufseres wenigstens, keine glänzende Lage verräth.

2. In Foligno bestand ehedem ein grofses, ziemlich wohl ausgestattetes und unterhaltenes Krankenhaus. Allein seit Anwesenheit der französischen Garnison hat dasselbe für deren Kranke eingeräumt werden müssen, und denen vom Bürgerstande ist dagegen ein Saal und ein anderes Zimmerchen in den Gebäuden eines ehemaligen Klosters angewiesen worden, wo sich 30 Betten ohne alle besondere Anstalt zur Bequemlichkeit der Kranken befinden, von denen jedoch bei meiner Durchreise nur 6 besetzt waren. Die zween Aerzte an diesem Spitale sind die Doctoren Bartolini und Laurenti, welche auch die Kranken der französ. Garnison in dem andern Spitale zu besorgen haben.

3. Die noch gröfsere Stadt Perugia scheint einigermafsen besser bedacht zu sein. Hier nemlich sind 2 Spitäler vorhanden, beide nur von Kranken aus dem Bürgerstande besetzt. Allein ihr Bestand ist gegenwärtig bei dem Mangel einer besondern Kasse, und den nicht ganz hinreichenden Zahlungen von andern öffentlichen Behörden, geringer als der ursprünglichen Einrichtung ange-

messen wäre, und beide Anstalten sind überhaupt gar sehr in Verfall. Das eine Spital kann 40 Kranke fassen, Männer und Weiber zusammengerechnet, und ist für *Narren* und *Phthisische* bestimmt. Eine wunderliche Krankheitszusammenstellung, die sich auf den eigensinnigen Einfall irgend eines frommen aber der Medicin ganz unkundigen Stifters begründet. Das andere fafst 60 Kranke, und dient allein solchen die mit *Fiebern* behaftet sind. Uebermäfsige Zahl der Aufwärter, Fahrlässigkeit der ganzen Besorgung, Unsauberkeit, sind auch in diesen Spitälern wie bei allen im Kirchenstaate als Werken der Prälaten sichtbar.

Eine *Unterrichtsanstalt*, als Seitenstück der römischen *Sapienza*, und auch des gleichen vornehmen Namens sich erfreuend, bestand gleichfalls in Perugia. Bei der medicinischen Facultät ward das Spital der Fieberkranken zu klinischen Vorträgen benutzt, und Anatomie an den Körpern der darin Verstorbenen gelehrt: beides freilich immer in ziemlicher Unvollkommenheit. Gegenwärtig besteht die Anstalt zwar noch, allein ohne alle Kraft: und es ist unentschieden ob man sie in dem Zustande einer Universität neu ausstatten, oder für die mindere Wirksamkeit als Lyceum aufstutzen wird.

B.

TOSCANA.

Von dem Zustande der gesammten Medicinalverfassung und der einzelnen hierhergehörigen Anstalten dieses Staates bleibt mir im Allgemeinen nichts zu sagen übrig, nachdem ich schon bei der allgemeinen Betrachtung des Königreiches Italien auch auf die jetzt näher zu beleuchtende Vortrefflichkeit der Einrichtungen in Toscana Rücksicht genommen habe. Die wohlausersonnenen Veranstaltungen, welche uns hier beschäftigen, stammen auch grofsentheils aus der Regierungszeit der Grofsherzöge *östreichischer* Abkunft her, deren Herrschaft durch so glücklichen Einflufs auch hier wie im Mailändischen immer noch erkennbar ist. Der wohlbegründete Reichthum und die glückliche Lage des toscanischen Staates begünstigten diese Blühte der innern Verfassung umsomehr, sodafs man diesen Staat gewifs als einen der glücklichsten und cultivirtesten von Europa ansehn konnte. Die Medicinalverfassung, deren Zustand in ziemlich gleichem Verhältnis mit der übrigen Vortrefflichkeit des Staates stand, und welche wenigstens in Italien gewifs die beste war, ist freilich bis jetzt seit den neuesten politischen Veränderungen nicht gefördert worden, und steht daher gegenwärtig nicht mehr auf gleichem Standpuncte mit der des Königreiches Italien. Man erkennt den Segen vormaliger friedlicher Zeiten in den noch vorhandenen ausgezeichnet guten Anstalten. Zwar liegen diese häufig darnieder, und leiden Mangel, jedoch sind

sie

sie fast nirgend ganz aufgehoben: und überhaupt ist das Bild der ärztlichen Verfassung dieser Provinz, obgleich nicht so farbenreich als das im Königreich Italien, doch unendlich erfreulicher als jenes der medicinischen Verhältnisse im Kirchenstaate.

I. Florenz.

Die Anstalten dieser Stadt, welche an 80,000 Einwohner zählt, sind in Betreff ihrer Vielseitigkeit und ihrer verhältnismäfsigen Gröfse denen zu Mailand noch überlegen, und nicht minder wohl eingerichtet, ja einige derselben erfreuen sich sogar einer noch zweckmäfsigern Anlage. Freilich wird gegenwärtig nicht mit so allgemeinem Eifer, als in Mailand, auf ihre Erhaltung und Beförderung gedacht, jedoch ist der Zustand unendlich blühender wenigstens als zu Rom.

1. Oeffentliche Krankenhäuser.

Die Capacität aller eigentlicher Krankenhäuser für den Bürgerstand beträgt ungefähr 1600 Betten, und ist daher nach denen in grofsen Städten gewöhnlichen und natürlichen Verhältnissen ziemlich hinreichend. Da hier jedoch die Fassungsweite dermafsen angenommen worden ist, dafs man die in Italien gebräuchlichen *Carriolen* oder mittlern Bettreihen nicht mitgezählt hat, so würde, wenn bei dringenden Fällen eine solche Anstalt getroffen werden müfste, die Anzahl der aufgenommenen Kranken bedeutend steigen können.

Die Einrichtung der hiesigen Krankenhäuser hat sehr vieles Gute, jedoch fehlen die wunderlichen Eigenthümlichkeiten nicht ganz, welche wir in Italien, und besonders in dessen südlichern Theilen so allgemein beobachten. Besonders auffallend ist die Art, wie man Kranke unter die beiden grofsen Spitäler vertheilt; bei der Betrachtung eines jeden derselben werde ich die ganz willkürlichen und grundlosen Verfügungen in Betreff dieser Eintheilungen angeben. Uebrigens verdient noch bemerkt zu werden, daſs in Toscana die öffentlichen Anstalten aller Art, folglich auch die medicinischen, seit der Vereinigung mit Frankreich, nicht wie in Rom unter besondern Commissionen, sondern unmittelbar unter der Leitung der Departements-Präfecten stehn: die anwesende Groſsherzogin präsidirt in den Kanzleien wie bei öffentlichen Versammlungen, allein die ärztlichen Behörden stehn insgesammt unter Aufsicht der Präfecten.

a. Ospedale di Sta Maria nuova.

Dieses Krankenhaus, im Allgemeinen wohl das vorzüglichste unter allen italienischen, ist auch in der Rangordnung nach der Gröſse und der Bettenzahl eines der ersten. Bei einfach stehenden Bettreihen umfaſst es 1200 Kranke: diese Zahl aber würde bedeutend steigen können, wenn man nöthigen Falls die schon erwähnten *Carriolen* in der Mitte der Sääle einschieben wollte, wozu Betten und alles übrige Geräth noch reichlicher vorhanden sein würden als der gehörige Raum. Jedoch enthält das Spital gewöhnlich nur drei Viertheile der ganzen Krankenzahl, für welche es eingerichtet ist. Das Local ist unstreitig eines der besten in Italien, nur leider mitten in der Stadt gelegen: die Sääle sind hinlänglich hoch, wenn auch nicht besonders breit. Sauberkeit wird überall auf das Löblichste erhalten, und es fehlt nicht an mancherlei zweckmäſsigen ökonomischen und die Heilung der Krankheiten betreffenden Anstalten. Das gesammte Personal der Directoren, Aerzte, Krankenwärter, Oekonomiebedienten macht eine gewaltige Menschenzahl aus:

21 *

diese aber sind keinesweges vorhanden ohne gehörig gebraucht zu werden, oder ohne in guter Ordnung neben einander und unter strenger Aufsicht zu stehn, welchen Mangel wir an den römischen Krankenhäusern besonders tadelnswürdig fanden. Es verlohnt sich der Mühe, in dem eigens gedruckten Werke, *) welches die merkwürdigen Gesetze und den ganzen Plan der Anstalt enthält, die Tabelle aller bei dem Krankenhause angestellter Personen nachzusehn. Das Directionsbureau enthält ebenfalls ein äufserst zahlreiches Personal, welches auch hier fast allein aus Geistlichen besteht, und die Bücher des Bureau werden in der gröfsten Ordnung gehalten. Ehemals war das Spital sehr begütert: da seine Fundation aber grofsentheils mit geistlichen Gütern verbunden war, so hat es in neuern Zeiten freilich beträchtlich verloren, ohne dafs man jedoch bei der wohlunterhaltenen Ordnung auf den ersten Anblick einen sichtbaren Mangel entdecken kann. — Das ganze Spital zerfällt in zween grofse und ganz voneinander getrennte Hälften, in welchen die beiden Geschlechter ohne alle gegenseitige Gemeinschaft sich befinden. Jede dieser Abtheilungen enthält aber die verschiedenartigen Kranken gleichfalls von einander abgesondert. Die ganze Anstalt ist für mancherlei Zwecke gemacht. Bei der männlichen Abtheilung nemlich ist ein Saal für altersschwache Männer, Krüppel u. s. w., welche ohne eigentliche Krankheit hier einen Zufluchtsort finden. Ferner ist ein grofser Saal für die Männer mit innerlichen Krankheiten bestimmt: ein an-

*) *Regolamento dei regj spedali di Sta. Maria nuova e S. Bonifazio, di* Marco Covoni Girolamo, *Commissario.* Firenze 1789, 4to. 416 pag.

derer für solche mit sogenannten chirurgischen Krankheiten: wieder einer für Männer mit ansteckenden Krankheiten: ein besonderer für venerische Männer: und endlich noch einer für krätzige und grindigte Knaben. Auch befindet sich hier ein Saal für erkrankte Gefangene, da in den Gefängnissen zu Florenz keine Infirmerieen eingerichtet sind. Die Sääle für ansteckende Männer, für Gefangene, und für krätzige Knaben bilden ganz eigene abgesonderte Locale. Bei der weiblichen Abtheilung, welche zween eigene Hofräume hat, ist eben so ein Saal für Altersschwache, Krüppel, u. s. w., einer für innerliche Krankheiten (wobei keine habituellen Epilepsieen und dgl. angenommen werden, welche man insgesammt nach S. Bonifazio schickt); einer für Kranke mit contagiösen Fiebern; einer für chirurgische Krankheiten. In diesem Spital werden nur solche krätzige Weiber aufgenommen, welche von einer einfachen Krätze befallen sind: ist dieselbe siphilitischer Natur, so müssen sie ins Spital zu S. Bonifazio gehn. Ein eigner Hofraum der ebenbeschriebenen weiblichen Abtheilung ist ganz allein für siphilitische Weiber bestimmt, deren gewöhnlich an 160 hier liegen: nämlich blofs solche, die nicht mit venerischer Krätze behaftet sind, sodafs man also die Zahl der in beiden Spitälern aufbewahrten kranken Freudenmädchen an 200 angeben kann, bei einer Bevölkerung von 80,000 Seelen eine nicht geringe Menge. Noch ein eigenes kleines Zimmer ist für Gebährende bestimmt: es enthält aber nur sehr wenige Betten, und ist im Grunde allein für die Klinik der hiesigen praktischen Unterrichtsanstalt eingerichtet. — Dafs der Eingang in das

Spital, bis auf die Abtheilungen der Contagiosen, Krätzigen und Venerischen Jedermann offen steht, verdient wohl kein besonderes Lob. — Der gesammte Krankenbestand am 4ten Julius 1811 war 806 Köpfe. Vom Januar bis Merz (incl.) bestand die gesammte Aufnahme in 825 Kranken; beim Anbeginn des Jahres waren aus dem vorigen noch vorhanden 700; und binnen der genannten 3 Monate starben 245. Vom April bis Junius (incl.) wurden aufgenommen 1021, es starben während dieser Zeit 184, und am Ende des Trimesters war der noch übrige Bestand 750 Kranke. Innerhalb 6 Monate waren also aus dem Spital von einer Gesammtmasse von 2546 darin behandelten Kranken gestorben 429, geheilt (oder auch ungeheilt?) entlassen 1367, und zuletzt noch übrig 750. Man kann daher die Sterblichkeit im Ganzen das Jahr hindurch zu 16 : 100 annehmen. Dieses Verhältnis wäre an sich bei dem in andern Spitälern so häufigen von 20 : 100 ziemlich gering, jedoch muſs man es bedeutender nennen, wenn man bedenkt, daſs beinahe $\frac{1}{6}$ aller darin enthaltenen Personen, Krüppel und Greise ohne besondere Krankheiten sind, die mehrentheils Jahrelang daselbst verpflegt werden; und fast ein anderes Sechstheil in venerischen Dirnen besteht, deren Sterblichkeit im Ganzen auch nur unbeträchtlich ist. — Die Aerzte dieses Krankenhauses sind folgende: Dr. Mannajoni, ärztlicher Director und erster *Clinico*. Billi und Bertini, Aerzte bei den Männern. Pergolini und Tavanti, bei den Weibern. Panzonii, Arzt bei den siphilitischen Weibern. Nessi, *) erster Chirurg

*) Nessi *istituzioni di chirurgia*, Pavia 1786, 4 vol. Venezia 1795.

bei Männern und Weibern. Uccelli und Massa, Secundarchirurgen bei Männern und Weibern. Caselli, Chirurg der siphilitischen Weiber. Bei grofsen chirurgischen Operationen wird der Professor Lorenzo Nannoni zu Rathe gezogen. — Uebrigens trit auch in der Behandlung der Kranken für die Oberärzte während der Sommerferien der praktischen Unterrichtsanstalt eine Ruhezeit ein, und nur die Secundarärzte pflegen alsdann das Spital zu besuchen. Eine Menge Studierender, angehender Aerzte u. s. w. sind als Gehülfen, als *Caporali*, *Curanti* aufser jenen genannten Aerzten und Chirurgen noch angestellt, oder werden von den Primariis dann und wann gebraucht.

b. Ospedale di S. Bonifazio.

Auch dieses Spital, welches in seinem ganzen Umfange an 800 Kranke fassen kann, gehört zu den merkwürdigsten Italiens, sofern es nämlich zugleich die Irrenanstalt enthält. Da diese jedoch von den übrigen Theilen des Krankenhauses abgesondert ist, soviel das gemeinschaftliche Local erlaubt, so werde ich zunächst die Schilderung der übrigen Abtheilungen des Spitals ohne Vereinigung mit jener geben.

Dieser gröfsere Theil der Anstalt, welchen wir vorerst betrachten, enthält Kranke aus dem Bürger- und aus dem Soldaten-Stande, deren Zahl bis auf 450 steigen kann. Das Gebäude ist wie jenes von Sta. Maria nuova ziemlich wohl angelegt, obgleich ebenfalls innerhalb der Stadt selber. Die beiden Abtheilungen für bürgerliche und für militärische Kranke sind von einander abgesondert, jedoch haben sie die Oekonomie der

Anstalt gemeinschaftlich. Denn die französ. Garnison der Stadt besitzt kein eigenthümliches Krankenhaus, es trit daher auch hier der nemliche Umstand ein, welchen ich schon bei den Artikeln Forli und Rom rügte, dafs nemlich durch einen solchen Mangel an besondern militärischen Spitälern die bürgerlichen zusehr belastet, und die Einwohner der Städte in ihren Rechten daran gekränkt werden. In der That nehmen hier die kranken Soldaten ebenfalls einen grofsen, und gerade den tauglichsten Platz des Spitals ein. Ihrer waren am 4ten Julius 172: sie werden von den zween militärischen Aerzten Dr. Romanelli und Bartoli behandelt, allein der erste Chirurg, Caselli, steht in bürgerlichen Verhältnissen; und die Verpflegung geschieht auf Kosten der Spitalskasse. — Aufser diesen Soldaten umfafst das Spital noch etwa 270 Kranke vom Bürgerstande, deren Local jedoch bei weitem schlechter ist, als das der militärischen. Auch hier sind mehrere Unterabtheilungen. Männer und Weiber sind jedoch nicht so vollkommen von einander gesondert, als zu Sta. Maria nuova: besonders hat die Anordnung gelitten, seitdem 3 grofse Sääle, worin Altersschwache lagen, den militärischen Kranken eingeräumt werden mufsten. Diese Altersschwachen, Krüppel u. s. w. machen die gröfseste Anzahl aus. In mehrern kleinen Zimmern sind andere kranke Weiber vertheilt, z. B. solche mit angebohrnen oder eingewurzelten Epilepsieen, Veitstanz, und allerlei Nervenkrankheiten, deren schreckhafteste und merkwürdigste Bilder man hier in einer seltenen Vereinigung sehn kann. Man nimmt hier alle Kranke auf, welche eingewurzelte oder Abscheuerregende Uebel an sich haben, es mögen innerliche oder äufserliche Krankheiten sein. Desgleichen befindet sich hier ein Saal, worin die mit siphilitischer Krätze oder sonstigen venerischen Ausschlägen behafteten Weiber behandelt werden, welche in Sta. Mar. nuov. keine Aufnahme finden. Die Vertheilung der Krankheiten zwischen diesen beiden Spitälern, und die Gesetze welche Gattungen, Arten oder Zusammensetzungen nur in einem oder dem andern aufgenommen werden dürfen, sind sehr willkürlich. Die Abtheilungen der Altersschwachen sind ziemlich sauber gehalten: allein in den Zimmern der kranken Weiber, besonders derer mit venerischer Krätze, sieht es abscheulich aus, auch fehlt es an mancherlei nothwendigen Anstalten zu ihrer Heilung. – Director des ganzen Spitals ist der berühmte Dr. Vincenzo Chiarugi. Sein Sohn, ein wohlgeübten Praktiker, besorgt gegenwärtig fast ganz allein alle ärztlichen Geschäfte, und es ist zu verwundern, dafs man ihm bei einer so beschwerlichen Obliegenheit nicht lange schon die nöthige Unterstützung durch ein vermehrtes ärztliches Personal zugewandt hat. — Der gesammte Krankenbestand dieses Spitals war am 6ten Julius folgender: 4 Männer mit unheilbaren Uebeln; 35 Weiber mit dergleichen; 57 invalide Männer; 131 Weiber desgleichen; 31 Weiber mit Hautausschlägen; zusammen 258.

Den merkwürdigsten und wichtigsten Theil dieses Spitals macht die damit verbundene *Irrenanstalt* aus. Es gab vordem zwei Irrenhäuser in Toscana, eins nemlich in Florenz, das andere in Siena. Beide wurden nachher in dem erstern vereiniget, ohne dafs jedoch der Zustand der Kranken im Mindesten dadurch verbessert worden wäre. Dr. Chiarugi erwarb sich den Ruhm, das erste Bild einer menschlicher eingerichteten Irrenanstalt in Italien aufgestellt zu haben. Er brachte es, als großherzoglicher Leibarzt und Director des Spitals zu S. Bonifazio, im Jahre 1787 dahin, daſs die Irrenanstalt in das unter ihm stehende Krankenhaus verlegt, und ein Theil desselben zu diesem Behufe neu ausgebauet wurde. Unstreitig ist dieses Irrenhaus, seiner ganzen Einrichtung zufolge, das beste in Italien, ja sogar besser als die mehresten in andern Ländern. Allein diese Vorzüglichkeit ist durchaus nur relativ, und die ganze Anstalt von dem Ideal eines psychischen Krankenhauses immer noch weit entfernt. Die Kranken sind menschlich darin gehalten, allein die ganze Anlage ist nur für denjenigen Zweck dienlich, welchen man bei einer Anstalt zur Aufbewahrung der Unheilbaren haben kann, und wer darin genest, der hat es allein seiner guten Natur, nicht der Unterstützung durch die Anstalt des Krankenhauses zu danken. Der ganze Plan ist dem des Narrenthurmes zu Wien sehr ähnlich, wenn gleich die Ausführung unendlich vernünftiger ausgefallen ist. Die Anstalt besteht in 4 Gebäuden, welche einen Hofraum umgeben, und in einem fünften, das queer durch diesen Hof laufend, ihn in 2 Abtheilungen scheidet. Die Gebäude haben 2 Stockwerke, welche ihrer inneren Einrichtung nach vollkommen gleich sind. Sie enthalten nemlich lange Gänge, deren einer jedes Geschoſs durchläuft: zu beiden Seiten dieser Gänge finden sich gröſsere und kleinere Zellen. Diese Zellen haben jede ein Fenster mit starken Eisengittern statt der Glasscheiben, und neben der Thüre eine Oeffnung, in welcher eine marmorne Tafel sich herumdreht, wie die

Drehscheibe bei den Findelhäusern. Im Zimmerchen ist ein starkes hölzernes Bett an dem Fuſsboden angeschraubt, und ein Nachtstuhl mit Abzug in benachbarte Kloake eingemauert. In der starken Thüre befindet sich ebenfalls ein Fenster mit Drahtgittern statt des Glases, um das Zimmer vom Gange her übersehn zu können. Weder Tische noch Stühle, noch anderes Geräth, befinden sich in den Zimmerchen. Eine jede solcher Zellen wird nun von 1, höchstens von 4 Kranken bewohnt. Sind diese bösartig, werfen sie dis Geschirre umher, u. s. w., so füllt man ihnen die Speisen in 3 napfähnliche Aushölungen der angeführten marmornen Platten, und dreht diese nun nach innen. Die Kranken haben alsdann nur einen hölzernen Löffel, oder auch den nicht einmal, und müssen sich der Hände bedienen: sie stehn vor der nach inwendig gedreheten durch ihren Zapfen befestigten Marmorplatte, nicht besser als Vieh vor der Krippe. Sind die Kranken tobsüchtig, oder schaden sie sonst auf irgend eine Weise, so werden sie ohne groſse Umstände zwar nicht mit Ketten festgeschlossen, jedoch mit Gurten in dem Bette angeschnallt. Uebrigens ist dem Gebäude nach gar keine Sonderung der Heilbaren und Unheilbaren möglich. Die beiden Geschlechter sind in den beiden Stockwerken getrennt: das den Hof durchschneidende Gebäude macht allein einige Absonderung, und hier bewahrt man diejenigen Kranken, welche den mehresten Lerm machen. Die englischen Zwangswesten hält Herr Chiarugi für unzweckmäſsig, und läſst daher die Tobsüchtigen durchgehends mit breiten Gurten in einer ganz ausgestreckten Lage, mit den Händen kreuzförmig auf beiden Seiten und mit den Füſsen unten am Bette festschnallen, sodaſs sie nur Kopf und Rumpf biegen können. Zur Essenszeit aber muſs man sie loslassen, damit sie vor die beschriebene Mamortafel treten können. Es frägt sich also, ob diese Einrichtung ganz zweckmäſsig genannt werden kann? Denn die Tobsüchtigen, welche nun ganz frei im Zimmer umherspringen, können sich selber an den Bettpfosten u. s. w. Leids genug anthun: besonders Melancholische, nach dem eigenen Leben trachtende, können sich immerhin den Kopf an der harten und eckigen Marmortafel einrennen, wie man der Beispiele genug hat. Die Bäder der Anstalt sind nicht hinreichend, weder an Ausdehnung noch an innerer Einrichtung. Um die Kranken zu zerstreuen ist gar keine Gelegenheit vorhanden. Die ruhigen und von leichter Krankheit befallenen läſst man mehrentheils frei in den Gängen umhergehn: da jedoch das Gebäude ringsher von andern umschlossen ist, und nur den hintern Theil des ganzen Spitals von S. Bonifazio einnimt, so kann man die Kranken zur Bewegung nirgend anders hinbringen, als in den engen und kaum von der Sonne beschienenen doppelten Hofraum. Der Krankenwärter sind in jedem Stockwerke 7, bei Männern männliche, bei Weibern weibliche. Kein Kranker darf körperlich gezüchtiget werden. Ist mehrere Hülfe bei Rasenden nöthig, so müssen Aufwärter von andern Krankensäälen des Spitals herbeigeholt werden. Die männlichen Aufwärter schienen mir ganz vorzüglich taugliche und wackere Subjecte zu sein. — Aus dieser nur oberflächlichen Darstellung des Localen und der innern Einrichtung ersieht man schon zur Genüge, daſs an eigentliche psychische Behandlung gar nicht dabei zu gedenken ist. Wollte man eine Aufbewahrungsanstalt für Unheilbare errichten, so erreichte man in dieser seinen Zweck ziemlich, jedoch bleibt die engeingeschlossene Lage immer ein grofser Nachtheil, da Sauberkeit und menschliche gemäfsigte Behandlung auch für die Unheilbaren nicht immer hinreicht, sondern allzeit viele Melancholische und andere Kranke unter ihnen sind, deren unheilbarer Zustand durch Bewegung in freier Luft merklich gemildert werden kann, und denen Zerstreuung immer eine grofse Wohlthat ist. Ueberdem sind die Unheilbaren dem Geräusch der Stadt nicht entzogen, ja sie schweben bei den engen Gebäuden sogar in mancher Gefahr (z. B. vor Feuersbrünsten, u. dergl.). Allein Herr Chiarugi wollte bei seinem Irrenhause noch mehr bezwecken: er wollte sogar eine vollendete Heilanstalt einrichten. Diesen Zweck können wir unmöglich als erreicht betrachten; wenngleich seine Frage, ob irgendwo eine bessere Anstalt schon zu finden sei? leider nicht mit ja beantwortet werden konnte. Er entwarf den Plan zu seiner Anstalt in einer schon aufgeklärten Zeit, unter einem Fürsten, der die grofsen Reichthümer seines glücklichen Staats gern auf Alles verwenden wollte, was dem Gemeinwohl förderlich ist: man darf also seine Anstalt nach einem höheren Mafsstabe messen, und auf diese Art wird man leider den ganzen Plan verwerflich finden. Die Kranken sind immer nur Gefangene. Ihre Zellen, weifsgetüncht und täglich reingescheuert, müssen ihnen doch bei der ganzen Einrichtung nur wie Kerker vorkommen. Ein jeder hört das Geschrei, das Toben von allen Seiten her. Treten sie aus ihren Zellen, so sehn sie den langen düstern Gang hinab rechts und links die eisenbeschlagenen Thüren, die Marmorplatten, die Gitterfenster, kurz überall und in hundertfältiger einförmiger Wiederholung das Bild dessen was täglich sie umgiebt und ihren Jammer rege macht: und sogar vom Hofe aus, wo sie kaum sich ungedrängt herumbewegen können, erblicken sie nichts als die Gitter ihrer eigenen Kerker, und hören immerfort das gleiche Getös. Anderweitige Anstalten zur psychischen Heilung sind, wie schon erwähnt, gar nicht vorhanden, ja bei dem engen Local gar nicht anzubringen. Noch mufs ich erinnern, dafs Herr Chiarugi selber in neuern Zeiten die Anstalt nur selten besucht, und dagegen die eigentliche Behandlung seinem Sohne überläfst. Dieser, als eigentlicher praktischer Arzt recht wackere junge Mann hat zum Theil schon durch die Besorgung der übrigen Theile des Spitals, wie ich oben erwähnte, soviel Geschäfte, dafs er die Geisteskranken sehr oft vernachlässigen mufs: und zudem hat er niemals mit besonderer Neigung oder eigenem Studium diese schwierigen Gegenstände umfafst, wie denn auch die Natur ihm keinesweges das zu einer solchen Lage nöthige Aeufsere gegeben hat. — Der Ruhm, welchen sich der gelehrte und in jeder Hinsicht würdige Chiarugi, *) besonders durch die Herausgabe seines Werkes über den Wahnsinn **) erworben, machte es nöthig, die von ihm ein-

*) *Della malattie cutanee sordide, trattato teoretico-pratico di* Vincenzo Chiarugi, Firenze 1807, 2 tomi. — Während meiner Anwesenheit in Florenz ward so eben an einem neuen Werke desselbigen Verfassers gedruckt, dessen erster Band wenigstens nunmehr fertig sein mufs: nemlich eine *vollständige theoretisch-praktische Encyklopädie der Medicin.*

**) Von diesem Werke verspricht Herr Chiarugi in Kurzem eine neue und verbesserte Ausgabe, welche sich be-

gerichtete und geleitete Irrenanstalt eben deshalb genauerer Prüfung zu unterwerfen, damit das Ausland ihren praktischen Werth nach den geschriebenen Grundsätzen des Verfassers selber abmessen könne. Ich bin dem Herrn Chiarugi in dieser Hinsicht um somehr Dank schuldig, da ich durch seine freundschaftliche Gefälligkeit mehr als einmal Gelegenheit bekam, die ganze Anstalt zu untersuchen, und mich der Bemerkungen ihres Stifters zu gleicher Zeit erfreuen konnte, dem ich keinen Anstand nahm, schon damals mündlich, sowie gegenwärtig durch die Schrift, diejenigen Einwendungen zu machen, welche meine mannigfach durchdachte Ansicht mir angab. — Uebrigens enthielt die Anstalt im Julius 1811: 262 Irrende, nemlich 129 Männer, 133 Weiber. Selten gelingt es, Personen geheilt zu entlassen: und viele von diesen kommen bald mit Rückfällen wieder.

c. Ospizio di S. Giovanni di Dio.

In dem Kloster barmherziger Brüder dieses Namens bestand ehemals ein Spital für arme Kranke. Seit Einziehung der geistlichen Güter in der neueren Zeit ist auch dieses Spital beträchtlich eingeschränkt worden, und dient nicht mehr zum eigentlichen Krankenhause. Man hat nemlich aus den aufgehobenen Klöstern und andern geistlichen Stiftern alte und schwächliche Personen, 18 an der Zahl, hier untergebracht. Obgleich bei diesen die

sonders durch eine möglichst vollständige *Physiognomik der Irrenden* auszeichnen wird, ein höchst interessanter Gegenstand, über welchen dieser thätige Arzt die eingreifendsten Beobachtungen gemacht hat.

ärztliche Hülfe nur wenig gebraucht wird, und kaum nützlich sein kann, so sind doch, von alter Zeit her, immer noch 3 Primarärzte dabei angestellt, nemlich die Doctoren Pellegrini, Fritelli und Rè, *) nebst einigen Secundarien: und als Primarchirurgus Dr. Lorenzo Nannoni. Der eigentlich Kranken befinden sich aufser jenen 18 Geistlichen nur 15 hier, und diese können blos äufserlich Verwundete sein, oder von solchen innern Krankheiten Befallene, welche durchaus nichts Ansteckendes noch Widerliches für die Andern haben. Die Reinlichkeit der Anstalt und die gute Haltung dieser Kranken, welche insgesammt ein Gewisses bezahlen müssen, ist lobenswerth. Eine Anzahl anständiger Bürger der Stadt pflegt wöchentlich einige Male sich einzufinden, wohlgeschürzt und selbstgefälligen Angesichts, um den Kranken und Altersschwachen Speisen auszutheilen. Ich hielt dies anfänglich für wirkliche Unterstützung der Spitalskasse: allein bald erfuhr ich, dafs die Leutchen keine Speisen mitbringen, noch Geldbeiträge geben, sondern ein religiöses Werk zu thun vermeinen, indem sie die vom Spital angeschafften Speisen nur austheilen. Die widersinnigste Bigotterie ist überhaupt unter allen Italienern dem Toscaner eigenthümlich.

d. L' Orbetella.

Eine besondere Anstalt für Gebährende, die jedoch nur wenige Betten enthält. Jede aufgenommene Schwangere mufs ihren Unterhalt selber bezahlen, wenigstens einen

*) Filippo Rè, *saggio di nosologia vegetabile*, Firenze 1807.

einen Theil der Kosten tragen. Eine Hebamme wohnt im Hause, und ist gleichsam die alleinige Leiterin des Ganzen. Nur bei dringenden Fällen wird Professor Galletti zur Hülfe gerufen. Uebrigens dient die Anstalt weder um Hebammen noch um Studierende in der Geburtshülfe zu unterrichten.

2. Oeffentliche Anstalten für hülflose Kinder.

1. Ich erwähne hier nur im Vorbeigehn des eigentlich in meinen Plan nicht gehörigen Waisenhauses, Istituto del Bigallo genannt. Es wurde diese Anstalt schon im 13ten Jahrhundert während der republikanischen Zeit von Florenz gestiftet, und nachher unter Großherzog Peter Leopold, dem weisen Beförderer vieles Guten, beträchtlich erweitert. Das Haus in der Stadt selber dient nur dem Directoriat, und zur Aufnahme der Kinder, bis man sie in Pensionen unterbringen kann. Denn alle werden in einzelnen Familien auf dem Lande oder in der Stadt erzogen, bis sie 18 Jahre alt sind. Werden Kinder krank, so bekommen die Familien, bei welchen sie in Pflege sind, die Arzneien nebst einer Geldzulage, und ein von der Anstalt besoldeter Arzt behandelt sie. Bei schwierigern Fällen bringt man die Kinder ins Spital zu Sta. Maria nuova. Die Sterblichkeit ist bei dieser Art, die Kinder einzeln auf dem Lande zu erziehn, bei weitem geringer, und das Befinden derselben besser: auch kosten sie lange nicht so viel als ein wirkliches Waisenhaus kosten würde, wenn alle 450 Kinder darin erzogen werden sollten. —

2. Bei weitem wichtiger noch, und gewiſs die vorzüglichste Anstalt ihrer Art auch auſserhalb Italien, ist aber

das *Findelhaus*, gl' Innocenti genannt, und zum geistlichen Stift der Annunziata gehörig. Es ist dieses nächst dem zu Neapel das gröſseste in Italien, denn es kann seiner Fundation gemäſs über 2,400 Kinder unterhalten: und bei der Bevölkerung der Stadt Florenz (etwas über 80,000 Seelen) ist der selten viel geringere Bestand um so auffallender, da in dem beinahe 6 Mal volkreichern Neapel eine Umfassung des Findelhauses von nur 3,000 doch ziemlich hinreicht. — Diese Anstalt wurde schon ums Jahr 1444 in der Blüthe der florentinischen Republik gestiftet. Während der neuesten Staatsumwälzungen hat auch sie durch die Einziehung aller geistlichen Güter viel verloren, jedoch ist ihre Fortdauer dadurch nicht gehindert, sondern nur der Aufwand geschmälert worden. In der That war ehemals die Einrichtung für ein Findelhaus allzu kostspielig, *) wenn gleich das Gebäude und die ganze Disposition auf den ersten Blick nicht viel zu versprechen schien. Die Kinder wurden wirklich besser darin gehalten, als begüterte Privatleute bei den ihrigen zu thun im Stande sind. Noch gegenwärtig herrscht überall lobenswerthe Ordnung und Reinlichkeit. Dem Director und ersten Arzte, Dr. Bruni, gebührt das Lob, daſs er viele neue, wahrhaft nützliche Einrichtungen getroffen hat, und beständig mit groſsem Eifer für die Erhaltung der Anstalt sorgt. Seine vielfältigen Erfahrungen im Fache der physischen Kindererziehung und der Behandlung der Kinderkrankheiten sind durch Schriften dem italienischen

*) Denn der Aufwand, welchen diese Anstalt jährlich machte, belief sich auf 30,000 *Francesconi*, gegen 70,000 Reichsthaler! 15,000 !

Publicum hinreichend bekannt. *) — In dem vortrefflich eingerichteten Directionsbureau wird von einem Abt-Vorsteher und einigen andern Geistlichen, insgesammt wohldenkenden und aufgeklärten Männern, die Controlle des Ganzen auf eine musterhafte Weise geführt. Jedes aufgenommene Kind bleibt im Hause, bis es ein Jahr alt ist: alsdann kommt es in Pension aufs Land, jedoch bleiben dann und wann, wenn man nicht sogleich gute Familien ausfindig machen kann, einige entwöhnte Kinder noch längere Zeit im Hause selber zurück. In diesen Pensionen zahlt die Anstalt für jedes Kind von 1 — 10 Jahren monatlich 5 *lire fiorentine* (etwa 2 Gulden Reichsgeld); für jedes Kind von 10 18 Jahren aber, wenn es ein Mädchen ist, 1 *lira* monatlich, wenn ein Knabe, gar nichts. Mit dem 18ten Jahre werden sie aus der Aufsicht entlassen, und diejenigen Mädchen, welche bis dahin nicht versorgt sind, müssen sich behelfen bis sie 35 Jahre alt sind, indem sie alsdann erst in die Anstalt zurückkehren können, um von derselben verpflegt oder als Aufwärterinnen u. s. w. gebraucht zu werden. Dieser Wärterinnen hat das Haus 20, und sie stehn unter einer aus ihnen selbst gewählten Aufseherin, welche zu gleicher Zeit die untergeordneten chirurgischen und ärztlichen Geschäfte besorgt, als Klystiersetzen, Pflaster-

*) *Riflessioni sopra i vantaggi della vaccina, e sopra il vajuolo pecorino, del* Dr. Francesco Bruni, Firenze 1809.... *Istruzione del comitato centrale di vaccinazione nel dip*[to] *dell' Arno, con notizie sopra Eduardo Jenner*, Fir. 1810.... *Sopra l'educazione fisica e morale de' bambini, saggio filosofico del Dr.* Bruni, Fir. 1810, tom. 1mo.

legen und dgl. m. Alle kranken Kinder des Säuglingsalters werden im Hause verpflegt: die aus den Pensionen werden nur bei heftigen Krankheiten der bessern Pflege willen von dort zurückgenommen, und gleichfalls im Hause behandelt. — In der Registratur der aufgenommenen Kinder herrscht eine grofse Ordnung. Vormals misbrauchten Eltern oftmals die Drehscheibe des Hauses, um auch rechtmäfsige und unverwaiste Kinder auszusetzen. Herr Bruni liefs daher die Drehscheibe gänzlich abschaffen, und jedes aufzunehmende Kind mufs nun dem Abt-Vorsteher in dem Directionsbureau mit der bestimmten Angabe der Verhältnisse übergeben werden. Kommen Eltern mit legitimen Kindern, so reicht man ihnen ein Almosen von 9 *lire*, und nimt das Kind nicht auf. Hierdurch ist diesem die schon verarmte Anstalt unnöthig bedrückenden Unfuge ziemlich abgeholfen worden. *) Auch in Rücksicht der zu früh gebohrnen, oder im Sterben der Anstalt übergebenen Kinder, hat Hr. Bruni gute Verfügungen getroffen. Er behauptet, der hippokratische Grundsatz, dafs 8monatliche Kinder mehrentheils noch sterben, sei unrichtig: wenn die Regierung ihm hinreiches Geld verwillige, um einige *Stufe* zu errichten, d. h. Zimmer mit leichheizbaren Oefen, worin die Wärme stets gleich erhalten wird, so würde er die zufrühgebohrnen Kinder in Zimmer bis 32 Grad erwärmt bringen, und mit gehöriger anderweitiger Vorsorge die allermehresten beim Leben

*) Uneheliche Kinder werden hier auch nur aufgenommen, wenn sie noch unter 3 Jahr alt sind. Setzt man Kinder aus, die älter sind, so mufs das Waisenhaus del Bigallo sie verpflegen.

zu erhalten im Stande sein. — Ferner hat Hr. Bruni in Rücksicht der Verhärtung des Zellgewebes eine gute Einrichtung gemacht. Er beobachtete die Krankheit äusserst häufig, und fand, dass sie während der kalten Jahreszeit immer am heftigsten wütete. Die mehresten der Anstalt übergebenen Kinder sind nemlich Neugebohrne: um ihr Seelenheil in jedem Falle zuerst zu retten, brachte man sie unverzüglich nach dem ziemlich weit entfernten, und durch die daselbst herrschende Zugluft höchst ungesunden Battisterio di S. Giovanni bei der Kathedralkirche zur Taufe. Bruni verordnete, dass alle Kinder im Hause selber getauft werden mussten, und die Krankheit zeigt sich wirklich nunmehr seltener. Er behandelt sie hauptsächlich durch Wärme, vermittelst Einwickelns in erwärmte Decken. Auch lässt er ein mit Kalk bereitetes *Ungu. volatile* einreiben, indem er das Ammonium als wirksamstes Mittel erklärt, den verhärteten Zellstoff aufzulösen, das Oel aber als bestes Präservativ gegen die entstehende Krankheit. Mehrentheils findet sich dies Uebel jährlich bei 100 Kindern. Von diesen waren im Jahre 1810 gestorben 22 männl., 23 weibl., also 45 im Ganzen; und die übrigen 55 geheilt: während vor Bruni's Zeit fast immer alle davon Befallene starben. — Jedes aufgenommene Kind wird 20 Tage lang einer Ziege untergelegt, deren allzeit mehrere säugende vorhanden sind. Man thut dies, um zu sehn, ob während dieser Zeit etwa venerische oder krätzige Ansteckung sich bei dem Kinde offenbare, in welchem Falle man es beständig fort an der Ziege saugen lässt, um nicht eine gesunde Amme mit anzustecken. Denn alle nicht angesteckte Kinder werden nachher von Ammen gesäugt, deren eine gewöhnlich 2 Säuglinge zu versorgen bekommt. Der Regel nach soll jedes Kind erst mit dem Alter von 12 Monaten entwöhnt werden. Während dieser Zeit rechnet man auf den Unterhalt jedes Kindes monatlich 9 *lire*. Das Local für die Ammen ist sehr zweckmäfsig eingerichtet und geräumig. Bei meiner Anwesenheit waren ihrer 26, welche jede 2 Kinder saugten, also 52 Säuglinge: 10 Säuglinge wurden wegen vermutheter oder wirklicher Ansteckung von Ziegen gesäugt. Für diese ist dann ein ganz eigenes Local, wo sie von den Krankenwärterinnen der Anstalt unter Leitung ihrer Priorin verpflegt werden. Säuglinge die von andern Krankheiten als Krätze und Siphilis befallen sind, bleiben bei ihren Ammen. Die Ammen schlafen in 3 grofsen Säälen, in deren jedem eine Aufseherin ist. Die zween Säuglinge jeder Amme liegen in einem guten Bette auf eisernem Gestell, welches zwar nicht wiegenartig, aber so eingerichtet ist, dafs man es ab- und aufwärts bewegen kann. Jedes Kinderbett ist mit einem grofsen und feinen Schleier bedeckt. Die Kinder werden Morgens und Abends in einem besondern Zimmer gewickelt: schreit ein Kind zu anderer Zeit heftig, so mufs die Amme sogleich in dieses Zimmer eilen, und es daselbst in Beisein einer Aufseherin ganz ausziehn, um zu untersuchen was ihm zugestofsen sein könne. Nie darf eine Amme die Kinder zu sich ins Bett nehmen: es wacht deshalb jede Nacht eine der Aufseherinnen. — Die nach der Entwöhnung noch im Hause gebliebenen Kinder haben ein besonderes Local, und werden nicht minder gut gehalten. Die aus den Findelmädchen erzogenen Wärterinnen müssen sich ihrer besonders annehmen. Jedes dieser Kinder hat ein eignes Bett in eisernem Gestell. Es sind eigene Laufkörbe auf Rollen, Fallhüte u. dergl. vorhanden: schwerlich aber ist es gut, dafs man die Kinder oft halbe Tage lang, wie leider an vielen Orten gebräuchlich ist, auf ihren Nachtstühlen festgebunden sitzen läfst. Man weifs, welche üble Folgen eine solche Stellung auf das Wachsthum und die Moralität der Kinder hat, und zudem kann der Dunst des immer offnen Geschirres nicht zuträglich sein. Die Reinlichkeit und gute Ordnung in dieser ganzen Anstalt ist aufserordentlich grofs: ja man kann sagen dafs alles auf eine glänzende Weise eingerichtet ist, und die Kinder für den Stand dem man sie einst übergeben mufs, allzugut unterhalten werden. — Vormals hatten die veralteten Aufwärterinnen, die verkrüppelten oder sonst unfähigen Findelkinder u. s. w. einen Zufluchtsort im Hause, wo sie verpflegt wurden. Allein seit Einziehung der geistlichen Stiftungen und Versorgung der Anstalt aus andern öffentlichen Kassen, hat man diese wohlthätige Anstalt aufgehoben, und die armen Unglücklichen bis auf wenige ganz Verkrüppelte ihrem Elende preisgegeben. — Noch mufs ich einiger Einrichtungen erwähnen, welche der rastlose Bruni schon gemacht hat, oder an deren Ausführung er noch arbeitet. Die Listen des Directionsbureau sind durch ihn noch zweckmäfsiger als zuvor eingerichtet worden, und sie werden nicht blofs der Regierung nach Ablauf eines jeden Trimesters vorgelegt, sondern auch dem Publicum durch den Druck übergeben. — Um die Atrophie der Kinder zu verhüten, ist eine äufserst zweckmäfsige Einrichtung getroffen worden. Da die Anstalt reich genug war, um alle ihr übergebenen Kinder durch Ammen aufsäugen zu lassen, und in deren Verdingung nicht karg zu sein brauchte, so läſst Bruni beständig einige ganz frische, ebenenthundene Ammen vorhanden sein, um neugebohrene und sehr schwächliche Kinder mit eigentlichem Kolostrum, wie es ihrem Zustande angemessen ist, säugen zu können, wodurch die Atrophie mehrentheils verhütet wird. Desgleichen läſst er starke Kinder oft schon mit dem 9ten Monat entwöhnen, obwohl sie dem Gesetze nach 12 volle Monate gesäugt werden sollen, damit er andere schwächliche bis zu 17 — 18 Monaten an der Mutterbrust lassen könne, ohne dadurch mehr Ausgaben zu verursachen. Gewiſs ist eine solche Anstalt um so vorzüglicher, wo alle Kinder ohne Ausnahme an der Mutterbrust ernährt werden können, und niemals Mangel an Ammen zur Ergreifung anderweitiger Maſsregeln zwingt. Kann jedoch in einem Findelhause aus localen und zeitlichen Ursachen die hinreichende Menge von Ammen nicht angeschafft werden, wie z. B. in Mailand, Bologna u. s. w. der Fall ist, so leidet es wohl keinen Zweifel, daſs das Säugen der Kinder durch die *Ziegen* selber den besten Ersatz gewährt. Bei aller Verschiedenheit in der Mischung ist die Ziegenmilch den Kindern nächst der Muttermilch die zuträglichste: nur muſs sie eben unmittelbar aus dem Euter gesogen werden, wobei natürliche Wärme, nothwendige Bewegung des Mundes nach den Gesetzen der Natur im kindlichen Organismus, und vollkommene Freiheit des Aufhörens bei eintretender Sättigung ihre heilsamen Wirkungen zu äuſsern niemals verfehlen werden. *) Ich

*) Wobei auch vorzüglich zu berücksichtigen ist, daſs die Ziege sich selber dem Kinde bequemt, daſs ihre Gestalt paſslich ist für seine platte Lage auf dem Boden, und daſs

habe bei Gelegenheit des mailändischen Findelhauses dieser heilsamen Erfindung schon gedacht, und daselbst angeführt, wie thöricht man in jener Stadt handelte, die durch fehlerhafte Anstalt nothwendigen übeln Folgen der Versuche als allgemein giltige Gründe der

sie instinctmäfsig mit Vorsicht umhergeht, damit sie ihm nicht schade. Dies Alles findet beim Gebrauch der Kühe gar nicht Statt, ja selbst die ähnlich gestalteten Schafe bequemen sich, wie die Erfahrung lehrt, als minder kluge Thiere, dem unbeholfenen Wesen weit weniger. Schon das Alterthum besafs die Sagen von manchem Gott und manchem Heros, den eine Ziege gesund und kraftvoll auferzogen: selbst Jupiter wurde von der Amalthea ernährt. Ich kann nicht umhin hier die schöne und treffende Beschreibung nach einer früher gemachten Uebersetzung aus des Longos griechischem Schäferroman von Dafnis und Chloes Liebe aufzuführen, und mich zu freuen, dafs ich auch bei einem wissenschaftlichen Gegenstande die zarte Empfindung und das lebendige Farbenspiel meines Lieblingsschriftstellers zu rühmen Beziehung finde. Den von vornehmen Eltern ausgesetzten Dafnis findet der Ziegenhirt Lamon in einer Flur zu Lesbos folgendergestalt (1 Buch Kap. 1): „Ein Ziegenhirt, Lamon seines Namens, wei„dend in dieser Flur, fand ein Kindlein von einer Ziege „aufgenährt. Ein Eichenwald war und Dickigt, unterher „dornenreich: auch Efeu umhergerankt, und weiches „Kraut, auf welchem das Kindlein lag. Dorthin bestän„dig laufend, ward oftmals unsichtbar die Ziege, und „ihr Zicklein verlassend weilte sie bei dem Knäbchen. „Es beobachtet ihr Entlaufen Lamon, und bemitleidend „das vernachlässigte Zicklein, kommt er bei brennendem „Mittag auf ihre Spur, und erblickt die Ziege vorsichtig „umherwandelnd, dafs nicht mit den Klauen sie schade „auftretend; jenes aber, gleich als aus mütterlicher Brust, „saugte den Zuflufs der Milch." U. s. w.

Verwerflichkeit aufzustellen, und noch mehr, einem blinden religiösen Vorurtheile das Wohl der Menschheit zu opfern. Die Italiener haben überhaupt mancherlei Versuche gemacht, die Kinder in den Findelhäusern sowohl als in Familien, bei mangelnder Gelegenheit des Stillens an der Mutterbrust auf andere Weise grofs zu ziehn. *) Herr Bruni ist so gut wie alle aufgeklärten Aerzte seiner Nazion von der Vorzüglichkeit des Säugens durch Ziegen bei gesunden oder nur wenig schwächlichen Kindern überzeugt. Ich verdanke ihm die Mittheilung seiner richtigen Ansicht und mancher schätzbaren Erfahrung über diesen Gegenstand. Gewifs aber hat er sehr Recht, jene altherkömmliche Vorschrift des Hauses zu tadeln, dafs nemlich alle durch Siphilis angesteckte Kinder ebenso wie die Krätzigen ohne Ausnahme den Ziegen untergelegt werden sollen. Es wird seinem Grundsatze nichts entgegengestellt werden können, nach welchem er den schwächlichen Kindern die wirkliche Mutterbrust um so mehr zuzuwenden strebt. Und da von Siphilis oder von Krätze angesteckte Säuglinge unleugbar durch diese Krankheit heftig angegriffen werden, so folgt dafs ihnen die Entziehung der Mutterbrust um so nachtheiliger sein müsse. Nur kann ich mit Herrn Bruni in dieser Hinsicht nicht vollkommen einverstanden sein. Es scheint mir nemlich die Ausmittelung des Unterschiedes zwischen eigentlicher venerischer Ansteckung während des Geburtsvorganges, und jenem bekannten Zustande der Kinder die von venerischen Eltern gezeugt wurden, höchst wichtig zu sein. Herr Bruni glaubt un-

*) Man vergl Baldini *Methode die Kinder ohne Brust grofs zu ziehen*, übers. Stendal 1794.

bedingt an die venerische Ansteckung im Mutterleibe selber, durch den männlichen Samen, und beruft sich dabei auf ein Beispiel, welches dem bekannten bei Swediaur vollkommen gleicht, daſs nemlich ein Vater, dessen Schankergeschwür im Halse schlecht geheilt worden war, mit einer sowohl vorher als nachher stets vollkommen gesunden Mutter ein Kind zeugte, welches auf derselben Stelle wie der Vater gleich nach der Geburt ein Geschwür bekam. Deshalb nennt er jenen eigenthümlichen allgemeinen Schwächezustand, in welchem wir von venerischen Eltern gezeugte Kinder sehn, eine wirkliche venerische Ansteckung, und hält denselben für nichts als wahre Siphilis. Allein es widerstreitet allen vernünftigen Begriffen, daſs der männliche Same eines Siphilitischen zur Entstehung eines wirklich siphilitisch angesteckten Kindes Veranlassung geben könne. Das Kind ist im Augenblicke der Samenergieſsung gar nicht vorhanden: wie kann ein noch ungebildeter Keim im weiblichen Ei zu einer Krankheit vermocht werden, die nur durch bestimmte Verhältnisse wirklicher Systeme gesetzt wird? Denn mit den eigentlich sogenannten erblichen Krankheiten, die alle auf einem bestimmten Gange der Lebensentwickelung beruhn, verhält es sich ganz anders. Es müſste ferner unfehlbar die Mutter angesteckt werden, wenn der Same als solcher ansteckende Kraft besäſse: ja das angesteckte Kind würde, wenn der Same diese Wirkung nicht äuſserte, späterhin doch die Mutter anstecken. Jene Entstehung des Geschwürs an der nemlichen Stelle und mit der venerischen ähnlicher Gestalt in den beiden, von Swediaur und Bruni beobachteten Fällen, gründet sich auf das höhere Gesetz der Uebereinstimmung zwischen Erzeugern und Erzeugten, durch welches die Aehnlichkeit mit den Eltern, und nicht minder die auffallenden Erscheinungen des Versehens gegründet sind, indem durch einen nothwendigen und prästabilirten Zusammenhang sich das Erzeugte auch im scheinbar Unwesentlichen häufig nach seinem Erzeuger gestaltet. Ebensowenig kann ich jenen Zustand neugebohrner Kinder von Eltern die während der Zeugungsperiode venerisch waren, als wirklich siphilitische Krankheit betrachten, wenngleich Geschwüre mancher Art auf der eingeschrumpften Haut entstehn. Ganz anders verhält es sich, wenn die Mutter während der Geburt noch venerisch war, und das Kind bei seinem Durchgange durch die kranken Organe von diesen angesteckt wurde. Nur in diesem Falle kann das Kind wiederum anderen Organismen die Siphilis mittheilen. In den vorher angegebenen Fällen ist es krank, weil es von Eltern gezeugt ist, die an einer den Körper verzehrenden Seuche litten. Allein es trägt keinen bestimmten Ansteckungsstoff, weder von außenher ihm mitgetheilt, noch in ihm selber erzeugt, bei sich. *) Diejenigen, welche von der Erb-

*) Daſs solche kranke Kinder mehrentheils nur durch Mercur geheilt werden, kann keinesweges als Beweis für das Dasein eines primaren und wirklichen venerischen Zustandes gelten. Menschen, die einst von einer venerischen Krankheit schlecht geheilt wurden, erfordern, wenn sie nachher eine ganz verschiedenartige Krankheit bekommen, immer noch Rücksicht auf ihren schlechtgeheilten venerischen Zustand. Ihr Beischlaf und sonstige Berührung steckt kein anderes Wesen mit Siphilis an, und doch weicht ihre laufende Krankheit, die in einem nicht venerisch gewesenen Organismus nur schlimmer durch das Quecksilber werden würde, bei ihnen allein diesem Mittel.

lichkeit der Gicht, Hämorrhoiden, Schwindsucht u. s. w. auf die Erblichkeit der Siphilis schliefsen, irren sehr, da diese in einem durch jene höheren Gesetze vermittelten gleichartigen Entwickelungsgange des Organismus gegründet sind, und nicht durch ein wirklich mittheilbares körperliches Miasma entstehn. Die blofse Erfahrung kann, als Einzelnes, hier niemals ein giltiges Resultat geben, weil nur ihr Verhältnis zu den allgemeinen Gesetzen lehrt, in wie weit sie auf Teuschung oder Wahrheit beruhe, und uns überhaupt erst unterscheiden lehrt, was wir eigentlich vor uns sehn. — Wenn also Herr Bruni die Einrichtung durchzusetzen sucht, dafs alle als venerisch angesteckte betrachtete Kinder nicht mehr durch Ziegen, sondern auch durch Ammen aufgesäugt werden sollen, so wird hierdurch dem gröfsten Theil derselben, welche durch die Seuche ihrer Eltern schwach und krank sind, ein sehr wesentlicher Dienst geleistet werden. Allein bei den seltnern Fällen einer wirklichen venerischen Ansteckung während der Geburt möchte diese Einrichtung einen grofsen Nachtheil herbeiführen. Ein kindlicher Organismus wird durch die Gegenwart des wirklichen siphilitischen Miasma so zerstört, dafs die Heilung nur äufserst selten möglich ist. Warum soll man diese, fast immer unwiderruflich dem Tode verpfändeten Wesen Ammen an die Brust legen, da sie durch den Genufs der Menschenmilch doch nicht gerettet werden, und man das Gift nur dadurch einem andern Organismus zuführt, also unnöthiger Weise das Elend verbreitet? War die Amme gesund, so wird sie durch den Saugling mit dem scheuslichsten Uebel beschenkt, und der Säugling stirbt dennoch. Legt man den Säugling einer schon venerischen

Amme an die Brust (wie im Findelhause zu Neapel, wo man eigens venerische Ammen zu solchem Behufe aufnimt), so geht die Ansteckung immer im Kreislauf zwischen beiden hin und her, und die Heilung beider müſste in dem nemlichen Moment geschehn, wenn sie bleibend sein sollte: auch wurzeln durch eine solche fortdauernde wechselseitige Mittheilung die venerischen Zustände nur noch tiefer, bilden sich zu immer schlimmern, und wenn wirklich Heilung des venerischen Charakters eintrit, so entspinnen sich andere Kachexieen daraus. Ich kann Herrn Bruni die Behauptung nicht zugeben, daſs die Heilung des Siphilis solchergestalt *im Ganzen* leichter gelinge und gründlicher sei. Es liegt hier eine scheinbare Wahrheit zu Grunde, daſs man nemlich die zur Heilung des siphilitischen Charakters nöthige Menge des Mercur in den Körper des Säuglinges nicht ohne andere Gefahr bringen könne, während dies geschehe, wenn man der Amme allein das Quecksilber eingebe. Herr Bruni behauptet dies eben auch nur theoretisch, da er bei den bestehenden Gesetzen des Hauses venerische Kinder den Ammen bisher noch nicht anlegen durfte, also keine Erfahrung für das leichtere Heilen durch der Amme gegebenen Mercur vorhanden sind. Diese Meinung, welche auſser Herrn Bruni noch mancher Arzt, auch in andern Ländern zugethan ist, beruht allein auf der falschen Behandlungsart angesteckter Kinder. Man darf natürlich bei einem Säuglinge die in Italien so beliebten Salbeinreibungen nicht anwenden, noch die gröſseste Vorsicht bei jedem Mercurialmittel nur einen Augenblick auſser Acht lassen: allein die zur Heilung gewöhnlich hinlängliche Quecksilbergabe wird, durch den Körper der Amme dem Säugling beigebracht, nicht hinreichend sein, also verstärkt werden müssen, und dann ebenfalls bei mangelnder Vorsichtigkeit den schädlichsten Einfluſs haben. Die zur Heilung nöthige Menge des Quecksilbers muſs auf diese oder jene Weise immer in den Körper des Kindes aufgenommen werden, und hat also, was man auch von vorhergegangener Assimilirung im Blute und der Milch sage, zuletzt die gleiche schädliche Wirkung anderer Art, wenn man dieser nicht gehörig vorzubauen weiſs. Herr Bruni wird also schwerlich gutthun, wenn er es dahin bringt, auch wirklich siphilitische, ansteckende Säuglinge den Ammen zu lassen. Jene, durch die Seuche ihrer Eltern eigenthümlich krankhafte, aber nicht mit wirklicher Siphilis anderer Organismen anzustecken vermögende Säuglinge, wird man als schwächliche und der Muttermilch bedürfende, den Ammen dreist übergeben können, wenn gleich die gemeine Ansicht auch sie für venerisch zu erklären pflegt, weil ihre Heilung nur durch das Quecksilber gelingt, und ihre Geschwüre Aehnlichkeit mit den venerischen haben. Für die wirklich angesteckten lasse man die Ziegen; und eben so für die Krätzigen, obwohl hier das Uebel nicht einmal so groſs wäre, wenn man sie auch den Ammen gäbe, und diese dadurch mit krätzig würden, vorausgesetzt, daſs man die gehörige Absonderung von Gesunden und die nöthige Reinlichkeit in dem Verhältnisse des Kindes zur Amme nicht vernachlässigte. — — Der Bestand des Findelhauses war am Anfange des Julius 1811 im Ganzen 2372 Kinder: nämlich 62 Säuglinge, 2292 entwöhnte und heranwachsende Kinder aller Alter in Pensionen auſser dem Hause, und 18 entwöhnte Kinder von 1 bis 3 Jahren im Hause selber. Seit dem Januar bis zum 1sten Julius waren schon 458 Kinder aufgenommen. Herr Bruni hat das große Verdienst, die Sterblichkeit binnen 6 Jahren seines Directoriats um mehr als die Hälfte vermindert zu haben, wozu die angegebenen Einrichtungen, und seine unermüdete Sorgfalt halfen. Vor seinem Eintritte in dieses Amt starben durchgehends von 100 Kindern 84; und gegenwärtig ist die Sterblichkeit nur 34:100, bei einer jährlichen Aufnahme von 900 bis 1000 Kindern also 306 bis 315. Im Jahre 1810 belief sich sogar die ganze Aufnahme bis auf 928, und die Sterblichkeit doch nur bis 230. — Außer Bruni ist übrigens noch ein zweiter Arzt, Dr. Canovai, bei dem Findelhause angestellt. —

Eine mit dem Findelhause verbundene Anstalt zur *Impfung der Schutzpocken* findet in Herrn Bruni gleichfalls einen eifrigen Beförderer. Es besteht zu Florenz, wie in allen Präfecturstädten Frankreichs und des Königreichs Italien, eine eigene Commission zur Beförderung der Vaccine. Der Präfect ist hier Präsident, Dr. Chiarugi nebst noch einigen andern Aerzten die Mitglieder, und Dr. Bruni der Secretär und regelmäßige Impfer. Diese Florentinische Commission ist eine der bedeutendsten und thätigsten von allen. Sie verdankt den Bemühungen des Ritters Sacco aus Mailand ihren Ursprung, welcher bei seiner Anwesenheit zu Florenz die Vaccine vorzüglich verbreitete. Dr. Bruni impft täglich an 10 bis 12 Kinder, die Findlinge des Hauses abgerechnet, und seine Listen sind allerdings genauer, als sie an den mehrsten andern Orten gefunden werden, auch hat er, außer der für wissenschaftliche Aerzte bestimmten Schrift

über

über die Vorzüglichkeit der Vaccine noch eine Anweisung über dieselbe für die Laien herausgegeben, deren beider Titel oben schon angeführt worden sind. Die Vaccine findet aber, ausser der Commission selber, wenige Freunde in Florenz. Vor allen schien der Professor Lorenzo Nannoni ihr abgeneigt zu sein: jedoch waren seine Aeusserungen in Betreff dieses Gegenstandes bei Weitem weniger treffend und von Einseitigkeit entfernt, als jene des ehrwürdigen lombardischen Greises, welche ich bei Erwähnung der Vaccineanstalten in Mailand aufgeführt habe. Von zahlreichen Fällen wiederausgebrochener echter Menschenpocken bei Kindern welche der Ritter Sacco einige Jahre vorher selber vaccinirt hatte, wusste man zu Florenz mit grosser Gewissheit zu reden: obwohl eine ungerechte Parteilichkeit Ursache an deren Aufgreifung sein mag, da Niemand sich bemüht, tiefer in das Wesen des Gegenstandes einzudringen, ja nicht einmal die Sicherheit wirklich vorhanden gewesener vollkommener Vaccine ausgemittelt wird, bevor man flüchtigen Erfahrungen traut.

3. Medicinische Unterrichtsanstalten.

Florenz besass niemals eine vollständige medicinische Unterrichtsanstalt, denn die allgemeine Universität des toscanischen Staates befand sich von jeher zu Pisa. Allein nach der in Italien überall gangbaren Einrichtung, dass beinah jedes Spital eine Art von praktischer Schule enthält, fand sich dergleichen auch in Florenz, und diese Stadt war deshalb seit jeher von Studierenden reichlich besucht, die sogar aus entfernten Gegenden Italiens kamen, um die hier anwesenden berühmten Lehrer zu benutzen. Aufserdem hatte man jedoch eine Art von vorbereitender Schule für das Studium der Naturwissenschaften im Allgemeinen angelegt. Wir haben demnach 3 verschiedene Unterrichtsanstalten zu betrachten, deren Einrichtung im Allgemeinen noch nicht umgeändert worden ist, seitdem Florenz einen Theil des französischen Reiches ausmacht, wiewohl diese vorige Verfassung von dem Geiste der französischen abweichend, früher oder später gewifs eine Umwandelung erfahren wird.

a. Das naturwissenschaftliche Lyceum.

Diese Anstalt, welche eine Mittelstufe zwischen Schule und Universität bildete, war dem Vortrage der Naturwissenschaften im Allgemeinen und als Vorbereitung zu dem bestimmteren der Universität gewidmet. Seit den letzten Staatsveränderungen hat man sie beträchtlich umgestaltet, jedoch ist diese neuere Einrichtung noch nicht vollendet, und im Ganzen der alte Gang noch unverdrängt. Sechs Lehrer sind dabei angestellt, nemlich für *Botanik*, *Physik*, *Chemie*, *vergleichende Anatomie*, *Mathematik* und *Astronomie*. Die Anstalt besitzt ein schönes Local, und besonders das chemische Laboratorium ist reich ausgestattet und zweckmäfsig eingerichtet. Ihre Sammlung physikalischer Instrumente gehört zu den vollständigern. Der botanische Garten ist zwar erst im Entstehen, allein unter der Leitung eines so vortrefflichen Mannes, als der Professor dieser Wissenschaft, der vielberühmte Targioni Tozzetti *) ist, läfst sich auch bei geringer Fundation viel erwarten. Die Lehr-

*) *Istituzioni botaniche, seconda ediz. con aggiunte*, Firenze 1802, 3 tomi con figure.

stelle der vergleichenden Anatomie wird durch den jungen und rüstigen Professor Uccelli glücklich und erfolgsreich ausgefüllt. Berühmt und ihres Ruhmes wahrhaft würdig, sind aber insonderheit die *naturhistorischen Sammlungen*, welche in dem Local dieser Anstalt aufgestellt sind, und dem Publikum täglich zur Benutzung offen stehn. Es verlohnte sich wohl der Mühe, von diesen Sammlungen eine nähere Beschreibung zu geben, wenn dergleichen Gegenstände nicht dem Plane der gegenwärtigen Bemerkungen fremd wären. Die reichhaltige Sammlung wohlerhaltener Elephantengerippe, im Thale des Arno gefunden, und, auf lächerliche Weise, von einigen Reisenden für Knochen von den Elephanten des Hannibal erklärt, während sie die Kennzeichen einer praediluvianischen Entstehung auf das Deutlichste an sich tragen; die Sammlung der Konchylien, die Mineralien u. s. w. verdienen besondere Aufmerksamkeit. Den Arzt interessirt jedoch vor Allem die weltberühmte und unvergleichliche Vereinigung *anatomisch-physiologischer Wachspräparate*, von denen ich einige Worte zu sagen habe. *) Schon in den ersten Zeiten der wiederauflebenden Künste in Italien hatten sich mehrere Bildhauer damit beschäftiget, Theile des menschlichen zerlegten Körpers fürs gründlichere Studium angehender Künstler in Wachs nachzubilden. Dies that so-

*) *Lettera del prof.* Giuseppe Galletti *etc. al Sgr. Dr.* Luigi Targioni *accademico italiano, inserita nel volume II del Magazzino di Letteratura, Scienze etc. di Firenze.* 1805. Der Verfasser giebt in dieser Flugschrift eine geschichtliche Uebersicht der Entstehung und fernern Ausbildung dieser Kunst.

gar Michele Angelo Buonarotti, und insbesondere der florentinische Maler Lodovigo Cigoli. Doch blieben diese allein bei der äussern allgemeinen Gestalt der Knochen und Muskeln stehn, wie der Künstlerbedarf es nur verlangte. Allein der Sicilianer Gaetano Zummo, als Bildhauer unter den Künstlern schon berühmt, machte zuerst unter den grossen Medicеern ein eignes Studium hieraus, zum Vortheil derer die Anatomie Erlernenden selber, worin ihm Pietro Francavilla folgte, dessen Wachsarbeiten nach den Präparaten des Cesalpino bekannt sind. Vom Zummo ist in dieser Sammlung noch der berühmte *Kopf* vorhanden, welcher ein Präparat der Gefässe und Nerven des Kopfes darstellt, das in Verwesung überzugehn beginnt. *) Die verschiedenen Grade der Fäulnis mit allen sie begleitenden Erscheinungen sind auf das Täuschendste darin ausgedrückt. Zwar in sehr verjüngtem Massstabe, allein darum nicht minder täuschend, ja fast noch schreckhafter natürlich, sind die 3 andern auch noch von seiner Hand dort aufbewahrten Stücke, gleichfalls den Fortgang der Verwesung darstellend. **) Es ist unbegreif-

*) „Cajetanus Zummosus *his temporibus*" (Cosimi III Medicei) „*artem cerâ fingendi excoluit Caput cereum, sollicitâ curâ fictum ostendebat et putredinis progressum.*" Alb. de Haller.

**) Alle 3 Arbeiten stellen das Innere unterirdischer Ruinen zu Rom dar, in welche während einer entsetzlichen Pest die Leichname hinabgeworfen wurden. In der einen Vorstellung sieht man die Leichen der eben Verstorbenen, und noch lebende Kraftlose unter ihnen. Eine todte Mutter, auf deren Körper ihr kleines Kind heulend sich wälzt,

lich, wie Zummo diesen schauderhaften und ekelerregenden Procefs in der Natur so genau studieren konnte, dafs es ihm möglich ward, denselben auf das Täuschendste und mit wahrhaft lehrreicher Genauigkeit in allen Einzelnheiten darzustellen. Für den Naturforscher sind diese Wachsarbeiten insofern ebenso merkwürdig, wie sie es für den Künstler als Kunstwerke sein müssen. Nach den genannten Künstlern hat erst der noch lebende Clemente Susini diese nützliche Kunst wiederum mit wahrem Erfolg ausgeübt. Er ist der einzige Künstler in Europa, welcher so vollkommene Arbeiten zu liefern im Stande ist: und durch ihn wurde Florenz der ei-

eine Alte, welche unter Leichen sich angstvoll hervorzuwinden versucht, und mit triefendem Auge die Todesquaal der Seuche verräth; ein nackter Mann, der mit verbundenem und grauenvoll zurückgewandtem Gesicht Leichen hereinschleppt; in der Ferne erblickt man durch eine Oeffnung rauchende Schutzfeuer, und dicken Nebel über der verödeten Stadt. In der zweiten schon verfaulende Leichen; alle Greuel der aufgelösten thierischen Masse, nirgend die Spur des entsetzt zurückweichenden Lebens, als nur im giftigen Skorpion, der auf dem üppigen Gebild eines in der schönsten Blühte hingestorbenen Weibes seine Nahrung findet; umgestürzte Vasen, zerbrochene Sarkofage, Seulentrümmer des Alterthums, und ein Buch mit der Inschrift: *Opera illorum sequuntur illos.* Endlich in der dritten die gänzliche Vernichtung; umhergewundene vollgenährte Schlangen; Mäuse, welche das letzte modernde Fleisch von den Gerippen nagen; überall Wust der tiefsten unterirdischen *Katakombe*. Hier ist jede Einzelnheit von bewundernswürdiger wahrer Bedeutung für den Gang des zerstörenden Processes, und daher auch dem Naturforscher merkwürdig.

gentliche Sitz dieser Kunst. *) Sie würde mit ihm aussterben, wenn er nicht einen wackeren Gehülfen in Francesco Calenzoni sich gebildet hätte. Susini, ist als Arbeiter für die Sammlungen des Lyceum besonders angestellt. Da jedoch seine gegenwärtige Besoldung nur gering ist, so fand ich ihn nicht abgeneigt, auch in

*) Da der geschickte und fleissige Susini auch ausser denen für das Museum bestimmten Arbeiten auswärtige Bestellungen annimmt, so wird es vielleicht manchem Leser nicht unwillkommen sein, zu erfahren, für welchen Preis man die verschiedenen Arbeiten von ihm bekommt, wie sie der hier gegebene Auszug aus einer von ihm mir mitgetheilten Uebersicht enthält Die vollständige Anatomie des menschlichen Körpers bis in die kleinsten Einzelheiten wird in 8 lebensgrofsen Statuen und 22 besondern Präparazionen, einzelne feinere und schwierige Gegenstande der verschiedenen Systeme enthaltend, mit Bequemlichkeit umfafst. Von diesen Statuen begreifen 3 das Muskelsystem; 1 die Arterien und Venen der Extremitäten und des äufsern Rumpfes und Kopfes; (weibliche die gesammte Splanchnologie nebst schwangerem Uterus, mit Gefäfsen und Nerven der Bauch- und Brusthöle; desgl. das ganze Saugadersystem nebst Eingeweiden; 1 männliche dieselben auch in den äufsern Theilen, und endlich 1 desgl. die gesammten Nerven-Sinnesorgane u. dgl. m. auf den einzelnen Täfelchen. Alles auf das Sauberste gearbeitet, schön verziert und wohl eingepackt. Auch können auf Verlangen noch andere besondere Gegenstände, vornemlich aus der vergleichenden Anatomie, hinzugefügt werden Der Preis jeder Statue ist 500 Zecchinen (1500 Reichsthaler); jeder einzelnen angegebenen Präparazion eins ins andere gerechnet 40 Zecch. (120 Thaler). Doch mag vielleicht bei dem Ankauf des Ganzen der Preis von 6640 Thalern einige Verminderung erleiden. Die Hälfte wird bei der Bestellung vorausbezahlt, das übrige bei Ablieferung der Arbeit an den in Florenz zu

andere auswärtige Verhältnisse zu treten, worauf ich hier nicht unterlassen will, das Publikum aufmerksam zu machen, so wenig auch vielleicht in unsern Tagen Deutschland im Stande sein möchte ihm bessere Verhältnisse als seine dortigen sind, anzubieten. Von ihm stammt eigentlich die ganze berühmte Sammlung der anatomischen Wachsarbeiten in Florenz. Was er vorfand, war außer den angegebenen Werken des Zummo nur unbedeutend. Binnen 30 Jahren ist aber durch ihn die Sammlung so vollständig geworden, *) daſs gegenwärtig kein Theil des menschlichen Körpers fehlt, alle nur nöthig befundenen Präparate zur gänzlichen Darstellung der gesammten Anatomie sich vorfinden, und bei Vielen sogar doppelte Exemplarien dasind. Die Knochen- und Muskellehre, welche er zuerst ausarbeitete, sind zwar vollständig, allein die Arbeiten tragen noch das Gepräge der Ungeübtheit, man sieht ihnen das Nachgekünstelte sogleich an: ebenso wie es bei der Sammlung dieser Art zu Wien in der Josefsakademie der Fall ist, welche Susini in seiner frühesten Zeit arbeitete, und die auch nicht um die Hälfte so zahlreich ist, als gegenwärtig diese florentinische. Die Präparate der Gefäſs-

ernennenden Mittelsmann. Für die Beschädigung beim Transport innerhalb Italiens haftet der Künstler: beim Transport zur See, während der ganzen Dauer. In 1 Jahre liefert er jedesmal 1 Statue und 4 einzelne Präparazionen. Seine Adresse ist: A Mons. Clement Susini, professeur des travaux en cire dans l'impérial musée de Physique à Florence.

*) Sie enthält 16 lebensgroſse Statuen, und 473 gröſsere und kleinere einzelne Präparazionen, fast alle von Susini's und seiner Schüler Händen.

und Nervenlehre dagegen, welche **Susini** in den letzten Jahren gemacht hat, sind unübertrefflich schön. Er kennt die Anatomie so vollkommen, dafs er fast niemals mehr eines Vorbildes bedarf, sondern aus dem Gedächtnis arbeitet. Er weifs seinen Arbeiten eine ungemeine Festigkeit zu geben, und sie sind so natürlich, dafs man die Nachbildung durchaus nicht in ihnen erkennt. Besonders trefflich sind diejenigen, welche er in Nebenstunden zu seinem eigenen Vortheil ausarbeitet. Seit einigen Jahren hat er auch Gegenstände der vergleichenden Anatomie verfertigt. Die Sinneswerkzeuge des Windhundes, der Katze, das Geschmacksorgan des Rindes, die Anatomie der Seidenraupe und ihres Schmetterlinges, gehören zu den Wundern der Kunst, ihrer Treue nach, sowie wegen des ungemeinen Formenschwunges und der naturähnlichen Leichtigkeit der Gestaltung. Uebrigens werden diese herrlichen Wachsarbeiten in Florenz wenig benutzt. Sie stehn, wie jene **Wiener** Sammlung, unter gläsernen Kasten, auf prachtvollen seidenen Polstern, allein man kann sie solchergestalt nicht gehörig sehn. Sie sollten dem behutsamen Lehrer der Anatomie zu Vorträgen übergeben werden. *) Manchen Nutzen könnten sie da schaffen, ihrer beständig gleichmäfsigen Erhaltung wegen, und bei der Unmöglichkeit, am Leichnam sel-

*) Der verdienstvolle Prof. **Moreschi** zu **Bologna** hat auf eigne Kosten mehrere dieser Wachsarbeiten angeschafft, und er wird sicherlich bei seinen anatomischen Vorlesungen manchen Zweck dadurch zu erreichen im Stande sein, den man bei Vorzeigung wirklicher Präparazionen an Leichnamen nur unvollkommen in Betreff des Unterrichts erlangen kann.

ber alle Gegenstände mit einem Male unversehrt neben einander darzustellen, besonders bei der feinern Gefäfs- und Nervenlehre.

b. Unterrichtsanstalt zu Sta Maria nuova.

Für den eigentlich praktischen Unterricht angehender Aerzte ist diese eigene Anstalt bei dem genannten Krankenhause eingerichtet. Der eigentliche Spitaldirector Dr. Mannajoni hält *klinische Uebungen* bei ausgesuchten Kranken beider Geschlechter, sowie Professor Lorenzo Nannoni *) alle schwerern chirurgischen Operationen, welche in den Abtheilungen vorkommen, im Beisein der Studierenden macht. Ein eigenes Zimmer, wie oben schon erwähnt, ist zum klinischen Unterricht in der *Geburtshülfe* bestimmt: eigentlich die einzige Anstalt dieser Art in ganz Italien, und daher, so geringfügig an sich, doch lobenswerth. Professor Galletti **) ist Lehrer dieses Faches. Noch befindet sich hier ein ei-

*) Dessen Vater, Angelo Nannoni, als einer der gröfsten Chirurgen um die Mitte des vorigen Jahrhunderts bekannt war. Der jetzt schon bejahrte Lorenzo ist als Schriftsteller nicht minder angesehn. *Trattato dell' idrocele*, Milano 1779.... *Dissertazione sulla cateratta*, Mil. 1780.... *Elogio d'* Angelo Nannoni, Fir. 1790.... *Ragionamento preliminare al trattato delle malattie chirurgiche*, Siena 1790.

**) Als Uebersetzer der *Elementa artis obstetriciae auct.* Roederer bekannt: *Elementi d' ostetricia del Dr.* Giov. Giorg. Roederer, *tradotti e corredati di figure in rame da* Gius. Galletti, *Maestro di Chirurgia etc. Ediz. terza, corretta ed accresciuta di nuovi rami.* In Firenze 1795. — Vergl. auch die oben angeführte *Lettera etc.* desselben Verfassers.

genes *anatomisches Theater* nebst einem kleinen *Museum*. In diesem sind hauptsächlich Wachsfiguren geburtshülflicher Gegenstände enthalten, unter Galletti's Leitung von einem andern Arbeiter gemacht, und seiner Meinung nach vorzüglicher, in Wahrheit aber bei Weitem schlechter als die von Susini verfertigten. — Das anatomische Theater wird von dem Professor Paolo Mascagni benutzt. Zum Lobe dieses allgemein berühmten Mannes kann ich nichts mehr thun, als allein seinen Namen aussprechen, der für jeden Arzt hinreichende Andeutung seiner Verdienste ist. Sowohl dieser grofse Anatom, als der Geburtshelfer Galletti und der Chirurg Nannoni sind eigentlich Ehrenmitglieder der Facultät auf der hohen Schule zu Pisa. Da sie jedoch als solche frei von Geschäften sind, so haben sie die wirkliche Anstellung bei dieser Lehranstalt im florentiner Krankenhause um so williger angenommen. Mascagni hält hier selber Vorlesungen, und hat reichliche Gelegenheit seine umfassenden, tiefeindringenden Untersuchungen anzustellen, bei denen ihn der thätige Professor Uccelli als Prosector unterstützt. Der grofse Bearbeiter eines so wichtigen Gegenstandes, als die Lehre des Lymphgefässsystems und seiner Geschäfte im Organismus ist (Mascagni's Schriften über diesen Gegenstand kennt jeder Arzt) wird nun im höheren Alter die gesammten Resultate seiner langjährigen mit seltenem Geist und seltener Unermüdlichkeit fortgesetzten Studien geben. Sein Name mufs dadurch eine ewige glänzende Dauer in den Annalen der Wissenschaft sich versichern. Das ausgedehnte Werk, mit dessen Herausgabe er sich beschäftiget, ist wohl unstreitig das wichtigste von allen je gelieferten anatomischen, und unter den neuern aus allen Theilen der Naturwissenschaften gewiſs eines der ersten. Seit dem Beginn seiner ärztlichen Laufbahn arbeitete der rastlose Mann an diesem Werke. Er präparirte an Leichnamen mit eigener Hand alle diejenigen Gegenstände, welche in den bewährtesten Abbildungen dargestellt sind, nochmals, und controllirte so auf das Genaueste jede Kleinigkeit nach der Natur. Seine eigenen Forschungen nach der Richtschnur des tiefen naturverständigen Geistes in ihm führten ihn immer weiter. Jedes nach vielfältiger Wiederholung vollkommen gelungene Präparat ward unter seinen Augen von geschickten Zeichnern auf das Treueste abgebildet, und diese Zeichnungen ebenso im Beisein des aufmerksamen Anatomen gestochen und ausgemalt. So entstanden 84 Tafeln, welche die gesammte Anatomie des menschlichen Körpers enthalten. Kein anderes anatomisches Kupferwerk kann mit diesem einen Vergleich aushalten. Jede Darstellung ist auf ein nach mehrmaliger Wiederholung paſslich befundenes Originalpräparat gegründet. Die Genialität des groſsen Mannes lieſs ihn überall neue und paſslichere Wege einschlagen. Er umfaſst hier die allgemeinste Darstellung, sogar der Oberfläche des Körpers, und steigt hinab bis in die feinsten Untersuchungen der Nerven und des Gehirns. Die abgesonderten Darstellungen enthalten nach eigenen höchst genialischen Forschungen, was ein Malacarne und Gall, ja sogar was ihr gröſserer Nachfolger Reil im zartesten Bau der Gehirnmasse entdeckte, und es wird für die Freunde einer echten wissenschaftlichen Anatomie ein groſses Fest sein, die Resultate des Zusammentreffens solcher Männer in den sublimesten Untersuchungen zu beobachten. Zwölf grofse Tafeln enthalten jede den ganzen Körper in Lebensgröfse, um Oberfläche, Muskelschichten, Geripp, Lage aller Eingeweide, und Verzweigung aller Gefäfse und aller Nerven darzustellen. Jede Tafel ist aufs Treueste nach der Natur ausgemalt, und ein schwarzer Rifs, auf andern 12 Tafeln einer jeden von diesen entgegengestellt, enthält unmittelbar auf jedem Theile den lateinischen Namen, nach Verschiedenheit des Muskel-, Gefäfs-, Nerven-Systems u. s. w., wozu er gehört, mit verschiedener Schrift gestochen, um Alles mit einem Male, und ohne Verwirrung zu übersehn. Ein grofser Theil des Werkes ist schon vollendet. Die Feinheit und Sauberkeit des Stichs, wie man sie nur in den meisterhaften Kupferwerken eines Vicq d'Azyr, Gall und Caldani sehn kann, und besonders die ungemeine Wahrheit der Ausmalung, läfst auch hier nichts zu wünschen übrig. Der uneigennützige Mascagni, durch eine glückliche und unglaublich ausgebreitete medicinische Praxis reichlich mit den Gütern der Zeitlichkeit versorgt, verwendete von jeher grofse Summen auf dieses unsterbliche Werk, und wird zum Besten der Wissenschaft merklichen Geldverlust dadurch erleiden, da er bei der Selbstherausgabe den Preis des Ganzen auf kaum mehr denn 130 *Francesconi* (etwa 170 Thaler Sächs.) zu setzen gesonnen ist. Mit lateinischem und französischem Text der sehr wichtigen, pragmatischen Erklärungen soll das Ganze binnen 5 bis 6 Jahren dem Publicum übergeben sein. Möge der treffliche Mann in seiner jugendlichen Kraft dieses Ziel erreichen, und auch dann nicht aufhören, der Wissenschaft aufs Neue immerhin zu nützen!

c. Vorlesungen im Findelhause.

Zuletzt habe ich noch des Unterrichtes zu erwähnen, der im Hause der Innocenti in einigen Theilen der Medicin gegeben wird. Es befindet sich nemlich daselbst ein kleines anatomisches Theater, in welchem Professor Nannoni Vorlesungen über die Anatomie des Embryo und seine Bildung bis ins Knabenalter hält, und hierauf seine Vorträge über die Krankheiten der Kinder gründet, wobei aber leider die Infirmerie nicht gehörig zu klinischen Nachweisungen benutzt werden kann. Zu gleicher Zeit finden hier Studierende einige Uebung im Zergliedern an den Körpern der gestorbenen Findelkinder, und sowohl durch diese, als durch die besondern Bemühungen des Schülers und Schwiegersohnes von Nannoni, Dr. Mazzoni, ist eine kleine Sammlung anatomischer Präparazionen entstanden, unter welchen sich einige die Wiedererzeugung der Nerven an Hunden betreffende auszeichnen. *)

Ich bemerkte in Florenz eine ungewöhnliche Menge *blinder* Personen aus allen Ständen. Vielleicht trägt die sehr unpaſsliche Einrichtung der in groſser Anzahl vorhandenen und alle Abend angezündeten Straſsenlampen dazu bei, indem nemlich diese Laternen in der Mitte der Straſse, nicht sehr hoch hängen, und einen äuſserst blankpolirten messingenen Spiegel haben, sodaſs die helle Flamme, ohne die ganze Umgebung gleichmäſsig zu erleuchten, auf das stärkste concentrirt, und von obenher

*) An genügenden Anstalten zur Erlernung der *Thierarzneikunde*, und *Viehspitälern*, fehlt es in Toscana.

blitzartig ins Auge geworfen wird, welches bei dem häufigen und grellen Wechsel der Dunkelheit und dieses blendenden Flimmerlichtes heftig leiden muſs.

Spuren einer vormaligen wohl eingerichteten *medicinischen Polizei* findet man allerdings in Florenz, ebenso, ja vielleicht noch mehr als in Mailand.

Die allgemeine *Sterblichkeit* der Stadt im ganzen Jahre rechnet man 1350 zu 80,000 Einwohnern, also ungefähr wie 9:100. — —

II. Livorno.

In dieser blühenden Handelsstadt von 60,000 Einwohnern waren bei einer solchen Bevölkerung die bürgerlichen Sanitätsanstalten ebenso beschränkt, als die Betreffs der ankommenden Fremden vortrefflich genannt werden durften. Obgleich bei der gegenwärtigen Sperrung alles Handels nur die erstern noch eigentlich gebraucht werden, so sind doch auch jene letztern gewifs würdig, dafs wir ihre Einrichtung einigermafsen darstellen, ohne uns an ihren Verfall durch mangelnde Benutzung zu erinnern.

1. Allgemeines Krankenhaus der Stadt.

Dieses für den Bürgerstand bestimmte Spital, in wenig günstiger Lage, enthält in zwei von einander getrennten Häusern die Krankensääle der beiden Geschlechter. In seiner innern Einrichtung fand ich kaum etwas besonders Bemerkenswerthes. Durch die Anwesenheit einer nicht geringen Garnison französischer Truppen ist auch hier den bürgerlichen Kranken der mehreste Raum hinweggenommen, sodafs ihrer höchstens 100 darin behandelt werden, während das Spital im Allgemeinen wohl eine vierfach gröfsere Krankenzahl in sich fafst.

2. Lazarethe der Quarantane.

Die 3 verschiedenen Anstalten dieser Art bilden unstreitig das vollkommenste Ganze, welches nur irgendwo zur Abhaltung der durch Schiffe überbrachten ansteckenden Seuchen eingerichtet worden ist. Die Mafsregeln, welche man getroffen hat, um sich gegen den Unterschleif ankommender Schiffe zu sichern, sind äuſserst gut. Ich will mich jedoch bei diesen polizeilichen Gegenständen nicht aufhalten, und nur von den Lazarethen, worin die angehaltenen Schiffe verwiesen werden, einige Nachricht geben. Ein jedes ankommendes Schiff wird nach dem Grade seiner Verdächtigkeit in eines derselben gewiesen. Die beiden dem Hafen näher gelegenen sind für die zween erstern Grade bestimmt, und schon von den Groſsherzögen der mediceischen Linie angelegt. Allein das beste ist das fernste, worin die verdächtigsten Schiffe ihre 40tägige Frist halten. Dieses wurde vom Groſsherzoge Peter Leopold, welchem Toscana so manche unschätzbare Einrichtung verdankt, im vorigen Jahrhundert erbauet. Es nimt einen bedeutend großen Raum ein, und gleicht äuſserlich einer festen Burg. Seine Lage ist mit besonderer Vorsicht ausgewählt: fern genug von der Stadt und von den besuchtesten Gegenden umher auf einer felsigten Stelle am Meeresstrande, wo reine, heilsame Luft herrscht, und süſses Wasser vorhanden ist. Alle Gemeinschaft mit dem festen Lande wird bei einiger Aufmerksamkeit der Wachen unmöglich. Das Ganze steht unter militärischer Aufsicht eines *Capitano* und eines *Tenente*, welche beiderseits in dem vordern Hofe ihre Wohnung haben. In jeder Hinsicht herrschen die strengsten Gesetze. Der Hafen ist äuſserst zweckmäſsig eingerichtet, um die Schiffe auszuladen. Ein eigner Hof umfaſst einen Speicher, der treffiich eingerichtet ist, um die Waaren, sowie sie aus den Schiffen geladen sind, von untenher räuchern und schwefeln zu können, durch Löcher im Fuſsboden nemlich, über denen man die Waaren ausbreitet. Von allen Seiten zieht

die

die Luft ungehindert durch dieses Gebände; damit jedoch die Vögel nicht etwa Theile der mit Contagium behafteten Waaren hinwegtragen, und dadurch, oder durch ihre eigene Ansteckung, die Seuche verbreiten können, so sind überall feine Drahtgitter vor allen Oeffnungen angebracht. Gegenwärtig sah ich jedoch an mehrern Stellen diese Drahtgitter bedeutend zerrissen, und es könnte daher dennoch manches Unheil entstehn, wenn plötzlich Schiffe einträfen, und man sich des Speichers bedienen müfste, ohne vorher genaue Nachforschung alles Mangelhaften halten zu können. In einem andern Hofe befinden sich die ungeheuern Magazine, worin die hinlänglich geschwefelten Waaren die übrige Zeit ihrer Verdächtigkeitsfrist, der Zugluft ausgesezt, aber trocken, aufbewahrt werden. Wieder ein anderer enthält die Wohnungen der von den Schiffen hierhergebrachten Mannschaft und der Reisenden. Es finden sich hier Wohnungen für Personen aller Stände, und geräumig für mehrere Hunderte. Nur sind sie der frischen Zugluft zwischen den hohen Mauern und übrigen Gebäuden nicht hinlänglich ausgesetzt, und die unerträgliche dumpfe Hitze, welche daher in ihnen und in den Hofräumen, unerachtet man fast ganz vom Meer umgeben ist, zu herrschen pflegt, kann unmöglich bei einer solchen Anstalt erspriefslich sein. Am 9ten Julius, dem Tage meiner Anwesenheit, war Morgens 8½ Uhr die Schwüle zwischen diesen verbrannten Mauern schon unerträglich. Einige hundert Galeerensklaven, welche man, bei gänzlichem Mangel einlaufender Schiffe, in dem Local dieser Quarantanewohnungen aufbewahrt, da man keinen sicherern Ort für sie finden konnte, hatten von dieser

Schwüle fürchterlich auszustehn. Die Fremden, welche hier ihre Quarantane zu halten gezwungen waren, fanden in den obbesagten Wohnungen nichts als die kahlen 4 Wände, und mufsten daher aus Livorno alle nöthigen Mobilien und Hausgeräth sich miethen, wozu mehrere Einwohner eigene Magazine der nöthigen Gegenstände angelegt hatten. Allein schwerlich kann diese Einrichtung von dem Vorwurf einer grofsen Mangelhaftigkeit befreit werden. Zwar mufsten die gebrauchten Gegenstände nachher in den Waarenmagazinen der Anstalt nochmals ihre 40tägige Frist ausdauern, allein man hatte hierdurch immer eine Möglichkeit der Krankheitsverbreitung zugelassen. Besser unstreitig wäre es gewesen, die Wohnungen, wenn auch nur mittelmäfsig, auszustatten, und von jedem Quarantanirenden eine gewisse Summe dafür entrichten zu lassen, da ohnehin die Fremden den gewissenlosen Prellereien der Livorneser unwiederbringlich auf jene Art ausgesetzt waren. Die Anstalt des *Parlatorio* ist trefflich: so heifst nemlich der Ort, wo man die Quarantanirenden sprechen, ihnen Briefe und dgl. einhändigen, und dieselben wiederum von ihnen empfangen kann. Nur mit Einschränkungen nach dem Grade des Verdachtes wird den Quarantanirenden der Zutritt in den Sprachraum verstattet. Zwischen dem bedeckten Seulengange, worin sie sich zu diesem Behufe einfinden, und dem andern, mit dem allenfalls zugänglichen Hofe der Wohnungen des *Capitano* und *Tenente* in Verbindung stehenden, befindet sich ein leerer Raum von 6 -- 7 Schritten Breite, und jeder der genannten Seulengänge wird durch ein starkes Drahtgitter von diesem leeren Raume geschieden. Briefe werden von einer eigens dazu beorderten Wache erst geschwefelt, und dann durch ein Loch in der Mauer, worin gleichfalls Schwefel brennt, hinausgereicht. Geld und andere metallene oder irdene und hölzerne Gegenstände werden durch eine Oeffnung der Mauer, worin Seewasser sich befindet, von den Aufsenstehenden empfangen. In einem ganz abgesonderten Hofraume befindet sich das *Spitalsgebäude*, worin mehrere Zimmer enthalten sind, in welche man die wirklich Erkrankenden bringt, und von Aerzten behandeln läfst, die nachher selbst einer Quarantane unterworfen werden. Auch hier findet die, meines Bedünkens unzweckmäfsige Einrichtung Statt, dafs die Fremden in unausgestattete Zimmer gebracht, und also gezwungen werden, aus Livorno das nöthige Geräth zu miethen, wodurch besonders hier, da die Herbeischaffung oft geraume Zeit erfodern mufs, die Kranken in traurige Unbequemlichkeit versetzt, und den Prellereien der für spitzbübisch bekannten Einwohner umsomehr Preis gegeben sind. Ganz abgesondert ist der Begräbnisplatz, auf welchem jede Religionssecte ihren besondern Bezirk besitzt, den jedoch die Mahomedaner mit dem etwa versterbenden Vieh gemein haben! Dafs alle Leichen mit einer hinreichenden Menge ätzenden Kalkes begraben werden, um binnen 24 Stunden gänzlich verzehrt zu sein, versteht sich von selber. Uebrigens stehn alle drei Lazarethe seit mehrern Jahren schon gänzlich leer, nur das des leichtesten Grades wird zuweilen gebraucht, wenn einzelne Schiffe anlangen. —

Bei so wohleingerichteten Anstalten der Quarantane mag es wohl auffallend scheinen, dafs gerade hier in Livorno vor nunmehr beinahe 8 Jahren das *gelbe Fieber*

24 *

seine verheerende Gewalt offenbarte. Vielleicht ist es meinen Lesern nicht unwillkommen, wenn ich ihnen eine treue und durchaus verbürgte Wiederholung dessen vorlege, was ein wackerer florentinischer Arzt, welcher in besonderem Auftrage der damaligen Regierung dies fürchterliche Uebel zu Livorno beobachtete, und durch seine Geschicklichkeit die wichtigsten Hülfsmittel zur Besiegung desselben anwandte, über den ganzen Vorgang mir mittheilte. Dieser Gewährsmann ist nemlich derselbe Dr. Francesco Bruni, dessen ich bei der Betrachtung des florentinischen Findelhauses mit dem ihm reichlich gebührenden Lobe Erwähnung gethan. Sowohl über die Entstehung dieser Krankheit, als über ihr Wesen, und das ganze Verhältnis, in welches der Staat dadurch versetzt wurde, sind so verschiedenartige einander widersprechende Nachrichten in besondern Schriften und öffentlichen Blättern gegeben worden, dafs in Wahrheit das darüber schwebende Dunkel immer noch nicht ganz und allgemein aufgeklärt worden ist. Die hier mitzutheilenden Nachrichten, welche ich der Güte des Herrn Bruni verdanke, können, wenn sie auch nichts eigentlich Neues enthalten, sondern sogar manches Bekannte wiederholen, als vollkommen sichere Richtschnur zur Messung aller übrigen Urtheile und Erzählungen gelten, da sie mit den letzten und unverhohlensten Aeufserungen des nachher zu erwähnenden Dr. Palloni vollkommen übereinstimmen, wenngleich die Schriften desselbigen früherhin einige andere Gedanken erwecken konnten.

Ein amerikanisches Schiff, von der Havannah kommend, langte um die Mitte des August 1804 auf der

Rheede von Livorno an. Es ward daselbst nach den allzeit gangbaren strengen Gesetzen, von den Gesundheitsbeamten untersucht. Da man aber seine Papiere vollkommen unverdächtig, auch die gesammte Equipage gesund erkannte, so wurde das Schiff zwar der Quarantane unterworfen, jedoch erlaubte man dem Kapitän ans Land zu gehn. Allein dieser hatte unterweges 3 fremde Passagiere aufgenommen, die in seinen Papieren nicht mit einbegriffen waren. Welches das Schicksal dieser Passagiere war, ob sie selber während der Quarantane erkrankten, das konnte ich nicht erfahren. Der ans Land gegangene Kapitän begab sich sogleich in eine Gesellschaft zu Livorno am 17ten August. Er selber war und blieb vollkommen gesund. Allein 3 Tage darauf schon erkrankte eine Person, welche in jener Gesellschaft gegenwärtig gewesen war, bald darauf mehrere, und schon am 23sten raffte die Krankheit ihr erstes Opfer hinweg, worauf mit fürchterlicher Schnelligkeit ihre Flamme durch ganz Livorno umherlief. Die Aerzte waren entsetzt: Keiner von ihnen, Keiner aus andern Ständen dachte an das gelbe Fieber, Niemand wufste bei einer so neuen Erscheinung sich zu berathen, und die Krankheit griff immer entsetzlicher um sich. Erst nach einigen Tagen kam man auf die Vermuthung, dafs es das *gelbe Fieber* sei, wovon man so plötzlich mit niegesehnen Schrecknissen überrascht worden war. Die Gerüchte über ein so entsetzliches Ereignis verbreiteten sich schnell, und alle Nachbarschaft zitterte, aber Keiner dachte auf Vorbauung. Erst nach mehrern Tagen schien die Aufmerksamkeit der damaligen königlich hetrurischen Regierung zu erwachen. Allein man suchte vorerst nur die Verbreitung von Nachrichten über das Uebel zu hemmen. Man beruhigte das Publikum, als sei durchaus keine allgemeine Gefahr vorhanden, die Krankheit nur aus localen Ursachen entsprungen, nicht ansteckend u. s. w., indem man sich fürchtete, dem Handelsverkehr von Livorno zu schaden, wenn man die Gefahr eingestände. Ebendeshalb ergriff man auch nur äufserst unwirksame Maſsregeln, um durch die Anwendung ernsterer nicht Besorgnisse rege zu machen. Allein das Feuer war nicht mehr zu ersticken: es schlug um so gewaltsamer auf, und man konnte zuletzt die Gefahr nicht mehr leugnen. Nun erst, im Anfange des November, nachdem die Krankheit schon 70 Tage gewüthet und viele Opfer hinweggerafft, nachdem die livornesischen Aerzte oftmals auf wirksamen Beistand der Regierung gedrungen hatten, sandte diese zween praktische Aerzte und Mitglieder von verschiedenen Sanitätscommissionen in Florenz, die beiden Herren Doctoren Gaetano Palloni und Francesco Bruni, an den befeindeten Ort ab, mit dem ausdrücklichen Auftrage in ihrer schriftlichen Instruction, „der medicinischen Deputation zu „Livorno vorzustehn, die Untersuchungen über den Zu„stand der Stadt zu leiten, die nöthigen Anstalten zu „Hemmung der Krankheit zu treffen, *aber sich nicht „mit Benennung des Uebels und andern theoretischen Erklä„rungen zu befassen.*" Denn man wollte die Krankheit durchaus nicht für das gelbe Fieber ausgegeben wissen, weil man hoffte, daſs solchergestalt der Handel in dem vielbesuchten Freihafen nicht unterbrochen werden würde. Dr. Bruni hatte die mehresten Schriften der ausländischen Aerzte über das gelbe Fieber gelesen, und sah alsbald aus der deutlichen Uebereinstimmung der nun beobachteten Krankheiten mit denen von den glaubwürdigsten Aerzten beschriebenen Zuständen, dafs an keine andere Krankheit zu denken sei. Er bestimmte nun das Heilverfahren nach den Grundsätzen, welche von Andern am sichersten befunden worden. Beide Aerzte arbeiteten mit der gröfsten Anstrengung. Gerade als sie in Livorno eingetroffen, war die Sterblichkeit auf den höchsten Punkt gekommen: denn am 4ten, 5ten und 6ten November starben 25, 25 und 26 Kranke. Beide Aerzte legten sogleich ein provisorisches Krankenhaus an, zu S. Iacopo, wo mehrere Häuser, einsam gelegen am Meeresufer in der Gegend des obenbeschriebenen dritten Lazareths, sogut als möglich eingerichtet wurden. Am 1sten November begann man die Einrichtung, am 12ten war sie vollendet, und am 13ten ward das Spital eröffnet. Wenige Kranke nur weigerten sich dahinzugehn, und bekamen alsdann scharfe Aufsicht von Sanitätswachen. Man traf alle möglichen polizeilichen Anstalten zur Einschränkung des Uebels. Dr. Palloni wurde leider plötzlich von der Krankheit selber befallen, welchen Umstand er sich durch das öftere Reiben eines schmerzenden hohlen Zahnes mit den Fingern der rechten Hand während der Untersuchung mehrerer Kranken zuzog. Nun wirkte Dr. Bruni ganz allein, mit der gröfsten Unerschrockenheit: und brachte es wirklich dahin, dafs schon vom 6ten December an kein Kranker mehr im Spitale von S. Iacopo starb. Bis zu diesem Tage waren seit dem Anfange der Krankheit überhaupt 711 Kranke gestorben, davon 56 in dem genannten Spital seit seiner Errichtung. Nach seiner Genesung gab nunmehr Dr. Palloni eine eigene Schrift *) heraus zur Unterweisung der Aerzte und Gesundheitsbeamten bei der Be-

*) *Osservazioni mediche sulla malattia febbrile, dominante in Livorno, per servire d'istruzione ai Sgri. medici destinati al servizio del nuovo spedale di S. Iacopo; del Dr.* Gaetano Palloni, *prof. onorario di Pisa etc.* Livorno 1804. — Diese Schrift wurde nachher im Jahre 1805 mit mehreren Veränderungen neu aufgelegt, und auch in den *Efemeridi chimico-mediche tom. I del 1mo semestre,* Milano 1805, abgedruckt. Deutsch 1805. Eben diese neuere Auflage ist es, welche Herr Savaresy (*sur la fièvre jaune* pag. 559) mit verdientem Lobe anführt. Dr. Palloni hatte jedoch schon bei der ersten Ausgabe dem Eigensinn der damaligen etrurischen Regierung allzuviel nachgegeben, und die Verschiedenheit der liburnischen Krankheit vom americanischen gelben Fieber zu beweisen gesucht, obwohl er damals diese Meinung noch mit zweideutigem Ausdrucke darstellte. In der zweiten Auflage erklärte er sich bestimmter: und deshalb sagt Savaresy in der Kritik derselben (l. c. pag. 559) mit Recht: „*Malgré les différences marquées entre les deux maladies, je ne dissimule pas que la fièvre de Livourne ne doive former un genre voisin de la fièvre jaune des Indes-Occidentales.*" Dem Urtheile eines solchen Mannes, der die Krankheit an allen Orten wo sie sich zeigte, vielfältig beobachtet, darf man trauen. Auch hat Herr Palloni, wie es scheint, die gleiche Ueberzeugung späterhin angenommen, denn die zweite Auflage seiner Schrift ist durch ihn selber eingezogen worden, nachdem die temporären Beziehungen mit der damaligen Regierung aufgehört haben. Die Krankheit zeigte sich allerdings zu Livorno mit geringerer Wut als in Philadelphia und Cadix, allein Klima, Luftconstitution u. s. w. können allzeit eine ausserwesentliche Verschiedenheit zu Wege bringen.

handlung und Vorbeugung der Krankheit. Er führt darin ihren Verlauf kurz und wahr an, und giebt die Regeln zur Heilung nach seinen reichhaltigen Erfahrungen. Er räth, im Anfange der Krankheit Blut zu lassen, wie schon die früheren Aerzte vorschrieben. Besonders wirksam fand er die Blutigel an den Hämorrhoidalgefäſsen (wegen deren Bezug auf das in dieser Krankheit vorzüglich leidende Lebersystem); dann im Fortgange der Krankheit schweiſstreibende Mittel, und hierauf den Mercur, nebst der Salpetersäure, sowie auch äuſsere Einreibungen salzsauren Quecksilbers, nach den Methoden von Garnet, Currie, Warren und Chisholm. Besonders auch rühmt er die Einwirkung der freien und kühlen Luft. Sehr zu bedauern ist, daſs Dr. Bruni bis jetzt noch immer nicht Gelegenheit fand, seine eigenen schätzbaren Bemerkungen über das Wesen und die Heilung des gelben Fiebers im Allgemeinen, und insbesondere dieser Modification, in welcher es zu Livorno erschien, öffentlich bekannt zu machen. Nachdem nemlich einige Monate später die Krankheit in Livorno ganz aufgehört hatte, blieb zwar Dr. Palloni daselbst, auf ausdrückliches Verlangen der Regierung als Vorsteher der Sanitätscollegien, welchen Posten er noch gegenwärtig bekleidet: Dr. Bruni aber kehrte nach Florenz zurück, wo ihn die nachher übernommene Direction des Findelhauses zusehr beschäftigte, als daſs er eine umfassende Schrift über die glücklich behandelte Krankheit auszuarbeiten Gelegenheit gefunden hätte. Seine Erfahrungen bestätigen die Annahme, daſs der Hauptsitz der Krankheit im gallabsondernden Systeme sei. Die Gallenblase schickt ihre Galle nach oben. Er fand die *Blutigel* am After angesetzt gleichfalls äuſserst wirksam. Ebenso den Gebrauch der *Tincturae Asae foetidae*, und besonders des *Olei Ricini* mit einer leichten *Solutio gummi arabici*. Auch gebrauchte er mit vielem Glücke das *Calomel* nach Chisholms Vorschrift zu 10 Gran aller 3 Stunden: jedoch fand er den Speichelfluſs, dessen Wirkungen derselbe Schriftsteller rühmt, jedesmal nachtheilig, und räth daher ihn sorgfältig bei so starker Quecksilbergabe zu verhüten. Einige merkwürdige Fälle eines ganz entschiedenen *synochischen* Charakters der Krankheit, mit heftigen synochischen Nervenzufällen sogar bei fortschreitender Krankheit, wurden ebenfalls von ihm beobachtet. Deshalb auch fand er die kalten Sturzbäder nach Currie äuſserst heilsam. Vor allen verdienen die entschiedenen Erfahrungen über die Heilsamkeit des Einwirkens einer *frischen* und *kühlen Luft*, Aufmerksamkeit der Aerzte. In dem Spital zu S. Jacopo lagen eines Tages sehr viele Kranke beisammen. 20 davon, die dem Tode nahe waren, befanden sich in einem nach Norden freiliegenden Saale. Sie brachten die Nacht bei offnen Fenstern zu, während ein kalter Nordwind wehte: und am folgenden Morgen waren sie alle fast hergestellt, und genasen insgesamt, da doch einige, bei weitem weniger kranke Weiber, welche in einem wohlverwahrten etwas dumpfigen Zimmer gen Süden lagen, in der neulichen Nacht schon starben. *)

*) Im Anhange findet der Leser eine Uebersicht derer, besonders seit Ausbruch der Krankheit zu Livorno, erschienenen Schriften italienischer Aerzte über das *gelbe Fieber* soviel mir deren bekannt geworden sind.

III. Pisa.

Was die Krankenanstalten dieser Stadt betrifft, so gilt von ihnen im Allgemeinen das Nemliche als von denen zu Livorno. Auch hier befindet sich ein nicht unbedeutendes *bürgerliches Krankenhaus*, in welchem die Kranken der gegenwärtigen Garnison gleichfalls ihr Unterkommen finden müssen. Ein *Findelhaus* befindet sich ebenfalls zu Pisa, von dessen Fundation gewöhnlicher Weise an 300 Kinder aufgezogen werden, theils im Hause selber, theils in Pensionen auf dem Lande. Uebrigens ist Pisa nicht arm an geschickten praktischen Aerzten, und die kräftige *Heilquelle* in seiner Nähe, deren Wasser wohl einige Aehnlichkeit mit dem des Töplitzer Brunnens zu haben scheint, verdient ihren ausgebreiteten Ruhm, wobei bemerkt werden mufs, dafs auch die hinzugefügten Anstalten zur Belustigung der Brunnengäste hier beträchtlicher sind, als in den mehresten andern Badeorten Italiens.

In Pisa befand sich die schon ziemlich alte *Universität* des toscanischen Staates. Ihre ehemalige Einrichtung näherte sich in mancher Hinsicht einem besseren Vorbilde, als die freiheitlosen Anstalten der römischen Sapienza und der neapolitanischen Universität. Besonders unter den Grofsherzögen des lothringischen Stammes bekam sie die Gestalt jener blühenden lombardischen, von denen wir früherhin gesehn haben, dafs wir sie nach dem Mafsstabe der vorzüglichsten deutschen messen durften. Jedoch besafs sie niemals reichhaltige Museen noch anderweitige Hülfsanstalten des naturwissenschaftlichen Studiums; ja es fehlte sogar an den nothwendigsten Grundlagen zu einem guten Vortrage und gründlicher Erlernung der Anatomie, insofern als kein anatomisches Theater oder sonstiges Local für Secirübungen vorhanden war. In dem allgemeinen Krankenhause der Stadt war eine Abtheilung von 20 Kranken beiderlei Geschlechts für die klinischen Uebungen der Studierenden eingeräumt, und die Behandlung dieser Kranken dem Professor von der Universität also überlassen worden. Für die chirurgische Klinik hatte man deren Professor in demselben Spital eine Abtheilung von 15 Kranken übergeben. Nach der schon erwähnten amtlichen Reise Cuviers durch die mit Frankreich vereinigten Provinzen Italiens, ward auch die Universität zu Pisa als vereiniget mit der grofsen kaiserlichen erklärt, und ihre bisherige Einrichtung aufgehoben. Da jedoch die neue Organisation noch immer nicht ausgeführt werden konnte, so ist vorerst der alte Gang ungestört fortgesetzt worden, damit der Unterricht nicht gänzlich stocke. Unter den Professoren der medicinischen Facultät zeichnen sich vorzüglich aus die Herren Santi als Lehrer der Physik und Chemie, Morelli, durch seine mehrjährigen Reisen auch unter den deutschen Aerzten bekannt, und Andrea Vaccà-Berlingheri, Lehrer der Chirurgie und Director der chirurgischen Klinik, als wohlgeübter Operator und Schriftsteller *) nicht minder berühm-

*) *Di un nuovo potere della mission di sangue per la cura di alcune malattie*, del Dr. Andrea Vaccà - Berlinghieri, Pisa 1804.... *Lettera sopra un aneurismo popliteo*, Pisa 1805. Und andere Schriften. Zu bedauern ist nur, dafs Herr Vaccà durch die häufige Abwesenheit von

ter Sohn eines allgemein bekannten, itzt durch Altersschwäche unthätigen Arztes. Die medicinische Klinik wird vom Professor Torrigiani geleitet; jedoch sind die sachverständigen Amtsbrüder keinesweges mit seinen wissenschaftlichen Grundsätzen einverstanden, noch geneigt, seiner Unterrichtsweise ihren Beifall zu schenken.

Man hatte während meiner Reise durch Italien an mehrern Orten, und besonders zu Florenz, seit einigen Monaten gar viel über die wunderbaren Schicksale der *Vaccine* in Pisa gesprochen, und die auswärtigen Aerzte waren bei dem Mangel genauerer Nachrichten über die dortigen darauf sich beziehenden Vorfälle nach Maſsgabe ihrer verschiedenen Meinung theils ängstlich gespannt, theils von zu vorschneller Freude erfüllt. Insonderheit fand ich den berühmten Professor Lorenzo Nannoni in Florenz voll Erwartung der kräftigsten Beweise gegen die Vaccine, welche er längst schon, wiewohl mit viel weniger haltbaren Gründen, als ein tieferer und besser beseelter Blick in die Geheimnisse der Natur Anderen an die Hand gab, ihres allgemeiner werdenden Glaubens zu berauben getrachtet hatte. Mein erstes Geschäft bei der Ankunft in Pisa (um die Mitte des Julius) war daher, mich genau zu erkundigen, welcherlei Vorgänge die Veranlassung zu jenen schon auswärts vernommenen Gerüchten gegeben haben, und was ihre fernern Resultate sein. Allein ich fand sogleich, daſs voreilige Eiferer, wie oftmals schon, blinden Lerm geschlagen hatten, daher auch die Professoren und Aerzte zu Pisa selber nicht

Pisa als erster Leibchirurg der Groſsherzogin Elisa, allzusehr von seinen akademischen und schriftstellerischen Beschäftigungen abgehalten wird.

wenig erstaunt waren, von einem Fremden über Gegenstände nachdrücklich befragt zu werden, die ihnen nur als unbedeutende tagkurze Truggestalten ihrem wahren Wesen nach erschienen waren, wenngleich die polizeiliche Aufmerksamkeit auch auf solche Erzeugnisse des Unverstandes ihr Augenmerk richten mufste. Da ich die Erzählungen des ganzen Vorganges aus dem Munde beider Theile, und zudem noch die Bemerkungen eines ganz Unparteiischen anzuhören Gelegenheit fand, so wird die kurze Darstellung dieser an sich unwichtigen Sache, welche hier nur zur Vollendung eines allgemeinen Bildes der ärztlichen Verfassungen und des Bestrebens Einzelner ihren Platz finden mag, um so wahrer und befriedigender befunden werden, und man daraus ersehn, wie nothwendig es allerdings sein mag, dafs eine milde, nur nicht willkührliche Regierung auf den Flug der eiligen Fama einige Aufmerksamkeit verwende, indem auch unter den Aerzten so mancher das heilige und ehrwürdige Studium, durch dessen Stralen er sich veredelt fühlen sollte, zum Spielwerk seiner Selbstsucht erniedrigt.

Es besteht nemlich zu Pisa, wie in allen Hauptstädten der Departementer, gleichfalls eine eigene *Vaccinationscommission* unter dem unmittelbaren Schutze der Regierung. Ein Mitglied derselbigen, der Doctor Carlo Pucciardi, praktischer Arzt der Stadt, war von jeher der Vaccine, zu deren Beförderung beizutragen sein der Commission geleisteter Eid ihn verpflichtet hatte, von Herzen abgeneigt, ohne dies jedoch merken zu lassen. Im Anfange des Jahres 1811 verfertigte er aber eine Schrift, worin er die Absicht hatte, seinem Herzen Luft zu machen. Ohne dieselbe, der Pflicht gemäfs, zuvor der Commission mitgetheilt zu haben, sandte er sie an die Censurbehörden zu Paris ab, wohin gegenwärtig *alles*, was in denen zu Frankreich geschlagenen Provinzen Italiens gedruckt werden soll, abgeschickt wird. Die pariser Censoren, vielleicht durch den wunderlichen Ausdruck des Titels*) verführt, bewilligten ohne Weiteres den Druck, und die Schrift ward dem Publicum übergeben. Die Commission erstaunte, als sie erfuhr, dafs eines ihrer Mitglieder ohne vorhergegangene Anzeige gegen die Vaccine geschrieben, und ihr sogar die Schrift öffentlich angeeignet habe, welche doch nur das Werk einer unbegründeten Parteisucht sei. Man vermochte die Präfectur des Departements, den Verkauf des Buches zu untersagen, bis die Vaccinationscommission alle darin vorgetragenen Gegenstände, und besonders die angeblich der Vaccine ungünstigen Thatsachen geprüft haben werde; und zugleich ward der Verfasser wegen seines Vergehens gegen die Amtspflicht förmlich angeklagt. Die-

*) *Riforma dell' innesto del vajuolo naturale sopra la proposta vaccina ragionamento diretto al comitato di vaccina di Pisa dal Dr.* Carlo Pucciardi, *clinico nello spedale imperiale (?) di detta città, socio corrispondente dell' accademia de' Georgofili in Firenze, ed uno de' membri del comitato suddetto. „Caeterum res sacrae sacris hominibus demonstrantur; profanis id fas non est priusquam scientiae orgiis initientur."* Hippocr. *de arte.* In Pisa 1811. 45 pag. in 8vo. — Die herrliche Stelle des Weisen von Kos kann nur *gegen* Herrn Pucciardi sprechen, wie die von einer wissenschaftlichen Richtung durchaus entfernte Schrift deutlich genug beweist. Denn in Wahrheit, die Ammenmährchen und Pöbelgespräche, welche der Verf. zum Beleg der Ungültigkeit der Vaccine anführt, können nicht als *scientiae arcana* gelten.

se Nachrichten verbürgte mir ein anderes Mitglied der Commission, Dr. Tantini, durch seinen Aufenthalt in Deutschland auch unter uns bekannt. Er hatte die Untersuchung der Sache geleitet, und stand im Begriff, seine Resultate der Commission vorzulegen, damit Dr. Pucciardi nach strenger Gerechtigkeit bestraft werde. Da Dr. Pucciardi aus persönlichen Rücksichten von jeher kein Freund der Vaccine gewesen war, nie selbst vaccinirt, und nie genau auf vaccinirte Kinder geachtet hatte, so war sein Urtheil schon an sich verdächtig. Die Untersuchungen des Dr. Tantini beweisen aber ausserdem, dass die mancherlei in seiner Schrift vorkommenden Beziehungen auf Zeugnisse anderer, auch ausländischer Schriftsteller, fast alle unpasslich sind. Er hat die Aeusserungen dieser Aerzte missverstanden, oder Folgen daraus gezogen, die keine Haltbarkeit haben. Seine Behauptungen, dass die Vaccine vor der Anstekkung echter Menschenpocken nicht sichere, ist grossentheils auf falsche, unerwiesene Erfahrungen anderer Aerzte gegründet, auch hat er diejenigen wesentlichen Einwürfe, welche sich mit Wahrscheinlichkeit der Vaccine als Schutzmittel machen lassen, und wie sie nach den trefflichen Ansichten jenes grossen Physiologen, dessen ich daselbst erwähnte, bei der Darstellung der mailändischen Vaccineanstalt aufgeführt worden sind, gar nicht einmal zu erfassen vermocht. Wenig Ehre bringt aber dem Herrn Pucciardi besonders der Umstand, dass er angebliche Fälle des Wiederausbruches echter und heftiger Pockenkrankheit nach regelmässigem Verlauf einer echten Vaccine als beweisend aufführt, die er nur aus dem Munde von Kinderfrauen und vorurtheilsvollen

Laien

Laien vornehmer und geringer Klassen gehört hatte. Solches Ammengeschwätz sollte in einem Buche, das mit wissenschaftlichem Ernst einen schwierigen Gegenstand zu behandeln verspricht, und den Ausspruch erhabenster Weisheit als Aufschrift trägt (die herlichen Worte des Hippokrates auf dem Titel) gar nicht zu finden sein. Nur einen dieser Fälle sah der Herr Pucciardi selber. Man höre aber, wie er ihn vorträgt (*pag.* 25 *nota*), und schliefse daraus auf die ganze Ansicht des Verfassers. Der Sohn eines Drechslers Vanucchi genannt Balocco war nemlich im Jahre 1810 mit Vaccinegift geimpft worden. Nun erzählt Dr. Pucciardi: „unmittelbar nach Impfung der Kuhpocken zeigten „sich bei dem Kinde 2 Geschwülste, die eine unter dem „rechten Arme" (wo? in den Achseldrüsen etwa?) „die andere über einem Auge" (?) „und 14 Tage nach„her wurde der Knabe ganz bedeckt von einem unbe„kannten Ausschlage, welcher zwar nach etlichen Tagen „verschwand, 2 Monate später jedoch in der nemlichen „Gestalt wiedererschien. Dabei war der Zustand des „Geimpften beständig elend, und im folgenden Monat, „December desselben Jahres, zeigte sich ein zusammen„fliefsender Blatterausschlag, wodurch das Kind von „Krämpfen ergriffen ward, welche, indem ich dies „schreibe" (zu Anfange von 1811) „ihm sicherlich den „Tod bringen werden." Es giebt wohl schwerlich eine unbestimmtere, verwerflichere Erzählung als diese. Hatte das Kind wirklich den echten Kuhpockenausschlag? Woher nahm man das Gift? War es unverdorben? Welch ein Ausschlag war der *unbekannte?* Woher die zusammenfliefsenden Menschenblattern, wenn das Kind immer krank, und zu Hause war, wo es schwerlich angesteckt werden konnte? Ebenso finden wir in den andern Fällen, die dem Dr. Pucciardi nur erzählt wurden, die Urtheile der Laien als Grundlage, dafs echte Vaccine vorhanden gewesen, und die Menschenpocken nach ihr entstanden seien. Was Herr Pucciardi aus andern Schriftstellern und Erzählungen vornehmen und geringen Pöbels seiner Vaterstadt über die Kränklichkeit der Kinder nach der Vaccine anführt, das beruht gleichfalls großentheils auf Misverstand, und, wo unbezweifelte Thatsachen zum Grunde liegen, da sind schiefe und beschränkte Ansichten darauf gebauet. Die Schrift des Herrn Pucciardi wird also denen Aerzten, welche aus tiefern Gründen Bedenklichkeiten gegen die Vaccine haben, gar nichts fruchten, ja sie steht dem Erforschen der Wahrheit nur im Wege, weil sie Animosität verbreitet hat, und durch ihre Schwächen den Gönnern der Vaccine Bestärkung für ihren blinden Glauben dadurch gewährt, dafs sie ihnen durch ein so mangelhaftes Beispiel die Unzulässigkeit aller Gegner wahrscheinlich macht. Als ich Herrn Pucciardi persönlich aufsuchte, und vor Allem um ruhige Auseinandersetzung der am Schlufs seines Werkes als noch vorhanden angedeuteten Thatsachen, und seiner ernsten Ansicht bat, erhielt ich statt deren nur die Erzählung des seiner Meinung nach ihm angethanen Unrechts, wobei die bittersten Ausfälle auf die Commission, sowenig sie zur Sache gehörten, nicht gespart wurden. — Uebrigens schlägt dieser Herr Pucciardi in seiner Schrift, um die nachtheilig geglaubte Vaccine zu verdrängen, eine Reform der Menschenpockenimpfung vor. Man solle nemlich dieses Gift mit Speichel oder Magensaft mischen, es dadurch dem Körper schon assimiiirter machen, und so impfen, wodurch die Pocken ganz mild werden, und ebenso ohne alle Beispiele der Tödtlichkeit wie die Vaccine verlaufen würden. Allein erstlich ist dies eine blofse Vermuthung, auf welche man das Schaffott der Vaccine nicht gründen darf, ohne durch vielfältige Erfahrung versichert zu sein, dafs man deren Verdrängung nie zu bereuen haben werde. Sodann auch scheint mir der Gedanke im Allgemeinen wenig Wahrscheinlichkeit zu haben, und ich glaube dafs Herr Pucciardi ihn vielmehr geäufsert habe, um die geglaubten Verdienste einer frühern Schrift *) zu erneuern, und weil er meinte, wenn Vipergift durch Speichel gemildert werde, so gelte dies auch von den Contagien.

*) *Metodo per rendere inefficaci i veleni della vipera e del morso del can rabbioso* (del morso della vipera e del can rabbioso würde richtiger sein; es geht dem Verfasser hier wie bei seiner Riforma del vaj. sopra u. s. w.) *del Dr.* Carlo Pucciardi, Pisa 1795. In welcher Schrift die nicht durch diesen Verf zuerst bekannte Milderung jener thierischen Gifte durch Speichel und Magensaft auseinandergesetzt worden war. Der Prof. Rasori zu Mailand hatte noch vor Herrn Pucciardi einen ähnlichen Gedanken der Milderung des Menschenpockengiftes ausgeführt, mufste aber nach unglücklichen Versuchen wieder davon abstehen, wie es wahrscheinlich eben auch dem Herrn Pucciardi ergehn würde, wenn es zur Ausführung käme. S. *Anhang* II. B. Note 10.

C.

Parma und Piacenza.

Die mancherlei Vortheile, welche bei der Regierung kleiner Fürsten für die innere Verfassung entstehn, erkennt man auch bei diesen Staaten in denen noch übrigen medicinischen Unterrichtsanstalten und Spitälern aus der Zeit ihres selbstständigen Daseins. Mehrere einander folgende Jahre der Kriegsunruhen haben hier nicht minder als anderwärts ihre zerstörende Wirkung geäusert. Freilich könnte man von der Kraft und dem in andern Zweigen der Verwaltung unverzögerten Geschäftsgange einer so ausgedehnten Monarchie raschere Wiederherstellung der nothwendigen Anstalten erwarten, als in diesem Theile des französischen Reiches Statt gefunden hat. Dem noch ist auch hier die Medicinalverfassung auf die bis zur möglichen Ausführung einer längstangekündigten Reform beibehaltenen Ueberbleibsel des ehmaligen beschränkt, gerade so wie es grofsentheils in dem Kirchenstaate und Toscana geschehn mufste.

1. Krankenhäuser zu Parma.

Die Stadt besitzt deren 3; eines derselben ist erst vor Kurzem errichtet, die beiden andern bestehn im Allgemeinen noch auf die nemliche Art, wie sie lange schon vor den neuesten Staatsveränderungen gestaltet worden waren.

Das Spedale degl' Incurabili ist von geringer Bedeutung, und würde vielleicht zweckmäfsigeren

Anstalten Platz machen können, wenn man es mit dem allgemeinen Krankenhause der Stadt vereinigte.

Umfassender und in jeder Hinsicht bedeutender ist das Ospedale della misericordia. Die Anstalt ist zur Aufnahme von 500 Kranken eingerichtet. Allein mehrere der Krankensäle scheinen kaum ursprünglich dazu bestimmt gewesen zu sein, weil sie allzu niedrig und wüst in ihrer Anordnung sind. Auch in diesem Spital nehmen 200 militärische Kranke viel von dem Raume hinweg, welcher bei der Bevölkerung Parma's von 54,000 Seelen zur Verpflegung mehrerer bürgerlicher Kranken nicht wohl entbehrt werden kann, daher bei dieser grofsen Stadt die Bemerkungen ganz vorzüglich gelten, welche ich schon früher mehrmals über den Zustand der militärischen Medicinalverfassung in Italien machte. Denn nur 238 Kranke aus dem Bürgerstande befanden sich bei meinem Besuche in diesem Spital, und obgleich die Kasse desselben wegen des Aufwandes für die militärischen Kranken durch die Auszahlung von 1 Franc täglicher Vergütigung für einen jeden einigermafsen schadlos gehalten wurde, so konnte doch der Mangel am Raume selber dadurch nicht aufgehoben werden. Die Direction der öffentlichen Krankenanstalten ist zu Parma in den Händen einer aus vornehmen Personen, die insgesamt nicht Aerzte sind, bestehenden Gesellschaft. Professor Tommasini steht dieser Direction zur Seite. Er ist oberster ärztlicher Beamter der Krankenanstalten mit dem Titel *Medico consultante*. Sein Geschäft ist nicht, die Kranken zu heilen, noch eigentlich die Anstalten unmittelbar zu leiten: sondern er bildet eine Mittelsperson zwischen dem ärztlichen Personal und der Direction, er untersucht den gesammten Zustand der Spitäler zu gewissen Zeiten, controllirt die Aerzte und Unterbeamten, und nimt ihre Vorstellungen an, um sie, wenn es ihm gut dünkt, der Direction darzustellen. Ebenso kann die Direction nichts ohne seine Einstimmung thun, und ihm allein liegt es ob, alle im Allgemeinen getroffenen Verfügungen dem besondern Verhältnisse der Anstalten anzupassen. Diese Einrichtung, welche, soviel mir bekannt, in Italien nirgend anderwärts Statt findet, mag allerdings mancherlei Vortheile gewähren. Jedoch sind die eigentlichen Spitalsärzte, wie mir dünkt, allzusehr dadurch in ihrem Wirkungskreise eingeschränkt, dafs ein anderer sie dirigirender Arzt wiederum erst von einer fremden Autorität abhängt, die wohl ebensogut in ihm selber gegeben sein könnte. Die wichtigste Aufgabe ist doch gewifs, so gute Aerzte als möglich anzustellen: durch die aufmerksamste Controlle mittelmafsiger wird dem Mangel nicht im Mindesten abgeholfen. Allein bei den Besoldungen der Aerzte, wenigstens am Spital der Misericordia, möchte es schwer fallen, vorzügliche und geübte Aerzte zu finden; denn kein solcher wird um den geringen Preis von 1000 Franken (250 Reichsthaler) seine ganze Kraft dem Spital zu opfern bereit sein. Das ärztliche Personal besteht aus 2 *medici curanti*, 1 *chirurgo in capo* und 2 *chir. curanti*, nebst einigen Gehülfen. — Eine höchst beschränkte *Irrenanstalt*, obwohl in einem besondern Hause befindlich, steht mit dem Spital in Verbindung. Dieses Irrenhaus zeigt sich so gänzlich als das Werk unzulänglicher Entwürfe, dergleichen man überall zur Genüge sieht, dafs keine Eigenthümlichkeit davon anzuführen ist, besonders da die 50 darin aufbewahrten Kranken auch bei der jetzigen Direction nicht Interesse genug erwecken, als zur Betreibung einer verbessernden Aufsicht nöthig sein würde.

Wenige Monate erst bestand zur Zeit meiner Durchreise das *Krankenhaus der Gefangenen*, in dem ehmaligen Kloster Sta. Elisabeta. Der Präfect des Departements hat, von ihrer Nothwendigkeit überzeugt, diese Anstalt errichtet, welche unabhängig von der erwähnten Spitalsdirection, der Aufsicht des Professors Tommasini übergeben ist. Alle erkrankenden Gefangenen, die militärischen ausgenommen, werden hierher gebracht. Das Local der Männer zerfällt in mehrere Säle, in welchen Fieberkranke, Ruhrkranke, Krätzige, Venerische u. s. w. von einander geschieden sind. Die Weiber werden in einem etwas kleinern Local aufbewahrt, da ihrer gewöhnlich wenigere sind. Das Spital war bei meiner Anwesenheit noch nicht ganz ausgestattet: daher auch nur wenige eiserne Bettstellen vorhanden, und die mehresten Kranken noch zu zweien in einem nicht gar geräumigen Bette gelegen, welchem Uebelstande jedoch unfehlbar abgeholfen werden wird. Die Kranken werden sehr menschlich in diesem Spital behandelt. Ich bemerkte eine grofse, und in Italien um so lobenswerthere Reinlichkeit: bei der äufserst strengen Aufsicht, unter welcher das Ganze gehalten wird, und der theilnehmenden Thätigkeit des Oekonomiedirectors *Sgr.* Francesco Riga, steht zu erwarten, dafs auch in der Folge das Spital durch so gute Eigenschaften sich auszeichnen werde. Ein dabei angestellter Arzt, der wackere Dr. Mori, wohnte zur beständigen Aufsicht im Hause selber. Die ganze Anstalt umfafst etwa 100 Betten, von denen jedoch bei meiner Durchreise erst 70 besetzt waren, obgleich nach vollendeter Einrichtung bei der Menge der zu

Parma aufbewahrten Gefangenen schwerlich der Bestand oftmals geringer sein wird, als die Anstalt überhaupt zu umfassen vermag.

Noch erwähne ich, dafs Parma auch ein *Findelhaus* besitzt, dessen Gröfse zu der ansehnlichen Bevölkerung der Stadt in einem andern Verhältnis steht, als das zu Florenz, da es nemlich nur 400 Kinder enthält, welcher Umstand es wahrscheinlich machen könnte, dafs die Sittenverderbnis sowohl als die Armut hier geringer sei.

2. Medicinischer Unterricht.

Parma besafs ehedem eine Universität, welche das Eigenthümliche hatte, dafs ihr durchaus keine bestimmte Fundationen angewiesen waren, sondern dafs alle Kosten, welche sie verursachte, insgesamt aus der Privatkasse der Herzöge bestritten wurden. In jener Zeit wurden bedeutende Summen auf diese Anstalt verwandt, sodafs sie wirklich in einem blühenden Zustande war. Mit der Vertreibung der Herzöge und Einziehung ihrer Besitzthümer verlor die Universität ihre Unterstützung. Allein die neue Regierung wollte die bestehende Lehranstalt beibehalten. Man versprach, für neue Fundationen zu sorgen, und machte es den Professoren zur Pflicht, ihre Vorlesungen fortzusetzen, obwohl weder Besoldungen ausgezahlt, noch bestimmte Verfügungen über die vorgesetzte neue Organisation des Ganzen gemacht wurden. Auch seitdem der berühmte Cuvier die ihm von der Regierung aufgegebene Reise durch die italienischen Provinzen des Reiches gemacht, ist im Grunde nichts Entscheidendes geschehn. Die Universität ist der allgemeinen kaiserlichen einverleibt, besteht aber noch in ihrer alten Verfassung. Die Professoren haben einige Summen auf Abschlag ihres rückständigen Gehaltes bekommen, allein die nothwendigen neuen Fundationen der Anstalt sind noch nicht angewiesen worden.

Die Universität war von jeher an allen Hülfsanstalten für das naturwissenschaftliche Studium nicht besonders reich. Die Sammlungen anatomischer Präparate (wobei einige in Wachs gearbeitete von den Händen florentinischer Künstler sich befinden), die zu den Vorträgen der Naturgeschichte, Physik, Chemie u. s. w. nöthigen sind insgesammt wenig bedeutend. Die medicinische sowohl als chirurgische Klinik werden in dazu angewiesenen Säälen des allgemeinen Krankenhauses della Misericordia gehalten.

Von den Professoren nenne ich als die berühmtesten nur die Herrn Tommasini und Rubbini, von denen der erstere die Physiologie und Pathologie vorträgt, der letztere die medicinische Klinik leitet. Ihre Schriften sind auch aufserhalb Italien hinreichend bekannt. Das grofse physiologisch-pathologische Werk des Prof. Tommasini *) ist leider unvollendet geblieben. Man könnte dem Herrn Verfasser freilich wohl mit einigem Rechte den Vorwurf machen, dafs er sich allzuviel an die häufig getrübten französischen Quellen bei dessen Ausarbeitung gehalten, und andererseits durch die Sucht, einer einseitigen Theorie zu willfahren, seine bessere Genialität unkenntlich gemacht habe. Gewifs wenigstens hat er sich allzuweit von dem Wege entfernt, den vor ihm schon Männer seiner Nazion gebahnt, wie Azzoguidi, Gallini, Malacarne, Mascagni, Testa, u. s. w.

*) Giacomo Tommasini *lezioni critiche di fisiologia e patologia*, Parma 1802; Napoli 1804, 3 tomi.

Nicht minder bekannt ist die Schrift des nemlichen Herrn Verfassers über das Fieber zu Livorno von 1804. *) Der haarscharfe, erfahrungsreiche Savaresy **) mag vielleicht im Gefuhle der ihm eigenen Fertigkeit des eigentlichen Heilens, welche nur auf empirischem Wege erlangt werden konnte, das wirkliche *Gesehnhaben* der Krankheit allzusehr hervorheben, und bei dessen Mangel auch die schätzenswerthesten Ansichten eines mit höheren und allumfassenden Naturgesetzen vertrauten Arztes übersehn: jedoch scheint ein solches Urtheil von ihm bei der genannten Schrift des Herrn Tommasini allerdings einigermaſsen gegründet zu sein, sofern dieselbe gerade nicht in dem Schutze jener höheren Naturweisheit steht, sondern bei mancher zu eiligen theoretischen Schluſsfolge ein empirisches Verdienst unmittelbar zu erreichen strebt, welches nicht auf solchem Wege erlangt werden konnte. Jenes Urtheil von Savaresy erstreckt sich auch über die Schrift des Prof. Rubbini, worin dieser gleichzeitig das Fieber von Livorno zu erläutern suchte. ***) Beiden parmesanischen Aerzten mag es allerdings schwer fallen, sich von empirischer Seite gegen das Urtheil eines so bündigen Richters zu vertheidigen.

*) *Ricerche patologiche sulla febbre di Livorno del 1804, sulla febbre gialla americana, e sulle malattie di genio analogo.* Parma 1805. 496 pag. in 8vo.

**) L. c. pag. 560.

***) Pietro Rubbini *riflessioni sulle febbri gialle, e sui contagj in genere,* Parma 1805. — Eine andere Schrift desselben Herrn Verf. ist mit Recht berühmt: *Maniera meglio atta ad impedire la recidiva delle febbri periodiche già troncate col mezzo della chinachina.* Firenze 1805. — Und über die von ihm empfohlene *Datisca cannabina* vgl. *Medic. Nazionalzeitung* 1798.

Noch weniger jedoch möchte es ihnen gelingen, sich vor den Augen derer zu rechtfertigen, welche eine wissenschaftliche Untersuchung aus anderem Gesichtspunkte betrachten: wenn es anders beiden Ernst ist um die Lobsprüche, welche sie in neueren Zeiten dem Rasorischen Contrastimulus ertheilen. Man mag es Jedem verzeihn, der diesen Wechselbalg der Theorieen noch nicht genauer untersucht hat, wenn er von dem Geschrei des Erzeugers aufgeregt, Großes und Neues erwartet. Die Aerzte Italiens nannten Rasori's Namen mit Ehrfurcht, solange er nur in mysteriösen Ausdrücken von der Möglichkeit eines großen und neuen Werkes gelispelt hatte: kaum aber that er die Vorkammer seiner Schätze auf, als die Bessern insgesammt unwillig über die marktschreierische Täuschung sich von ihm hinwegwandten. Nur die Herrn Tommasini und Rubbini, von allen berühmten, die ich kennen lernte, allein, sprachen mit Entzücken vom Contrastimulus, den ich damals noch nicht zu studieren Gelegenheit gehabt hatte, sodaß ich durch ihre Autorität höchst gespannt wurde. Ja Herr Tommasini versicherte mich, daß Alles, was man bisher Medicin genannt, ein elendes Hirngespinnst sei, daß erst Rasori die Naturkenntnis aufgefunden, und Revoluzionen bereitet habe, die allen Glauben überstiegen, sodaß die von Herrn Tommasini bald zu erwartende Pathologie, welche ganz nach jenen Grundsätzen ausgearbeitet werden soll, *) den Traum einer bisher schon aufgefundenen Spur des wissenschaftlichen

*) Desgleichen 2 Abhandlungen, *über den Schmerz*, und über die *Entzündung*, deren Betrachtung im Geiste des Contrastimulus durch die um die Zeit meiner Durchreise ausgegebene Ankündigung schon hinlänglich erkannt wird.

Ganges gänzlich zerstören werde. Nachdem ich späterhin das geglaubte Wunderwerk des mailändischen Eiferers kennen gelernt, scheint es mir unbegreiflich, wie so gelehrte Männer sich in die Fesseln der grundlosesten Einseitigkeit schmiegen, und die Natur zwingen mögen, sich nach Art eines Gliedermannes zu den widrigen Gestalten ihrer Vorurtheile zu verrenken. Und ebenso unbegreiflich ist es mir, wie diese berühmten, in langjährigem Lehramt, so sollte man voraussetzen, gewitzigten Männer, ihren Namen dem Spott kommender Zeiten preis geben, *) ohne im Mindesten den sträflichen von aller Wahrheitsliebe entfernten Eigendünkel des Mannes zu durchschauen, der mit seinem Blendwerk sie anlockt, um sie zu seinem eigenen Vortheil und Ruhm an den Triumphwagen zu ketten. Ich habe diese freimüthige Aeufserung nicht unterdrückt, eben weil ich beide parmesanische Aerzte persönlich hochachte, und als gewifs annehme, dafs sie in Kurzem über den Contrastimulus anders urtheilen, besonders aber dessen Erfinder in seiner wahren Gestalt kennen lernen werden.

3. Die Stadt Piacenza besitzt ein bedeutendes Krankenhaus, in welchem der vielgeübte und gelehrte Chirurg Morigi thätig um seine Kunst bemüht ist, und angehenden Wundärzten, die sich daselbst aufhalten möchten, eine schätzbare praktische Schule eröffnen könnte.

*) In mehrern vorläufigen Abhandlungen, welche in dem von Herrn Tommasini vornehmlich besorgten *Giornale della società medico - chirurgica di Parma*, niedergelegt worden sind.

ANHANG.

I.

BERICHT

VON

DEN ERFOLGEN DER MEDICINISCHEN KLINIK

DER KÖNIGLICHEN UNIVERSITÄT ZU PADUA

IM VERLAUF DES SCHULJAHRES 1809 — 1810

ERSTATTET

VON

VALERIANO LUIGI BRERA,

Elector im Collegium der Gelehrten des Königr. Italien, ord. öff. Prof. der medic. Klinik, Director der klinischen Anstalt der Universität, und dirigirendem Arzt des bürgerlichen Krankenhauses zu Padua, einem der Vierzig der Italienischen Gesellschaft der Wissenschaften, wirklichem Mitglied der Akademie der Wissenschaften schönen und freien Künste zu Padua, u. s. w.

Die Originalschrift giebt eine Liste der 44 assistirenden Aerzte dieses Jahres, wovon der Uebersetzer nur bemerken will, daſs 31 von ihnen *graduirte Doctoren* waren, jedoch nur 2 *Ausländer* sich dabei befanden.

Erster Abschnitt.

Krankheiten und Verhältnisse der Kranken.

Abtheilungen in			Männer.					Weiber.					Total der Krankheiten.	Sterblichkeit auf 100.
				Ausgang		Dauer an Tagen			Ausgang		Dauer an Tagen			
Ordnungen	Geschlechter	Arten	Anzahl	Geheilte	Gestorbene	Total	Mittelzahl	Anzahl	Geheilte	Gestorbene	Total	Mittelzahl		
I. Pyrexiae et Febres.	Febres Intermitt.	F. I. hyposthen.	1	1	..	16	......	..	..	.	...	......	1	......
		F. I. irritativae.	3	3	..	51	17, 0^h, 0'	1	1	..	11	......	4	......
	Febr. Continuae	Synochae.	2	2	..	11	5, 12^h, 0'	..	3	..	36	11, 16^h, 0'	5	......
		Typhi simplic.	1	1	..	37	......	..	..	..	...	......	1	......

1	2	3	4	5	6	7	8	9	10	11	12	13	14	15
2. Inflammationes.	Catarrhi	Hypersthenici	9	9	..	113	12,13h,20'	3	3	..	39	13, 0h, 0'	12	......
		Hyposthenici	..	..	..	...	......	2	2	..	54	27, 0h, 0'	2	......
		Irritativi	I	I	..	II	......	I	I	..	8	......	2	......
	Anginae	Hypersthenic.	I	I	..	II	......	I	I	..	II	......	2	......
	Pneumonitid.	Hypersthenic.	II	II	..	167	15, 4h,22'	13	12	I	152	II,16h,37'	24	4,168
		Hyposthenicae	..	..	..	...	......	I	..	I	2	......	I	100,000
	Pleurit.dorsal.	Hypersthenica	I	I	..	7	......	..	..	..	...	......	I	......
	Rhachialgitis	Hypersthenica	..	..	..	...	......	I	I	..	15	......	I	......
	Enteritis	Hypersthenica	I	I	..	6	......	..	..	..	...	......	I	......
	Splenitis	Hypersthenica	I	I	..	35	......	I	I	..	30	......	2	......
	Rheumatism.	Hypersthenic.	I	I	..	4	......	..	..	..	...	......	I	......
3. Typhi contagiosi.	T. petechiales	Irritativi.	7	6	I	67	9,13h,43'	7	7	..	168	24, 0h, 0'	14	7,143
		I. hypersthen.	16	15	I	231	14,10h,30'	12	12	..	250	20,20h, 0'	28	3,571
		I. hyposthen.	7	6	I	212	30, 6h,51'	1	..	I	12	......	8	25,000

1	2	3	4	5	6	7	8	9	10	11	12	13	14	15
4. Impetigines.	Papulae	Hydroa	I	I	..	11	......	..	..	..	...	......	1	......
5. Affectiones gastroentericae.	Gastricismus	F. irritativae	3	3	..	17	5,16^{h}, 0'	..	..	..	...	......	3	......
	Verminatio	F. irritativae	I	I	..	18	......	I	I	..	18	......	2	......
	Icterus	F. irritativa	..	..	..	...	......	I	I	..	9	......	I	......
	Dysenteria	Hyposthenica	..	..	..	...	......	I	..	I	22	......	I	100,000
	Veneficium metallicum	Colica irritat.	..	..	..	...	......	I	..	I	15	......	I	100,000
6. Affectiones systematis sanguiferi.	Haemoptyris	Hypersthenica	I	I	..	13	......	..	..	..	...	......	I	......
		Hyposthenica	I	I	..	41	......	..	..	..	...	......	I	......
	Scorbutus	Hyposthenicus	I	I	..	24	......	..	..	..	...	......	I	......
	Chlorosis	Irritativa	..	..	..	...	......	3	3	..	30	26,16^{h}, 0'	3	......

1	2	3	4	5	6	7	8	9	10	11	12	13	14	15
7. Affectiones systematis lymphatico-glandularis.	Hydrothorax	Hyposthenicus	..	..	..	...	......	1		1	21	......	1	100,000
	Ascites	Hyposthenicus	2	..	2	157	78,12^h, 0'	..	..	..	...	......	2	100,000
	Siphilis confirmata	Irritativa	2	2	..	242	121,0^h, 0'	1	1	..	76	......	3	......
	Diabetes	Mellitus	..	..	..	...	......	1	1	..	38	......	1	......
	Phthisis	Pulm. pituit.	3	3	..	61	20, 8^h, 0'	..	..	..	...	......	3	......
		Hepatica pur.	..	..	..	...	......	2	1	1	118	59, 0^h, 0'	2	50,000
8. Affectiones systematis nervosi.	Paraplegia	Hyposthenica	1	1	..	37	......	..	..	..	...	......	1	......
	Chorea S. Viti	Hyposthenica	..	..	..	...	......	1	1	..	75	......	1	......
	Mania	Hypersthenica	1	1	..	17	......	..	..	..	...	......	1	......
Num. 8.	Num. 28.	Num. 37.	80	75	5	1617	20, 5^h, 6'	60	53	7	1259	20,23^h,36'	140	8,571

Zweiter Abschnitt. *)

Arzneivorrath.

1. Einfache Arzneimittel.

Adeps suilla.
Aloë succoterina.
Althea.
Ammoniacum gummi.
Aqua acidula Recoariana.
Arnica montana.
Asa foetida.

Bardana.
Belladonna.
Buxi lignum.

Calcaria.
Camphora.
Cantharides.
Centaurea minor.
Chamomilla.
China.
Cichoreae fol. et rad.
Cicuta.

Cinnamomum.
Citrea mala.
Colombo rad.
Corallina.
Crocus orient.

Digitalis epiglottidis fol.
- - purpureae fol.
Dulcamara.

Euphorbium.

Fanghi minerali d'Abano. **)

Graminis radix.
Gummigutta.

Hippocastanum.
Hordeum perlatum.

Imperatoria.

*) Im Original bildet die Liste der assistirenden Aerzte den ersten Abschnitt; weil derselbe hier weggelassen worden ist, so sind die Ueberschriften auch danach verändert worden.

**) Der Schlamm des Mineralwassers von Abano bei Padua. Vergl. Mandruzzato *discorso sui bagni d'Abano,* Padova 1802 in 4to.

Ipecacuanha.
Iuniperus.

Lac vaccinum.
Laurus.
Lichen islandicus.
Lini semen.

Malva.
Manna.
Mel.
Mercurius.
Myrrha.

Nicotiana tabacum.

Opium.
Ova gallinacea.

Pix communis.
Piper nigrum.
Polygala vulgaris.

Quassia amara.
Quercus.

Rhabarbarum.
Rhus radicans, fol.

Saccharum.
Sarsaparilla.
Sambucus.
Sanguisugae.
Santonicum, semen.
Sapo venetus.
Scylla.
Senna.
Serpentaria virginiana.
Sinapis.
Spermaceti.
Succus gastricus vituli depuratus.
Sulphur.

Tamarindus.
Taraxacum.
Terebinthina.
Trifolium fibrinum.

Valeriana silvestris.
Vinum commune.
- - cypricum.

Zenzero, radice di.

2. Bereitete Arzneimittel. *)

Acidum aceticum destill.
- - phosphoricum.
Acidum muriaticum hyperoxydatum.

*) Um der Bequemlichkeit deutscher Leser willen habe ich die, in der Originalschrift nach ihren italienischen, aus der Terminologie der neuen französischen Chemie herge-

Acidum nitricum.
- - prussicum.
- - sulphuricum.
Aether muriaticus - hyper-oxydatus.
- - nitricus.
- - phosphoricus.
- - sulphuricus simpl.
- - - - cum ferro.
Alcohol.
- - aloe - myrrhatus.
- - camphoratus.
- - cantharidatus.
- - castoriatus.
- - cinnamomeus.
- - Nicotianae.
- - nitricus.
- - opiatus (Laud. liqu.)
- - sulphurico - aethereus (Liquor anodinus min. H.)
Ammonium aceticum.
- - - carbonicum.
- - - muriaticum.
- - - dilutum.
Aqua citri totius.
- - cinnamomi.
- - laurocerasi (cohobata.
- - menthae piperitidis.
- - rosarum.

Cataplasma ex pane et lacte.
- - - sinapi.

Electuarium opiatum (*diascordio.*)
Emplastr. cantharidum.
- - cicutae.
- - gummos. (diachylon cum gummi.)
- - mercuriale.
Emulsio gummi arabici.
- - seminum citri.
Extract. aconiti napelli.
- - chinae.
- - cichoriae.
- - ferri pomatum.
- - gentianae.
- - myrrhae aquosum.
- - taraxaci.
- - valerianae silv.

Ferrum muriatic.
- - - - - oxydatum.
- - pulveratum.

Hydrargyr. muriat. mite.
- - - - oxydat.
- - oxydatum rubrum.
- - oxydulatum cinereum.
- - stibiato - sulphur.

nommenen Namen, aufgeführten Arzneimittel, unter ihren gebräuchlichern lateinischen Benennungen hergesetzt, wodurch allerdings hie und da die alphabetische Ordnung merklich verändert worden ist, ohne daſs jedoch die Gegenstände selber an dieser Veränderung Theil nehmen.

Kali aceticum.
- carbonicum.
- nitricum.
- sulphuricum.
- sulphurosum.
- tartaricum.

Magnesium oxydatum.
Mel rosatum.
Mucilago gummi arabici.

Natrum carbonicum.
- - muriaticum.

Oleum amygdalar. dulcium
- lini.
- olivarum.
- ricini.
- terebinth aethereum.
Oxymel simplex.
- - scylliticum.

Phosphorus.
Pilulae gummosae mercuriales Plenckii.
Plumbum aceticum liquidum alcoholisatum (Extr. Saturn. spirituos.)
Pulvis Doweri.

Roob juniperi.
- sambuci.

Soda boracica.
Sulphur stibiatum aurant.
Syrupus cichor. cum rheo.
- - simplex.

Tartarus stibiatus.

Vinum antimon. Huxhami.
Unguent. gastro-opiat. simpl.
- - - - camphor.
- - - - mercur.

Dritter Abschnitt. *)
Nähere Erläuterung.

Aufser dem Namensverzeichnisse der Zuhörer **) ist in dem gegenwärtigen Berichte die Uebersicht sämmtlicher, von 140 in der klinischen Schule behandelten Individuen dargebotener Krankheiten vereinigt worden, in Uebereinstimmung des §. XXI des *Studienplanes für die Universitäten des Königreiches*; sowie auch die Liste der angewandten Arzneimittel. Man wünschte dafs auch der Gesammtbetrag der Nahrung und der Gegenstände der Krankenwartung hinzugefügt werden möge, um den gesammten Aufwand der Klinik, sowie der einzelnen darin aufgenommenen Kranken berechnen zu können; allein aus Mangel an ökonomischen Einrichtungen, die übrigens gegenwärtig in dem Krankenhause vermöge der neuen *Verfassungs-Vorschrift* schon in Thätigkeit gesetzt sind, ***) hat man ein so lehrreiches Vorhaben nicht

*) Der Uebersetzer hat Sorge getragen, die Eigenthümlichkeit der Schreibart des Herrn Verf. nicht ganz verloren gehn zu lassen, wenn gleich der verlängerte, inhaltsreiche Periodenbau im Deutschen schwerfälliger daherzuhinken pflegt als im Italienischen.

**) Dies Namensverzeichnis ist, als den deutschen Lesern uninteressant, hier weggelassen worden. — Uebrigens bemerke ich, dafs die mit fortlaufenden Zahlen bezeichneten Anmerkungen dem Herrn Verfasser angehören, und unverändert nach dem Original mitgetheilt worden sind.

***) Von dieser neuen und bessern Einrichtung der Controlle habe ich oben bei Darstellung der Klinik zu Padua das Nöthige schon erwähnt.

auszuführen vermocht, welches im folgenden Jahre stattfinden soll, da alsdann der Prospect vollständiger sein wird.

Die im vorigen Jahre graduirten Aerzte, welche sich zur Praxis vorbereiten, die *Provecti* des 5ten Jahres, und die fleißigsten und ausgezeichnetesten Schüler des 4ten Jahres,*) versehen den Dienst als *assistirende Aerzte* bei den einzelnen in die Klinik aufgenommenen Kranken. Ihnen liegt ob, die Geschichte jeder Krankheit aufzusammeln, die bezugsweisen Beobachtungen über dieselbe bei dem Morgen- und Nachmittagsbesuche vorzutragen, ihre Erscheinungen in einem Tagebuch zu verzeichnen, sowie die von dem Lehrer gemachten Vorschriften, und endlich den Ausgang zu beschreiben.

Erklärung des ersten Abschnittes.

Die Krankheiten sind in *Ordnungen*, *Geschlechter* und *Arten* abgetheilt worden, nach einer höchst einfachen Klassificirung, sofern diese durchaus unabhängig ist von aller Systemensucht. Die Eintheilung wurde von der Zahl oder dem Zustand der angegriffenen organischen Systeme hergenommen. Die krankhafte Umgestaltung bestimmt das Geschlecht. Der dynamische Charakter des Organismus in den allgemeinen Krankheiten, und der angegriffenen Theile bei der gröſsten Menge der örtlichen, und die besondere pathologische Beschaffenheit der organischen Affectionen, sowie dieselbe von meinem verdienstvollen Amtsbruder Professor Fanzago [1]) bestimmt worden ist, charakterisiren ihre Arten.

*) Nach der auf den Universitäten des Königr. Italien eingeführten Studienordnung werden die Studierenden zufolge der Jahre ihres Aufenthaltes daselbst in Klassen abgetheilt.

1) *Saggio sulle differenze essenziali delle malattie* ec. pag. 97 e segu.

Die klinische Anstalt umfafst 2 Sääle mit 10 Betten, einen für die Männer, den andern für die Weiber. Daher wars nöthig, dafs die Zahl und der Ausgang der Krankheiten bei Männern und Weibern, obzwar diese Krankheiten übereinstimmend in Ordnung, Geschlecht und Art waren, getrennt aufgestellt wurde, um die wichtigen Abweichungen berechnen zu können, welche zwischen dem einen und andern Geschlechte vorkommen, besonders rücksichtlich ihrer Endigung, und der allgemeinen und mittlern Dauer. Es war aufserdem unerläfslich, dafs gleichfalls die Berechnung der Gesammtzahl der einzelnen Krankheiten möglich werde, um in übereinstimmender Schlufsfolge die daraus hervorgehende Sterblichkeit abzunehmen.

Die *1ste Ordnung* bezieht sich auf die *Pyrexieen* und *einfachen Fieber:* von deren Typus sind die Geschlechter hergenommen; und der dynamische Charakter des angegriffenen Organismus zeigt ihre Arten an. Die irritative Beschaffenheit, welche von vortrefflichen Praktikern [a]) als verschieden von den hypersthenischen und hyposthenischen Anlagen befunden ward, mufste im Berichte berücksichtigt werden, wie man am Krankenbette selber Rücksicht auf sie genommen.

Im Geschlecht der *Intermittentes* beobachtete man ein heftiges Fieber, von bösartigem Charakter nemlich. Man fand in diesem Jahre keine Wechselfieber von hypersthenischer Art (*Febr. intermittens inflammatoria* Frank.), sogar auch da diese Uebel hier nicht selten sind, wie anderwärts. [a]) In 14 Fällen beobachtete man

[a]) Bondioli *ricerche sull' azione irritativa ec.*

[a]) *Annotazioni medico - pratiche sulle diverse malattie trat-*

langwierige und schwere Bewegungen der Wechselfieber, erregt und unterhalten von krankhaftem Wachsthum der abdominalen Eingeweide, rein irritativer Beschaffenheit, welche nach Heilung der localen Affection wichen.

Das Geschlecht der *Continuae* brachte uns 5 ziemlich heftige synochische Fieber (*Febr. contin. inflammator.* Frank.), und einen wahren bösartigen Typhus (*Febr. contin. nervos.* Frank.), obgleich einfach, das heifst nicht von ansteckender Potenz hervorgebracht. Es machte dieser Typhus seinen Eintritt mit der Erscheinungsreihe einer Synocha, und bot die merkwürdige Eigenthümlichkeit dar, dafs der dynamische Charakter einen Uebergang vornahm, von hypersthenischer Diathese nemlich zu der hyposthenischen. *)

Die *2te Ordnung*, denen mit *örtlichen Entzündungen verknüpften Pyrexieen* und *Fiebern* bestimmt, zeigt die Reihe der Katarrhe, der Lungenentzündungen, und anderer eigenthümlicher Phlegmasieen, welche in der klinischen Anstalt behandelt wurden.

Zwölf *katarrhalische Anfälle* kamen vor, von mehr oder weniger heftiger hypersthenischer Beschaffenheit, welche unverzüglich der contrastimulirenden Behandlung wichen, und vorzüglich den grofsen Gaben des *Brechweinsteins* und des *weinsteinsauren Kali.* Zwei Weiber fanden sich mit hyposthenischem Katarrh; bei einer entartete die Krankheit zur krampfigten Engbrüstigkeit; beide wurden geheilt, durch Reizmittel. Ein Mann und ein Weib erschienen mit irritativer katarrhalischer Af-

tate nella clinica medica della regia università di Pavia negli anni 1796 — 97 — 98. Vol. I. §. LXV e segu.

*) *Annotazioni citate* Vol. II §. CXCIII ec.

fection, welche nemlich von jenen Verstörungen des gastro-enterischen Systems hervorgebracht wurden, die mit dem Namen Gastricismus bezeichnet sind.

Die Entzündung der Mandeln bei einem Weibe, und die sehr heftige des Schlundes bei einem Manne waren die beiden Fälle der *Bräune*, die unsern Beobachtungen unterworfen wurden. Letztere, beim Abnehmen des entzündlichen Erethismus drohete mit brandigtem Charakter, welcher vermittelst sorgsamer örtlicher Anwendung der paſslichen Reizmittel entfernt ward.

Die Entzündungen des Brustfelles und der Lungen, unter dem Geschlechtsnamen der *Pneumonitis* angezeigt, waren in der Zahl von 24 hypersthenischer, und nur 1 von entgegengesetzter Diathese. Die erstern, mit wenigen Aderlässen behandelt, aber statt dessen mit dem groſsen contrastimulirenden Regime, und vornemlich mit der *Digitalis purpurea* oder *epiglottis*, mit dem *Brechweinstein* und dem *weinsteinsauren Kali*, stufenweise im Verlauf eines Tages bis zur Gabe einer Drachme in zwei Unzen destillirten Wassers aufgelöst dargereicht, und besser noch mit dem *Kirschlorbeerwasser* und der *Berlinerblausäure*, wurden mit bewundernswerther Einfachheit zu einem wahrhaft glücklichen Ausgang gebracht; sofern, obgleich sie sich äuſserst heftig bei der gröſsten Anzahl der Kranken gezeigt, ein einziges Weib ihr Opfer ward, und man also den unmerklichen Verlust von 4,168:100 hatte, während der Verlust von 15⅓:100 bei den erfahrensten Klinikern als genugthuend angesehn wird. *) Die Leichenöffnung dieser einzigen verlornen

*) Ich wünschte von dem würdigen Herrn Verf., meinem hochgeschätzten Freunde, keiner Misdeutung ausgesetzt zu

Kranken hat in den Lungen einen unüberwindlichen Fehler der verletzten Organisation dargethan, nach vorausgegangenen Affectionen, denen sich ein solches Organ ausgesetzt fand. — Einen Fall nur hatte man von hyposthenischer Pneumonitis (*pleuro-peripneumonia nervosa* Frank.) welcher die Kranke, auf höchste ergriffen, und bei schon vorgerückter Krankheit in die Klinik gebracht, am zweiten Tage der Behandlung unterliegen mufste.

Unter denen zu dieser Ordnung gehörigen Krankheiten zählte man eine *Pleuritis dorsalis*, eine Entzündung

sein, wenn ich in Betreff der hier aufgestellten Erfahrungen nicht ganz seiner Meinung beitreten kann. Die ganze contrastimulirende Neuerung in der Behandlungsart der Lungenentzündung hat etwas so Ueberflüssiges für den denkenden Arzt, dessen Scharfsinn im wirklichen Falle die durch das Glück aller grofsen Praktiker bestätigte Blutentleerung zu rechter Zeit und im rechten Maafse anzuwenden versteht, dafs es mir unbegreiflich vorkommt, wie man sich bemühen kann durch einzelne Beweise — gleichsam *nantes in gurgite vasto* — dem Alten, Genügenden, entgegenzustreben. Wie armselig ist die Empirie des Contrastimulus, wenn es darauf ankommt, was wir nicht einmal unbedingt erheischen wollen, eine hinlängliche Zahl der Beweise aufzustellen! Die folgenden Bemerkungen des wackern Dr. Cervi werden nur zudem noch überzeugen, dafs dieser unzeitige, unmäfsige Gebrauch der Narcotischen Mittel, welche Herr Rasori reichlich zutrinkt, selbst wenn die Lungenentzündung ihnen weicht, ihre höchst üblen Folgen zu entwickeln nie unterlässt. Die dem Rasori nicht einmal bekannte *Berlinerblausäure* wollen wir von Herrn Brera um so dankbarlicher aufnehmen, und ihn nur bitten, uns dieselbe nicht als *Contrastimulans* darzubieten.

Der Uebers.

des Rückenmarks, welcher ich schon früher den Namen der *Rhachialgitis* gegeben habe, [5]) eine *Enteritis*, zwei *Splenitides* und einen *Rheumatismus*. Der dynamische Charakter dieser Formen war hypersthenisch, und mit der contrastimulirenden Behandlung, bei vorkommender Nothwendigkeit durch örtliche Blutentleerungen unterstützt, wurden die glücklichsten Erfolge erreicht. Es ward darnach factisch erwiesen, dafs die pleuritis dorsalis des Hippokrates [6]) und der Rhachialgitis [7]) zwar schreckliche, jedoch nicht unausgesetzt tödtliche Krankheiten sind, wie von den tüchtigsten Praktikern aller Zeiten behauptet worden war. Die Darmentzündung und die beiden Milzentzündungen zeigten nichts Eigenthümliches weder in Bezug auf ihren Verlauf, noch auf ihren Ausgang. Der Rheumatismus war ebenfalls hypersthenisch, und die reichliche Darreichung des *Brechweinsteins* und *weinsteinsauren Kali* genügte ihn den vierten Tag der Behandlung zu besiegen, so anscheinend heftig auch sein Anblick war: der Rheumatismus ist also nicht specifisch heilbar durch die *China*, und auch er weicht der sorgsamen Behandlung des verkehrten dynamischen Charakters, in welchem sich der davon ergriffene Organismus befindet.

Die 3*te Ordnung* der *ansteckenden Typhen*, wenngleich auf die einzigen *Petechialfieber* eingeschränkt, hat uns einen Verein von Beobachtungen dargeboten, gewifs

[5]) *Cenni patologico - clinici sulla rachialgite* in dem 1sten Bande der *Accademia Italiana di Scienze Lettere ed Arti.*

[6]) Ballonii *de Pleuritide dorsali* etc.

[7]) Bergamaschi *osservazioni sulla inflammazione della spinale midollo ec. comunicate al Sgr. Prof.* Brera.

der Aufmerksamkeit der Kliniker würdig. Der Anstekkungsstoff, durch seine Wirkungen unter dem Namen der Petechialkrankheit bekannt, und dem menschlichen Organismus durch Mittheilung beigebracht, verkehrt darin die regelmäſsige Erregung durch die Entwicklung einer bloſs irritativen Gewalt, welche sich darin während des gänzlichen Verlaufes der hervorgebrachten Krankheit erhält. Die Grenzen eines einfachen Prospectes würden überschritten werden, wenn man hier darthun wollte, wie in dergleichen Krankheiten die Erregung angegriffen und gestört ist, mehr als eigentlich vermehrt oder vermindert von der schädlichen Thätigkeit der Ansteckung; welcherlei physisch-chemische Processe in der organischen Assimilation durch die Wirkung des in seine Thätigkeitssphäre eingetretenen Contagiums vorgehn, die insgesammt verkehrt sind, weil sie auf Zerstörung der organischen Lebenskraft in den verschiedenen Systemen und mancherlei Organen hinstreben; welcherlei Erregungen die organischen Theilchen, identificirt mit dem in ihren Thätigkeitskreis eingetretenen Contagium, fähig sind in den dynamisch-assimilativen Verhältnissen der Systeme und der Organe hervorzubringen, denen von Anfang sie zugehörten; und wie endlich nach dem gleichzeitigen Laufe der gewohnten schädlichen Einflüsse die reizend oder schwächend sind, in diesem irritativen Grunde die hypersthenische und hyposthenische Diathese aufkeimen können, und sich sogar ein wirklicher Entzündungsproceſs in den für die Erhaltung des Lebens wesentlichsten Systemen und Organen entwickelt. Diese Ansicht gedeihet mit genugthuendem Erfolg in der praktischen Ausübung, und, wie ich bei besserer Gelegenheit

heit auseinanderzusetzen Sorge tragen werde, ward in der klinischen Anstalt vollkommen gestützt durch einen Verein von Thatsachen, ebenso unleugbaren als lichtvollen.

Vom Monat Januar bis zum Junius wurden bei uns 50 Individuen aufgenommen, von mehr oder minder schwerem Petechialtyphus befallen, der bei nicht wenigen heftig und erschreckend durch seine Zusammensetzungen war: unter diesen wurden 14 gezählt, in welchen jegliche krankhafte Erscheinung eine ausgezeichnet im Organismus vorherrschende irritative Beschaffenheit offenbarte; 28 welche mitten unter dem irritativen Schwarme ebenfalls die Erscheinungen der einfachen Hypersthenie, die sogar bis zur örtlichen Entzündung gesteigert wurde, darboten und deshalb irritativ-hypersthenische Petechialtyphen genannt werden konnten. Die rein irritativen Petechialyphen wurden frei von wahrem örtlichen Entzündungsanfalle bemerkt, hingegen bei denen vom irritativ-hypersthenischen Petechialtyphus Ergriffenen waren diese Zusammensetzungen nur allzu gewöhnlich. Wirklich ward bemerkt, daſs dieser Typhus heftiger bei 2 Individuen durch die Braune geworden, und sehr ungestüm bei 11 Individuen durch die Lungenentzündung, durch Leberentzündung bei einem Manne, bei einem andern durch Gicht, und durch die Peritonitis bei einem Weibe im Zustande der Kindbetterin. Auſser diesen Zusammensetzungen und Verwicklungen, die man zufällig nennen könnte, zeichnete sich bei einem Manne und einem Weibe eine andere aus, ziemlich consequent, sofern sie ihrer krankhaften Constitution habituell ist. Diese beiden Individuen, schon vorher von der knotigen Lungensucht befallen, empfingen den irritativen Petechialtyphus mit bedeutenden Erscheinungen; das Weib, in einem noch frischen und günstigen Alter, um den Vegetationsprocefs zu unterstützen, [*]) hatte das Glück, die Krankheit zu überwinden, und sogar in der organisch-vitalen Assimilation ihrer Lungen sich zu bessern; der Mann hingegen in spätern Jahren, und aufs Aeufserste abgemergelt, obgleich er während des Typhus widerstanden, konnte die neuen Anfälle nicht überleben, welche seine von Knoten, die in ihr mit weitverbreiteter und tiefer Eiterung gefunden wurden, schon gänzlich zerfressene Lunge auszustehn hatte. Zu der Zahl dieser habituellen Verwicklungen würde ferner der Fall eines andern Kranken zu rechnen sein, welcher, von athletischem Temperament, grofser Liebhaber geistiger Getränke, und durch gewohnten Schwindel oftmals bis zum Verlust der Sinne gebracht, nachdem er vom irritativ-hypersthenischen Petechialtyphus ergriffen worden, am zweiten Tage seines Eintritts in der Klinik mit einem Male das Opfer wie ein Apoplektischer von übermäfsigem Blutaustritt in den Gehirnhölen ward, ohne dafs die Masse oder die Hüllen dieses Eingeweides auch nur die mindeste Spur vorhandener Entzündung gezeigt hätten. Die Lungenentzündung zeigte sich ebenfalls in zwei Fällen des irritativ-hyposthenischen Petechialtyphus, und in zwei andern war sie in ihrer Ausdehnung bis auf die Leber bemerkbar, wobei sich Gelbsucht hinzugesellte, so dafs diese Kranken von dem *Typhus icteroides*, dem *gelben Fieber*, ergriffen zu sein schienen. Der Petechial-

[*]) Gallini *nuovi elementi della fisica del corpo umano*, vol. II.

typhus, mit dieser Diathesis bezeichnet, war von langer Dauer, und erhielt sich mehrere Tage hindurch bei dem Charakter einer höchstgefährlichen Krankheit: bei einem jungen Menschen zeigte sich eine ausgedehnte Parotis auf der rechten Seite, welche mit beschwerlicher Eiterung endigte.

Zwei Fälle des Petechialtyphus waren es, welche sich zuerst während des Januars in der Klinik als verwickelte zeigten, bei einem Weibe mit Lungenentzündung, und bei einem Manne mit den nemlichen, mit der Leberentzündung und Gelbsucht: bei beiden war die Krankheit schon äufserst vorgerückt, und ihre Entwickelung ward in durchaus entkräfteten Organismen beobachtet; weshalb in diesen auf das deutlichste die Disassimilation sich ausdrückte, welche durch die Wirkung des hineingebrachten Contagiums in dem die verschiedenen Organe und Systeme bildenden Stoffe vor sich ging, die insgesamt auf eine merkliche Entmischung hinstrebten. Vergebens suchte man sich dieser organisch-vitalen Auflösung durch den Gebrauch der reizenden Heilmethode zu widersetzen: der Tod war unvermeidlich, und die Oeffnung der beiderseitigen Leichen zeigte Erschlaffung, Verdorbenheit und Brand in den angegriffenen Geweben. Ein so unangenehmes Ereignis wendete alle unsere Aufmerksamkeit auf die ernsthafte Betrachtung des Petechialtyphus, und der Verkehrtheit, welche eine solche Krankheit in den dynamisch-assimilativen Verhältnissen der davon befallenen Organismen hervorbringt; weil derselbe, epidemisch entstanden in den verschiedenen Vierteln der Stadt die von der ärmern Klasse bewohnt werden, in den Gefängnissen, und auch unter den Bauersleuten, fast oh-

27 *

ne Einhalt das Leben aller Unglücklichen hinwegzuraffen drohete, welche ihn sich zuzogen, vorzüglich wenn er zusammengesetzt mit Entzündung der Lungen und Leber war. Der Erfolg unserer Ueberlegungen welchen allzu weitläuftig sein würde hier aufzuführen, der aber vollkommen von den Zöglingen der Klinik gekannt ist, entsprach vortrefflich den gefafsten Hoffnungen die physisch-chemische Thätigkeit des Ansteckungsstoffes in ihrem Verlaufe zügeln zu können, und jene dynamischen Abirrungen aufzuheben, welche dadurch gesetzt zu werden pflegten. Zu diesem Zwecke ward als Grundsatz bestimmt, dafs die hauptsächlichste und wesentlichste Heilanzeige des Petechialtyphus darin bestehn müsse, die Kranken unmittelbar dem Gebrauche derer Heilmittel zu unterwerfen, die tauglich wären die physisch-chemischen Wirkungen des eingebrachten und im Organismus erzeugten Ansteckungsstoffes zu stören, aufzuheben und zu hindern, und dafs fernerhin mit der von den Zufällen erheischten Aufmerksamkeit die dynamische Beschaffenheit, in den verschiedenen Organen und Systemen des nemlichen Organismus krankhaft verkehrt, bekämpft werden müsse, indem man niemals ihren ursprünglichen irritativen Charakter aus den Augen verlöre. Die *kalten Sturzbäder* und *Begiefsungen* würden gewifs der ursprünglichen Anzeige zu genügen vermocht haben: dieses Hülfsmittel war jedoch in unsern Fällen mehrentheils nicht anwendbar, weil dieselben mit örtlichen Entzündungen verbunden waren, und wirklich mufsten diejenigen es bereuen, welche trotz einer solchen Contraindication jene Mittel versuchen wollten. Der Erfolg der beim Scharlachfieber angewandten *Atropa belladonna*, und der *Mercurialmittel* in den Pocken, Masern und im gelben Fieber, bestimmten uns deren Gebrauch ebenso im Petechialtyphus zu versuchen. Der glücklichste Ausgang krönte die unternommene Zertheilung: mit solchen Mitteln welche fernere Beobachtungen ausdehnen und vervielfältigen können, gelang es nicht allein die physisch-chemischen Wirkungen des Petechialcontagiums augenblicklich zu mäſsigen und sogar aufzuhalten, sondern gleichfalls ihren versteckten Einfall zu hintertreiben, sobald sie im Anfange der Krankheit angewandt wurden. Acht und vierzig Individuen wurden nach diesen Ansichten behandelt, und bei dem Lungensüchtigen, gleichwie bei dem Apoplektischen, welche, wie oben angedeutet worden ist, unterliegen muſsten, kann der Tod als unabhängig von dem angewandten Heilverfahren angesehn werden, sofern der erstere nach überstandenem Petechialtyphus als Opfer des vorausgegangenen Lungenfehlers blieb, und der zweite bei seinem apoplektischen Anfall am andern Tage des unternommenen Heilverfahrens nicht Zeit behielt, die Wirkungen der angewandten Behandlung zu bestätigen. Mit dergleichen störend eingreifenden Hülfsmitteln (*perturbatorj*), welchen der Name *antidelitescentia* zukommen möchte, sahe man, nach Hemmung des physisch-chemischen Einwirkens der empfangenen Petechialansteckung, die Krankheit vollkommen glücklich bei den 13 Individuen aufhören, deren Zustand sich als rein irritativer entwickelt hatte. Wo mit diesem irritativen Zustand die hypersthenische oder hyposthenische Diathese vereinigt auftraten, vermochten die bekannten zu ihrer Besiegung tauglichen Hülfsmittel, gleichzeitig mit der Vorschrift der angezeigten *antideli-*

tescentium angewandt, mit erstaunenswürdiger Geschwindigkeit die andern 33 Individuen herzustellen, wie man aus den Tabellen ersieht, worin die *mittelzeitige Dauer* der einzelnen Arten dieser Typhusgattung berechnet ist. Die bekannten Contrastimulantien, und vor allen der *Brechweinstein* und das *weinsteinsaure Kali*, das *cohobirte Kirschlorbeerwasser* und die *Berlinerblausäure*, wurden mit bewundernswürdigem Glück angewandt, um die hinzugesellte hypersthenische Diathese zu überwinden; und in Fällen der beigefügten hyposthenischen Diathese fand man eine gleich wundervolle Hülfsquelle in der Anwendung diffusibler und permanenter Reizmittel nach Maſsgabe der bekannten Bedürfnisse die sich uns offenbarten; unter welchen der *Phosphoräther*, die *übersaure Salzsäure*, der *Salpeteräther* und *eisenhaltige Schwefeläther* sich als fruchtbar an trefflichem Erfolg bewiesen, sofern sie bei der äuſsersten Erschöpfung der dynamisch - assimilativen Kräfte dem Organismus ein unmittelbares Princip zuzuführen schienen, um die Kräfte herzustellen und zu ersetzen. Die örtlichen Entzündungen sind allzeit mit überraschender Geschwindigkeit vermöge der paſslichen Anwendung in möglichster Nähe des ergriffenen Theiles von zahlreichen *blutigen Schröpfköpfen*, oder besser noch *Blutigeln* geheilt worden, während des phlogistischen Orgasmus der entzündeten Gebilde; sowie auch mit dem regelmäſsig wiederholten Gebrauch der *gastro - opiato - camphorirten* oder *gastro - opiato - mercurialen Einreibungen*, nach den schon öffentlich mitgetheilten Grundsätzen *) bereitet, denen durch

*) *Anatripsologia, ossia dottrina delle frizioni, ec.* vol. I.

Atonie und Mangel der organischen Reaction in den ergriffenen Theilen unterhaltenen Entzündungen abgeholfen worden ist.

Die Engheit derer gegenwärtig das klinische Institut ausmachenden Säale, zwischen Kranken und Umstehenden die Berührungspuncte vermehrend, steigerte die Gefahr aufs Höchste, so oft irgend ein Petechialtyphus aufgenommen ward. In den verflossenen Jahren wurden nicht wenige Zöglinge wirklich angesteckt, und die erste Kranke dieser Art, welche in die Klinik kam, theilte ihr Uebel der Wärterin mit, die ihr beistand. Bald aber, als bei den folgenden Kranken die schon angezeigte delitescirende Behandlung angewandt worden, entwickelte sich die Ansteckung nicht mehr, weder unter den Krankenwärtern, noch unter den assistirenden Aerzten, obgleich im Saale der Männer, welcher 11⅔ Metern (neuen französischen Maſses) an Länge auf 7⅔ an Breite zählt, in ununterbrochener Gegenwart innerhalb 5 Monate zwischen 4 — 8 vom Petechialtyphus befallene Personen vorhanden waren, Morgens und Abends von zahlreichem Schülertrupp umgeben, der mit jedem Augenblick den Verlauf und Ausgang aufzunehmen sich beeiferte. Diese Erscheinung verbunden mit der grünlichten Farbe des von denen nach jener neuen Weise behandelten Kranken gelassenen Urins, und mit der Geschwindigkeit in welcher solchergestalt der im Organismus durch das hineingebrachte Contagium schon fortschreitende physisch-chemische Prozeſs aufgehoben und vernichtet ward, könnte uns wohl vermögen, nicht ohne Wahrscheinlichkeit zu vermuthen, daſs in den Ausflüssen unserer Kranken jene Gesammtheit von Grundwesen zerstört worden sei, von welcher die Mittheilbarkeit der Ansteckung abhängt.

Betreffs der Gestaltung des Petechialtyphus hatte man endlich Gelegenheit zu bemerken, dafs einige höchstkranke Individuen wenige Petechialpunkte auf der Oberfläche ihres Körpers zeigten, während andere damit besäet waren. Bei einigen Kranken entdeckte man aufser den bekannten Petechialpunkten noch einen purpurfrieselartigen Ausschlag, und ein Mädchen, die noch nicht gänzlich hergestellt die Klinik zu verlassen verlangte, kehrte wenige Tage darauf mit einem wahren Frieselausschlag zurück, welcher die Stelle der früher verschwundenen Petechien einnahm. Sollten wohl diese beiden gleichartig sein, der Ansteckungsstoff nemlich, welcher den Petechialtyphus hervorbringt, und jener von dem der typhose Friesel entsteht? Die Verschiedenheit der Gestalt dieser beiden Krankheiten könnte also wohl von der Verschiedenartigkeit der organischen Systeme herzuleiten sein, welche von dem Ansteckungsstoff mehr unmittelbar oder mittelbar angegriffen werden? Die Wahrheit ist, dafs der mit Leberentzündung verbundene und daher durch die Gelbsucht ausgezeichnete Petechialtyphus in einem gewissen sehr gefährlichen Falle uns die gesammte Erscheinungsreihe dargeboten hat, welche als dem *gelben Fieber* eigenthümlich beschrieben wird. Sollte also nicht dieser Typhus als eine heftigere und verwickelte Abart des Petechialtyphus anzusehn sein? Hedin, nachdem er die verschiedenen Epidemieen ohne Ausschlufs der pestartigen in Erwägung gezogen, welche vom Jahre 1186 bis 1710 in Schweden umherschlichen, glaubt vollkommen erkannt zu haben, dafs rücksichtlich der gröfsern oder geringern Intensität der Ursachen die mehresten ansteckenden Typhen stufenweise im menschlichen Organismus aufkeimen können.

Die 4te *Ordnung* dreht sich um die Affectionen des Hautsystems, die unter dem Namen der *Schwinden* (*Impetigines*) bekannt sind. Es ward nur eine Art aus dem Geschlecht der blasigten, (*papulosae*) beobachtet, nemlich ein *Hydroa* welches in wenigen Tagen dem gewohnten Heilverfahren wich, das darauf abzweckte den verschiedenen Punkten der angegriffenen Haut die normalen Assimilationsverhältnisse nach ihrer frühern Störung wiederzugeben.

Die 5te *Ordnung* umfafst die *örtlichen Affectionen* des *Magens* und *Darmkanals*. Man bekam 3 *gastrische Fieber*, oder besser 3 Fälle einer dynamischen Störung des Magens, die sich consensuell auf die Mehrzahl der organischen Systeme ausdehnte. Von irritativer Beschaffenheit mufsten daher auch die damit verbundenen Fieberbewegungen geglaubt werden. Mit Brechmitteln, wo man dieselben angezeigt befand, und mit Reizmitteln, wenn diese erfodert wurden, sind diese Krankheiten von blofs localem Wesen [10]) baldigst überwunden worden.

Nach übereinstimmenden Ansichten hat man die *Verminazion* [11]) in den beiden uns dargebotenen Fällen betrachtet: einem derselben war ein Mann unterworfen, welcher die Erscheinungen der Pleuritis zeigte; nach Ausleerung der Würmer, von der Art der Spulwürmer,

[10]) *Annotazioni medico-pratiche, Vol.* I. §§. LXXI. LXXII.

[11]) *Lezioni medico-pratiche intorno ai principali vermi del corpo umano vivente* Lez. III. — *Memorie per servire di supplimento alle Lezioni ec.*

ſand die pleuritiſche Geſtaltung ein baldiges Ende, ſowie jedes andere irritative Phänomen, das dabei aufgeregt worden war.

Ein *Icterismus* von krankhafter Vergröſserung der Leber erregt, welcher conſenſuell im Organismus ein irritatives Fieber von intermittirendem unregelmäſsigen Typus hervorrief, ward mit groſser Leichtigkeit nach berichtigter Beſchaffenheit des angegriffenen Eingeweides überwunden.

Mit unglücklichem Erfolge ward ein ſeit mehrern Monaten von *Ruhr* befallenes altes Weib behandelt, in welcher dieſe Krankheit als Folge anderer erlittener und vernachläſsigter Bauchflüſſe entſtanden war, und den Körper in den Zuſtand einer wahren *tabes ſenilis* verſetzt hatte. Die gänzliche Desorganiſation des Maſtdarmes, welche ſich in ihrer Leiche zeigte, bewährte die völlige Unmöglichkeit ihrer Heilung.

Unter dieſer Ordnung iſt endlich ein höchſt trauriger Fall aufgeführt worden, deſſen Entſtehung unbekannt blieb, ſo ſorgfältig auch die Criminalbehörden ihren Eifer auf deren Erforſchung verwandten. Ein Weib in der Blühte ihres Alters durch heftige Leidenſchaften bedrängt und von Lungenſchwindſucht ergriffen, zeigte am 12ten Tage ihrer Behandlung, welche im Gebrauch eines Chinadecocts mit Emulſion arabiſchen Gummi's beſtand, nicht zweideutige Spuren einer erfolgten *Vergiftung*, in meinem Beiſein ebenfalls von dem erfahrenen Amtsbruder und Profeſſor der chirurgiſchen Klinik Ritter Sografi und ſeiner anſehnlichen Schülerzahl erkannt: ihre Wirkungen waren reiſsend, denn die Kranke ſtarb trotz der angewandten Rettungsmittel in Verlauf von 2 Tagen als Opfer einer irritativen Kolik. Die Leichenöffnung und die Untersuchung derer im Magen und in den dünnen Därmen vorgefundenen Substanzen, welche mit besonderer Geschicklichkeit von meinem vortrefflichen Collegen Professor Mandruzzato analysirt wurden, bestätigten den Vergiftungsvorfall: obgleich man die Qualität der vergiftenden Substanz nicht bestimmen konnte, hatte man dennoch Thatsachen vorgefunden, welche auf eine mineralische Beschaffenheit zu schliefsen berechtigten. *)

Die 6te *Ordnung* enthält die *Affectionen* des *blutführenden Systems*, und deshalb gehören ihr 2 Fälle von *Haemoptysis* und 1 von *Scharbock* an, welche glücklich in der

*) Es ist sehr zu bedauern, dafs der allzuengbegrenzte Plan des hier mitgetheilten Berichtes den Herrn Verf. zwang, diesen höchstmerkwürdigen Fall nur oberflächlich zu berühren, und weder die umständliche Geschichte des Entstehens und Verlaufes der Krankheitserscheinungen, noch die Beschreibung der angestellten chemischen Analyse und ihrer Resultate aufzustellen. Der Umstand dafs alle Sorgfalt der Criminalbehörden nicht hinreichte um die nothwendig vorhandene äufsere Veranlassung zu erforschen, möchte wohl bei einem so leidenschaftlichen Temperamente welches die Kranke geistig unterdrückte, eine Selbstvergiftung um so wahrscheinlicher machen. Sollte es möglich sein, wenn diese jedoch nicht Statt gefunden, dafs etwa die Kranke wegen ihrer Lungenschwindsucht vor dem Eintritt in die Klinik mit Bleimitteln behandelt worden, welche eben wegen der aufserordentlichen Umstimmung ihres Gefäfssystems der Vegetation gleichgiltig blieben, bis mehrere Tage später der hinzugetretene Gerbestoff der China ihre Schädlichkeit allzusehr potenzirte, um länger noch unwirksam bleiben zu können.? — Der Uebers.

klinischen Anstalt behandelt worden sind. Die *Bleichsucht* ist eine Krankheit von abnormer und mangelhafter Blutassimilation, als Folge der Trägheit in den Gefäfsen; eine solche Krankheitsform ist daher unter den Affectionen dieser Ordnung nicht fälschlich aufgezählt.

Die behandelten Fälle des *Blutspeiens* zerfielen in 2 Arten, nemlich in die hypersthenische und hyposthenische. Die erste wich dem *Aderlafs* und dem *Contrastimulus*: der zweite Fall erforderte sorgsame Anwendung der *Reizmittel* und besonders der *nährenden* Substanzen. Ein alteingewurzeltes Uebel, welches die Lungen bei einem scorbutischen und gänzlich entkräfteten Subjecte zerstörte, war als die wahre Ursache der übermäfsigen Blutauswürfe anzusehn, welche diesen Unglücklichen beinahe blutlos machten: bei einem Auswurfe allein verlor er zwischen 5 und 6 Pfund Blutes. Vermittelst der Methode des Amerikaners Rush ward die augenblicklich drohende Gefahr verschoben, indem man der Blutung Einhalt that; als hierauf der Organismus stufenweise zu seinen normalen Verhältnissen des Dynamischen in der Assimilation zurückgeführt worden, erlangte man nach 40tägiger Behandlung den vollkommensten Erfolg.

Unsere Ansichten über die irritative Beschaffenheit der *Bleichsucht* [12]) hatten neue Gelegenheit sich noch vielseitiger zu entwickeln, und durch die glücklichsten und zugleich geschwinden Erfolge bestätiget zu werden.

Die *7te Ordnung* bezieht sich auf die Krankheiten, in welchen mehr oder weniger *unmittelbar* das *lymphatische System* ergriffen wird, nebst den *Drüsen* die dazugehören.

12) *Annotazioni medico-pratiche, vol.* II. §. CXCVI *nota* 2.

Ein Weib starb an *Brustwassersucht*, als Folge wiederholter Lungenentzündungen: ihre Lungen wurden großentheils in eine compacte und sehr harte Masse entartet gefunden.

Mängel und sogar Entartungen der Organisation, die einer Ueberwindung nicht mehr fähig waren, zeigten sich in den Eingeweiden der Brust und des Unterleibes bei zween am *Ascites* Gestorbenen. Einer von ihnen mit gleichzeitiger Trommelsucht ward aufs Höchste abgemergelt: in seinem Leichnam fand man den Kanal der dicken Därme ganz brandig. Der andere mufste einer langsamen und unbesiegbaren Entkräftung unterliegen. Einige Tage vor dem Tode waren bei demselbigen die Pulsschläge des Herzens und der grofsen Stämme kaum fühlbar: und obgleich er starkgebaut und äufserst kräftig während seiner Lebzeiten war, fand man dennoch bei Gelegenheit der Leichenöffnung sein Herz bis zu der geringen Gröfse welche es in Kindern vor dem siebenten Jahre zu haben pflegt verkleinert. Beide übrigens gelang es in ihrem Dasein geraume Zeit durch den Gebrauch des *Rhus radicans* zu fristen, welches in der Absicht gereicht wurde, um jenen Zustand aufzuregen, der sich sehr der Paralyse nähert, worin die Lymphgefäfse des Unterleibes gefallen zu sein schienen.

Drei Kranke wurden in verwickelter und veralteter *Siphilis confirmata* behandelt, deren verderbliche Wirkungen nicht wenig heftige irritative Zufälle in der Gesammtheit des Organismus aufgeregt hatten. Den ersten Fall bemerkten wir vereinigt mit einem halsstarrigen rheumatischen Gliederschmerz, welcher in der Jugend lange vor der siphilitischen Ansteckung entstanden, und durch eine merkliche Degenerazion der Fuſsgelenke ausgezeichnet war. Vergeblich wurden die gewöhnlichen Quecksilbermittel versucht: er genas endlich von der Siphilis durch den innerlichen Gebrauch des *hyperoxygenirten salzsauren Mercurs* der in einer übersättigten Abkochung der Sassaparillienwurzel beigebracht wurde, und durch die lang fortgesetzte Anwendung des *Schlammes* von Abano verbesserte sich auch der Zustand seiner Füſse merklich, sodaſs er ohne Unterstützung gehn konnte. Der zweite zeigte sich uns mit einer von Pusteln und verschiedenen Schorfen bedeckten Haut, und mit tief schwärendem Grund des Rachens: das *ätzenne salzsaure Quecksilber*, sowie dessen *graues Oxyd* wurden als unwirksam befunden; anstatt deren aber erreichten wir in Kurzem, ungeachtet der kalten Jahreszeit, den besten Erfolg durch den Gebrauch des mit Salpetersäure bereiteten *rothen Quecksilberoxyds*, nach Hufelands Lehren verschrieben, wie dieser ausgezeichnete Kliniker in chronischen und widersetzlichen siphilitischen Zuständen es anempfiehlt. Die mit einem organischen Fehler der Gebährmutter verbundene Siphilis ward im dritten Falle beobachtet. Die örtliche Affection, bestehend in groſser und unregelmäſsiger Verhärtung, um den Muttermund her fühlbar, dessen Ränder umgestülpt und schwielicht waren, und begleitet von örtlichem schneidenden Schmerz, von höchst unbequemer Senkung des Gebährmutterkörpers, und von einem Hervorrinnen stinkender grünlichter Materien, welche die äuſsern Geburtstheile wund fraſsen, deutete wenigstens auf eine skirrhöse Beschaffenheit die in diesem Organ schon einigermaſsen fortgeschritten sei. Das *graue Quecksilberoxyd* in Verbindung mit *Opium* durch den Mund gegeben überwand die Siphilis, und die örtlichen *Einspritzungen* der *Berlinerblausäure* im Aufguſs der *Tollkirschenblätter* verdünnt bekämpften gänzlich die Affection der Gebährmutter. In Betracht der Skirrhosität des Uterus als Wirkung einer zwar abnormen aber verstärkten örtlichen Arteriosität, ist nichts wirksamer zu deren Abstumpfung als die contrastimulirende Eigenschaft der *Berlinerblausäure*. Diesen Ansichten entsprach der Ausgang sowohl in dem angegebenen, als in jedem andern Vorfalle, und die Erfahrung hat bei solchen Zuständen die Berlinerblausäure vortheilhafter bewährt als die von Hacke empfohlene *Phosphorsäure*, sowie auch sicherer als die in den letzten Zeiten vorgeschlagene *Arsenikauflösung*. — Wie lang auch übrigens die antisiphilitische Behandlungsweise welche bei diesen 3 Fällen angewandt wurde, scheinen möchte, so hat man sie doch gewiſs kürzer dauernd zu nennen als jene welche von der Wichtigkeit und Heftigkeit der hinzugetretenen Verwicklungen erfodert werden muſste. Mit Hülfe des schleunigen Wechsels und der paſslichen Einschiebung der verschiedenen Quecksilberbereitungen nach der Methode welche ich seit mehrern Jahren auszuüben pflege, [11]) ist dem Speichelflusse beständig aufs Glücklichste vorgebeugt worden: die Quecksilberbereitungen der frühesten Anwendung beschränkten sich auf das *graue Oxyd*, auf den *ätzenden Sublimat*, und auf das durch Salpetersäure bereitete *rothe Oxyd*; Stellvertreter derselben waren der *Gummimercur*, das *versüſste Quecksilber*, und die gewöhnliche *Salöe* durch Einreibungen beigebracht.

[11]) *Commentarii medici* vol. I.

Ein Fall der *honigartigen Harnruhr* zeichnete sich aus als würdig der klinischen Beobachtungen. Ihr unterworfen war nemlich ein Mädchen, zugleich chlorotisch und von Anschwellungen und übermäſsigen Verhärtungen der Leber und der Milz befallen, sowie auch wahrscheinlich der mesaraischen Drüsen. Nach dem Vorgange meines berühmten Amtsbruders, des Prof. Marabelli zu Pavia, gelang es unserem geschickten Ober-Apotheker des Spitals, Vanzo, aus dem täglich gelassenen Urin den *Zuckerstoff* in Menge auszuziehn. Wir haben von den Ansichten der Mehrzahl der Praktiker uns entfernend, die honigartige Harnruhr als eine zusammengesetzte Krankheit der organischen Assimilation, welche darauf hinstrebt sich einiger Principe zu entziehn, und der verkehrten fortschreitenden Bewegung der Lymphgefäſse welche sich in die Nieren öffnen, betrachtet. Mit der *Salpetersäure* hoben wir den Fehler der Assimilation, und durch die Hinleitung der gesammten äuſsern Oberfläche des Körpers auf gleichviele Erregungspunkte wurden die Lymphgefäſse der Nieren zu ihrer wahren Bestimmung zurückgeführt. Wiederholte *Quecksilbereinreibungen* auf dem Bauche lösten die genannten Affectionen der Eingeweide des Unterleibes. Obgleich die Krankheit seit 18 Monaten bestanden, und die Kranke zur äuſsersten Abzehrung gebracht hatte, indem diese aller Kräfte beraubt und stets von Hunger und Durst gepeiniget war, so gelang dennoch die Heilung geschwind und genügend.

Einige Fälle der *knotigen Lungenschwindsucht* wurden vermiſst, um die Wirksamkeit der *Quecksilbereinreibungen* bis zum Speichelfluſs berechnen zu können, sowie diese neuerlich von amerikanischen und englischen Aerz-

ten

ten als eine so furchtbare und tödtliche Krankheit besiegend angerühmt worden sind. Da sich aber kein Fall der knotigen Lungensucht in ihrer Einfachheit darbot, haben wir uns einschränken müssen, 3 Kranke mit *schleimigter Lungenschwindsucht* zu behandeln, welche glücklich hergestellt wurden, einer mit ekelerregender Methode (*Ipecacuanha*), und die andern durch das erregende Heilverfahren.

Dagegen wurden in der Klinik 2 Weiber mit wahrer *phthisis hepatica purulenta* aufgenommen. Das blutige Brechen mit eiterigten Stoffen untermischt und begleitet von stechendem Schmerz in der Lebergegend, welcher bei der Berührung heftiger ward, zeigte die Gegenwart dieser Krankheit bei einem unglücklichen Mädchen an, welches gar bald derselben unterliegen mußte. Die Leichenbesichtigung, mit besonderer Genauigkeit von unserem vortrefflichen Anatomiker und gelehrten Amtsbruder Prof. Floriano Caldani angestellt, zeigte uns die gänzliche Umwandlung der Leber in einen mächtigen Absceſs der sich in die Wände des Magens öffnete. Ein anderes Weib, auch von schleichendem Leberabsceſs und Schwindsucht befallen, in Folge nemlich einer seit 3 Jahren vernachlässigten Hepatalgie, ward 4 Monate hindurch und länger noch mit einigem Vortheil im klinischen Institut durch den Gebrauch des *künstlich bereiteten Selzerwassers* [14]) behandelt, welchem während der warmen Jahreszeit der Recoarische *Säuerling* substituirt wurde. Da der Zufluſs von Petechialtyphen eine gröſsere Zahl von Betten erheischte, so wurde diese

[14]) *Annotazioni medico-pratiche*, vol. II pag. 228.

Kranke in die Säle des allgemeinen Spitals verlegt, wo sie nicht wenig nach der vorgeschriebenen Behandlung gewann.

Die *8te Ordnung* ist den Affectionen bestimmt, welche unmittelbar von *krankhaften Veränderungen* des *Nervensystems* erweckt werden.

Die *Paraplegie* erkannte ein rheumatisches Princip an. Der *Phosphor* in *Olivenöl* gelöscht und äufserlich eingerieben, sowie der innere Gebrauch des *Rhus radicans* brachten den Kranken in einen Zustand, daſs er in die Schlammbäder zu Abano sich verfügen konnte.

Der *Veitstanz* zeigte sich bei einem ungefähr 40jährigen Weibe in Folge eines langwierigen und rückfälligen Typhus. Die Krankheit bestand seit 17 Monaten, und fand sich mit einem Durchfall und Stuhlzwang verbunden, welches eine besondere Hyposthenie des Darmkanals anzeigte. Der rechte Arm bewies sich als der vorzüglich beunruhigte von den Zuckungen; sehr oft jedoch erstreckten sich die convulsivischen Bewegungen auch auf den linken Arm und auf den Kopf. Wenn in den obern Theilen des Rumpfes für einige Augenblicke die Zuckung aufhörte, so begannen die untern Gliedmaſsen auf eine obgleich einigermaſsen regelmäſsige dennoch gewiſs beschwerliche Art zu hüpfen. Nachdem das Nervensystem und der Darmkanal wieder gestärkt worden, legte sich der Durchfall und die Zuckung gänzlich, und die Kranke begab sich nach 75tägiger Behandlung hergestellt in den Kreis ihrer Familie.

Das Krankenhaus bot verschiedene Fälle der *Raserei* dar, und die klinischen Zöglinge hatten häufig Gelegenheit, dieselbe zu beobachten. In der tabellarischen

Uebersicht ist nur einer derselben aufgeführt worden, nemlich der eines Mannes von melancholischem Habitus und von augenscheinlich hypersthenischer Anlage. Der Zustand des Kranken um die Zeit der geschlofsnen Klinik hatte sich soweit gebessert, vermöge wiederholter *Aderlässe* und reichlichen Gebrauchs des *cohobirten Kirschlorbeerwassers*, dafs zu einer andern Jahreszeit eine völlige Heilung hätte versprochen werden können. *)

Erklärung des zweiten Abschnittes.

Ueber die Mafsen hat sich das Verzeichnis der zum Gebrauch der klinischen Anstalt aufgestellten Arzneimittel ausgedehnt, sodafs den Zöglingen die Kunde der vielfältigen heilenden Hülfsquellen nicht abgehn kann. Man hat jedoch gerathen geglaubt, die theuersten davon auszuschliefsen, und sich an die wenigst zu-

*) Ich habe bei der Betrachtung des Krankenhauses und der klinischen Anstalt zu Padua angeführt, wie mangelhaft das dabei befindliche Local für vorkommende Fälle der Geisteskrankheiten ist, und wie wenig Rücksicht überhaupt auf deren Behandlung genommen wird. Auch bescheidet sich die dortige Klinik gern, diesen so schwierigen, und nicht ohne ganz besonderes Studium dem Arzt zugänglichen Gegenstand unerschöpft zu lassen. Der Herr Verf. dehnt seine Bemerkungen über eine Krankheit aus diesem entlegenen Gebiete hier nur deshalb aus, damit sein klinischer Prospect dasjenige enthalte, was die Gelegenheit ihm darbot. Keinesweges aber lag es in seinem Plane, Resultate zu geben, die dem psychischen Arzte wichtig sein möchten: da man alsdann die bemerkbare Kargheit tadeln müfste, die bei den wirklichen Grundsätzen der Schrift kaum einer entschuldigenden Erwähnung bedarf. D. Ueb.

sammengesetzten chemisch-pharmaceutischen Bereitungen zu halten. Dagegen sind einige neue eingeführt worden, als sehr fruchtbar an unzuberechnenden Vortheilen.

Unter denselben verdienen besonders Erwähnung die *Berlinerblausäure*, sowie deren Auflösung im *cohobirten Kirschlorbeerwasser*, Arzneimittel welche nach dem Beispiele des verehrungswürdigen Amtsbruders Professors und Ritters Borda zu Pavia angewandt, eine überraschende Wirksamkeit zur Bekämpfung heftiger Hypersthenieen bewiesen, besonders bei den gewaltigsten Lungenentzündungen (*pneumonitides*). In Erwartung dafs der verdienstvolle und gelehrte Urheber der *Theorie des Contrastimulus* die Principien zur öffentlichen Kenntnis gelangen lasse, auf welche sich diese philosophische Lehre stützt, *) werden wir uns allein damit begnügen zu er-

*) Es sei mir erlaubt, im Namen des gesammten ärztlichen Publikums, und besonders des deutschen, Herrn Brera dringend zu ersuchen, dafs er seine höchst schätzbaren Erfahrungen aus dem Gebiete der praktischen Medicin ja niemals in die Fesseln der erbärmlichsten Einseitigkeit schmieden möge, dergleichen der *verdienstvolle* und *gelehrte Urheber der philosophischen Theorie des Contrastimulus* immer bereit hält. Nur Localität und zu grofse Gutmüthigkeit konnten einen so achtungswerthen Mann als Herr Brera ist, verleiten, dem Herrn Rasori öffentlich den hier wiederholten Bückling zu machen. Wie ists möglich, den Contrastimulus eine *philosophische* Theorie zu nennen! Herr Rasori selber ist damit gar nicht einverstanden: alle Philosophie ist ihm ein Greuel, weil eine geheime Stimme ihm wohl zuflüstert, dafs er der Philosophie zum Spottziel dienen müsse, und man kann ihn nicht mehr erbittern, als wenn seine vorgeblichen grofsen Entdeckun-

innern, wie die Berlinerblausäure in dem hypersthenisirten Organismus sich entwickelnd aufs schleunigste dessen dynamischen Zustand verändert, wodurch jener Uebergang der Diathese erfolgt, welcher bei einigen einfachen oder zusammengesetzten Pyrexieen bemerkt wird, indem diese in ihrem Verlaufe den hyposthenischen Charakter,

gen Werk philosophischer Reflexion genannt werden. Wie ists aber auch möglich, von einem *gelehrten* Rasori zu sprechen, während der einzige wirklich vorhandene, der alleinige Besitzer dieses unsterblichen Namens, tagtäglich die Beweise giebt, wie sehr ihm selber seine gänzliche Unwissenheit in den ersten Grundbegriffen der allgemeinen Naturkunde und der des gesunden wie des kranken menschlichen Organismus gefällt, sodafs er gerade auf den Windschläuchen dieser Unwissenheit sein mächtiges Schnitzwerk erbauet: welches alles in der zweiten, seiner Verherrlichung ganz allein gewidmeten Abtheilung dieses Anhanges näher bewiesen werden soll. Der treffliche Brera wird gewifs den an mehrern Stellen der hier übersetzten Schrift vorkommenden Namen des *Contrastimulus*, und die aus gleicher localer und zeitlicher Ursache erklärbaren Aeufserungen über Rasori, da sie seinem Berichte gar nicht nothwendig sind, und sogar nur dessen Tendenz entgegenstreben, um so eher zurücknehmen, wenn er bedenkt, dafs der pfiffige Urheber seine Principien absichtlich verheimlicht, weil er nemlich gar keine hat. Die Wirksamkeit der durch des verdienstvollen Borda Bemühungen bestimmten neuen Arzneimittel ist ganz etwas Anderes, als was der *Contrastimulus* von ihnen träumt, und wir werden die einfache Aufgreifung aus der Natur den Herren Borda und Brera bei wiederholten Nachforschungen auch in unseren Krankenzimmern aufrichtig danken, ohne darum jemals auf das grundlose Geschwätz rasorischer Flachheit und Selbstsucht zu achten. D. Ueb.

oder den des wahren Fiebers annehmen: [15]) auch werden wir nicht unterlassen bemerklich zu machen, was uns durch wiederholte Beobachtungen bewiesen worden ist, dafs nemlich nach dem Gebrauch dieser kräftigen Contrastimulantien die Thätigkeit des Herzens mit überraschender Schnelligkeit sich abstumpft, und seine Bewegungen sich vermindern, das Arteriensystem gleiche Umstimmung erleidet, und in dem entzündeten Organ jene heilsame Reaction erweckt wird, welche der ruhmvolle Kliniker zu Bologna mein vortrefflicher Amtsbruder Testa mit aller Philosophie unserer Wissenschaft in einer ausgezeichneten Schrift vorgetragen und erläutert hat. [16]) Der Schweis und der Harn verstärken sich ebenfalls auffallend durch dieses Mittel, und die entzündlichen Krankheiten damit behandelt, durchlaufen aufs Geschwindeste jene Zeiträume, an welche sie vermöge ihres Wesens gebunden sind. Die *Eingeweidewürmer*, den Einwohnern Padua's so gewöhnlich, und der Mehrzahl aller im Spital behandelten Krankheiten eine bemerkenswerthe Zusammensetzung aufdringend, widerstehn dem Gebrauch der *Berlinerblausäure* nicht, und werden schleunig aufs beste und lebend aus dem Darmkanal vertrieben. Der Gebrauch des *cohobirten Kirschlorbeerwassers* und der *Berlinerblausäure* schliefst die Anwendung der *Aderlässe* nicht aus, welche in den grofsen hypersthenischen Entzündungen, und ausgezeichneterweise in den Pneumonieen, schleunige und wesentliche Vortheile gewähren, aber wiederholt, wie man sie

[15]) *Annotazioni medico-pratiche ec.* Vol. II. pag. 201.

[16]) *Delle azioni e riazioni organiche, ec. di* Ant. Gius. Testa, Crema 1807.

mehrentheils anzuwenden pflegt, fernere und unheilbare Nachtheile bringen. Diese Mittel übrigens machen die Nothwendigkeit einer solchen Wiederholung minder dringend, und kein in der klinischen Anstalt durch cohobirtes Kirschlorbeerwasser oder Berlinerblausäure behandelter Pneumonischer zeigte das Bedürfnis eines mehr als dreimaligen Blutlassens. *) Es geschieht manchmal, dafs die ziemlich schwere, oder auch die vernachlässigte Lungenentzündung eine unvermeidliche Erstickung den fünften, sechsten oder an den folgenden Tagen droht,

*) Die jedesmalige und nothwendige Verbindung des Blutlassens bei glücklicher Heilung der Lungensucht nach der sogenannten *contrastimulirenden* Methode, d. h. durch den Gebrauch narkotischer Mittel, (denn das erbärmliche völlig regellose Schwanken zwischen dem Brechweinstein und einem Dutzend wunderlicher Mittel, wie es Herr Rasori nach später anzuführenden Beispielen bei seiner frechen Unwissenheit sich erlaubt, kommt hier gar nicht in Betracht) macht diese in hohem Grade schon verdächtig. Ich wünschte dafs man mir die nochmalige Erinnerung erliefse, wie scharf ich selber die *Berlinerblausäure* ihrem Wesen und ihrer Wirkung nach davon trenne: und wie sehr ich von deren grofser Wirksamkeit überzeugt bin, sodafs ich auch das eine Auflösung derselben enthaltende cohobirte Kirschlorbeerwasser der Herren Borda und Brera der Preufsischen Säure selbst näher als dem basischen Kirschlorbeerwasser setze. Auch deutet Herr Brera selber überall die gröfsere Wirkung des *Acidi prussici* an. Wir werden aber des einseitigen Contrastimulus durchaus nicht bedürfen, um der naturwahren Wirksamkeit der Preufsischen Säure bei Lungenentzündungen, wo dieselbe den Aderlafs auf das Kräftigste unterstüzt, auch in unseren systembildenden Köpfen den rechten Platz anzuweisen.

D. Uebers.

sofern als vermöge der vorhergegangenen und sich mindernden Hypersthenie der höchst wichtige Prozefs der Reaction im Organismus und in den Lungen unterdrückt, und unthätig gemacht worden, während der Thätigkeit, worin immer noch das Herz und das blutführende System innerhalb der Sphäre der entzündlichen Regsamkeit sich erhalten, mit Ueberflufs im angegriffenen Organ sich ein klebrichter und zäher Schleim absondert, welcher der Luft den Eingang in die Bronchien verschliefst. Die Krankheit nimmt alsdann jene Gestalt an, welche den Praktikern unter dem Namen der *peripneumonia notha* bekannt ist, und weicht selten genug den Anstrengungen der Kunst. Bei so traurigem Zustande sind die Wirkungen des *cohobirten Kirschlorbeerwassers*, und weit mehr noch der *Berlinerblausäure*, wahrhaft wunderbar: in der klinischen Anstalt hatten wir Gelegenheit dieselben anzustaunen; zween Kranke wurden auf solche Weise vor einem Tode bewahrt, der als unvermeidlich und nahdrohend anzusehn war. Man sah einen allgemeinen Aufruhr in den organischen Systemen nach der pafslichen Darreichung dieser Mittel sich erheben, auf dessen Ueberwindung die Bewegungen des Herzens beruhigt, die Reaction des angegriffenen Organs wieder erweckt, und jede Spur örtlicher Entzündung verschwunden erschienen.

Das *schwarze Magnesiumoxyd* ward gleichfalls mit Vortheil in unseren Arzneivorrath eingeführt, sowie ich dasselbe schon zu klinischem Gebrauch in den der Spitäler zu Pavia und Crema einführte. [17]) Dieses Präparat war uns jederzeit sehr fruchtbar an nützlichem Er-

[17]) *Annotazioni medico-pratiche*, vol. II. pag. 220.

folg, so oft in Affectionen, wo eine Unthätigkeit der Assimilation vorherrschte, wie in der *Chlorosis*, im *Scorbut*, und in jenen Krankheiten, welche man *Kachexieen* benannt hat, in den Organismus ein hyperoxygenirtes Präparat gebracht wurde, oder wie sich mein vortrefflicher Amtsbruder zu Pavia Professor Brugnatelli besser ausdrückt, ein an *Thermoxygen* reiches Präparat. — —

Uebrigens ist dieser Theil des Berichtes unvollkommen, während nach dem Beispiele des von dem vortrefflichen Professor Rasori in seiner höchst anziehenden *Uebersicht des Erfolgs der medicinischen Klinik im königl. Militärspital zu Mailand u. s. w.* *) Angedeuteten, nöthig war Rechnung über die Gesammtmasse der angewandten Arzneimittel zu führen, um daraus ihren wahren Betrag, sowohl im Ganzen, als durchschnittsweise für jedweden Kranken zu entnehmen. Die Einrichtung der Apotheke unseres Krankenhauses, zur Zeit der wiedereröffneten Klinik, und der darin eingeführte verderbliche Gebrauch, im Kleinen auch die gewöhnlichsten Mittel anzuschaffen, haben nicht erlaubt Rechnung über diese Resultate zu führen, und deshalb geziemte es sich auf einen ungefähren Ueberschlag des Kostenbetrags der angewandten Arzneimittel zu beschränken, nemlich mit der auf keine Taxe gegründeten Summe von

*) *Suum cuique!* möchte man ausrufen, und, damit Herrn Rasori doch endlich einiges Verdienst bleibe, in das Lob seiner grofsen Rechenkunst einstimmen. Allein die Bemerkungen des Dr. Cervi werden uns auch hier Aufschlüsse geben, die den Wunsch erregen, Herr Brera möge nie rechnen wie Rasori gerechnet. D. Uebers.

3275 *lire italiane*, welche in günstigern Umständen etwa um die Hälfte verringert worden sein möchte. Gegenwärtig, nachdem vermittelst der im Spital eingeführten neuen Ordnung auch die Apotheke eine paſsliche Einrichtung erhalten hat, und man darin zur rechten Zeit den Vortrag im Groſsen einkauft, wird der Betrag der inskünftige anzuwendenden Arzneimittel bei weitem geringer sein, als der bisher geltende Tarif den Apotheken der Stadt vorschreibt.

Allgemeiner Erfolgsüberschlag.

Männer *die in der Klinik behandelt*	... No. 80 ...	Gest. No. 5.
Sterblichkeit auf 100	... .	. 6,25.
Weiber *die in der Klinik behandelt*	... No. 60 ...	Gest. No. 7.
Sterblichkeit auf 100	... .	. 11,667
Gesammtzahl *d. Kranken*	... No. 140 ...	Gest. No. 12.
Sterblichkeit auf 100	... .	. 8,571.

Die Zahl derer in die Klinik aufgenommenen Kranken war in den letztverflossenen Jahren 80 — 90. Die Reorganisation der Verfassung des Spitals, welche neulich durch die Regierung ausgeführt und einer Direction anvertrauet worden ist, welche ich in Vereinigung mit meinem würdigen Amtsbruder Ritter Sografi, Professor der chirurgischen Klinik, auszumachen berufen worden bin, hat gleichfalls für die klinische Anstalt durch den verschafften Zuwachs von 50 Kranken sehr nützlichen Erfolg gehabt.

Wenn die Sterblichkeit in den Krankenhäusern zu 18 bis 20 auf 100 gerechnet wird, und diejenigen Aerzte sich glücklich schätzen, welche nur 10 von 100 verlieren, so ist die Sterblichkeit unserer Klinik ohne Einwendung weniger noch als mittelmäfsig, und sie wird sogar noch minder merklich, sobald man überlegt, dafs der Verlust von 8 p. C. 571 p. M. in einer Anstalt vorkam, in welcher die schwierigsten Krankheiten aufgenommen worden sind, und worin zween Individuen an

2ten Tage ihrer Behandlung starben, weil sie mit schon gleichsam erstorbenem Aeufsern hineingebracht worden; worin ein Individuum verbrecherisch vergiftet wurde, und sechs mit unheilbaren Uebeln behaftete als unfähig zu jeder ärztlichen Behandlung sich zeigten.

Aufhaltsdauer *von* 80 *Männern in der Klinik* .. .. Tage 1617.

Mittlere Dauer *jeder Krankheit bei Männern* .. Tage 20, 5^h, 6'.

Aufhaltsdauer *von* 60 *Weibern in der Klinik* .. .. Tage 1259.

Mittlere Dauer *jeder Krankheit bei den Weibern* .. Tage 20, 23^h, 36'.

Gesammtzahl der Dauer *aller Krankheiten* .. .. Tage 2876.

Mittelzeitige Dauer *jeder Krankheit* .. Tage 20, 13^h, 2'.

In der Gesammtzahl der Dauer der Krankheiten sind die Tage der Reconvalescenz mitbegriffen, welche nicht minder als 3, und oft sogar bis auf 8 ausgedehnt waren. Daher folgt, dafs die mittelzeitige Dauer jeder Krankheit zu 20 Tagen 13 Stunden 2 Minuten berechnet, in einer Anstalt, worin nicht wenige Uebel aufgenommen wurden, die eine lange Behandlung erfoderten, als ziemlich gering angesehn zu werden verdient in Vergleich mit dem was in den Krankenhäusern herauszukommen pflegt.

Die mittelzeitige Dauer der Krankheiten bei den Weibern ist gröfser als sie bei den Männern sichtbar wird, sowie auch bei jenen die Sterblichkeit gröfser ist.

*Ungefähre Berechnung *) der verbrauchten Arzneimittel* . . .	Lir. 3275.
Mittlerer Betrag für jeden Kranken . . . . -	23,393.
Täglicher Betrag für jeden Kranken . . . . -	1,139.

Anm. *Hier müfste der* allgemeine, *der* mittlere *und der* tägliche *Kostenbetrag der Speisen und der Gegenstände der Krankenpflege aufgeführt werden.*

Der hier gegebene Rechnungsabschlufs ist wegen der oben auseinandergesetzten Ursachen weit entfernt von einem annähernden Verhältnis, und mufs daher als einer bedeutenden Verringerung fähig angesehn werden.

Am 4ten August des Jahres 1810
ward diese Ausgabe begonnen,
und am 18ten vollendet.

*) Der neueingeführte Münzfufs des Königreiches Italien, nach welchem in allen öffentlichen Angelegenheiten gerechnet wird, ist dem französischen des Decimal-Systems völlig gleich. In denen hier und bei den folgenden Aufsätzen gemachten Angaben ist überall die sogenannte *Lira italiana* gemeint, welche dem französischen *Franc* durchaus gleicht, und in *Centesimi* und *Millesimi* zerfällt; nach dem 24 Guldenfufse also: 1 *Centes.* = $\frac{1}{4}$ Kreuzer; 1 *Lira ital.* = $27\frac{1}{4}$ Kreuz. D. Uebers.

II.

BEITRÄGE

ZUR

BEURTHEILUNG DES CONTRASTIMULUS.

A.

ÜEBERSICHT

DES ERFOLGS DER MEDICINISCHEN KLINIK

IM KÖN. MILITÄRSPITALE VON S. AMBROGIO ZU MAILAND

WÄHREND DES HALBJAHRS

DECEMBER 1807, JANUAR — MAI 1808,

HERAUSGEGEBEN

VOM

PROFESSOR JOHANN RASORI.

Anm. Wegen der ungeheueren Gröfse des Formats dieser Uebersicht im Original, wo dieselbe tabellarisch alle hier hintereinander aufgeführten Abtheilungen in gleicher Reihe enthält, und mit diesen Tabellen die in meiner Uebersetzung nachfolgenden Anmerkungen, als den wehrlosesten, wenn gleich von Herrn Rasori besonders angepriesenen Theil, panzerartig umgiebt, sah ich mich genöthigt, das Ganze zu zerlegen, wodurch jedoch die Anordnung im Wesentlichen nicht gelitten hat, noch die Leichtigkeit des Ueberblickes vermindert worden ist, während beim Mangel des Imposanten von jener gigantischen Ausdehnung, der Schein innerer Vortrefflichkeit gleichfalls in sein altes Nichts zurücksinkt.

Arz-

KRANKHEITEN

UND DEREN

BENENNUNG NACH (¹) GATTUNGEN.	ARTEN.	ANZAHL.	AUSGANG. GEHEILTE	AUSGANG. GESTORBENE	DAUER (TAGE.) ALLGEMEINE	DAUER (TAGE.) MITTLERE	STERBLICHKEIT AUF 100
Anhaltende Fieber 62.	*Katarrhalisch*	22	20	2	309	$14\frac{1}{22}$	$9\frac{1}{11}$
	Synochische (²)	26	26	//	266	10 [illegible]	//
	Rheumatische	2	2	//	34	17	//
	Rheumatisch-katarrhalische	3	3	//	41	$13\frac{2}{3}$	//
	Ikterische (³)	9	9	//	141	$15\frac{2}{3}$	//
Wechselfieber (⁴) 26.	*Tägliche*	4	4	//	47	$15\frac{3}{4}$	//
	Dreitägige	10	10	//	178	$17\frac{4}{5}$	//
	Viertägige	8	8	//	232	29	//
	Irrende (erraticae)	4	4	6	48	12	//

Ausschlagsfieber 23.	*Typhi*	8	6	2	118	$14\frac{3}{4}$	25
	Scharlachfieber	9	9	″	116	$12\frac{8}{9}$	″
	Rosen	2	2	″	25	$12\frac{1}{2}$	″
	Nesselausschlag	2	2	″	15	$7\frac{1}{2}$	″
	Exanthema anomalum (5) . .	1	″	1	5	″	″
	Zusammenfliefsende Pocken . .	1	1	″	20	″	″
Fieber (6) mit acuter Entzündung 87.	*Peripneumonieen*	74	63	11	1060	$14\frac{3}{4}$	14[illegible]
	Bräunen	8	8	″	96	12	″
	Rheumatismus	1	1	″	7	″	″
	Epididymitis	2	2	″	36	18	″
	Arthritis	1	1	″	20	″	″
Chronische Entzündungen 3.	*Arthrodynie*	1	1	″	6	″	″
	Paraphonie	1	1	″	2	″	″
	Physconia ventralis . . .	1	″	1	38	″	″
Profluvien 8.	*Dysenterieen*	3	2	1	58	$19\frac{1}{3}$	″
	Diarrhöen	2	2	″	96	48	″
	Hydrargyrosen (7) . . .	3	3	″	39	13	″
Hydropen 3.	*Anasarca*	2	1	1	25	$12\frac{1}{2}$	″
	Hydrothorax	1	″	1	16	″	″

?	*Apoplexia*	I	//	I	//	//	//
	Scabies crustosa ([8])	I	I	//	65	//	//
	Colica	I	I	//	8	//	//
	Lues venerea	I	I	//	46	//	//
	Herzklopfen	I	I	//	10	//	//
	Perniciosa	I	//	I	//	//	//
	Vorgebliche Krankheiten . .	3	3	//	36	12	//
		220	198	22	3259	14[illegible]	10

ALLGEMEINER ERFOLGSÜBERSCHLAG. (°)

Sterblichkeit auf jedes 100 — — 10.
Mittelzeitige Dauer jeder Krankheit, Tage $14\frac{179}{220}$
Mittel der täglichen Kosten, auf jeden Kopf Lire ital. — : Cent. 6. Mill. 8.
Mittel der sämmtlichen Kosten eines Kranken, Cent. 90 : Mill. $7\frac{1}{3}$.

Anm. Es möchte scheinen, daſs das Mittel der allgemeinen Kosten herauskommen müſste, wenn man die Zahlen 282, Gesammtbetrag der Arzneimittel, und 220, Summe der aufgeführten Kranken, miteinander dividirte. Allein man muſs bemerken, daſs der Gesammtbetrag der Arzneimittel von der Apotheke angegeben ist, welche alle am 31. Mai vorhandene Kranke mit all ihren respectiven Tagen zählt: während die Summe der Krankheiten nur die Entlassenen und Gestorbenen enthält. So habe ich demnach, um das Mittel der Gesammtkosten zu erhalten, die Mittelzahl der Tage eines Kranken, mit dem Mittel der täglichen Kosten multiplicirt.

KRANKHEITSÜBERSICHT NACH MONATEN. (10)

Geheilte. Gestorben.	Herrschende Krankheiten.	Geheilte. Gestorben.	Herrschende Krankheiten.
December 1807.		**Merz 1808.**	
Geh. 22 Gest. 3 25	Ikterisch. Fieb. 5 Peripneumon. 4 Katarrhalische 4	Geh. 39 Gest. 4 43	Peripneumon. 19 Synochae . 5 Rheumatisch-katarrhal.. 3 Scharlachfieber 4 Bräunen . . 3
Januar 1808.		**April 1808.**	
Geh. 24 Gest. 4 28	Peripneumon. 3 Katarrhalfieber 5 Synochae . 4	Geh. 40 Gest. 2 42	Peripneumon. 24 Katarrhalfieber 3 Synochae . 4
Februar 1808.		**Mai 1808.**	
Geh. 27 Gest. 5 32	Peripneumon. 9 Katarrhalfieber 4 Synochae . 4 Quartanen. . 3	Geh. 46 Gest. 3 50	Peripneumon. 16 Katarrhalfieber 4 Synochae . 5 Typhi . . . 3 Scharlachfieber 2 Terzanen . 7 Quartanen. . 3

ARZNEIMITTEL.							
PHARMACEUTISCHE BENENNUNGEN.	SUMME DER QUANTITÄT.				ALLGEMEINER KOSTENBETRAG.		
	PFUND.	UNZEN.	DRACHMEN.	GRANE.	LIRE ITALIANE.	CENTESIMI.	MILLESIMI.
Acetum Vini	...	6	...	...	...	4	...
Acidum sulphuricum concentratum	1	8	4	48	1	30	1
- - - dilutum	4	1	...	...	...	61	2
Aether sulphuricus	...	...	3	...	...	9	3
Amygdalae	22	3	...	...	16	24	2
Aqua cinnamomi spirituosa	1	3	...	...	...	95	...
- Menthae piperitidis	1	2	...	...	...	14	...
- vegeto-mineralis	14	...	...	...	...	14	...
Cataplasma anodynum	56	...	...	...	5	60	...
- - ex Cicuta	20	...	...	...	1	60	...
- - - Malva	2	...	...	...	...	16	...
Crocus	...	...	1	...	...	41	5

Decoctum amarum	1300	...	...	...	13	...	...
- - Malvae	10	...	...	...	...	5	...
- - Hordei	4160	...	...	...	20	80	...
Diagridium	...	...	1	6	...	41	4
Digitalis	5	2	...	24	23	83	4
Extractum Aconiti	...	10	3	...	1	33	1
- - amarum	...	4	2	...	...	8	4
- - Saturni	...	...	4	...	...	1	...
Flores Chamomillae	...	6	...	...	...	15	5
- Sulphuris	...	2	...	...	...	11	4
- Zinci	2	4	4	36	6	6	...
Folia Aconiti	...	1	4	...	...	3	7
Gummi-Gutta	...	...	1	10	...	9	3
Infusum Chamomillae	33	9	...	...	...	33	7
- - Sambuci	24	...	...	...	...	24	...
Kermes minerale	...	2	1	...	...	97	7
Lac vaccinum	14	...	...	...	...	42	...
Limonata vegetabilis	215	...	...	...	17	20	...
Liquor anodynus mineralis	...	2	4	...	...	33	7
Magisterium Bismuthi	...	...	5	48	...	72	4
Mel depuratum	196	3	...	...	52	98	7
- rosatum	15	2	...	...	6	6	6
Myrrha	9	...	2	...	20	74	6
Nitrum	11	1	3	...	13	1	3

Oleum Olivarum	4	9	...	...	4	22	7
Opium	...	...	1	66	...	68	6
Oxymel simplex	8	3	...	...	2	6	...
- - scylliticum	...	7	...	...	...	7	2
Poma Citri N° 42. N°	42	...	...	...	2	33	4
Radix Ipecacuanhae	...	...	6	...	...	57	6
- Ialappae	...	1	4	...	...	36	...
- Guajaci	...	1	...	...	...	38	4
- Serpentariae virginianae	...	3	4	...	1	17	4
- Valerianae	...	2	...	...	...	9	6
Resina Ialappae	...	1	2	18	4	43	7
- Guajaci	...	1	...	...	...	38	4
Sal ammoniacum	1	1	7	...	1	77	1
- catarthicum	40	10	4	...	14	96	9
Saccharum	1	4	7	36	3	11	1
Sanguisugae N° 130. N°	130	...	...	...	13	...	...
Syrupus simplex	7	9	...	...	6	20	...
Spiritus vini rectificatus	...	7	...	...	...	40	2
Tartarus stibiatus	3	1	3	48	14	39	...
Unguentum oxygenatum	...	1	-4	...	...	7	2
Vinum rubrum	64	...	...	...	6	40	...
					282	99	6

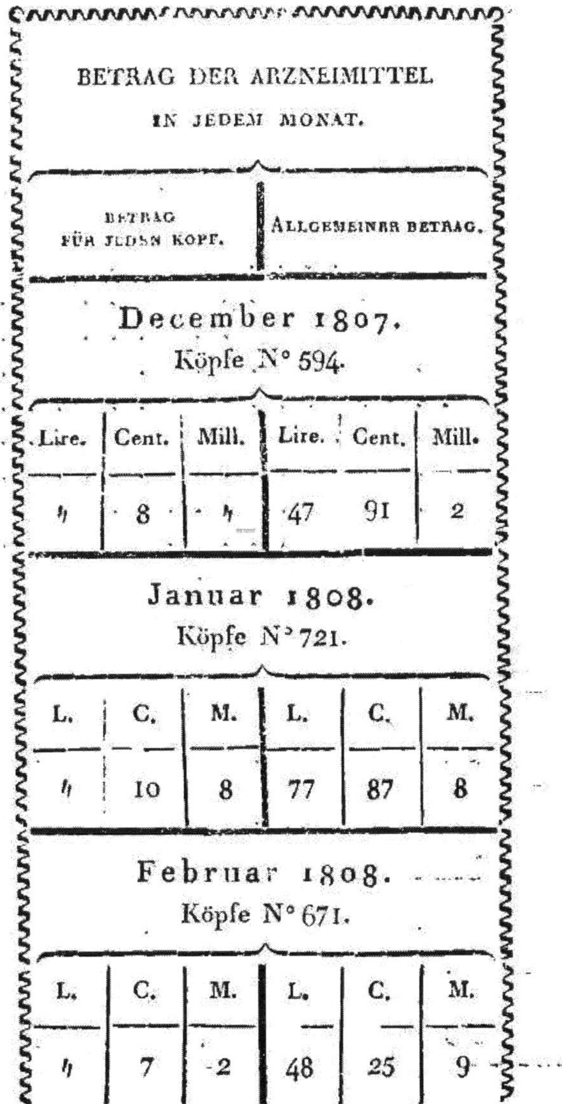

BETRAG DER ARZNEIMITTEL IN JEDEM MONAT.

Betrag für jeden Kopf			Allgemeiner Betrag		
December 1807. Köpfe N° 594.					
Lire.	Cent.	Mill.	Lire.	Cent.	Mill.
//	8	//	47	91	2
Januar 1808. Köpfe N° 721.					
L.	C.	M.	L.	C.	M.
//	10	8	77	87	8
Februar 1808. Köpfe N° 671.					
L.	C.	M.	L.	C.	M.
//	7	2	48	25	9

Merz 1808.
Köpfe N° 730.

L.	C.	M.	L.	C.	M.
//	5	1	37	42	7

April 1808.
Köpfe N° 713.

L.	C.	M.	L.	C.	M.
//	5	2	37	26	3

Mai 1808.
Köpfe N° 756.

L.	C.	M.	L.	C.	M.
//	4	5	34	25	7

Durchs ganze Halbjahr.
Köpfe N° 4186.

TÄGLICHE KOSTEN AUF JEDEN MANN.			ALLGEMEINE KOSTEN WÄHREND 6 MONATEN.		
L.	C.	M.	L.	C.	M.
//	6	8	282	99	6

Anmerkungen des Verfassers *)

zu den vorhergehenden Tabellen.

(1.) Die hier angenommene Abtheilung der Krankheiten ist nach keiner der bekannten Nosologieen gemacht. Ohne für jetzt andere Rechenschaft darüber abzulegen, mag hinreichend sein dafs sie deutlich und dem gegenwärtigen Zweck entsprechend ist, welcher die gröfste Einfachheit der Vertheilung und die mindeste Systemenwillkür erheischt.

(2.) Nach der Art *Synocha* habe ich nicht, wie man pflegt, die *Synochos* zugelassen: da Gründe vorhanden waren, dafs man diese als schwerere *Synochas* ansehn konnte; und solchergestalt hat diese Art, deren Ueberflufs in der Tabelle bemerkt wird, nicht wenige ziemlich schwere Fälle dargeboten, welche mancher Andere nicht gescheut haben würde wohl auch über die *Synochos* hinaus zu rücken, und bei den *Typhis* aufzuzählen.

(3.) So benenne ich gewisse Fieber, bei denen von Anfang bis zu Ende die Haut und die Albuginea gelb wie beim Icterismus, der Urin schwarzgelb war u. s. w.;

*) Herr Rasori legt auf die hier mitgetheilten Erklärungen seiner Tabellen einen besondern Werth, und betrachtet sie gewissermafsen als die Quintessenz nosologischer und therapeutischer Weisheit, die nur kurzer Angaben, keiner Belege für die Uneingeweiheten bedarf. Die Bemerkungen des Dr. Cervi werden uns belehren, wie gründlich diese wortkarge Weisheit genannt werden darf. — Auch hier hat der Uebersetzer gestrebt, den bei Herrn Rasori charakteristischen ordnungslosen, oberflächlichen Styl dem Deutschen einzuprägen.

welche aber, nur den Verlauf einer mehr oder weniger schweren Synocha machend, und deshalb zu keinem der eigentlich sogenannten *Ikterismen* gehörig, nicht wohl von den Synochis hinweggenommen werden konnten, um sie bei den Ikterismen aufzuführen. Auch möge man sie niemals mit dem *Aurigo febrilis* von Sauvages vergleichen, wiesehr auch dieser Name ihrer Gestalt anzupassen scheine. Jener fieberhafte Ikterismus, wodurch die Gattung *Aurigo* mit einer Art zu vermehren dem französischen Nosologen gefiel, und welche er vorzüglich von Sydenham hernahm, entwickelt sich bald als ein Symptom eines anhaltenden constituzionalen Fiebers, welches Sydenham selber *comatosa* nannte, und wovon man deutlich ersieht, dafs es ein Typhus war; und in den Typhen, auch den petechialen, ist das Gelbwerden der Haut und der Albuginea nicht selten: ich habe einige Beobachtungen darüber in der *Storia dell' epidemia di Genova* verzeichnet; eine Sache die mit unserem gegenwärtigen Fieber nichts zu thun hat. Auch bemerkte man nicht allein diese ikterischen Synochas; sondern die Gelbheit der Haut und der Albuginea begleitete auch um den nemlichen Zeitpunkt einige Peripneumonieen und einige Katarrhalfieber, welche ich dennoch von den andern trennen zu müssen nicht gerathen fand, sondern die Andeutung des Phänomens mir genügen liefs. Was meine Verwunderung beim Beobachten dieser Fieber noch mehr erregte, war dafs dieselben sich gar nicht auf die wenigen in die Klinik aufgenommenen beschränkten, sondern dafs es gleichzeitig viele gab, und andere gegeben hatte, welche vorher in die andern Sääle des militärischen Krankenhauses gelegt worden waren; während sich mir keines im bürgerlichen Krankenhause zu beobachten darbot, und keines, soviel ich wüfste, in der Stadt erschien. Nach Anstellung der genauesten Nachforschungen, und ausgeschlossenen mehrfachen Ursachen, welche anfänglich mir vorgekommen waren als könne man sie anführen, rücksichtlich der Allgemeinheit der Erscheinung, weifs ich durchaus nicht an welche mich zu halten.

(4.) Die Gattung der *Wechselfieber* ist in der Klinik selten vorgekommen, in Rücksicht der Gesammtzahl aller Krankheiten; insofern, beim Bestand : : 26: 220, wenig mehr als $\frac{1}{8}$ herauskommt. Indem ich zwischen den constituzionellen Krankheiten immer die schwersten auswählen wollte, hat mir die nicht hinreichende Fassungsweite der klinischen Säale nicht erlaubt, bei dieser Gattung mehr als diesermafsen Ueberflufs zu haben. Man beliebe jedoch zu bemerken, dafs alle sechsundzwanzig geheilt worden sind, mit Einschlufs von acht viertägigen Fiebern; und dafs durchaus keine *China* angewandt worden ist, weder in Substanz noch in irgend einer Zubereitung, wie man aus dem Verzeichnis der Arzneimittel entdeckt. Auch läfst sich keineswegs sagen, dafs die mittelzeitige Dauer beträchtlich gewesen sei; ja sogar, in Hinsicht der allbekannten Halsstarrigkeit solcher Fieber, mufs diese, ohne allen Zweifel, ziemlich mäfsig genannt werden: es genüge die der viertägigen nachzusehn, die längste von allen, welche noch nicht bis zu einem Monat gelangt ist. Und eben so wenig habe ich mich über die Rückfälle zu beklagen: da kaum eine oder die andere, und von geringer Bedeutung, Statt fand soviel mir bewufst. In Bezug dieses Gegenstandes erkläre ich, nie solche Kranke aus den Säälen fortzuschaffen gepflegt zu haben, sobald irgend ein Anfall zum Aussetzen gekommen war; sondern ihren Aufenthalt vielmehr ausgedehnt zu haben, bis bleibendes Aussetzen mehrerer bemerkt wurde; und sie alsdann der Beobachtung und Sorgfalt der Chirurgen ihrer respectiven Corps anempfohlen zu haben, welche mich zu meiner völligen Zufriedenheit unterstützten. Uebrigens sind die Halsstarrigkeit und die leichte Wiederkehr dieser Fieber nur zu bekannte Gegenstände selbst für die Eiferer der China; und sie würden es vollkommen auch der Regierung sein, und in ihrem bestimmten Zahlenverhältnisse, wenn in den Spitälern ausdrückliche Register eingeführt würden, und man, wie leicht geschehn könnte, gewisse paſsliche Maſsregeln träfe, um alle Fälle zu wissen, in welchen ein Wechselfieberkranker heute zwischen den Geheilten aufgezählt ist, welcher nach wenigen Tagen sich wiederum unter den Kranken findet mit derselben oder einer daraus folgenden Krankheit: welche letztere Erscheinung zu irrigen Resultaten verleitet, indem aus den Verzeichnissen der Name jener ersten Krankheit ausgestrichen wird, deren selber, oder von deren Behandlungsweise, die zweite Tochter ist. Das kommende Halbjahr, welches im Ganzen mehr Wechselfieber als das verflossene darbieten müſste, wird erlauben in der Klinik des Militärspitals die Thatsachen zu vervielfältigen, welche ich nunmehr seit 3 Jahren in jener des Bürgerspitals überflüssig vermehrt habe, Betreffs der Verbannung, oder wenigstens ziemlichen Verminderung des Gebrauchs der China, der ausgeartet in einen Misbrauch von hohem Preise und noch höherem Nachtheil.

(5.) Dieses Exanthem war unbestimmbar; es schien frieselartig; aber die Vermischung mit der Krätze, der

Wechsel mit welchem es erschien und verschwand, die *Ephelides* von welchen der Kranke Kopf und Hals übermäfsig bedeckt hatte, hinderten mich seine Kennzeichen wohl bestimmen zu können. Die Krankheit war überdem *proteusförmig* in ihrem ganzen Verlauf, und der Kranke ward in die Klinik aufgenommen, schon seit 6 Tagen darniederliegend, nach anstrengendem Marsche von Bologna bis Mailand, während beständigen Regengusses. Er starb am 5ten Tage des Hospitals: es entstand mir mehrmals der Verdacht einer *Perniciosa subcontinua*, und ich versuchte die Behandlung, welche dem Falle angemessen gewesen sein würde; aber, da sie mir nicht zu entsprechen schien, verliefs ich sie. Die Leiche zeigte keine entzündliche Störung oder Folge. Wars eine nicht zu rechter Zeit erkannte Perniciosa, nicht mit hinreichender Energie behandelt als der Verdacht entstand, und vielleicht heilbar trotz des Aderlasses der vor dem Eintritt in die Klinik gemacht worden war?

(6.) Die Gattung der Fieber mit Entzündung ist diejenige welche der Klinik die gröfste Zahl gegeben hat, nemlich 87. In dieser Gattung hat die Art der Peripneumonieen sosehr die übrigen übertroffen, dafs sie allein mehr noch als ein Drittheil des Ganzen ausmachte, nemlich 87 : 220. Es müssen also die Fieber mit Entzündung, und unter diesen die Peripneumonieen, den schwersten und tödtlichsten Krankheiten beigezählt werden: Beweise davon seien, im Prospect selber, die Zahl der an Peripneumonie Gestorbenen, welche 11 ist, d. h. das Doppelte *) des Ganzen, und das Verhältnis der Sterb-

*) Herr Rasori drückt sich hier auf eine sehr unbestimmte und dunkele Art aus: *il numero de' morti di peripneumo-*

lichkeit bei der Peripneumonie und der gesammten Sterblichkeit, auf jedes Hundert berechnet, nemlich:: 10 : $14\frac{2}{7}$. Es ist daher zahlenmäfsig sichtbar, dafs die Wahl der Krankheiten für die Klinik von der Absicht die schwersten aufzustellen geleitet wurde; und es kann mit Gewifsheit versichert werden, dafs in dem Halbjahr davon gegenwärtig Rechenschaft abgelegt wird, keine der medicinischen Abtheilungen des Spitals ein so starkes Verhältnis der Peripneumonieen zu ihrem Total dargeboten haben kann. Von den 11 Gestorbenen waren die Resultate der Leichenöffnung im Kurzen folgende: Drei mit Hydrothorax verbunden mit der Lungenentzündung, wie während des Verlaufs der Krankheit vorausgesehn worden; einer von diesen, bei welchem die Brustwassersucht äufserst ansehnlich war, lag in der Klinik kaum 24 Stunden; er kam nach 13 Tagen der Krankheit, ohne Heilmittel, auf einem Bauerwagen von Mantua nach Mailand geführt. Der vierte ward agonisirend in die Klinik gebracht: er lag kaum 6 Stunden; rechte Lunge sehr entzündet, linke sehr angewachsen; Anfang von Entzündung des Herzens. Der fünfte hatte mit der Peripneumonie Aphthen im Schlunde verknüpft; die gerinnbare Lymphe

nia, che è di 11, vale adire doppio del totale. Dies soll soviel heifsen als: Das Verhältnis zwischen 74 an Peripneumonie Erkrankten und 11 daran Gestorbenen, ist doppelt soviel als das zwischen 220 Kranken und 22 Gestorbenen im Allgemeinen: bei diesen nemlich 10:100, bei jenen 20:100. Allein 11:74, verhält sich das jemals wie 44:220 = 20:100? *Un granciporro a secco!* würde der Italiener rufen; wir aber mit noch derberem Bilde: *Ein tüchtiger Bock, bärtig und stinkend!* Das ist der Rechner, den Herr Brera oben anrühmte!

verschloſs die Oeffnung des Larynx. Der sechste und der siebente, starke Vereiterung der Lungen, Ausschwitzung von Lymphe, Anheftung im ganzen Umfange der Brusthöle. Der achte, Verbindung mit sehr entzündeten Ohrdrüsen, deren Eiterung durch die innere Fläche gefressen. Der neunte, Zugesellung von Aneurysma des Herzens, dessen linkes Ohr beinah von der Dünne eines Papierblattes war: ein dem Herzklopfen unterworfener, und Peripneumoniker zum dritten Male. Der zehnte starb an Zuckungen, und ihm floſs mehrere Stunden vor dem Tode viele serose Flüssigkeit aus dem rechten Ohre, ohne daſs die Zergliederung etwas Bemerkenswerthes dargeboten hätte. Bei einem einzigen Leichname ward durch Unaufmerksamkeit die Inspection verabsäumt, und dieses bildet den elften.

(7.) Auſser den hier verzeichneten gab es gleichzeitig noch andere im Spital; Folge einer angewandten Quecksilberbereitung zur Heilung der Krätze bei einem der hier garnisonirenden Regimenter. Eine unter den anderen war ziemlich heftig. *)

(8.) Ganz bedeckt mit Krätze, hier borkigter, dort knotiger, dort frieselartiger, war dies Individuum seit mehrern Monaten der Ausschuſs der Spitäler. Mit der verdünnten Schwefelsäure und einigen einfachen Bädern, nach

*) Mit welchem Rechte Herr Rasori die *Mercurialkrankheit* (denn als das Synonym von dieser kann ich nur seinen Ausdruck *Hydrargyrosis* gelten lassen) unter den Profluvien aufführt, weiſs ich nicht. Die mir bekannte allzuheftige Wirkung des metallischen Princips im Quecksilber, welche wir nur so benennen, reihet sich durch ihre einer wirklichen Siphilis so ähnlichen Erscheinungen (die Knochenschmerzen, Knochengeschwülste, Halsgeschwüre.

nach mehrfachem Vertreiben und Wiederhervortreten der Räude, ging er in den Reconvalescentensaal geheilt über. Daselbst, wie man nachher erfahren hat, und wies jenem an Unordnung fruchtbaren Saale eigenthümlich ist, bediente er sich geistigen Getränkes: er bekam Engbrüstigkeit; es ward ihm keine Aufmerksamkeit vom Arzte geschenkt: die Engbrüstigkeit wuchs reifsend, und erstickte ihn am dritten Tage nachdem er die Klinik verlassen. Ich prognosticirte Hydrothorax, der reichlich in der Leiche sich bestätigte. Aehnliche Fälle bei dieser oder andern Ausschlagskrankheiten der Haut, mit welcherlei Methode behandelt, oder sich selbst überlassen, sind nicht unhäufig bei den Beobachtern. Vielleicht würde einiger schleunige Aderlafs ihn gerettet haben; wie er einen Grindigten unter meiner Kur im Civilspital rettete, gerade im Fall eines plötzlichen Hinzutretens von Hydrothorax und Anasarka.

(9.) Die Sterblichkeit von 10:100 ist geringe Sterblichkeit in jeglichem grofsen Spital. Aber die Klinik hat in Verhältnis (*Anmerk.* 6.) gröfsere Anzahl schwerer Krankheiten gehabt, und in der Gesammtzahl von 22 Gestorbenen zählt sie ihrer 4 Unfähige der Heilmittel, und nur wenig Stunden Lebende: zwei von diesen sind die an-

re) an eine ganz andere Gattung der Krankheiten an. Die Wirkung des zu heftigen Oxygens im Mercur ist ganz von jener verschieden, und bildet den Speichelfluſs. Meinte Herr Rasori diesen, der freilich zu den Profluvien gehört, so konnte er ja den rechten Namen *Ptyalismus* gebrauchen. Wieder ein Pröbchen seiner pathologischen Gelahrtheit! Er hatte von *Hydrargyrosis* reden gehört: er hörte läuten, sah aber die Glocke nicht anschlagen, wie man spricht.

gebenen Peripneumoniker; der dritte ist der Fall des Schlagflusses, durch Unmäſsigkeit im Branntweintrinken hervorgebracht; der vierte ist jener der Perniciosa während des Anfalles selber; beide lagen wenige Stunden. Folglich muſs um so geringer die Sterblichkeit der Klinik angesehn werden.

(10.) Jeden Monat die Krankheitsarten aufstellen, welche die andern an Anzahl übertreffen, ist das Bild der *constitutio morbosa* des Jahres bereiten. Allein, was die gröſste Genauigkeit der Bestandtheile eines solchen Bildes, und ihrer Verhältnisse betrifft, so wollen diese nicht von einer klinischen Anstalt hergenommen sein, für welche eine Wahl getroffen wird die von bestimmten Absichten des Unterrichts oder andern besondern Beweggründen geleitet ist; sondern sie wollen es von den Verzeichnissen der Spitäler und von den Berichten der ausübenden Aerzte in Städten und auf dem Lande. Zwar möchte zu wünschen sein, daſs wer eine klinische Anstalt leitet, im Auswählen der *constituzionellen Krankheiten* Ueberfluſs habe, kostbares Studium allezeit für die Zöglinge nicht minder als für die Meister; und daſs solchergestalt die Uebersicht der Klinik im Verhältnisse solcher Krankheiten zu den übrigen chronischen und intercurrenten, eine Ueberlegenheit vor den Bildern selber des Spitäler darbieten möchte. Und dies gerade ist was man in der militärischen Klinik zu thun bemüht gewesen. Daher beim gegenwärtigen Prospect die groſse Zahl der Peripneumonieen, der Katarrhalfieber, der Synochae; und die nicht kleine der Typhen, der Scharlachfieber, der Bräunen.

B.

BEMERKUNGEN
ZU DER VORHERGEHENDEN ÜBERSICHT
DES PROFESSORS GIOV. RASORI,
VOM
DR. CERVI ZU MAILAND. *)

Nicht ists schwierig zu begreifen, daſs indem der Herr Professor Rasori seine Uebersicht Betreffs derer in der militärischen Klinik erhaltenen Resultate herausgab, sein Augenmerk vorzüglich darauf gerichtet war, eines Theils der Regierung vorzulegen, welche reiſsenden und vorgeblich glücklichen medicinisch-klinischen Fortschritte im Laufe von 6 Monaten über 220 Kranke

*) Eines Mannes Rede
Ist keines Mannes Rede,
Man soll sie billig hören beede

dachte ich nach Lesung des Rasorischen Prospects, und machte mir die angenehme Arbeit, auch gegenwärtiges Schriftchen zu übersetzen. Der im Original ungenannte Verfasser gehört zu den thätigsten, an jeglichem Musenwerk reichsten Gegnern des Contrastimulus. Ihm verdankt man auch das witzige Lustspiel: Rasori, in Versen, welches in diesen Bemerkungen öfter noch angeführt wird. Ich rechne auf die gutmüthige Verzeihung des Herrn Cervi, indem ich hier, dem deutschen Leser zu Liebe, seinen Namen unverhohlen hersetze, da niemand denselben um der launigten Schrift willen zu loben unterlassen wird.

D. Ueb.

30 *

von ihm gemacht: und andern Theils die grofse Sparsamkeit, von ihm bei der Behandlung derselben zu Werke gesetzt, sehn zu lassen. Aber dieweil es bösartige Aristarche giebt, welche, sich hervorzuthun erpicht, aufbrausen gegen Jeden der ihnen entgegensteht, nicht zur Schande sich rechnend, wenn ihnen die Gelegenheit wird, von erlauchten Stirnen die Lorbern zu reifsen, mit welchen sich die ihrigen zu schmücken anstreben würden: also halten sie, über ein solches Vorhaben, die traurigsten Gespräche der Welt. Sie sagen zum Beispiel, dafs die Andeutungen von denen in eine dergleichen Tabelle gebrachten Gegenständen, weit entfernt geschickt zu sein, sowie sie müfsten, an die befolgte Reihe der Begriffe zu erinnern welche sich untereinander gleichsam nothwendigerweise angeknüpft und verbunden sind, und auf diese Weise die daselbst kaum erwähnten Gegenstände zu erläutern, sogar die Gedanken verkehren, und sie dermafsen trüben, dafs viele Dinge unverständlich werden. Sie sagen, dafs in den Columnen Dinge gelesen werden, die sich in Widerspruch mit andern der Anmerkungen gesetzt finden. Sie sagen endlich, um so viel anderes Gerede zu verschweigen, dafs in der Tabelle viele wesentliche Dinge nicht aufgeführt worden sind; während andere Platz fanden, welche ganz fremdartig für die ursprüngliche Angabe einer Uebersicht aus der praktischen Medicin waren.

Und in Wahrheit, würde es nicht der beste Rath gewesen sein, entweder aus dem Prospect die ökonomischen Resultate wegzunehmen, welche daselbst stehn, wie zur Verpachtung: *) oder auch, einige Daumen-

*) Denn wirklich möchte man glauben, dafs Herr Rasori durch die überredende Wohlfeilheit seiner Krankenunter-

breit vom grofsen Rande abzunehmen, der an den beiden Seiten des erwähnten Prospects befindlich ist, um so einer Rubrik Platz zu machen, in welcher die Kranken aufgeführt würden, welche im klinischen Saale am 31 Mai liegen blieben: *) und worin ferner durch eine respective Anmerkung dargethan würde, wies unter ihnen sich verhalte, welcherlei Krankheiten, welche Individuen und in wie vieler Zeit die heilbaren, und welche die unheilbaren. Derowegen läfst das Stillschweigen in diesem Falle die Freiheit zu argwohnen, dafs mit wahrer Absicht aus der Aufzählung solche lästige Ueberreste verschwinden gemacht worden, damit nicht zur Kenntnis gelange dafs mit den angewandten ökonomischen Hülfsmitteln das viertägige Fieber des François Pondevau noch nicht überwunden worden war, der in Num. 6 des klinischen Saales vom Anfang Decembers 1807 bis einen Monat nach dem 31 Mai 1808 gelegen; und

haltung ökonomische Pächter habe anlocken wollen, an welche in den französischen und nach deren Vorbild eingerichteten italienischen Krankenhäusern die gesammte Verpflegung verpachtet zu werden pflegt, wobei oftmals die Concurrenz um den billigsten Preis, dessen geringe Vortheile die armen Kranken nachher durch schlechte Behandlung büfsen müssen, sehr grofs ist. D. Uebers.

*) Dieser Vorwurf ist sehr gerecht. Wer wird pralen, die vollständigen Resultate eines klinischen Halbjahrs gegeben zu haben, und gerade auf die allgemeine Heilsamkeit seiner Behandlung ein Gewicht legen, ohne aller behandelten Kranken zu erwähnen! Die gigantische Gröfse des tabellenförmigen Prospects im Original gehört mit zu den Künsten der Ueberraschung, deren sich der Herr Verfasser bedient, um sicher gegen fremden Angriff zu stehn. D. Ueb.

dafs Francesco Boni, von dreitägigem Fieber befallen, in die Klinik am 9 Mai kam, und daraus nicht eher geheilt hinwegging, als am 2 August. Wenn man also in die allgemeine Rechnung diese Ueberbleibsel einträgt, und ihrer manche andere, so wird das Resultat unrichtig, oder um besser zu sagen erlogen sein: „dafs die mittelzeitige Dauer jeder Krankheit (wie er versichert) nur $14\frac{12}{120}$ Tage betrage, und die längste einen Monat.“ Sowie es ebenfalls nicht wahr ist, *dafs alle 26 Wechselfieber geheilt worden sein*, wie man ebendaselbst ersieht. Und es würde gleichfalls der beste Rath gewesen sein, in jener Tabelle aufserhalb noch eine andere Columne zu verzeichnen, worein alle diejenigen verlegt werden müfsten, welche aus der Klinik als geheilt entlassen, das Unglück hatten kurz darauf in das Spital, immer noch krank, zurückzukehren. Und dieser waren weder wenige, noch geringer Bedeutung, wie in den Anmerkungen des Prospects geschrieben steht, denn der Quartanarius Antonio Maffei von Imola, welcher fortfährt in der Columne der Geheilten des klinischen Prospects einer guten Gesundheit zu geniefsen, von daselbst entlassen, und nach wenig Tagen ins Spital zurückgekehrt, da er von einem heftigen Fieberanfall ergriffen worden, starb im Saale A No. 63 am 21 Februar nach weniger denn 24 Stunden. So mufs von Antonio Fabris gesagt werden, welcher obgleich unter den lebenden Geheilten im Prospect aufgezählt, dennoch kaum 5 Tage nach seinem Austritte aus der Klinik im Spital wiedererschien, und den 29 Mai starb, nach nicht vieltägiger Krankheit im Saale A Num. 58, an Vereiterung der Lunge „aufs Ueberflüssigste bei der Leichenöffnung entdeckt.“ Gleiches Schicksal hatten zwei Ruhrkranke vom 24 Regiment reitender Jäger, welche im Merz ins Spital zurückgekehrt, und in dem Saale H untergebracht, daselbst an demselben Uebel verstarben, davon sie kurz vorher als geheilt im klinischen Saale angegeben worden. Was ferner die unpaſslicherweise aus der Klinik gewiesenen Chronischkranken betrifft, davon ein bedeutendes Beispiel der Kanonier von der kön. Garde Medici abgiebt, welcher von derselben in einem Gesundheitszustande verabschiedet worden ist, um Jedwedem Mitleid zu erregen, und immerfort febricitirt; und was diejenigen welche in der Klinik scheinbar geheilt, Rückfall erlitten, und in die gewöhnlichen Sääle aufgenommen daselbst nach Gebühr geheilt wurden; so ists unnöthig, ihr Verzeichnis vorzubringen, da das Spital allezeit Ueberfluſs davon hat.

Ich hätte geglaubt, daſs nichts mit vollem Recht in Betreff des Oekonomischen zu sagen sein würde, denn der Herr Professor giebt uns zu wissen, daſs jeder seiner Kranken nicht mehr als 6 *Centesimi* und 8 *Millesimi* für die Arzneimittel täglich kostet: welches der Regierung eine Ersparnis von 3 *Cent.* und 92 *Mill.* auf jeden Kranken gewähren würde; indem die täglichen Kosten jedes Kranken zu 10 *Cent.* von der Regierung selber berechnet sind. In dieser Hinsicht nützt es hier vorauszusagen, daſs die andern Aerzte des militärischen Krankenhauses im Jahre 1807 nur $3\frac{90}{100}$ Todte von 100 Kranken hatten, und daſs diese ungefähr die Sterblichkeit ist, welche aus den Verzeichnissen der frühern Jahre der Klinik hervorgeht. Gesetzt dieses, so folgt daſs die Sterblichkeit der nicht-klinischen Sääle 6 und $\frac{10}{100}$ weniger als die militärische medicinische Klinik darbietet, nicht eingerechnet jene unter den geheilten Klinischen aufgezählten Individuen, welche darauf in den andern Säälen starben. Wenn also die für die 10 Gestorbenen in der Klinik gemachten Ausgaben auf die 90 Geretteten übergetragen werden; und die der andern Aerzte im Gegentheil auf die 96 und mehr als $\frac{10}{100}$ Erhaltenen vertheilt werden: so ist der Unterschied Betreffs der Oekonomie, daſs die andern Aerzte, um 6 und mehr als $\frac{10}{100}$ Soldaten am Leben zu erhalten, einen oder zwei Centesimen auf den Tag eines jeden Kranken mehr verschwendet haben; und daſs in Wahrheit der Herr Professor, um einen oder zwei Centesimen auf den Tag seiner Kranken zu ersparen, 6 Mann und $\frac{10}{100}$ auf 100 verloren hat. Aber der Tod so vieler Soldaten, ist denn der hinreichend durch solche Ersparung ersetzt? Oder werden die negativen Resultate der Versuche, denen der Herr Professor seine Kranken unterwirft, hinreichend durch die Belehrung seiner Schüler ausgetauscht sein, welche hieraus erlernen werden, daſs nicht wohl anstehe zu thun, was sie nützlicherweise ausüben könnten?

Es wird nicht unnütz werden hier Betreffs der Oekonomie in Betracht zu ziehn, daſs der gröſste Theil derer in der Klinik behandelten Krankheiten entzündliche gewesen sind, zu deren Besiegung kostbare Arzneimittel nicht nöthig sind; da die beste Heilmethode in Aderlässen besteht, die nichts kosten, in negativer Diät, die nichts kostet, und in reichlichen wässerigten Getränken, die herzlich wenig oder nichts kosten. Und wenn der Herr Professor nicht unglücklicherweise im Herzen von der Sucht den Sonderling zu spielen befallen worden wäre, so würde er oftmals den Versuch nicht gemacht haben Gifte darzureichen, wo Andere immerhin die Aderlafs nützlich befanden; noch umgekehrt Blut zu zapfen, wo Andere einen lobenswerthen Gebrauch pafslicher Arzneimittel machen. Und solcher Weise würde der oberwähnte Fabris nicht zum Sterben gekommen sein; welcher an Peripneumonie Kranke durch häufige Digitalis behandelt ward, und nur durch eine einzige Aderlafs (*Experimentum periculosum*): und gleichfalls ist es genug, dafs der Quartanarius Pondevau nach seiner Behandlung mit vielen Aderlässen dem Tod entgangen ist. Nicht gleiches Schicksal hatte jedoch jener Soldat welcher an einer *innerhalb 5 Tagen nicht erkannten Perniciosa* starb: ein um so tadelnswertherer Fall, als ein ähnlicher seit das Militärspital besteht nicht vorfiel, und der sicher in der Klinik nicht Statt gefunden haben würde, wenn man nicht wüfste dafs der Herr Professor sich vorgesetzt den Gebrauch der China *von hohem Preise und noch höherem Nachtheil*, wie er sagt, abzuschaffen; wenn auch die übernommene Verbindlichkeit das Leben irgend eines Grofsen gelten müfste.

Nicht minder als die andern Theile ist derjenige der Untersuchung werth, welcher die Klassifikation der im ersten Halbjahre vorgekommenen Krankheiten betrifft. Unter der *Anmerkung* (1.) liest man: „die hier angenommene Abtheilung der Krankheiten ist nach keiner der „bekannten Nosologieen gemacht. Ohne für jetzt andere „Rechenschaft darüber abzulegen, mag hinreichend sein „dafs sie deutlich und dem gegenwärtigen Zweck angemessen ist, welcher die gröfste Einfachheit der Vertheilung und die mindeste Systemenwillkühr erheischt."

Es ist seltsam dafs für die Deutlichkeit eines Prospects, in welchem nur Andeutungen der Gegenstände gegeben werden, eine Nosologie angenommen werden mufs, deren Grundbestandtheile unbekannt sind: und es ist noch seltsamer, dafs dieselbige für „deutlich und dem gegen„wärtigen Zweck entsprechend" zu halten sei, blofs wegen der Ursache, weil er es frei heraus versichert. Ich wüfste nicht wohl zu sagen, bis zu welchem Ziele der neue Stamm unserer modernen Aeskulape das Vertrauen ausdehnt, welches er in die ERHABENEN VORTRÄGE seines Lehrers setzt; jedoch weifs ich, dafs in der Philosophie jene Zeiten verschwunden sind, in welchen die Menschen treuherzig bei einem blofsen und trocknen *dixit ipse* still und ruhig verharrten, welches von dem unbegrenzten Ansehn eines Lehrers bezeichnet war. Auf jede Weise, was auch Herr Rasori von der Reform seiner Nosologie sage, sieht man offenbar, dafs der Herr Professor, den gröfsten Theil der Benennungen aus den bekannten Nosologieen beibehaltend, sich bis jetzt eingeschränkt hat, den Krankheiten eine andere Vertheilung zu geben, und von einigen sogar die gewöhnliche vom Gebrauch bestätigte Bedeutung, welche sonach die gangbare Sprache der Kunst geworden war, verkehrt hat. Nachdem er die Ordnungen, und die Klassen, welche unter jene fallen, weggeschafft, verwirrt er die Geschlechter und Arten; und letztere untermischt mit den erstern.

Wirklich sieht man in der Columne der Krankheiten die Profluvien als eine Gattung aufgestellt, und in der daran stofsenden Columne die Diarrhöe und die Dysenterie als einzige Arten: gleich als, wenn die Gattung einzig ist, einzig auch und abgetrennt die Arten sein müfsten; und deshalb unabänderlich alle Diarrhöen und Dysenterieen auf gleiche Weise behandelt werden müfsten, welcherlei Ursache immerhin sie hervorbringe, welcherlei Diathese von ihnen dargestellt werde. *) Das Nemliche mufs beinah von allen Arten gesagt werden, welche unbestimmt und allein dastehn, nach Art der obenangegebenen. Im Gegentheil sind die Apoplexie, die Peripneumonie, und andere Krankheiten, welche in den bekannten Nosologieen Gattungen ausmachen, die in verschiedene Arten zerfallen, hier unter der Rubrik der Arten aufgestellt, ohne Unterabtheilungen zu haben. Es ist daher jener Zusammenhang aufgehoben, welcher die Krankheiten wie zu einer Kette zusammenfügte, deren fortgesetzte Reihe von Ringen, aufserdem dafs sie uns die analogen Beziehungen welche unter ihnen statt finden vor Augen legt, uns in Stand setzt zeitig genug

*) Hier verstehe ich Herrn Cervi's Aeufserung nicht ganz. In meinem Exemplar des Rasorischen Prospectus findet sich der Gattung *Profluvien* aufser *Diarrhöe* und *Dysenterie* noch die *Hydrargyrosis* beigefügt, welches ich bei meiner Uebersetzung der Tabelle auch beibehalten, und in der Note (*) zu der Rasorischen Anmerkung (7.) erwähnt habe, wie unschicklich der Ausdruck *Hydrargyrose* (*Mercurialkrankheit*) welcher ganz etwas Anderes bedeutet, statt des allein möglicher Weise dort gemeinten *Speichelflusses* gewablt sei. In Herrn Cervi's Exemplar möchte nach seiner gegenwärtigen Aeufserung die Hydrargyrose nicht daselbst gestanden zu haben scheinen: allein er hat sie in dem Drange seines zürnenden Muthes nur übersehn, denn weiter unten läfst er sich, wiewohl mit etwas schwächlicher Ansicht, darüber aus. D. Ueb.

das paſsliche Heilverfahren auszuwählen. Nennt man dieses also eine Nosologie verdeutlichen?

Ich habe oben gesagt daſs der Herr Professor die alten Namen der Krankheiten beibehalten hat; daſs er aber ihre bekannte Bedeutung verdorben. Hier die Beweise. Es ist die Synocha, nach dem Sinne der gangbaren Nosologen, wenig mehr als eine ausgedehnte Ephemera: während der Synochus, nach dem Ausdrucke von Cullen und von allen guten Praktikern, vom Typhus nicht abweicht, als nur dem Grade nach; und er verdient daher, ganz verschieden behandelt zu werden. Wo aber nun findet sich *dem Zweck entsprechende Deutlichkeit*, wenn unter der bekannten Benennung der Synocha ein Teig von zwei verschiedenen untereinandergemischten Krankheiten vorgebracht wird, welche nun eine Krankheit bilden, deren Dasein unverständlich und durchaus willkührlich ist? Vielleicht aber, daſs er 26 von Synocha befallene Individuen erhalten, wie im Prospect uns zur Erkenntnis gegeben wird, war von geringem Werthe bei einer an sich unbedeutenden Krankheit; es muſste ihr also Wichtigkeit gegeben werden. Wenn man jedoch die Synocha des Verfassers nach dem glücklichen Ausgang schätzen soll, welchen seine 26 Individuen, die davon ergriffen waren, in Vergleich mit dem Schicksal seiner andern schweren Kranken hatten; so muſs man sagen, daſs die einfache Synocha in der militärischen Klinik gefährlich in der nemlichen Weise werde, als daselbst die gefährlichen Krankheiten mehr denn anderwärts tödtlich waren.

Ich kann mich nicht entbrechen, hier eine Bemerkung zu machen; nemlich daſs aus dem Prospect die unter dem Namen der *Pleuritis* oder des *Seitenstiches* sehr bekannten Krankheiten ausgeschlossen sind. Diese verhalten sich gewöhnlich zu den Peripneumonieen, sowohl nach ihrer Anzahl als ungefähr nach ihrer Heftigkeit, wie neun zu zehn. Gewifs also werden unter den 74 im Prospect aufgezählten Peripneumonieen der Pleuritiden vermischt worden sein, und also, gleichwie beim Synochus, diese in jene zu einem einzigen Gusse hingeschüttet; woraus dann eine gewaltige Krankheitsart auf gut Rasorisch gestempelt entstanden ist. Da aber die Art der Peripneumonie 11 Todte giebt; so ist dieses sicherlich der Beweggrund, weshalb dort die Pleuritiden in Peripneumonieen umgewandelt werden; indem diese anerkannterweise im Militärspital reichlich minder tödtliche Krankheiten als jene sind.

In der folgenden Columne wird der Gattung der exanthematischen Fieber als unabtrennbare Art der Typhus beigezählt. Hippokrates in der Schrift von den innern Krankheiten, stellte den Namen *Typhus* fest, welchen Foesius für eine Art der *febrium ardentium* hielt.[1]) Zu den Zeiten des Hippokrates hat man allen Grund anzunehmen dafs weder Petechien, noch Friesel, noch Masern, noch Pocken gekannt waren: [2]) und die Aerzte

[1]) Foes. pag. 704. edit. Geneviae 1657. — (*Die mit Zahlen bezeichneten Noten gehören dem Herrn Verfasser an.* D. Ueb.)

[2]) Hier giebt es noch eine unter den Aerzten unentschiedene Frage: Ob Hippokrates Kenntnis der Petechialkrankheit gehabt. Viele glaubten, allerdings, gestützt auf das *culicum morsus*, dessen er verschiedene Male Erwähnung thut; aber ein solches Symptom des *culicum morsus* findet man

aller Nazionen stimmen in der gemachten Bemerkung überein von typhusartigen Fiebern die ohne allen Hautausschlag blieben, welcher, wenn er im Typhus vorkommt, von Sauvage für zufällig und der Krankheit unwesentlich gehalten wurde. Was soll man also vermuthen, dafs im Prospect durch den Namen *Typhus* ausgedrückt worden sei? Die Benennung ist erborgt von jenem Hippokrates, welcher Vater aller Irrthümer ist: [*]) aber welche Bedeutung ihr gegeben werde, um sie *deutlich und dem gegenwärtigen Zwecke entsprechend* zu machen, indem ich sie zwischen den Arten der Ausschlagskrankheiten aufgestellt finde, weifs ich nicht.

Unter denen zur Gattung der anhaltenden Fieber gehörigen Arten findet man ein neues Gebild von Fiebern, vom Verfasser *febris continua icterica* genannt; über welches er nachher in der hinzugefügten Anmerkung redet, also es bestimmend: „So benenne ich gewisse Fieber" u. s. w. (*Anm.* (3.)). Der Ikterismus offenbart sich mitunter in jeglicher Art der Fieber, sowohl acuter als chronischer; und die Nosologen, auf Sydenham ich weifs nicht weshalb sich beziehend, nennen eine solche Erscheinung *Aurigo febrilis;* und dies ist gerade ganz das nemliche Symptom, welches nicht selten im militärischen Spital und anderwärts beobachtet wird. Wenn der Ikterismus die Anfälle der Wechselfieber begleitet, so machen die Nosologen eine abgesonderte Art daraus, welche sie *Aurigo febricosa* benamen, und welche ebenfalls in dem erwähnten Spital sehr häufig ist. Aber sowohl in dem

nirgends wo er die verschiedenen Gestaltungen des Typhus beschreibt.

*) Rasori *preteso genio d'Ippocrate.*

einen als im andern Falle wird der Ikterismus allein als zufällig betrachtet, oder als Zeichen des veränderten Zustandes der Krankheit selber: niemals aber als wesentliche und abgesonderte Krankheit. Wenn der Herr Prof. nach der verschiedenen Farbe des Stuhlganges, des Urins, und dergleichen zufälligen Erscheinungen Arten erschafft, um sich immer weiter von der Ordnung der *gangbaren Nosologieen* zu entfernen; und so erschafft er sie mit der *gröfsten Einfachheit* und der *mindesten Systemenwillkür;* so wird er ihre Verzweigungen bis ins Unendliche ausdehnen: „Und die Krankheitssymptome in Vergleich der „Staubfäden und Pistille der Blumen, der Gestalten der „Krystalle, und der äufsern Kennzeichen der Mineralien „gestellt, werden ebensoviele wesentliche Kennzeichen „werden.“ [4])

Hier ergreift der Herr Professor bescheidnerweise die Gelegenheit, in unser Gedächtnis die so oftmals und so sehr gerühmte *Geschichte des epidemischen Fiebers zu Genua* zurückzurufen. [5]) Es ist zwar hier nicht die schickliche Gelegenheit, um über diese ein Gespräch anzuknüpfen: jedoch mag es uns erlaubt sein, ihm des Bezuges ein Geschichtchen aus dem berühmten Baco zu erzählen. Dieser nemlich erwähnt, wie pafslich Einer antwortete, welcher in den Tempel geführt, und indem man ihn die aufgereihten Täfelchen, die Gelübde derer darstellend welche die Götter anriefen und erhört glücklich der Gefahr des Schiffbruches entrannen übersehn liefs,

[4]) Rasori *prolusione* pag. 20.

[5]) Wenn diese etwa einmal neuaufgelegt werden müfste, so möge man die Zeiten in welchen die Alten lebten besser zu Rathe ziehn. S. Aetius, Actuarius u. s. w.

befragt ward: ob er noch den Glauben an die Allmacht der Götter verweigere? Zur Antwort gedrängt, fragte er jene angelegentlich: *Aber wo sind denn alle die Täfelchen von Jenen, welche die Götter vergeblich anrufend, umkamen?* [6]) Wenn ebenso jemand wäre, der uns alle diejenigen zu Gesicht brächte, welche unter den Auspicien des Herrn Prof. bei Gelegenheit des erwähnten epidemischen Fiebers starben, während er den Dienst als ordentlicher Arzt im Militärspital zu Genua verrichtete, und deren nicht wenige sind, wie man aus den Verzeichnissen selber entlehnen kann; könnte man nicht alsdann mit vollem Fuge sagen: „dafs die Vorschriften, die er „zu solchem Behufe in bestimmtem und lehrermäfsigem „Tone verbreitet, ohne jemals Zweifel zu erregen, oder „jemals Mistrauen zu erwecken: *oracula pandit*; und das „Vorschriften vorsagen wie das Orakel Antworten vor„sagt, ein Umstand ist, der allein und für sich gefichti„gen Verdacht der Unwissenheit des Lehrers giebt. [7])" Aber abgesehn von dem innern Werthe seiner letzten Lehren in Betreff dieser Krankheit, welche ganz die nemlichen sind als man vordem in den alten Schulen erlernte: so sehe man hier, was er nicht lange vorher in Rücksicht der nemlichen Krankheit geschrieben: „Fest in „meinen Grundbegriffen dafs das sogenannte Nervenfie„ber eine allgemeine Krankheit durch Mangel, und das „sogenannte entzündliche eine allgemeine Krankheit aus „Uebermafs an Kraft sei, werde ich ohne Scheu der Täu„schung behaupten, dafs die Unmöglichkeit nicht in der „Er-

[6]) *Nov. Organ.* Lib. I.

[7]) Rasori *preteso genio d'Ippocrate* pag. 40.

„Erklärung, sondern in dem Vorhandensein des Phäno„mens liege;" und was daselbst folgt. *)

Um die Untersuchung der Elemente jener neumodigen und wahrhaft originellen Nosologie wiederzubeginnen, muſs ich in Betracht ziehen, bei Gelegenheit der Art von *Exanthema anomalum* die sich unter der Gattung exanthematischer Fieber aufgeführt findet, daſs die dargelegte Beschreibung ein unbestimmbares Gemeng von Gegenständen, auf seltsame Weise behandelt, bildet. Der Herr Prof. beginnt daselbst von Friesel zu sprechen, welches gleich den Pocken von einem eigenthümlichen Zunder ausgeht; hierauf von Krätze, welche gleichfalls durch einen eigenthümlichen Ansteckungsköder geweckt wird; alsdann von *Epheliden*, einem Ausschlag, der zu den Schwinden (*impetigines*) gehört, und der keine als die von der Sonne gestochenen Theile befeindet: wie der Name selber es anzeigt. Plötzlich, schaut! wider alles Erwarten löst sich „das unbestimmbare anomale Exan„them in eine nicht zeitig erkannte *Perniciosa*, nicht mit „hinreichender Kraft behandelt, als der Verdacht ent„standen, u. s. w." (vergl. *ann* (5.)) Einerseits benimt sein aufrichtiges unschuldiges Geständnis allen Athem, jene mancherlei kritischen Bemerkungen zu machen, welche hier zu Nutzen kommen möchten: andrerseits ferner giebt es Niemand, der nicht aufs Leichteste einsähe wie sehr die unbestimmten anomalen Arten der Krankheiten die Deutlichkeit einer Nosologie trüben. Und dieweil man weiſs, daſs der Herr Prof in Sachen der Ausschlagskrankheiten kein sonderliches Studium gemacht,

*) *Prolusione*, pag. 34.

wie denn Allen die Geschichten von den Pocken zu Pavin [9]) und die neuere von der Vaccine zu Mailand [10]) bekannt sind; so möchten die anomalen Krankheiten zuletzt sich über alle Maſsen ausdehnen: da ihre Fortpflanzung nicht eingeschränkt werden könnte, als nur nach Maſsgabe der Sphäre seiner Kenntnisse von solchem Gegenstand. Um ferner in all seinen Theilen das Werk zu vollenden Betreffs der Beschreibung dieses anomalen Exanthems, bemerke man daſs das Individuum in den Rubriken des Prospects an *Exanthema anomalum* stirbt; und hierauf von Neuem im Felde der Anmerkungen an *nicht zeitig erkannter Perniciosa* sterben muſs, u. s. w.

Von der Gattung der Profluvien entquillt eine neue Art, vom Herrn Professor *Hydrargyrosis* genannt. Diese ist noch so eine *unbestimmbare Krankheit;* und man kann nichts Anderes vermuthen, als daſs, da die Benennung *Hydrargyrosis* unter der Rubrik der Krankheiten aufgestellt ist, vorausgesetzt werden müsse das Quecksilber

[9]) M. s. Rasori, *ein Lustspiel* (das oben erwähnte); und den angehängten *Brief.*

[10]) Er hatte sich vorgesetzt, die Vaccine abzuschaffen, und die Menschenpocken ihr unterzuschieben, welche er allzu gefällig sich schmeichelte nach seinem Gutdünken zu mäſsigen; aber *der Versuch kostet viel*, sagte Hippokrates! D. Verf. — Es ist auffallend, daſs Herr Rasori in seinem allzugefälligen Traume, durch willkürlich gemäſsigte Menschenpocken die Vaccine zu ersetzen, dem oberflächlichen Herrn Carlo Pucciardi begegnete, von dem ich oben bei Gelegenheit Pisa's gesprochen. Verwandte Geister treffen sich. Auf solchem Wege werden wir allerdings über die Vacine keine entscheidenden Aufschlüsse zu erwarten haben. D. Uebers.

stehe daselbst als Ursache der Krankheit statt der Krankheit selber. In welchem Falle man immer noch fragt, von welcher Art die hervorgetretene Krankheit sei: sofern der Ausdruck: Krankheit vom Mercur, dem Ausdruck gleichkommt: Krankheit von den Aepfeln, von den Birnen u. s. w. Ueberdem nennen die Aerzte den krankhaften Speichelfluſs *Ptyalismus*, und *ptyalism. mercurialis* den vom Quecksilber erregten, welcher denn auch vielleicht die hier angeführte krankhafte Affection *) des

*) Bei dieser ganzen Verhandlung kann ich mit Herrn Cervi nicht völlig übereinstimmen. Er scheint mir Recht zu haben, aber auch Unrecht. In der Note *) zu Rasori's 7ter Anmerkung habe ich schon angeführt, wie verworren dessen Begriffe von der übermäſsigen Wirkung des Quecksilbers sind. Allein auch Herr Cervi verwickelt sich hier, und diesen Umstand kann ich nur daraus erklären, daſs er zu eilig und zu eifrig schrieb, wie auch schon bei einer frühern Stelle seiner Bemerkungen erinnert wurde, daſs er daselbst die *Hydrargyrose* ganz übersehn, die nun hier erst vorgenommen wird, nachdem ihre nächsten Nachbarn Diarrhöe und Dysenterie oben schon durchgegangen wurden. Welcher Arzt kennt nicht die eigenthümliche Mercurialkrankheit, die unmittelbar von dem *metallischen*, keinesweges, wie der Speichelfluſs, von dem übersäuerten Gehalt des Quecksilbers abzuhängen scheint, und sich durch ihre wunderbare Aehnlichkeit mit der Siphilis selber, und die schleichende, das träge Knochensystem vor allen ergreifende Fieberbewegung auszeichnet, welche den allgemeinen Wirkungen des metallischen Princips gleichkommt. Die Verwunderung unseres Verf. über eine mögliche Krankheit als unmittelbare Folge des Mercurs, dessen Namen sie auch trüge, wollen wir also nicht mit ihm theilen: wenngleich seine witzige Zurechtweisung des offenbar an *Ptyalismus* denkenden Rasori auch Beifall verdient.

D. Uebers.

31 *

Herrn Prof. sein wird, der übrigens, um *rein* zu reden, und *in einem vom gewöhnlichen verschiedenen Sinne* zu reden, *kauderwelsch* redet. Wer aber kauderwelsch redet, der kann weder lehrreich noch deutlich sein: und doch ist, wer unbehülflich singt, dafs: *)

Er red', er schreib', er heil', es kann
Rasori'n nie gleich sein ein Mann.

Von der Gattung der chronischen Entzündungen endlich entspringt eine Art, mit ihrem Beiwort ausgestattet, welches gewöhnlich hinzugefügt wird, um die wesentliche Verschiedenheit der Art selber anzuzeigen: und dies ist die *Physconia ventralis.* Physconia bedeutet krankhafte Anschwellung des Bauches, und ist was die Italiener *ostruzione, oppilazione, intassamento* **) nennen; obgleich uneigentlich, wie der berühmte Ritter Rezia durch seine lehrreiche und originelle grofse pathologisch-anatomische Entdeckung nachwies, vermöge deren er dargethan dafs gar nicht von Hindernis, nicht von Verstopfung der Oeffnungen der Gefäfse die Anschwellung der Eingeweide abhänge, sondern vielmehr *a vasorum distensione.* [11]) Um nun auf unsern Gegenstand zurückzukommen, so bedeutet das italienische Beiwort *ventrale* zu dem griechischen Ausdruck *Physconia* hinzugefügt *bauchigte Anschwellung des Bauches* — (*gonfiezza del ventre ventrale*) —; welches einer *Harnverhaltung des*

*) Verse unsers Herrn Dr. Cervi aus jenem angeführten Lustspiel, welches nicht so ganz unbehülflich ist, als der Musentraute Verf. hier in seiner Bescheidenheit spricht.
D. Uebers.

**) *Verstopfung, Anhäufung, Verschwellung.*

[11]) Rezia *specimen observationum* etc.

Harns, Lungenentzündung der Lunge u. s. w. gleichkommt.
Heifst das aber nicht „Sucht Worte zu machen wo Ge-
„danken fehlen?" Oder geschicht es um jener „Deutlich-
„keit und Einfachheit" willen, die „ohne Systemen-
„willkür" angenommen ist, dafs man Arten aufstellt,
bald auf *Griechisch*, bald auf *Italienisch*, bald gar auf *Grie-
chisch-Italienisch*? *)

Unter der letzten Rubrik der Krankheitsarten befindet sich ein Wust von Namen, die daselbst aufs Gerathewohl, und ich möchte fast sagen, in Masse hingegos-
sen sind; ohne Unterscheidung weder der Klasse, noch
der Gattung, noch auch folglich der Art. Da sieht man
die Apoplexie mit der borkigten Krätze, und mit der
Kolik; und die Venusseuche mit der Perniciosa und mit
dem Herzklopfen. Dafs die Venusseuche und das Fieber
welches man Perniciosa nennt — Krankheiten, die
durch bestimmte Heilmittel überwunden werden, —
keine Unterabtheilungen haben, noch auch specificirt
sind, ist im Grunde kein grofser Schaden, weil man
schon ihr pafsliches Heilmittel kennt; dafs aber die Apoplexie, und die Kolik, deren verschiedene Gattungen
ein verschiedenes, ja sogar entgegengesetztes Heilverfahren erheischen, und dafs das Herzklopfen, welches sowohl von *Plethora* als von organischem Fehler herkömmt,
unordentlich durcheinander geworfen sind, das ist ein
unverzeihlicher Fehler für eine Nosologie, welche die
genauesten Begriffe zur *zweckentsprechenden* Erkenntnis

*) In dem Original des Rasorischen Prospects sind die Krankheiten nach italienischen Namen aufgeführt: und dieses Umstandes bedient sich unser Verf., um die grieshisch-italienische *fisconia ventrale* zu verspotten. D. Uebers.

der Uebel darbieten muſs. Wenn man vollends zu all diesem die *vorgeblichen Krankheiten* hinzufügt, mit welchen der Herr Prof. aufhört uns die Spuren dieser seiner Nosologie zu geben, alsdann läſst sich mit Genauigkeit von dem Werthe der Anfangsgründe der Gehalt des vollendeten Werkes schätzen: weil von einer wohlangelegten Nosologie gefodert wird, daſs die Bedeutung der Krankheiten mit Deutlichkeit, und mit Bestimmtheit der Sprache auseinandergesetzt sei. Unter *vorgeblichen Krankheiten* aber wird man diejenigen verstehn, welche erdichtet sind: oder sollen es diejenigen sein, welche gleich den Pflanzen von der Klasse der Kryptogamisten bei den Botanikern, von verborgener Abstammung sind? Der Doppelsinn, mit welchem man die angegebene Art erklären kann, ist schon ein gründlicher nosologischer Irrthum. Und mehr noch: wenn die erste Bedeutung der angeführten Krankheiten beibehalten wird, so würde es nicht wahr sein, daſs der Herr Prof. sich mit den schwierigsten Krankheiten beschäftiget habe, wie er versichert, noch auch müssen diese die Uebel sein, welche die klinischen Nachforschungen eines öffentlichen Lehrers verdienen: wenn hingegen von Krankheiten verborgener Abstammung gehandelt wird, so will ich mir schmeicheln, daſs deren Kreis immermehr eingeschränkt werden wird, daſs dem Herrn AUFSPÜRER MIT GLÜCKLICHERM ERFOLG DER VERBORGENEN GESETZE DER LEBENDEN NATUR [12]) die abgelegenen Geheimnisse derselben sich enthüllen werden.

[12]) M. s. die Unterschrift seines Bildnisses.

Dennoch erregt mir die Ungenauigkeit und der geringe Fleifs den Herr Rasori angewendet um die Grenzen der Krankheiten zu bestimmen, und ihre richtigen Verschiedenheiten festzusetzen, keine Verwunderung; unnütze Obliegenheit für einen Kliniker wie er, gewohnt alle Gegenstände unter einer solchen Gestalt seines *von ihm ohne Willkür erdachten Systems* zu vermengen; dem sich jede Krankheit immerhin nach der nemlichen Weise abtheilt, und ununterschieden und hartnäckig mit einem einzigen und unveränderlichen Heilverfahren behandelt wird, sie sei chronisch, sie sei acut, herrschend oder constituzionell, oder zufällig, sie sei von gutem oder bösem Ausgange begleitet. Die einzige Mannigfaltigkeit, welche man in seiner Praxis entdeckt, ist die der geringern oder gröfsern Gaben von giftigen Stoffen, welche er gewöhnlich seinen Kranken vorzuschreiben pflegt. Er gewöhnt sich mitunter unerhörte Gaben davon zu ertragen, aber es ist ebensosehr wahr, dafs der gröfste Theil derselben sich nicht mit Leichtigkeit bequemt, und die gröfste Anzahl zu Grunde geht. Und auch mancher Andere, der sich treu an die dargereichte Gabe hielt, verlor elendiglich sein Leben. So geschah es dem Matteo Gualdi, welcher nachdem er einige Tage hindurch eine und eine halbe Unze des rothen Fingerhuts genommen, den 24 Februar 1807 unerwarteterweise an Wahnsinn verstarb: und das Nemliche geschah auch neuerlich dem Cerù, welcher täglich zwei Unzen Eisenhütleinextracts hinterschlingend, plötzlich sein Leben einbüfste. [11])

[11]) Man gab vor, dieser sei an Ueberfüllung gestorben. Der Herr Prof. verband mit einer so grofsen Gabe des contrastimulirenden Giftes eine reizende volle Diat; woher wahr-

Während der Herr Prof. einerseits laut anrühmt sowohl als reichlich seine giftigen Arzneien darreicht; sucht er andrerseits umsomehr den Gebrauch der anerkanntesten Heilstoffe herabzuwürdigen und zu verdammen. Man höre was der *glücklichere Aufspürer der verborgenen Gesetze der lebenden Natur* Johann RASORI [14]) über den Gebrauch der *Chinarinde* schreibt. „Man beliebe jedoch zu bemerken, daſs alle sechs und „zwanzig“ (vorgekommenen Wechselfieber nemlich) „geheilt worden sind, mit Einschluſs von acht viertägigen Fiebern; und daſs durchaus keine China weder in „Substanz noch in irgend einer Zubereitung angewendet „worden ist.“ Dies ist gewiſs die Ursache, warum in der Klinik ein von Perniciosa Befallener daraufging, nebst dem obenerwähnten Antonio Maffei von Imola; und dies ist gleichfalls die Ursache, weshalb Viele in die andern Krankensääle flüchten muſsten, um gehörig zu genesen. Kurz darauf fährt er also fort: „Das kommende Halbjahr, welches im Ganzen mehr Wechselfieber „als das verflossene darbieten müſste, wird erlauben in „der Klinik die Thatsachen zu vervielfältigen, welche

scheinlich der Befund in der Leiche des Ceri an strotzenden Gefäſsen des Gehirns, Anheftung der harten Hirnhaut an den Schädel, und rothpunktirten gestreiften Körpern nebst Erguſs einer röthlichen Lymphe in den Gehirnhölen, hergeleitet ward. Auſserdem war der Magen angefüllt mit den kaum verschlungenen Speisen der vorgeschriebenen Mahlzeit; die Zottenhaut des Magens etwas röthlich; und desgleichen auch die der Hälfte des Zwölffingerdarms.

[14]) So wird er in der Unterschrift des Bildnisses benannt, dessen Stich neulich, wie es heiſst, von seinen Zuhörern besorgt wurde.

„ich seit nunmehr 3 Jahren in jener des Bürgerspitals „überflüssig vermehrt habe, Betreffs der Verbannung, „oder wenigstens ziemlichen Verminderung des Ge„brauchs der China der ausgeartet in einen *Misbrauch von* „*hohem Preise und höherem Nachtheil*"

Dies eben ist die schickliche Gelegenheit um dem Herrn Rasori vor Augen zu rücken was er in seiner *Einleitung* schrieb, als er Professor zu Pavia geworden: PRACTISCHE THATSACHEN; *dies ist das allgemeine Geschrei der* ÄRZTLICHEN BEOBACHTER, welche über *die Maſsen zudringlich in unſern Tagen sind.* Und kurz darauf: DER BETRUG, DIE LÜGE UND DAS MISTRAUEN *treten ungestraft in die Bildung ärztlicher Thatsachen ein,* u. s. w. u. s. w. Uebrigens, wenn den Thatsachen Glauben beigemessen werden soll, so hat die verschwenderische Menge der Thatsachen während fast 2 Jahrhunderten von Männern die frei vom Neuerungsgeiste, mit der feinsten Scharfsichtigkeit begabt um gut zu beobachten und mit dem klügsten Verstande um ein genaues Urtheil zu fällen, geliefert worden sind zur Grundlage für die gerechten Lobeserhebungen gedient, welche dieselben dem Gebrauch der peruvianischen Rinde machten; welche für sich allein vielleicht im Stande ist die Vortheile aufzuwägen, die alle übrigen Arzneimittel vereiniget dem Menschen darbieten können. Und ich nehme für gewiſs an, daſs in ganz Europa zufällig nicht ein Drittheil der Menschen ist, welches im Verlauf seines Lebens nie Gelegenheit gehabt, und gegenwärtig noch habe, den heilsamen Gebrauch der China aufs Mehrste zu loben. Es ist dies ein Zeichen der Altersschwäche des, — obgleich noch jungen — Herrn Professors, dafs er Sachen und Personen umsomehr herabzuwürdigen und aufser Glauben zu bringen sucht, jemehr Sachen und Personen von Andern anempfohlen und gerühmt werden. Nicht anders als jener griechische Bauer, welcher nach Athen mit seinem Scherben gekommen, (auf Scherben nemlich ward wie bekannt der Name derer ausgezeichneten Männer geschrieben, welche man nach dem Gesetz des Ostracismus zu verbannen wünschte) dem Aristides begegnete, den er nicht kannte, und ihn ersuchte auf seinen Scherben den Namen Aristides zu schreiben. Dieser verwunderte sich über ein solches Gesuch, und ohne im mindesten bestürzt zu werden fragte er den Bauer ob der Aristides ihm jemals etwas Leids angethan: „Gar nichts," antwortete jener, „ich kenne ihn nicht einmal; aber es „ärgert mich, dafs ich ihn überall als einen Gerechten „rühmen höre." [15])

Eine der bekannten Arten die verborgenen Ursachen der Krankheiten zu erforschen und aufzuspüren, ist sicherlich die anatomische Besichtigung, nach Gebühr ausgeführt, und mit jenem scharfsinnigen Auge angestellt, welches den tiefdenkenden Arzt beweist, der da in den Leichnamen seiner Kranken zu enthüllen wisse, wo der Fehler gelegen, der die Reihenfolge der Actionen und Reactionen unterbrach, auf deren gleichwiegender Harmonie das Leben beruht. Aber der *glücklichere Aufspürer verborgener Gesetze der lebenden Natur* bietet uns eben sowenig von dieser Seite andere als unfruchtbare, unbündige, keinesweges lehrreiche, und sogar unrichtige Win-

15) Plutarch. *vita Aristid.*

ke. Betreffs der ersten 3 Todten durch Lungenentzündung mit Brustwassersucht verbunden, erfährt man nichts Anderes, als nur dafs bei einem derselben „die Brust„wassersucht sehr vollhaltig war, und dafs er kaum 24 „Stunden in der Klinik lag." Von den andern beiden wird kein Wort gesagt; er ergänzt jedoch den Mangel an Kenntnissen der pathologischen Anatomie indem er mit Kathederpralerei vorsagt, dafs die Brustwassersucht bei allen 3 wohl von ihm *vorhergesehn worden während des Verlaufs der Krankheit*: ein umsomehr keckes Prognostikon, als der grofse Morgagni den Fall des Jacob Vicarius anführt, welcher sich in seiner Annahme betrog, dafs einer an Brustwassersucht gestorben sei, während in dessen Brusthöle nicht einmal eine Drachme Wassers gefunden ward, wie der nemliche Vicarius selber gestand; weswegen er auch entschuldigt und sogar aufserordentlich gelobt wird von dem angeführten Morgagni.[16])

Nach dem Ausspruche von Stoll war Morgagni der erste, welcher uns zu wissen that, dafs die Brustwassersucht auch durch Lungenentzündung hervorgebracht werden könne; aber es sind darum diese Fälle nicht gar so häufig: ja Einige glauben sogar, dafs bei solchen Umständen der Hydrothorax genau ebenda anfange, wo die Entzündung aufhört. Man hat daher allen Grund zu zweifeln, ob jener Mensch, den der Herr Prof. nur erst 24 Stunden vor seinem Tode gesehn, Peripneumonie wirklich gehabt habe oder nicht. Wenigstens weifs man nichts Genaues vom Zustande seiner Lungen; wie man auch nichts vom Zustande der Lungen bei beiden

[16]) *De cognoscend. et curand. morb. epist. XVI.*

Andern weiſs. Und zu sagen, daſs die Lungen entzündet, sogar höchst entzündet befunden worden; wie man Betreffs des vierten Leichnams liest, welcher unter das anatomische Messer gerieth; heiſst ungenaue Worte an die Stelle bestimmter pathologischer Kenntnisse setzen. Von der Entzündung der Lungen in Leichnamen muſs man deshalb den Schmerz, die Hitze und die Pulsation abziehn, welche nicht mehr vorhanden sind; um an deren Stelle die gemachten anatomischen Beobachtungen zu setzen, aus denen der vorhergegangene Zustand der höchsten Entzündung derselben hervorgehn könne. Sonst könnte man glauben, daſs der entzündliche Zustand so aufs Gerathewohl nach Verhältnis der vorausgesetzten Diagnose der Entzündung geschätzt worden sei; ohne sich besonders um die Aufsuchung zu bekümmern, wo eigentlich das Gebrechen in *den verborgenen Gesetzen der Natur* sich versteckt habe. Wirklich zwar spricht auch Morgagni von entzündeten Lungen; aber er zeigt ihre Wirkungen, welche offenbar auf vorhergegangene Entzündung hindeuten.

Der Herr Prof. fügt hier noch ein anderes Beispiel hinzu, welches deutlich beweist, mit welcher Nachlässigkeit jener ungeschlachte Prospect geschrieben ward, und wie geringe Kenntnisse der Herr Pr. von der pathologischen Anatomie besitzt. Ein Unglückseliger, welcher uns in der Columne der Krankheiten als an bloſser Lungenentzündung gestorben aufgeführt wird, stirbt endlich im Felde der Anmerkungen an Peripneumonie verbunden mit Aneurysma des Herzens, dessen „linkes Ohr „beinah von der Dünne eines Papierblattes war:" und Bezugs auf den Zustand der entzündeten Lunge wird gar

Nichts hinzugefügt. Auch geschieht bei dieser Gelegenheit nicht die schickliche Erwähnung der trefflichen Bemerkung des Herrn Ritters Scarpa, durch welche derselbe handgreiflich bewies, dafs kein Aneurysma ohne Continuitäts-Verletzung in irgend einem Puncte des aneurysmatischen Sackes gegeben werden könne. Hier aber, weit entfernt, uns einen solchen Fehler mit jener Bestimmtheit anzugeben, welche bei dergleichen Nachspürungen erfodert wird, beweist er dafs ihm nichts von alle dem bekannt ist. Wenn der Herr Professor der beiden klinischen Schulen, anstatt die schwarze Galle, mit welcher ihm die ganze Seele befleckt ist, auf die Schriften erleuchteter und vielgenannter Verfasser auszugiefsen,[17]) verstanden hätte ihre „ERHABENEN VOR„TRÄGE zum Merkmal jener ehrfurchtsvollen Liebe, „welche die genialischen Menschen süfswonnig einflö„fsen;" [18]) so würde man jetzo nicht gerecht sagen können, dafs indem er seinen Prospect darbietet nichts hervorgehe als „ein Resultat, dem Rufe nicht angemes„sen, welcher den Herrn Professor in die Stelle, worin „er sich befindet, begleitet hat; indem manchmal auch

[17]) Beispiele dieser Art sehe man in den *Annali di Medicina* von Rasori. D. Verf. — Ich habe anderwärts bei der Darstellung der medicinischen Lehranstalt zu Bologna eines merkwürdigen Beleges für die Beschuldigung schwarzgalligten Dünkels in Herrn Rasori's Seele gegeben. Möchte er den hier vereinigten Ermahnungen, wie denen so manches andern Italieners nachgebend sich in Ruhe verhalten! D. Uebers.

[18]) M. s. die Unterschrift des Bildnisses des Herrn Rasori *Professors der Klinik in den beiden grofsen Spitälern des Militärs und der Bürgerschaft zu* Mailand.

„der Ruf eine Last ist, welche gewisse Schultern dem „Versuch unterworfen unfähig zu ertragen befunden „werden.“ **)

In der 8ten Anmerkung eröffnet der Herr Professor seine höflichen Gesinnungen gegen die Militärärzte nicht minder als die Verwaltungsbehörde des Spitals zu St. Ambrogio selber. Sein kachektisches Temperament allezeit nach Grundsatz damit anzufangen, daſs er Andere tadelte um sich selber zu vergröſsern und zu erheben, war allerdings bekannt; daſs er aber sosehr anmaſslich sei, sein bösartiges Innere zu enthüllen nachdem er kaum einem achtungswerthen Militärcorps beigezählt worden, sogar eine Gelegenheit ergreifend, die ihm in keiner Hinsicht günstig sein konnte, das hätte niemals Jemand erwartet. Hören wir ihn!

„Ganz bedeckt mit Krätze, hier borkigter, dort „knotiger, dort frieselartiger, war dies Individuum seit „mehrern Monaten der Ausschuſs der Spitäler.“ Wir haben oben schon die geringe nosologische Genauigkeit des Herrn Prof. in der Bestimmung der Ausschlagskrankheiten dargelegt, und hier bietet er uns davon ein anderes ausgezeichnetes Beispiel. Die *borkigte Krätze* giebt es in keiner der gangbaren Nosologieen, weder im Lorry, noch im Sauvage, noch im Vogel, noch im Cullen, so nemlich, daſs die Borke secundäres Symptom der Krätze selber sei. Die knotige Krätze ferner, von welcher die nächste Bemerkung spricht, ist, nach dem Ausdruck von Sagar, dem Schaafvieh eigenthümlich, nicht aber dem Menschen. Da haben wir also eine zu-

**) Rasori *analisi del preteso genio d'Ippocrate* pag. 35.

bereitete unbekannte Art der Krätze, zu deren Erkennung nothwendig sein wird sie *Scabies Rasoriana* zu benamen.

„Mit der verdünnten Schwefelsäure [20]) und einigen „einfachen Bädern, nach mehrfachem Vertreiben und „Wiederhervortreten der Räude, ging er in den Recon„valescentensaal geheilt über.“ Selten erlangt man mit diesem alten Volksmittel eine dauernde Heilung, auch kann man sogar nach Wochen nicht als gewifs behaupten, dafs ein Krätziger vollkommen geheilt sei. Zudem ist die Schwefelsäure zweifelsohne weniger kostensparend, wegen des übermäfsigen Verbrauchs an Wäsche, welchen sie zu bewirken pflegt; und zugleich ist sie minder sicher, ja sogar gefährlich. Francesco Tresoldi, Konstabler bei der kön. Garde, welcher nach Art der klinischen Vorschriften sich in Eile vom krätzigen Jucken befreien wollte, wandte eine etwas mehr concentrirte Säure an, und sein linker Arm wurde contract, wodurch er untauglich zum Militärdienst ward.

„Daselbst“ (fährt der Herr Professor fort) „wie „man nachher erfahren hat, und wies jenem an Unord„nung fruchtbaren Saale eigenthümlich ist, bediente er „sich geistiger Getränke.“ Dafs ein krankgewesener

[20]) *Acido solforico* bei Herrn Rasori: besser *acido solforoso*. Die Chemie macht keinen Theil der erhabenen Einsichten des Herrn Prof. aus. Er hat sich einmal versucht, gegen die Raucherungen des berühmten Chemikers Morveau zu schreiben (s. *Annali di Medicina di* Rasori); aber die Antwort, welche ein Schüler der neuen vielgenannten Schule französischer Chemie ihm machte, überredete ihn, dafs dieses nicht das Feld war um seinen Lauch darauf auszusäen.

und für geheilt anerkannter Soldat sich geistiger Getränke bedient, ist weiter kein grofs Unglück; dafs aber hiervon der Herr Rasori Ursache hernimt, das militärische Spital zu tadeln und in Miscredit zu setzen, worin er kurz zuvor als Professor der Klinik angestellt war, wird Jedwedem Erstaunen aufregen wer nicht Kenntnis hat von dem krätzigen Humor dieses Menschen, der zur Gewohnheit hat, mit Undankbarkeit die ausgezeichnetesten Begünstigungen zu bezahlen. Uebrigens liegts der Regierung am Herzen, interessirt es gar sehr Sr. Excellenz den Kriegsminister, und tragen alle Subalternen Sorgfalt, in diese Anstalt keine bedeutenden Unordnungen einführen zu lassen, und sie unmittelbar auszurotten, sowie irgend einmal welche darin aufkeimen möchten. Ja man kann mit Wahrheit sagen, dafs Bezugs auf die militärischen Kranken die Sachen mit einer anderwärts schwer zu findenden Genauigkeit verlaufen. *) Der Verfasser des Prospectes würde daher gescheuter gehandelt haben keine Uebelstände auszusinnen, wo deren nicht vorhanden sind, weil die versicherte *Fruchtbarkeit an Unordnungen* ein schweigender Vorwurf für die Lenker der Anstalt gewesen sein würde, wenn sie Statt gefunden hätte. Im Gegentheil sieht Jedermann leicht ein, wie dieselbe nur vorausgesetzt ward, um den derben Bock

*) Wer die militärische Medicinalverfassung des Königreiches Italien, nicht blofs in Mailand, sondern auch an welchem andern Orte es sei, kennen gelernt hat, der wird dem Verf. das Zeugnis geben müssen, dafs er hier die reine Wahrheit gesprochen hat. Die Darstellungen meiner Blätter werden kein diesem Urtheile entgegengesetztes Resultat geliefert haben. D. Uebers.

Bock zu entschuldigen, den der Herr Prof. geschossen, indem er ein dem Tode nahes Individuum für geheilt erklärte. Denn wenn man behauptete, die geringere oder gröfsere Sterblichkeit, welche im militärischen Spital vorkommt, müsse den Unordnungen zugeschrieben werden, die daselbst Statt haben könnten; dann müfste man sagen, dafs in demselben militärischen Spital keine gröfsere Unordnung sei, als dafs Rasori Professor der militärischen Klinik ist; welcher trachtend sich den Ruf als Reformator derselben zu erwerben, ungestraft die Existenzen der unschuldigen Soldaten aufs Spiel setzt, deren er eine nicht geringe Menge hinwegmähet.

„Er bekam Engbrüstigkeit; es ward ihm keine Auf„merksamkeit vom Arzte geschenkt; die Engbrüstigkeit „wuchs reifsend, und erstickte ihn am dritten Tage „nachdem er die Klinik verlassen." Der gewöhnliche Arzt dieses Saales, welcher hier sehr unschicklich der Unachtsamkeit beschuldiget werden soll, sah den aus der Klinik gekommenen Kranken nicht anders als im Verlauf von 24 Stunden. Die Ordnung der Dinge, welche unabänderlich im Spital zu St. Ambrogio befolgt wird, ist diese: es wird von den gewöhnlichen Aerzten eines Saales, heute zum Beispiel, einem Genesenden vorgeschrieben, in den Saal der Reconvalescenten überzugehn; dessen ungeachtet bleibt dieser den ganzen Tag auf seinem Posten, weil er daselbst die Nahrungsmittel dieses Tages empfängt. Abends hierauf nach dem Nachtessen geht er zu seiner neuen Bestimmung über; weshalb ihn der Arzt nicht eher sehn kann als am folgenden Morgen. Jener Reconvalescent der Klinik ward also den andern Tag nachdem er von dort verabschiedet worden, besucht; und damals, obgleich er durch seinen Anblick eben nicht bewies, dafs er sich besonders wohl befinde, hatte er dennoch weder Engbrüstigkeit noch Fieber: auch ist überdem bekannt, dafs aus der Klinik die Kranken allzeit einigermafsen kraftlos und mürrisch entlassen werden. Es ward ihm ein Bad vorgeschrieben für den Morgen nachher; und während er aufstand, und im Begriff war sich dahin zu begeben, wurde er ohnmächtig, fiel, und starb noch vor dem Krankenbesuch dieses nemlichen Morgens. Wie kann nun irgend gefodert werden dafs ein täglicher Arzt sich träumen lasse, dafs einer der als Genesender ihm von der Klinik zukommt, nicht wahrhaft Genesender sei? Das weite Entferntsein vom Erwarten solcher Vorfälle, die sich niemals ereigneten seitdem das Militärspital vorhanden ist, und mehr als Alles die Achtung welche man vorher schon für einen klinischen Professor hatte, hielten auch den Verdacht des Geschehenen zurück; und daher würde der Schuld des Arztes nichts Anderes beizumessen sein, als nur zuviel Glauben den Rasorianischen Resultaten der Klinik beigemessen.

„Ich prognosticirte Hydrothorax, der reichlich in „der Leiche sich bestätigte." Welcher Schlag von Vorhersagung ist nur immer dieser? Wenn er wufste, dafs die unschicklich zurückgetriebene Krätze mitunter die Brustwassersucht verursacht; wenn bei seinem Kranken der Hydrothorax so in voller Mufse unter seinen unerfahrenen klinischen Augen zunahm: warum anstatt der Krankheit zuvorzukommen beeiferte er sich Reiz auf Reiz zu häufen? Kurz: die späte Vorhersagung ist in diesem Falle eine kindische Ausflucht der unbeachteten

Diagnose, welche, zur rechten Zeit gemacht, wahrscheinlich den unglücklichen Soldaten gerettet haben würde.

„Aehnliche Fälle bei dieser oder andern Ausschlags-„krankheiten der Haut, mit welcherlei Methode behan-„delt, oder sich selbst überlassen, sind nicht unhäufig „bei den Beobachtern." Wenn die alterthümliche Medicin nur darum in Verehrung gehalten werden soll, weil sie der neumodigen Umbildung Fälle darbieten kann, in welchen eine Entschuldigung für die traurigen und unglücklichen Zufälle dieser aufgespürt werden könne, und nicht um uns zu lehren sie zu vermeiden: so muſs man rein heraus bekennen, daſs auch die Reformatoren sich in das Dunkel verlaufen, ohne allen Vortheil.

„Vielleicht würde einiger schleunige Aderlaſs ihn „gerettet haben; wie er einen Grindigten rettete, un-„ter meiner Kur im Civilspital, gerade im Falle eines „plötzlichen Hinzutretens von Hydrothorax und Anasar-„ka." In diesem Falle gleicht der Rathschlag der Vorhersagung; das heiſst, er kommt spät, aber recht spät. Anderseits, was will er mit seinen Vermuthungen was ein Anderer in ähnlichen Umständen thun könnte, während er, alle Muſse dazu habend, mit den Händen in der Tasche dastand? Wäre es vielleicht wohl ziemlich viel paſslicher gewesen, wenn der Herr Prof. statt sich mit Verdammung Anderer aufzuhalten, um sich selber der Schande zu entledigen, die mit vollem Rechte ihm deshalb zukommt, seine ganze Mühe darauf verwandt hätte die studierende Jugend aufmerksam zu machen, damit sie bei ähnlichen Fällen sich nicht so gröblich teuschen lasse. Ebensowenig nützt es ihm uns hier mit der

32 *

Erzählung des Mährchens von dem blutentleerten Grindigten zu kommen. Das ist eine faule und schmierige Waare, die von ungeschickten Aerzten gewöhnlich Jedwedem dargeboten zu werden pflegt, wer sie immer auf Abrechnung der eigenen Verirrungen nehmen mag. Ueberdies nach dem Beispiele des Grindigten könnte man drei frische Beispiele von klinischen Kranken anführen; von denen einer während der Handlung selber verschied, als das contrastimulirte Blut ihm aus den Adern rann; und die andern beiden wenige Augenblicke nachher.

Noch bleibt uns übrig, die letzte Anmerkung des Herrn Prof. einer Prüfung zu unterwerfen, welche uns die angeblichen Vortheile vorstellt, die von der Reform der Heilkunst erwartet werden sollen, welche der Verfasser im Staate einzuführen tobt. Daselbst liest man (Anmerk. 9.): „Die Sterblichkeit von 10 : 100 ist geringe Sterblich-„keit in jeglichem grofsen Spital." In den grofsen Bürgerspitälern treten genug Greise hinzu, viele übel Organisirte, und sehr viele Chronische der Heilung nicht Fähige. Im Gegentheil, aufserdem dafs unsere Soldaten in der Blühte ihres Alters und ihrer Kraft sind, wird Keiner in der militärischen Klinik zugelassen, welcher kränklich zu sein bewiese, oder von verwickelten Krankheiten mitgenommen wäre; in welchem Falle er in den gewöhnlichen Säälen bleibt. Nichts destoweniger jedoch, dafs die gewöhnlichen Aerzte mit einer grofsen Zahl von unheilbaren Chronischen belastet sind, welche nothwendiger Weise in ihren medicinischen Abtheilungen dahinsterben, und welche ungefähr neun Zehntheile ihrer Todten ausmachen: hatten sie dennoch im Jahre 1807 weniger denn 5 Verstorbene auf 100; und eine solche ist beinahe die Sterblichkeit jedes Jahres. Dafs aber in einer aus 25 Betten bestehenden militärischen Klinik, in welcher Keinem Zufluchtsort gestattet wird, als nur der ausgewählten Jugend unter den stärksten und fähigsten die acuten Krankheiten zu ertragen und zu überwinden; in einer Klinik unter den Augen eines erlauchtesten Ministers, anderer wohlunterrichteter Subalternen, fähiger Jugend, erfahrener Aerzte, wo Jeglicher in einer grofsen Erwartung stand, dafs die neumodige Heilungsweise sichere erprobte und wirkliche Vortheile gewähren müsse; kurz in einer klinischen Schule unter der Leitung des Herrn Johann Rasori, der:

Er red', er schreib', er heil', es kann
Rasori'n nie gleichsein ein Mann:

zwölf junge Soldaten verloren werden müssen von hundert kräftigen jungen erkrankten Soldaten, das ist ein unverzeihliches Schandspiel, das ist ein unerträglicher Nachtheil. In der That bei jener wilden Epidemie von Petechialfiebern, schwere Krankheiten gewifs wie nur irgend andere, welche im Flecken Castano des Departements d'Olona im Jahre 1796 dermafsen herrschte, sodafs augenblicklich daselbst ein Krankenhaus errichtet werden mufste, erhellt aus officiellem Bericht am 31 Mai desselbigen Jahres an den damaligen Sanitätsmagistrat gerichtet, welcher Bericht wohl auch im öffentlichen Kön. Archiv vorhanden sein mufs; erhellt, sage ich, dafs von 661 vom Petechialfieber Befallenen nicht mehr denn 65 starben, Greise, Jünglinge und Kinder zusammengerechnet. Könnte man also nicht eine arithmetische Vergleichung so anstellen: der Verlust der Kranken in der heftigsten Epidemie zu Castano betrug 10:100.; aber der Verlust der Kranken in der militärischen Klinik, auch die leichten Krankheiten eingerechnet, beträgt 10:100.: folglich giebt die militärische Klinik, genommen sowie sie ist, die gleichen Erfolge mit einer höchst heftigen Epidemie.

Aber es giebt dergleichen noch Mehreres. Es würde unthunlich sein, irgend Jemand, so abgeschmackt er auch wäre, glauben machen zu wollen, daſs die Sterblichkeit von 10:100 geringe Sterblichkeit für eine Klinik sei; daher wird uns sorgfältig vor Augen gelegt, daſs „die Klinik in Verhältnis gröſsere Anzahl schwerer „Krankheiten gehabt hat.“ Hier sind die Beweise, vom Herrn Prof. selber oben angeführt: „die Fieber mit Ent„zündung, und unter diesen die Peripneumonieen, müs„sen den schwersten und tödtlichsten Krankheiten beige„zählt werden: Beweis davon seien, im Prospect selber, „die Zahl der an Peripneumonie Gestorbenen, welche „11 beträgt, d. h. das Doppelte des Ganzen.“ Dies will sagen: 20 gestorbene Kranke auf 100 an Peripneumonie Erkrankte. Bevor wir hieraus mit logischer Beurtheilung die angemessene Schluſsfolge entnehmen, ists paſslich in Betracht zu ziehn, daſs nicht die Fieber mit Entzündungen, nicht die Pleuritiden, nicht die Katarrhalfieber, oder die rheumatischen, nicht die Masern, nicht die Scharlachfieber, nicht die synochischen, oder ähnliche in der Klinik behandelte Krankheiten, die gefährlichsten für den Soldaten sind; da sogar aus den Registern erhellt, daſs dieselben von geringer Bedeutung sind, indem sich ihr Verlust in den gewöhnlichen Säälen sicherlich auf weniger denn 5:100 beschränkt. Ferner ists auch gar nicht wahr, daſs immer die Auswahl für die Klinik auf die schwersten fälle; da beim ersten Ankommen eines Kranken der Zustand der gröſsern oder geringern Schwierigkeit in welcher sich seine Krankheit befindet, nicht so unmittelbar beurtheilt werden kann; und da oftmals aus den gewöhnlichen Säälen ein leichter Kranker genommen worden ist in Vorzug vor einem schwerern der ihm zur Seite lag. Nach diesen Voraussetzungen wollen wir nun daran gehn, die Darlegung der klinischen Resultate einzuziehn. Die militärische Klinik verliert bei acuten Krankheiten 20:100.; aber bei der Epidemie acuter Fieber zu Castano verlor man nur 10:100.: folglich giebt die militärische Klinik das Doppelte an Todten mehr als eine sehr heftige Epidemie acuter Fieber geben kann. Auch verlieren ihre Gewalt die auseinandergesetzten Ursachen nicht „durch vier „Kranke der Heilmittel Unfähige und nur wenig Stunden „Lebende“ die man gern der traurigen Berechnung entziehn möchte; denn viele der klinischen Kranken sind in den gewöhnlichen Säälen zum Sterben gekommen, und diese sind nicht mit eingerechnet in der Zahl derer in der Klinik Verstorbenen.

Und während von einer Seite die Zuhörer seiner „*erhabenen Vorträge* Beifallrufend darbieten“ ein gedrucktes Bildnis ihres Meisters, mögen von der andern aus ihren eigens beschleunigten Gräbern hervorsteigen jener Gualdi zuerst wahnsinnig gemacht, dann stumm durch eine Unze der Digitalis des Tages; hervor steige jener Cerù, auch er *verstummt* von zween und mehr Unzen des Eisenhutextractes die er jeden Tag hinterschluckte; hervor steige jener Fabris, und hervor steigen so viele andere unglückliche junge Soldaten, mit welchen die Versuche über bisher unerhörte Gaben giftiger Arzneien gemacht wurden, und welche unschuldige Opfer einer eigensinnigen unseligen Heilungsweise wurden; und vermischen auch sie ihre nur allzu gerechten Stimmen der Klage mit dem „*süfslieblichen Beifalls*„*ruf*" seiner Schüler!

Es will ein Anderes um eine so schwierige Kunst wohl zu besitzen wie die Medicin ist, denn Worte unterzuschieben, und Beredsamkeit dem reinen Sinne und der Erfahrung. Es lockt, wahr ists wohl, der gefällige Ausdruck, aber oftmals bewirkt er den Eindruck einer grofsmächtigen, flittergoldprunkenden leeren Prachtkutsche, die rasch und mit grofsem Gerassel durch die Strafsen fahrt, dafs Jeder läuft sie zu sehn, und Jeder geteuscht wird leer sie findend. „In der Medicin" (sagte vortrefflich der Herr Prof.) „wie in jeder andern Sache, „mufs man nicht Verstand hinter schönen Worten vorbrin„gen, und hinter pomphaften Reden, sondern vielmehr „hinter der nackten Erzählung der Thatsachen, welche „zur Erkenntnis und Untersuchung vorzunehmen man „sich die Mühe geben mufs." [21]) Aber der Herr Professor, welcher in seinen Vorschriften bisweilen den rechten Weg anzeigt, pflegt ausübend von demselben abzuweichen, aus hartnäckiger Liebe beworbener Neue-

[21]) *Analisi del preteso genio d'Ippocrate, di* Rasori, pag. 44. D. Verf. — Welch ein Schlaukopf! So versteckte er sich in frühern Zeiten, als sein Name noch nicht galt, hinter die flittergoldene Wehr der Gemeinplätze selber, um den Schwachsinnigen Grofses zu prophezeihn: er, selbst ein glatter Schwätzer wie kein Anderer! D. Ueb.

rung, welcher allein er die Vernunft und alle öffentliche Wohlfahrt aufopfert.

Hiernach wird ein jeder Vernünftige ersehn, aus der Analyse selber der klinischen Resultate des Herrn Professors, welches Urtheil von seiner Medicin gefällt werden müsse, deren Theorie, obwohl seit mehrern Jahren versprochen, beständig doch als Privatgut seinen Schülern aufbewahrt wird, denen einzig verstattet ist ihr die Ehrfurchtszeichen zu erweisen, welche ihnen immerhin am mehrsten erwünscht dünken mögen.

Ich schliefse mit der Erklärung, dafs ich weit entfernt bin zu heischen, der Herr Professor möge sich in die Billigkeit meiner aufgestellten Bemerkungen fügen; welches heifsen würde zu verlangen, dafs das Echo schweige bei verstärkter Stimme; aber ich habe Grund mir zu schmeicheln, dafs dieselben meinem Vaterlande nützlich sein könnten, sowohl insofern Jedweder lernen mag die gebührende Rechnung auf diese neue zerstörende Manier der Rasorischen Medicin zu machen; als auch damit man nicht einen mehr unbescheidnen und unklugen als gesitteten Beurtheiler zu fürchten habe, welcher die ausgezeichnetsten Männer der Kunst beschimpfend vermeint Stillschweigen aller Welt aufzulegen damit nur er allein im Sprechen verbleibe.

Ende der Nummer 1.*)

Im Jahre 1808.

*) Herr Rasori hat sich gehüthet, fernerhin durch seine Prospecte die schwache Seite nach Aufsen zu kehren: er trieb sein Wesen seitdem im Stillen fort, in den *erhabenen Vorträgen* u. s. w. Daher auch dieser Nummer I keine zweite gefolgt ist.

C.

BEILAGE
DES HERAUSGEBERS.

Für erleuchtete deutsche Aerzte, welche auch sonder fernerer Nachweisung aus dem bisher Mitgetheilten die gehörige Schlufsfolge zu ziehn im Stande sind, möchte wohl des Ernsten wie des Launigen genug über Herrn Rasori und seinen Contrastimulus ausgesprochen worden sein, und weitere Verhandlungen Ueberdrufs erregen. Da jedoch bisher keine eigentliche Ansicht seiner Meinungen aufgestellt worden, auf welche das freie Selbsturtheil eines Jeglichen allein gegründet sein kann, und da ich zu dem bisher Gesagten noch einige nicht geringe geschichtliche Erläuterungen beizufügen habe: so glaube ich den deutschen Leser länger noch, ohne Vorwurf der Unbescheidenheit zu verdienen, an diese Blätter fesseln zu dürfen, um das Wenige, was überhaupt vom Contrastimulus gesagt werden kann, und so unvollkommen meine Kräfte dessen Darstellung erlaubten, von mir anzunehmen.

In andern Jahrhunderten keimte das Traumreiche, das Schwindlichte, als Unglaubliches in der Wirklichkeit. Heutzutage kleidet sich das Gemeine, Kraftlose ins Gewand des Auffallenden, wie jener Esel in die Löwenhaut. Wir wollen, wortkarg soviel es vergönnt, das fernher anlockende Gespinnst um die innere Armut in seiner Entstehung und seinen Wirkungen betrachten.

Ein grundhäfslicher Bruder gleicht oft vollkommen der reizenden Schwester. Das Unglück hat gewollt, dafs keine edle Richtung des geistigen Menschen denkbar ist, in Sitte, Kunst und Wissenschaft, welcher nicht allzeit das Zerrbild ihrer abgestorbenen Schlacke, der stumme Vorwurf obsiegender Verwandschaft des Irdischen und Gemeinen zur Seite stünde. Wer vermag die geschminkte Bleichsucht von fern, beim Lampenschimmer des Abends, alsbald zu durchschaun? Rasori trat unter den Aerzten seines Vaterlandes mit einzelnen Weisheitssprüchen auf, was Wunder dafs jene in ihm die Fülle eines lauteren Springquells zu entdecken glaubten! Das Jahrhundert neigte sich seinem Ende für Italien mit ungünstigen Gaben. In der Kraftlosigkeit der Nazion und dem neumodigen Freiheitstaumel war die ruhige, ihrer selbst wohl bewufste Fortschreitung der Wissenschaft zu einem stürmischen Drange geworden, welche das alte Lobenswerthe mit dem alten Schlechten hinwegwarf, und nur Neues verlangte. Der *Brownianismus* trat auf, und fand eine ungemessene Zahl der Verehrer: allein dieser gab allzufreimüthig mit einem Male sein ganzes Wesen Preis, seine Mängel wurden bald in Theorie und Praxis erkannt, weil Brown zu ehrlich gewesen war, sich durch Heimlichhaltung seiner Principien scheinbare Gröfse anzulügen. Auf jeden Fall ist die Möglichkeit der Entstehung des Contrastimulus schon ein Vorwurf für die neuere ärztliche Richtung der Italiener. Man darf wohl bezweifeln dafs in Deutschland jemals diese pralerische Gehaltlosigkeit Aufsehn erregen möchte; denn Niemand würde ihr glauben, wenn nicht eine vollständige Darstellung des Grundwesens zu Rathe gezogen werden könnte, welche doch Rasori niemals zu geben wagte. Die italienischen Aerzte, solche nemlich deren innere Geisteskraft nicht über alle kurzsichtige Täuschung hinwegreichte, ergriffen das Neue, auch ohne es zu kennen, und gerade um so mehr, da beinah gar kein Studium nöthig zu sein schien, um Wundermittel zu erlernen. Mancher grofse Arzt hat freilich auch von der Mehrzahl seiner Amtsbrüder unter unserem Volke behauptet, dafs sie geistlos und blind umhertappen, und wir Jüngern müssen es wohl glauben: allein Ehre dennoch dem deutschen Volkssinne, welcher auch in den Verirrungen der Wissenschaft seine Gründlichkeit nicht fahren läfst, und wenigstens kein Phantom verfolgt, welches er nicht kennt, und als seinem eigenen Wesen angemessen befunden hat. Denn so allerdings geschah es unter uns auch bei dem eifrigsten Brownianismus: man hatte wenigstens die Lehre ergründet, und handelte, weil das beschränkte Urtheil sie für wahr erklärte. Dort aber sucht keiner den Grund der Sache; man nimmt den Contrastimulus, weil er das Leichteste in der Medicin zu sein scheint; Rasori predigt seit mehr den 10 Jahren, ohne sich in Auseinandersetzungen einzulassen, und noch immer glaubt man ihm, obgleich die Erklärung gänzlich ausgeblieben ist.

Es ist unmöglich den *Contrastimulus* in seinem Wesen und seiner Entstehung zu betrachten, ohne dafs man immer auf die Person des Urhebers zurückkäme. Die deutlichen Beweise der Unwissenheit in allen Fächern der Naturkunde und der Medicin von Herrn Rasori, welche beim Anfüllen dieser Blätter oftmals vorkommen mufsten, möchten noch zweifelhaft erscheinen, nachdem doch so mancher ehrenwerthe Arzt ihm Schmeichelhaftes gesagt hat, wenn wir sie nicht in der Geschichte seiner Geistesbildung selber nachwiesen.

Die Medicin erlernt sich nicht in drei Tagen: wer niemals fleifsig arbeitete, dem wird wohl Keiner tüchtige Kenntnis zutrauen. Unsern Herrn Rasori liefs Pralerei und Besserwissen schon frühzeitig nicht in Ruhe, wie seine Beobachter aus den Zeiten des eigentlichen Erlernens recht gut sich erinnern. Die italienischen Aerzte zogen damals noch häufig nach Frankreich und England. Auch er reiste umher, und sah: allein, wenngleich seine natürliche Pfiffigkeit nicht gerade erlaubt, das alte Verschen von ihm zu singen: *Es flog ein Gänschen wohl über den Rhein, und kam als Gikgak wieder heim,* so kam er doch wenigstens um nichts gelehrter, um nichts gründlicher noch bescheidener zurück. Hierauf als Professor in Pavia und Arzt am dasigen Krankenhause, webte er im Sansculottismus der wütendsten Revoluzionsperiode, anstatt das früher Verabsäumte wo möglich nachzuholen. Als Arzt konnte der Revoluzionär nicht ruhig bleiben: er war Brownianer, mit allen denkbaren Excessen, und ohne im Mindesten sich um Anderes zu kümmern. Die merkwürdige Belagerung Genua's ward auch für ihn entscheidend. Sie bewirkte die fürchterliche Epidemie, welche dort in den Jahren 1799 und 1800 wütete. Rasori ward als Arzt am Militärspital in Genua angestellt. Die Aerzte verzweifelten alle bei der unbezähmbaren Heftigkeit des Uebels. Er trat als Brownianer auf, und die Kranken starben mehr noch als zuvor. Die nachtheilige Einwirkung der Theorie war allzu sichtbar, um geleugnet werden zu können. Allein gerade hier trat der kritische Umstand ein. Rasori mufste die Schädlichkeit seiner Brownschen Praxis eingestehn, und dennoch gelangte er durch einen so wichtigen Schritt nicht zur reinen Einsicht, sondern er blieb in den Fesseln der Einseitigkeit, und bewährte hierdurch, dafs er durchaus keines freien Urtheils fähig ist. Er sah die Kranken sterben, wenn ihnen Opium und Wein gereicht würde: und er sah sie sterben, wenn man ihnen allein Blut abzapfte, und andere schwächende Mittel anwendete. Unbegreiflich war dies für ihn, der einmal kein anderes Wesen im menschlichen Organismus kannte, als eine unfreie Maschine von der fremden Einwirkung des Reizes bald hier - bald dorthin gestofsen. Er sann, was sich wohl am bequemsten und wahrscheinlichsten annehmen lasse, um die Erscheinung zu erklären, dafs eine Krankheit bei Reizung sowohl als bei Reizminderung gleich heftig bleiben könne. Kurz, das Resultat war der *Contrastimulus*, mit welchem zugleich als Stifter einer neuen Theorie aufzutreten seine Eitelkeit mächtig kitzelte. Dieser demnach ward nun in Ausführung gesetzt. Allein die Epidemie in Genua dauerte nicht mehr so lange als nöthig gewesen sein würde um günstige Beweise für die neue Theorie durch deren Anwendung zu gestatten. Rasori kehrte nach Pavia zurück, und behielt die wichtige Mine des neuen Entdeckers bei. Die Schrift über die Epidemie zu Genua *) ward herausgegeben, und von der neuen Theorie darin nur dunkel gesprochen, als von einem noch Werdenden, aber grofse Resultate Versprechenden u. s. w. Ein Gleiches geschah bei Gelegenheit der schon an-

*) *Storia dell' Epidemia di Genova negli anni 1799 e 1800, aggiuntivi alcuni cenni sull' origine della Petechiale*, del Dr. Giovanni Rasori. *Ediz. seconda*, Mil. 1806. — Die erste Ausgabe war 1801 erschienen.

derwärts angegebenen Schriften: *Preteso genio d'Ippocrate*, und *Prolusione accademica;* und nicht minder in der Vorrede und den Anmerkungen zu Darwins Zoonomie, welche er bald darauf ins Italienische übersetzte. *) Durch alle diese Andeutungen wurde es allmälig unter den italienischen Aerzten ruchtbar, daſs ein Arzt Rasori eine neue medicinische Theorie erfunden habe, welche er die des *Contrastimulus* nenne, daſs vermöge dieser Theorie ein bisher ungekanntes Licht über die Heilkunde, ja über die ganze Naturwissenschaft ergossen werden müsse, und man Wunderdinge in der Krankheitsbehandlung damit verüben könne. Wir haben schon durch mancherlei Beweise an andern Orten dieser Schrift, und besonders in den Bemerkungen des Dr. Cervi die Künste näher kennen gelernt, deren sich Herr Rasori bediente, um seine Schwäche zu bemänteln, und der Welt Unwahres aufzudringen. Im Ganzen sind jedoch nur wenig Aerzte seines Vaterlandes durch diesen matten Schein geblendet worden. In den ersten Jahren seines Aufenthaltes zu Pavia kannte man den Herrn Rasori noch gar nicht genauer, daher war allerdings ein Jeder begierig zu sehn, welches Neue dort hervorgehn werde. Nun aber wurden durch die persönlichen Liebenswürdigkeiten des Herrn R., wie sie uns Dr. Cervi geschildert hat, Feinde aufgeregt, welche, als Beobachter in der Nähe, bald die Unzulänglichkeit

*) *Zoonomia ovvero leggi della vita organica. traduzione dall' Inglese con aggiunte del Dr.* Giov. Rasori, Mil. 1803, 6 vol. — Früher schon hatte Herr Rasori Browns Compendium übersetzt herausgegeben, während er noch mit Eifer die nemliche Lehre predigte.

und den Betrug des Ganzen entdeckten. Man erfuhr allerlei lustige Geschichten, von gefälschten Resultaten der Ausübung im Krankenhause zu Pavia, von Kranken, die als geheilt aus den Säälen des Herrn R. entlassen wurden, und um so kränker in andere Sääle des Spitals gehn mussten, u. dgl. mehr; man erfuhr, welche armselige Kenntnis in allen Fächern der Naturwissenschaft dieser Arzt nur habe; auch blieb die lange versprochene Auskunft des Verfassers selber da wo wir sie nicht holen wollen, in seinem Gehirne nemlich; kurz, der Enthusiasmus erkaltete. Unglücklicherweise hatte früherhin ein weit gelehrterer, weit brauchbarerer Amtsbruder des Herrn R., der Professor Borda zu Pavia, sich günstig über die Theorie des Contrastimulus geäusert, und bei seiner Ausübung angefangen in ihrer Schulsprache zu reden. Durch ihn wurden um die nemliche Zeit treffliche Erfahrungen über die medicinische Anwendung des Kirschlorbeerwassers und der Berlinerblausäure gemacht, welche immerfort schätzbar bleiben werden, und, besonders in Hinsicht auf das letztere Mittel, leider fast noch gar nicht in Deutschland bekannt geworden sind. Es ist sehr zu bedauern, dass Herr Borda seine einfachen Erfahrungen dadurch selber herabwürdigte, dass er durch sie das Luftgebäude des Contrastimulus zu stützen versuchte. Rasori selber hat nicht einmal diese Mittel angewandt, besonders die Berlinerblausäure niemals, ja wir finden sogar das Kirschlorbeerwasser nicht unter den Arzneien seiner klinischen Schule verzeichnet, in welcher sonst doch die narkotischen Mittel eine Hauptrolle spielen. Auch ist Herr Borda um Vieles von jener Verirrung zurückgekommen, wie seine

Aen-

Aeuſserungen in neuerer Zeit, und seine klinische Ausübung zu Pavia deutlich beweisen. Unterdessen hatte Ras. seine Stelle in Pavia verloren: allein er bekam dagegen bald die als Professor der Klinik am Militärspitale zu Mailand, wobei er zugleich Lehrer in der klinischen Abtheilung des groſsen bürgerlichen Krankenhauses daselbst ward. Diese Stelle gab seiner Theorie, so schien es, einen neuen Schwung: aus der Hauptstadt muſste sich wohl die ihm gewordene Autorität weiter verbreiten. Mit einiger Mäſsigung, man darf geradezu sagen, mit einiger Klugheit, hätte Herr R. jetzt eine wirklich bedeutende Rolle zu spielen vermocht: allein seine Selbstsucht, seine falsche Gleisnerei, brachte ihn auch hier bald um die Achtung aller Vernünftigen. Er hatte unterdeſs seine Zeitschriften herauszugeben begonnen, erst *Annali di medicina*, dann *Ann. delle scienze e lettere.* In diesen sprach er bei jeder Gelegenheit von sich selber und seinen Erfindungen, sodaſs aufs Neue ganz Italien rege wurde, und nach ihrer genaueren Kenntnis verlangte. Allein er hütete sich wohl, ein vollständiges System seiner Meinungen herauszugeben, wenn es ihm überhaupt auch möglich gewesen wäre, systematisch zu schreiben. Er steckte sich hinter die Ausflucht, seine Theorie sei noch nicht reif, er müsse erst die Natur tiefer ergründen, und gab nur zwei Abhandlungen, als Probe seiner Ansichten, über die Anwendung und Wirksamkeit des *Gummigutts* nemlich, und des *rothen Fingerhutkrautes.* Dabei fuhr er fort, auf Andere zu schmähen, ohne gründlich zu urtheilen (z. B. über Testa's vollständige Abhandlung der Herzenskrankheiten), um sich selber dadurch zu erheben, und auf seine Neuerungen zu pochen, die eben, weil nichts Gedrucktes darüber vorhanden war, Keiner beurtheilen konnte. Der oben mitgetheilte Prospect setzte dem Werke die Krone auf: denn noch immer wird eine vollständige Systemdarstellung vergeblich von ihm erwartet, und wahrscheinlich wird er sich auch niemals darauf einlassen, seine Schwäche ganz Preis zu geben. In den letzten Zeiten meiner Anwesenheit in Italien schien endlich sogar die Regierung ihm ihre Protection zu entziehn, da er, wie ich bei Gelegenheit Mailands erwähnte, noch im Augustmonat seiner Stelle als Kliniker am Militärspitale entsetzt wurde. Die Aerzte Italiens waren endlich auch zur Einsicht gekommen, was überhaupt von Rasori und dem *Contrastimulus* zu erwarten sei. Aus meinen Darstellungen ersicht man, wie wenig in allen Theilen Italiens davon noch gesprochen wird. Dafs der sehr vortreffliche Arzt und Lehrer, Herr Brera, noch im Jahre 1810 in dem hier mitgetheilten Bericht sich dem Contrastimulus bequemte, ist freilich zu verwundern, jedoch glaube ich aus meinem spätern Beisammensein mit diesem freundschaftlichen Gelehrten überzeugt sein zu dürfen, dafs auch er jetzt das Gehaltlose eines solchen Unwesens durchschauen gelernt habe, und sich davon entferne. Unter uns Deutschen wird hoffentlich nie ernsthaftes Lob des Contrastimulus erschallen. Ich will gern die Langweile der Stunden, die ich gegenwärtig seiner Betrachtung noch aufopfern zu müssen glaube, aushalten, da es wohl zu erwarten ist, dafs ich der Erste und Letzte sein werde, der darüber schreibt: und ich freue mich, dafs es mir in diesem Falle von keinem vaterländischen Arzte, er denke auch wie es ihm gefalle über die Wissenschaft und ihre Behandlung, als Unbescheidenheit und jugendlicher Uebermuth ausgelegt werden dürfte, mit harten Ausdrücken und manchem persönlichen Winke geurtheilt zu haben, um so mehr da ich überall das Bestreben hinlänglich auszudrücken strebte, wahrem Verdienst ungeheuchelte Huldigung darzubringen.

Wir fragen nun natürlich vor allen Dingen, was sich denn Herr R. unter seinem *Contrastimulus* eigentlich denke? und wenngleich nach mehrfacher Angabe der Unmöglichkeit, aus seinen eigenen Schriften Nachweisungen herzuholen, das gänzliche Schweigen auf eine solche Frage schon hinreichend entschuldigt sein würde, so ist es doch Pflicht, dasjenige zusammenzutragen, was sich aus mündlichen Nachrichten etwan auffinden läfst, um mit ein Paar derben, aber wahren Zügen, das Konterfei dieses Wechselhalges zu entwerfen. Auch in den mündlichen Unterweisungen, die Herr R. seinen Schülern giebt, ist er in Bezug der Erklärung seines Systems äusserst karg: und noch mehr geizt er bei Gesprächen mit Andern, die etwa begierig sein möchten, etwas von ihm selber zu erfahren. Beständig sagt er, seine Theorie sei noch nicht reif, er gehe von der einfachen Beobachtung der Natur aus: ihn kümmere kein System; wenn aber seine Beobachtung vollendet sei, dann werde von selber ein echtes und unumstöfsliches System daraus entstehn. In so herrlich klingenden Ausdrücken spricht der Mann, und ermahnt täglich, keiner Autorität zu folgen, nur in die Natur zu sehn (nemlich ins Blaue hinein, wo er dann den Leuten mit seiner laterna magica eine Natur vorgaukelt); weshalb er auch alle frühern Erfahrungen der Aerzte, sie mögen sein welche sie wollen, als Betrug

33 *

verschreit, weil sie von Meinungen und Systemen ausgegangen sein. Welch ein Beobachter aber Herr Rasori sei, haben wir zur Genüge in Cervi's Bemerkungen gesehn. Seine Meinung ist ihm die Natur, denn ohne diese seine Meinung hat er bis jetzt lauter falsche Beobachtungen gemacht. Dieser Meinung Versuche anzupassen, dient ihm wahrer Betrug, Entstellung des Vorhandenen, Erlogenes nicht Vorhandenes, und Verheimlichtes Nachtheiliges. Damit imponirt er, und warnt dennoch vor blinder Autoritätsanhänglichkeit. Zum Beobachter fehlt ihm Wahrheit, zum Denker Gründlichkeit, zum Anordner Gelehrsamkeit. Daher auch seine einseitige Theorie, oder, um das Ding mit dem rechten Namen zu benennen, das Schwanken seiner willkürlichen Träumereien zwischen lauter eingeschränkten, alltäglichen Begriffen.

Von einer physiologischen Grundlage ist hier nicht die Rede. Herr R. kennt kaum das Wort Physiologie, und hat sich niemals um ihr Wesen bekümmert, aufser wo etwa der flüchtig übersetzte Darwinsche Text ihn auf Augenblicke in ihr Gebiet hinüberzog. Die Rasorische Meinung geht durchaus von einem gleichen Standpuncte aus als der Brownianismus. Das Leben ist für sie nur in der Erregung durch den äufsern Reiz gegeben, und hier dreht sich das Ganze um die allbekannten längst in sich selber zerfallenen Stützen. Die Krankheit ist das unmittelbare Product eines fremdartigen Reizes. Hier gilt keine Qualität des kranken Organs, sondern nur die Quantität des Reizes. Es ekelt, die absurdesten Begriffe dieser Art in der gepriesenen Reformation wiederzufinden. Die Qualität der krankhaften Zustände bezieht sich wiederum allein auf Excefs und Mangel: es sind die nämlichen Diathesen, und der ganze Apparat des Brownianismus. Allein anders verhält es sich in Betreff der Heilung. Hier sind die grofsen Entdeckungen Rasori's gemacht, und über diese gehn seine grofsen und weitschweifigen Erörterungen. Die Krankheit, sie sei welche sie wolle, wird nicht durch Vermehrung noch durch Verminderung des schon vorhandenen Reizes, durch welchen sie hervorgebracht wurde, geheilt. Man stellt dem Krankheitsreize einen andern gegenüber, contraponirt einen Stimulus dem andern, daher auch der so ganz falsch gebildete Ausdruck *Contrastimulus*. *) Die Lehre von der Ableitung ist wohl so alt als die Medicin selber. Wer aber aus dieser Herrn R's Meinung herleiten wollte, der würde sehr irren. Hier ist gar nicht die Rede von einer Ableitung, von einer Modification dieses vorhandenen Reizes: sondern man stellt ihm den andern gegenüber, damit dieser eine andere Thätigkeit hervorrufe, und jenen gleichsam übertäube. Diese Medicin ist freilich noch leichter als der Brownianismus sogar: denn man braucht hier nicht einmal zu unterscheiden zwischen dem was der Reizminderung oder der Reizvermehrung bedarf. Die ganze Kunst besteht nur darin,

*) Die Bildung des Wortes *Contrastimulus* in dem Sinne, dafs es einen einem andern entgegengesetzten Reiz andeute, wird wohl niemand dem Herrn R. abnehmen wollen. Ebendaher kommt auch das allgemeine Misverständnifs bei denen, welchen seine besondere Bedeutung noch nicht ausdrücklich vorgesagt worden ist: denn alle Solche denken natürlich immer zuerst an eine wirkliche Ableitung eines Reizes, etwa auf ein anderes Organ, wovon Herr R. gar nichts wissen will bei seiner neuen Erfindung.

bei einer Krankheit mit der Gegenüberstellung eines gelinden Reizes zu beginnen, und denselben so lange zu verstärken, bis er den andern widerspenstigen überwunden hat. Daher sind auch alle Arzneien, alle Heilmittel überhaupt, als Reize anzusehn, sie sind insgesammt Contrastimulantien: nur China, Opium, Kampher und Wein machen eine Ausnahme, die sind das Entgegengesetzte; was aber dies Entgegengesetzte sei, weiſs man selber nicht. Aus solchen Urquellen allein kann ein nosologisches System entspringen, dergleichen in dem mitgetheilten Rasorischen Prospect ein Pröbchen angetroffen wurde. Der Autor wird sich wohl in Acht nehmen, jemals die kitzliche Frage zu beantworten, welches die Grundsätze sein, aus denen sich seine Krankheitsverkettung „nach Symptomen in Vergleich der Staubfäden der „Pflanzen, der Krystallformen" u. s. w. entwickele. Ihm heiſst es, ein System der Medicin gründen, wenn er die allgemeine Annahme seiner Einbildung aufstellt, welche statt eines Inbegriffs physiologischer, pathologischer und diagnostischer Begriffe dienen soll: und nun sogleich die Arzneimittel vornimt, sich um ihre innern, besonders die chemischen Verhältnisse, keinesweges kümmert, sondern dreist ein jedes Mittel als Contrastimulans in allen möglichen Krankheiten gebraucht, weil alle Krankheiten aus gleicher Ursache entstehn, nemlich aus Reiz, der eine vermehrte Thätigkeit hervorgebracht hat, die durch den Gegenreiz ins Gleichgewicht gesetzt werden soll; und alle möglichen Künste gebrauchend, um nur das Vortheilhafte vorzuheben, das Widerlegende zu vertuschen, solchergestalt eine rohe Masse von Fällen aufstellt, die keinen Zusammenhang untereinander haben.

So sind die beiden Abhandlungen über das Gummigutt und über die Digitalis geschrieben: und so sind die grofsen Stöfse der Bemerkungen aus den klinischen Schulen verfafst (denn Privatpraxis hat der Herr Prof. so gut als gar keine, und kann sie wenigstens zu seinem Experimentenkram aus leicht begreiflichen Ursachen nicht gebrauchen), welche noch in seinen Schreibpulten liegen, aus denen er sie mit grofsem Triumf hervorhohle, um mir, wie Allen, zu imponiren, und mit deren Herausgabe als endlicher dem Publicum gnädig bewilligter Mittheilung seines kostbaren Systems — Fälle der Anwendung von Mitteln als ein System! — seit einiger Zeit wirklich gedrohet wird. Merkwürdig besonders ist auch der Anblick dieser *materiae contrastimulantis*. Die Aderlässe, die Brechmittel, die Mineraloxyde, die Narkotischen Mittel, das Alles gehört in einen Topf, und wird bei allen möglichen Krankheiten angewandt, je nachdem es dem Herrn Professor einfällt. Man würde in der That kaum wissen, wo anzuheben, wenn es gelten sollte, alle Mängel zu rügen, alle schädlichen Folgen seiner Einseitigkeit aufzudecken. Am lächerlichsten ist es wohl, wenn wir den Aderlafs mit unter den Contrastimulantien aufgeführt sehn. Könnte Herr R. eine entfernte Ahndung von physiologischen Begriffen haben, so würde er, wenn gleich nicht ganz in den Schranken der Wahrheit, doch wenigstens mit einigem Beigeschmack von besserer Ansicht allenfalls dafür sagen können, dafs wegen des nothwendigen innern Gegensatzes im Gefäfs und dem darin enthaltenen Fluidum durch eine Entleerung des letztern nothwendig eine veränderte Thätigkeit des erstern hervorgebracht werde, die Entleerung also gleichsam örtlicher Reiz sein könne. Aber ihm soll Alles aus der Naturbeobachtung unmittelbar hervorgehn: und wer die Natur so grob und unmittelbar nimt, der muſs freilich zufrieden sein, wenn man ihm beweist, wie sie alsdann gerade schüchtern am mehrsten zurückweicht, und von ihren Verfolgern nur durch den um sie her verbreiteten Nebel des eigenen Wahns gesehn wird. Die Arzneimittellehre wenigstens doch verdankte der Lehre Browns viel Gutes: dem Contrastimulus verdankt auch sie nur die grenzenloseste Verwirrung, die abscheulichste Willkür. Hier scheue ich keineswegs den harten, fast verwegen scheinenden Ausdruck: *Rasori ist ein unwissender, frechselbstsüchtiger Giftmischer.* Wir haben in Cervi's Bemerkungen schon ähnliche Thatsachen gefunden. Wer die ganze contrastimulirende Procedur genau mit angesehn hat — und ich sah sie während eines 4 wöchentlichen Aufenthaltes zu Mailand nur zu oft, sah die gesammelten Bemerkungen aus den Spitalsregistern, in Rasori's Schreibpult, sah aber auch die wohlweislich unterdrückten, nicht mit aufgeführten unglücklichen Resultate in den nemlichen Registern, durch gefällige Mittheilung anderer Theilhaber, welches freilich Herr Rasori sich nicht träumen lassen mochte — der wird über einen solchen Unfug nicht schweigen können. Es klingt anmaſslich aus meinem Munde, da ich mich auf keine sonderliche Erfahrung stützen kann: ich sage es aber doch im Vertrauen auf die Wahrheit. Auch unter uns giebt es Aerzte, welche etwas darin suchen, heftig wirkende Mittel, besonders die narkotischen, in ungeheuern Gaben zu reichen. Es ist wahr, keiner ist darin so weit gegangen als Rasori, welcher, wie ich aus den Spitalstabellen weifs, sogar einmal 21, sage *ein und zwanzig Drachmen* des Aconitumextracts täglich, mehrere Tage hintereinander, verschlingen liefs; welcher dies Mittel beim ersten Anfange sogleich *Unzenweise* verordnet; welcher die Digitalis, die Belladonna, das Gummigutt, den Brechweinstein, kaum anfangs Granweise, sondern gleich zu Skrupeln und Drachmen giebt. Es ist eine sehr traurige Neuerung, in welche solche Aerzte gerathen sind. Von den narkotischen Mitteln, besonders von den allerheftigsten, ist es entschieden, dafs sie in ungeheuern Gaben gar nicht wirken. Noch vor nicht gar langer Zeit ereignete sich hier zu Berlin der beglaubigte Fall, dafs eine Dame, welcher das Kirschlorbeerwasser tropfenweise verordnet worden war, aus Versehn den ganzen Vorrath desselben, fast 2 Unzen stark, auf einmal hinterschluckte: und auch nicht der geringste Nachtheil, nicht einmal irgend eine Veränderung im Organismus, wurde dadurch bewirkt. Bei diesen Stoffen, welche in der Gabe von wenigen Granen das stärkste Leben umwerfen, mufs die Eigenthümlichkeit Statt finden, dafs ihre gehäufte Masse sich selber an Wirksamkeit hindert: sie laufen durch Schlund und Darmkanal als blofse Masse, gleichsam als ob ihre innere Kraft, welche eben der Masse entgegengesetzt ist, durch die Anhäufung derselben erstarrte. Ein solches Heilverfahren ist also gar keines zu nennen, denn es wird gar nicht auf den Organismus eingewirkt: weshalb also überhaupt die Mittel geben, wenn sie nicht wirken? Aber hierbei bleibt es nicht: auch die Massen dieser Mittel wirken unglücklicherweise noch oft genug, oder sie sind nicht immer grofs genug um gar nicht zu wirken. Daher jene von Cervi angeführten Kranken, die stumm, wahnsinnig, wassersüchtig wurden, starben: nebst unzähligen andern Beispielen der spätern Zeit, welche der Gleisner Rasori vor der Welt zu verbergen weiſs. Mit diesen Mitteln fegt er nun zwischen allen Krankheiten umher, sie mögen sein welche sie wollen. In seinem Arzneivorrath findet sich gar keine Quecksilberbereitung: denn die Lustseuche wird bei ihm durch Gummigutt und Eisenhütleinextract geheilt! Die China, wie wir schon gesehn haben, haſst er ganz und gar; sie darf niemals angewendet werden, sondern die Wechselfieber werden mit Brechweinstein und rothem Fingerhut behandelt. Dieses traurige, gesetzlose Schwanken, mit welchem ein blödsinniger Heilkünstler sein kann, wenn ihm die Mittel zu Gebote stehn, durch Autorität alles Widerlegende heimlich zu halten, wird als ein Meisterwerk eines philosophischen Kopfes angesehn! Und der Name eines Menschen, welcher über Drachmenweise gegebenen Brechweinstein triumphirt, während er dessen Wirkung durch zugleich verordnete Limonade oder Auflösung in undestillirtem Wasser zerstört, der einem Sterbenskranken Essiggurken verordnet, der Synocha mit Synochus nicht zusammengestellt zu haben erst noch besondere Erklärungen macht, dafür aber Lustseuche, Apoplexie, Herzklopfen und Kolik untereinanderwirft, wird unter den Heroen der neuern Zeit genannt? Er darf sich erkühnen, das *vorgebliche Genie* des Hippokrates zu verspotten, und das Ansehn, die Verdienste aller Aerzte bis auf den heutigen Tag anzutasten?

Hier noch ein Paar Pröbchen von der Art des Herrn

Rasori seine Kranken zu behandeln, zur Lust und Kurzweil des Lesers, aber in mancher Hinsicht auch zu seinem Abscheu vor dem entsetzlich leichtsinnigen, ja sündlichen Giftmischer, *) aus den Krankentabellen der militärischen Klinik gezogen, die mir Herr Rasori freilich nicht mitgetheilt haben würde.

a. Antonio Silvestri, Conscribirter, am 28 Mai 1811 in das klinische Bett No. 9 gelegt. Stechender Schmerz in der Brust, Beschwerde beim Athmen, Husten, vibrirender Puls; nach 2 Tagen vorhergehender Kränklichkeit, Peripneumonie. Nach dem Eintritt: Aderlaſs, tart. stib. gr. vj.

29 Mai, 3 der Krankheit, 2 des Eintritts. Morgens das Blut mit hartem Crassament, die Beschwerde des Athmens vermehrt, desgleichen der Schmerz, und Puls mehr vibrirend. Aderlaſs; Tart. stib. — Abends das Blut mit starker Entzündungshaut, Puls weniger vibrirend, Schmerz und Beschwerde fortfahrend. Aderl.; Tart. stib. — In der Nacht Blut mit Entz. Haut, Schmerz, Husten stark. In Zeit von 18 Stunden sind 4 Aderlässe gemacht.

30. 4. Morg. Blut ohne Haut, dickes Crassament, geringere Beschwerde und Schmerz, der Husten bleibt, der Puls ist häufig und vibrirend. Aderl.; Tart. st.

*) Einen Menschen, der nicht einmal die ersten Grundbegriffe der Chemie und Pharmacie inne hat, und dennoch mit Giften umgeht, muſs man den nicht einen Giftmischer nennen? Mit dem Arsenik hat er es allein noch nicht versucht: aber das freilich läſst auch nicht so gar grob mit sich spielen.

31. 5. Puls wie vorher. Schmerz und Beschwerde geringer. Nitrum, ℥ß.

2 Junius. 7. Nitr.

3. 8. Beschwerde des Athmens, Puls wie vorher, Blut mit Entz. Haut. T. stib. ʒß intern.

4. 9. T. stib. Jj.

5. 10. T. stib. Jj.

6. 11. T. stib. gr. xxx in Clysm. Ven. S. ℥xjjj.

7. 12. T. stib. Jj in clysm. Jj intern.

8. 13. T. stib. Jj Morg. Jj Ab. Jj. in clysm.

9. 14. T. stib. Jj intern.

10. 15. Blut mit Haut, weniger Husten und Schmerz, Puls wie bisher. Digital. ʒß.

11. 16. Schweifs an der Stirne (von der Digit.) Digit. Jjj.

12. 17. Digit. Jjj.

13. 18. Digital. Jjj; und Aderlafs!!

14. 19. Tart. stib. gr. xjj in frischem Brunnenwasser!! — Abends, desgleichen!!

15. 20. Desgleichen!! — Aqua simpl. pro potu.

16. 21. Aqua simpl. pro potu. Eingemachte Salzgurken!! Schmerz im Unterleibe, sehr häufiger Stuhlgang.

17. 22. Schmerz, Meteorismus, respiratio stertorosa. T. stib. Jj in clysm. T. stib. gr. Vj in emuls. intern. — Abends: Todeskampf. Emuls. sine t. stib. Abends 6½ gestorben. — Verwachsungen der Pleura; vereiterte Lunge. Der vorhergegangene Zustand des Unterleibs und die Gaben des Tart. stib. erregten den Wunsch, den Darmkanal zu untersuchen. Der Professor aber sagte, *dafs ihn der Zustand des Unterleibes nichts angehe*, und so ward er *nicht* geöffnet.

b. No. 16 im Arrestantensaal. Synocha seit 4 Tagen.

Tag d. Krankht: 4. d. Eintr. 1. Puls. frequens vibr., Kopfschmerz, starre Augen. Tart. stib. gr. vj. Ven. Sect.

5. 2. Entzündungshaut; Stuhlgänge. T. stib. — Abends desgl.

Bis zum 9ten Krankheitstage 60 Gran Tart. stib. Am 9ten Abends sogleich Limonata miner.

10. und 11. ebenso.

12 — 15. 36 Gran tart. stib.

16. und 17. täglich 12 Gran desselb.

18. 18 Gran T. stib. Eis auf den Bauch.

19. Tod. Die Lungen entzündet, im Gehirn starke Lymphausschwitzung, Abscefs am Schenkel.

c. Bei einem Kranken 4 Aderlässe, 63 Gran tart. stib., 4 Unzen Minerallimon., und 12 Unzen potio acida.

d. Im Bett No. 5, Peripneumoniker. In 36 Tagen 4 Aderl., 4 Drachm. und 8 Gran Tart. stib. (die Drachme zu 72 Gran nach Mailändischem Gewicht), 6 Gran Gummigutt an einem Tage, 6 Bäder und Eis aufgelegt.

e. Bei einem Peripneumoniker im Bett No. 5, tart. stib. und potio acida zusammen.

Dergleichen Dinge könnte man aus den Kliniken des Herrn Rasori zu Hunderten sammeln: und diese Tabellen, welche lauter Gestorbene verzeichnen, müfsten neben seinem riesenmäfsigen Prospect eben so gedruckt, aufgestellt werden, um den Praler zu beschämen. Er nehme hier die kurzen Auszüge mindestens als Zeichen meines guten Willens, das Mögliche zu seiner Würdigung beizutragen!

Da in dem Bericht, welcher den ersten Theil dieses Anhanges ausmacht, einmal des Herrn Rasori als Urhebers einer *philosophischen* Lehre gedacht wurde, so wollen wir einen Blick auf die Ansprüche werfen, welcher etwa an die Ehrenzeichen der Philosophie machen könnte. Was eben sein System betrifft, so dünkt mich, wird alles bisher Gesagte hinreichen, um dasselbige als der Philosophie schnurstracks entgegenlaufend darzustellen: er möge nun die Philosophie der Natur, oder er möge einen transcendentalen Idealismus als Maſsstab aufgestellt wünschen. Wir bedauern daher, wenn Herr Rasori ein Philosoph ist, daſs wir auf seine Geistesmachwerke nur die schlichten Worte des Cicero anwenden können: *Nihil est tam absurdum quod philosophus non dixerit.* Was aber die philosophische Anlage seines Gehirns überhaupt betrifft, so hat er dieselbe besonders in den Anmerkungen und Zusätzen zu seiner italienischen Ausgabe von Darwins Zoonomie bewährt. Denn daselbst erkühnt er sich — wie denn dergleichen Leute, solange sie nicht derb zurückgewiesen worden sind, in Allem sich versuchen möchten — über den Einfluſs der Philosophie im Allgemeinen auf das Studium der Natur mitzusprechen: und nach gar mancherlei lustigen Aeuſserungen anderer Art, die nicht geringen Philistergeruch verbreiten, begegnet es ihm dann, daſs er Plato und Kant unbedingt zusammenstellt, sie beide mit dem Titel der *Erzschwärmer* beehrt, und ihnen sodann die Hippokratiker als rohe Empiriker, verstandlose Gaffer entgegensetzt, damit er selber als wahrer Naturvertrauter, Weiser im echtesten Sinne des Wortes, in der Mitte stehe. Daſs Herr Rasori die alten griechischen

Aerzte mehr bekrittelt, als er sie gelesen hat, ist ihm schon von Dr. Cervi vorgesagt worden: und die von demselben gerügte *fisconia ventrale* (φυσκωνια) beweist, nebst manchem andern Umstande, dafs es ihm auch unmöglich ist, sie in der Ursprache zu lesen; welches demnach sich ebensosehr auf Plato erstreckt, den göttlichen, dem gegenüber der mailändische Philosophaster, wie das Epigramm sagt

— die Augen im Koth, recket die Beine hinauf.

Kant aber, der hier mit Gewalt zum platonischen Schwärmer gemacht werden soll, konnte von Herrn R. ebenfalls nur dem Namen nach gekannt sein, da derselbe des Deutschen zu wenig mächtig ist, und die Schriften eines tiefen Denkers auch in den verunstalteten Zerrbildern französischer Uebersetzungen nicht versteht. Daher auch kommt es, dafs im Jahre 1803 ihm keine andere Philosophie bekannt war, die er doch allenfalls noch eher der Platonischen Schwärmerei hätte beigesellen können. —

Noch bliebe übrig, den Herrn R. in seinem Verhältnisse zum Staate darzustellen, und zu zeigen, wie er die Grofsen zu beschwatzen versteht, um wissenschaftliche Autoritäten umgehn zu können. Allein es möchte scheinen, dafs dieser Gegenstand zu wenig in das unmittelbare Interesse der Wissenschaft eintreten könne, wenngleich dieselbe dadurch mannigfach gefährdet wird: auch haben wir anderwärts mancherlei nicht unwichtige Andeutungen dieser Art schon eingestreut, sodafs wir demnach einen Gegenstand ganz verlassen können, dessen Berührung nirgend erfreute, und der nicht ohne Muth manche Misdeutung zu ertragen, um Unwahrheit entlarvt zu haben, unternommen werden konnte. Das letzte Lebehoch also dem Herrn Rasori! Er schlürft den Weihrauch des *lieblichen Beifalls* seiner Schüler. Wir aber wenden uns an die erleuchteten Häupter der Heilkunde, nicht für unsere schlechten Worte, sondern für die Wahrheit, deren heiliges Gesetz anzuerkennen unser ernstes Streben ist, Beifall heischend mit dem einfachen Terentianischen Zuruf:

Vos plaudite!

III.

BÜCHER - ANGABEN.

1. Einige neuere Uebersetzungen deutscher medicinischer Schriften ins Italienische:

Biblioteca medica Browniana Germanica, pubblicata da G. Belluomini *e* L. Giobbe. Padova e Firenze, 13 vol. in 8vo.

Conradi *Anatomia patologica, trad. dal Tedesco con aggiunte di* G. Pozzi. Milano 1804. 5 tom. 8vo.

Frank (Giov. Pietr.) *Sistema completo di Polizia medica, trad. dal Ted.* Mil. 1807, 9 vol. 8vo.

— (Giuseppe) *Dottrina de' veleni e contravveleni, trad. dal Ted.* Parma 1804. Napoli 1805.

— *Osservazioni sui principj fondamentali della medicina, con aggiunte di* Gius. Zandonati, Parma, 2 vol. 4°. Napoli 1805. tom. 3.

— (Gius.) *Istruzioni per ben conoscere e scegliere il medico.* Venez. 1802.

— *Spiegazione della dottrina medica di Brown*, Firenze 1802, 2 vol.

Fritze, *Compendio sulle malattie veneree trad. da* G. B. Monteggia. *Ediz. 3, con nuovi commenti e coll' aggiunta di una dissertazione del traduttore sull' uso della Salsapariglia.* Mil. 1806.

Girtanner *trattato delle malattie de' bambini e della loro educazione fisica, trad. con l'aggiunta di un articolo sull' innesto della vaccina.* Genova 1801. 2 vol. Venez. 1803. 2 vol.

— *trattato sopra le malattie veneree*, Venez. 1801. 4 vol.

Herrenschwand *trattato delle principali e più frequenti malattie esterne ed interne.* Mil. 1789. 2 vol.

Horn *saggio d'osservazioni cliniche raccolte ne' suoi viaggi di Germania, Svizzera e Francia.* Firenze 1803. 4 vol.

Hufeland *l'arte di prolungare la vita umana, ediz. ricorretta ed aumentata dall' autore*, Venez. 1799. 2 vol.

— *febbri nervose*, s. l. et. a.

Marcard *della natura e dell' uso de' bagni trad. da* Cosmo de Orazii s. Pavia 1802. Napoli 1803.

Marc *riflessioni sui veleni e sul modo con cui agiscono sul corpo umano, secondo li principj del sistema Browniana.* Nap. 1803.

— *rifl. sui veleni ec. ossia trattato della cura di quelli presi internamente, cavato dal manuale di medicina di* G. A. Unzer. Firenz. 1804.

Marcus *esame del sistema di Brown*, Fir. 1802. 2 vol.

Metzger *compendio di polizia medica, trad. con alcune viste di* C. P. Ferrari, Venez. 1800.

Preliminari d'una pace medica, ossia alcuni punti di riunione fra Brown e i suoi avversarj, trad. dal Tedesco. Venez. 1800.

Richter *elementi di chirurgia, trad. con varie annotazioni da* Tommaso Volpi. Pavia 1806 — 11, 8 vol.

— *trattato dell' ernie, in questa ediz. corretto e perfezionato dall' autore, con note del traduttore*, Nap. 1808. 2 vol.

Stein *arte ostetricia trad. con aggiunte di* G. B. Monteggia, Ven. 1800, 2 vol.

Trommsdorf *l'arte di ricettare, trad. sull' ediz. accresciuta dall' autore*, Mil. 1803.

Weikard *elementi di medicina pratica fondati sull' esperienza e sul sistema di Brown, trad. libera con preliminarj e commenti di* V. L. Brera, Fir. 1801 — 1806, 11 vol. Pavia 1801, 11 vol. Venez. 1801, 6 vol.

— *prospetto di un sistema più semplice di medicina, ossia dilucidazione e conferma della nuova dottrina medica di Brown, trad. da* Gius. Frank, *con nuove annotazioni di Luigi Frank.* Pavia 1796, 2 vol. Venez. 1802, 2 vol. — (*Annotazioni medico-pratiche del Dr.* P. C. *sugli elementi di medicina prat. di* Weikard. Napoli 1802.)

Zimmermann *della esperienza nella medicina*, Lovan. 1788, 3 vol. 8vo. Pavia 1790, 3 tom. 12°.

Auch ist Reils *Fieberlehre* zu Mailand übersetzt erschienen; sowie vielleicht noch manches andere deutsche medicinische Werk.

---

34 *

2. Schriften über das *gelbe Fieber*, welche in Italien erschienen sind, theils von italienischen Aerzten verfaſst, theils aus fremden Sprachen übersetzt.

Arditi *memoria sopra l'epidemia di febbre gialla, che regnò in Cadice nel* 1800. Lisbona 1804, 4°.

Barzellotti *parère interno alla malattia che ha dominato maggiormente in Livorno, nei mesi di Settembre — Novembre* 1804, *fondato sulla storia medesima, e sull' analogia di altre malattie*, Livorno s. a. 8vo.

Carey (Matteo), *descrizione della' febbre gialla che nel* 1793 *ha dominato in Filadelfia, trad. dall' Inglese*, Genova 1804.

Idea generale della febbre gialla d'America, e degli autori che ne hanno parlato ec. Modena 1804.

Istoria della febbre gialla, estratta dalle opere di **Volney, Carey** *e* **Rush.** Piacenza 1804.

Opuscoli sulla malattia di Livorno del 1804, *tradotti dal francese da* **Ang. Moretti**, *con alcune annotazioni.* Spoleto 1805.

Palloni *osservazioni mediche sulla malattia febbrile di Livorno ec.* Liv. 1804. 1805.

Rubbini *riflessioni sopra le febbri gialle e sui contagj in genere.* Parma 1805.

Savaresy *sur la fièvre jaune etc.* à Naples 1803.

Tommasini *sulla febbre di Livorno nel* 1804, *sulla febbre gialla americana, ec.* Parma 1805.

Erste Tabelle.

Uebersicht der bedeutenden Irrenhäuser in Italien, ihrer Fassungsweite und ihres wirklichen Bestandes.

Namen der Städte.	Bevölkerung.	Namen der Spitäler.	Weiteste Umfassung	Wirklicher Bestand.			Im Mon.
				Männer.	Weiber.	Total.	
Mailand.	150,000	La Senavra.	500	165	219	384	Aug.
Venedig.	100,000	S. Servolo.	130	—	—	126	Merz
Bologna.	70,000	Sta Ursula.	150?	—	—	105	—
Neapel.	439,380	Sped. degl' Incurabili.	350?	140	90	230	April
Lucca.	25,000	Sped. de' Pazzi.	150	—	—	150	Jul.
Rom.	155,000	Sped. di Sto Spirito.	50?	—	—	40	Jun.
Florenz.	80,000	Sped. di S. Bonifazio.	500	129	133	262	Jul.
Parma.	54,000	Sped. della Misericordia.	50	—	—	50	Jul.
		In Privatanstalten zu Neapel, ungef.	100?	—	—	100	
Anm. Die Bevölkerung von ganz Italien kann auf 14,000,000 angesetzt werden.		Als Ausnahmen in Krankenhäusern einiger andern Städte aufbewahrte Irrende, als zu Verona, Vicenza, Padua u. s. w. etwa	60?	—	—	60	
Folglich beträgt die Zahl aller Geisteskranken, welche in ganz Italien sowohl in öffentlichen als Privatanstalten aufbewahrt werden können, und zwischen den Monaten Merz — August 1811 aufbewahrt wurden:			1,840	—	—	1,507	

Zweite Tabelle.

Uebersicht der bedeutendsten Findelhäuser Italiens in ihrer weitesten Umfassung.

Namen der Städte, und deren Bevölkerung.		Weiteste Umfassung	Im Monat
Mailand ·	30,000	2000	August.
Bologna:	70,000	1000	Julius.
Pavia:	20,000	600	August.
Ancona:	20,000	400	Merz.
Neapel:	439.380	3000	April.
Lucca:	25,000	300	Julius.
Rom:	155,000	2000	Mai.
Florenz:	80,000	2400	Julius.
Pisa:	18,000	300	Julius.
Parma:	54,000	400	Julius.
	Summa	12,400	

Die *bürgerlichen allgemeinen Krankenhäuser* sämmtlicher Städte Italiens, mit Ausschluſs der ligurischen und piemonteeischen, umfassen ungefähr 16,000 Betten, worin während des Jahres 1811 im Durchschnitte immerfort 10,000 Kranke gelegen haben können, die aus dem Militärstande nemlich abgerechnet.

im Bers. (L. v. Loder, einziger Sohn des berühmten Loder! starb am 29. Decemb. 1812. zu Königsberg am Lazareth-fieber.

Date Due

Demco 38-297

Druck:
Customized Business Services GmbH
im Auftrag der KNV-Gruppe
Ferdinand-Jühlke-Str. 7
99095 Erfurt